青年学术丛书·哲学
YOUTH ACADEMIC SERIES-PHILOSOPHY

仁的价值与时代精神

——大变动时代的生存之道

沈敏荣 著

人民出版社

责任编辑:鲁　静
装帧设计:肖　辉

图书在版编目(CIP)数据

仁的价值与时代精神——大变动时代的生存之道/沈敏荣 著.
　-北京:人民出版社,2012.1
(青年学术丛书)
ISBN 978 - 7 - 01 - 010322 - 8

Ⅰ.①仁…　Ⅱ.①沈…　Ⅲ.①孔丘(前551~前479)-哲学思想-研究
　Ⅳ.①B222.25

中国版本图书馆 CIP 数据核字(2011)第 202767 号

仁的价值与时代精神
REN DE JIAZHI YU SHIDAI JINGSHEN
——大变动时代的生存之道

沈敏荣　著

人民出版社 出版发行
(100706　北京朝阳门内大街166号)

北京龙之冉印务有限公司印刷　新华书店经销

2012 年 1 月第 1 版　2012 年 1 月北京第 1 次印刷
开本:700 毫米×1000 毫米 1/16　印张:23
字数:365 千字　印数:0,001-3,000 册

ISBN 978 - 7 - 01 - 010322 - 8　定价:46.00 元

邮购地址 100706　北京朝阳门内大街 166 号
人民东方图书销售中心　电话 (010)65250042　65289539

简　目

序论:走近孔子

正论(上)　仁的解释

正论(下)　仁的实现

余论　仁的价值

序　一

感悟师道

当代中国正处于深刻的变革之中,从社会制度到思想观念,特别是教育体制、教学方式都在发生深刻演变。变革中,认识上的分歧与混乱在所难免,高校的教育与教学也不例外。与西方接轨或是遵循传统两种思路都有其可取之处,同时也存在着极大的不确定性。但无论如何,传承中华文明都是必不可少的。

正确的实践来源于正确的思想。没有清晰、正确的变革思路,改革的延续性、合理性都将成问题。而在巨变的中国,在对未来充满着分歧与争议的时候,回望过去,深刻分析我们自己走过的道路,"如果知道自己去哪儿,就必须知道自己从哪里来",将我们的争议集中到真正的焦点,对于明确我们的思想是极有帮助的。

2500 年前,也是一个充满着争议的时代,也是一个思想纷争、意见不一的年代,一个后来被我们称为"圣人"的读书人,用自己的行动塑造了自己的生活,也影响了他所处的时代,更是决定了以后中华传统的内涵。这个人就是我们大家既熟悉又陌生的孔子。

我们现在可以不再同意孔子的某些结论,可以不再经历孔子的时代,但是,孔子对待他所处时代的态度,对生活所持的观念,对于我们当下的争论者、迷惘者是极富启发的。

复杂的社会、复杂的问题、不断变化的背景都需要简化我们的思路,从本原出发、用最为根本的认识来分析问题。正如马克思在他所处的年代中所提出的那样,一切从人出发,一切为了人的发展。高校的教育又何尝不是如此呢?我一直以为学校就要像个学校,不是政府、不是企业;老师就要像个老师,不是官员、不是商人；学生就得像个学生，以"求学"为全部使命、心无旁骛，并且在工作中以此为自己的基本追求。

老师怎样才能像个老师呢？古人云，道之所存，师之所存。探索师道，应该成为每一个为师者一生都要坚持做的功课。古今中外，对师道的理解各有不同，解读丰富多彩；集半生从教经历，我对师道的感悟，可以概括为四句话：师之名、师之责、师之乐、师之魂。

其一是师之名。

时下，为促进教学质量的提高，全国上下都在评选各个行政级别的"名师"。而我认为，教学质量的提高，更在于正"师名"。其实，师，本身就是很高的名分了。什么人才可以为师？古人云：古之学者必有师。显然，师是由"学"的需要而出现的，必然是"学高为师"。此乃师之必备资格。同时，师又是学的模仿对象，不但学知识，还要学做人，所以社会就要求"身高为范"。人类灵魂的工程师，与其他职业之不同，此乃师之又一必备资格。学问高、品德好的人方能为师。谈到师之资格，研究一下人的需求层次是十分必要的，这里涉及师的动力。马斯洛的需求五层次说，生动说明了人的行为动机和追求。师之追求，显然是在自我价值实现的最高层次上。但衣食足则知荣辱，最高层次的需求一定产生于基本需求的满足之后。一个基本生存需求尚未满足的人，是不可能为师的；当然，基本需求满足之后，未必就产生自我价值实现的需求，产生自我价值实现的需求，也未必以师为追求目标。所以，基本需求满足甚至相当富足的人，如果没有高尚的精神追求，也是断然不能为师的。自教师成为一个职业，两种需求融合为一体，教师的基本需求就不断弱化高层需求，政府和校方以物质利益激励教师的积极性，教师也在不知不觉中把物质利益放在首位，甚至出现唯利是图的违反职业道德的种种丑恶现象，很多教师早已名不副实。孔子的仁学极其讲究"名"。"名正而言顺"，我以为"正师名"乃时下抓教育质量之首要。

其二是师之责。

师是由学而来的，没有学生，就没有老师。我始终坚定不移地认为，学校必须"以学生为本"，离开学生，学校就失去了存在之价值。有学生才有老师，于是，老师就有了一份责任，一份对学生的责任。"师者，传道、授业、解惑也"，哪一条都离不开学生这个主体。师的责任是什么？就是教会学生、教好学生。如果教不会、教不好，就是失职；"误人子弟"，是所有罪过中最大的罪过。我永远不会忘记当年强化外语时碰到的那位外籍教师，在一次考试后，让我把得"B"的试卷改过交给她时，她把成绩底册拿出来，当着我的面，用橡皮擦掉铅笔写的"B"，用钢笔改为"A"。这对于也是教师的我来说，有着许多的触动，其中最大的感触是，只是教课还不是履职，"教会"才是教师的责任。我任校长时，有一年，学校坚持原则，对考试不及格的绝不放水，一时引得媒体沸沸扬扬，虽然最后舆论倾向校方，但我始终不能心安理得，我想到了那位外籍教师，想到了师之责。作为校长，我提出要探索考试方式的改革，要"变终端检验为过程控制"。教师要牢固树立起一个理念：教不好是失职、教不会是耻辱。为师者，要以师之责，鞭策自己的一言一行。

孔子的感动也在于孔子周游列国，子路、子贡等一班学生苦苦相随，师之责的履行换回的是学生的感动与真诚。孔子对学生极其严厉，对帮助达贵无原则聚财的冉求，对于白天睡觉的宰我都痛心疾首，但这些弟子都位列七十二贤人之列。学生的成才才是教师的根本责任。

其三是师之乐。

师之乐，就是为师的幸福感，是师之责内在动力之源泉，也是为师辛劳之回报。老师的乐趣每个人都有不同体会，我的体会，就是我下课后的那个瞬间，学生不肯离去，围上来，追着问你讲过的问题，切身感受到为师之价值，再多的课酬，也比不上那一瞬间的幸福与珍贵，这个乐趣不是其他任何东西可以代替的；写文章也是，乐趣不是高稿酬，也不是可以评职称，而是在于你的观点有转载、有社会反响，最重要的，是对实际工作起作用，这才是教师的真正乐趣。师之乐，就像熊彼特解释企业家的创新动机一样，经济人假设解释不了，享乐主义也解释不了。师之乐，我想就在于老师的真知灼见推动社会进步，老师的真才实学对学生有启发，学生得到了"真经"，老师为社会培养了人才，实现了自身的价值。

这也正是孔子的学生们将孔子的"乐"放在了《论语》的首句，"学而时习之，不亦说乎；有朋自远方来，不亦乐乎；人不知而不愠，不亦君子乎？"当一个人的思想与观点能感动学生，能改变学生的生活轨迹，这就是最大善事，也是教师最大的快乐，更是教师存在的意义所在。

其四是师之魂。

师之魂,就是为师者的灵魂,也就是当老师的价值所在。从现象上看,教师,基本上还是谋生的手段。深入思考、慢慢体会,就会发现,教师职业的内在价值要远远大于谋生手段,社会对教师的要求也大大高于其职业评价,教师自身的精神追求更强烈于物质利益。当教师也要生活,收入太低,难以生存,所以初始动机可能会有金钱成分,但一旦基本满足生存条件后,金钱动机则退居其后,至少不是直接动机了。师之名、师之责,就会起化学作用,在享受师之乐的过程中,铸就师之魂。师之魂,人们用蜡烛来比喻,非常形象、也非常深刻,"燃烧自己,照亮别人",把照亮别人看作更有价值,所以,这种思想是有一定的升华,不是一个美丽的辞藻来形容老师这个职业,而是要真正有这种感觉,所以,原来斯大林有句话"共产党员是用特殊材料制成的",孔子也讲过,"千军可夺帅,匹夫不可夺志",我想,老师也必须有一种不食人间烟火的味道。每个老师各有特色,但是只要身为老师,就需要遵守一定的师道尊严。特质比特色更重要,共性比个性更重要。

唐代的大家韩愈将师者归纳为"传道、授业、解惑",其实就是教师灵魂的寓所。人生的意义、价值的实现、思想的碰撞、人生内涵的揭示都会在教师的"传道、授业、解惑"行为中得到实现。

面对不断改革的时代,更是考验抓住事务本质的能力。孔子面对纷繁复杂的社会乱象,却有"死守善道"的执著,有着"危邦不入、乱邦不居"的辨明能力,有着"敏于事而讷于言"的智慧,这是孔子的智慧的光芒能照耀到我们这儿的原因。这也莫不是古今中外,处于大变动时期的智者所拥有的处世法则:"天道不在于言,而在于行","天行健,君子以自强而不息","天道酬勤"。师者,正是向学生,也是向世人传达智慧的声音,也是我们今天高校改革的方向。

敏荣博士不仅在法学学科上有着见解独到的建树,而且对于为师之道也有深刻的体悟,我把他推荐到首都经贸大学的 OTA(Office of Teacher Advancement,教师促进中心)后,他杰出的志愿者工作,进一步展示了他的潜质。他的《仁的价值与时代精神——大变动时代的生存之道》从整体分析出发,还原孔子时代的生存背景,让我们更贴切地理解孔子,让我们能真正地理解孔子:一个跟我们一样,有喜,有怒,有悲;有烦恼,也有快乐的人。这才是一个全面的孔子,一个能让我们学习、借鉴的前辈,让孔子的智慧能照耀我们前行的道路。他的这部著作是 OTA 实践的理论升华。

孔子讲:只有人宏道,而非道宏人。真理要不断地阐释,才能为人们所接受,如果真理不被阐释,谬误就会横行于世。敏荣博士的这一工作是非常有意义的。对孔子的理解众说纷纭,孔子的价值也忽高忽低,有时被严重高估,有时又被激烈地抨击。"打倒孔家店"无论在新文化运动还是在"文化大革命"中都曾喧嚣尘上。中国文化的发展不可回避的是还原一个真正的孔子,否则,这是一个不可绕开的死结。

孔子的时代,是一个纷乱的时代,同时,也是一个大发展的时代;是一个混乱的时代,也是一个英雄的年代;是一个危难的时代,也是一个各显神通的年代;是一个隐士丛生的时代,也是一个百家争鸣的年代;这是一个时代的终结,也是一个新时代的开始。中华民族的精神即奠定于此时,这也是中华民族生生不息的力量之源。

21 世纪初的中国,也正处于变革与复兴的时代,让我们秉承坚实的历史智慧,以勇猛奋进的精神,以负责任的历史态度,完成自己肩负的历史使命。

是为序。

2010 年 9 月 27 日

序 二

从优秀走向卓越:我们走在孔子的路上

初识敏荣博士,是在我负责的首都经贸大学 OTA(Office of Teacher Advancement,教师促进中心)的主题午餐会上,那是他的专著《市民社会与法律精神——人的品格与制度变迁》刚刚出版,经当时文魁校长引荐,专门请敏荣来介绍他的专著。会后他送了我一本,回来后仔细研读,不禁为之感动与震撼——好久没有读到这样的好书了,尤其是国内、年轻一代写的个人专著! 当时我曾对他说:"敏荣,你这本书肯定能拿大奖。"果真,上个月这本书获得北京市哲学社会科学优秀成果一等奖。为此,我跟他本人一样激动:好的著作肯定会受到社会的重视与肯定!

本书是《市民社会与法律精神》的发展和延续,但在思想深度上已经超越了上一本,着眼点从西方社会转入到中国的传统思想:春秋大变动时代的中国传统的奠基思想的真实面目。这两本书都以研究人为主线展开,前者主要遵从西方社会发展的视角展开研究,而本书却以一个"仁"字为主线展开,其气势之磅礴、文笔之恢宏、逻辑之深刻,让人不得不感到震撼! 我很负责地推荐大家来读这本书,一定会从中受益的!

看到这本书,我最大的体会是敏荣从大变动社会的角度来揭示孔子"仁"的思想。同样身为教师,对在大变动时期的身处时代的夹缝与挤压之中的生存智慧深有体会,我们 OTA 有意与无意之间,也走上了一条与孔子殊途同归的道路,并努力达到类似的效果,当然,"路漫漫其修远兮","同志尚待努力"。

孔子在春秋变动时期,创私学,引导有志于学的弟子,不问身份,同授仁学,成就仁人君子。有身为贵族的子弟,也有身为平民的子弟,甚至是出身卑微的子弟,在孔子那里都成为同门师兄弟,"有教无类"成为了中国传统教育的起点,一直影响至今。《仁的价值与时代精神——大变动时代的生存之道》这本书指出,这是孔子看到了人的本质与人的潜力,并在此基础上,建立自己的仁学体系。正确的思想让孔子能在巨变社会中成为思想的"中流砥柱",成为"世之木铎"。OTA也以"从优秀走向卓越"为理念,以"释放教师潜力、追求卓越教学、提升科研层次"为宗旨,通过大家帮助大家,在思想与经验的互相激荡与交流中不断地成长与进步。OTA的非行政化的方式,以完全的志愿者形式,不问是否是教授还是讲师,只问见解与智慧,大家能畅所欲言,真诚相见。到目前为止,OTA被越来越多的教师奉为"教师真正的思想家园"、"大学中的大学"。在大变动的社会之中,真诚的人唯有真诚相待,思想上的互相拥抱、互相促进、互相提高,才能在分享经验、互相鼓励与互相关怀之中,勇敢、智慧地面对巨变社会的巨大压力。

孔子在《论语》中的问答式教学方法是目前高校提倡的苏格拉底教学法的中文版。西方的教学思想中有一个前提,即人的知识是内在的、自明的,需要的是揭示、启发。孔子的思想也与此有共同点。"不愤不发、不启不发","举一隅而三返","授天命","兴于诗,成为乐",其中的目的都是开启人的智慧。智慧重于知识。OTA奉行的是"大家帮助大家"的理念也正是基于此。只要把人的潜力发挥出来,一个教师就能走向优秀,进而成长为卓越。我们的午餐会、沙龙的形式都是以问答、自由发言的方式,互相激荡、互相交流、互相印证,大家要共同的理念、共同的真诚、共同的激情,发现自己、认识自己,进而提升自己。

孔子的仁学,智慧重于知识,道重于知。"仁者无惑,知者无忧,勇者无惧"。教师不但要给学生解惑,更为重要的是给自己解惑,能认清大变动时代的生存智慧,这样才能无愧教师之职。正如我们OTA所指出的"悟师道、品师艺、铸师魂、圆师梦","道"与"魂"为重心。OTA跨学科的教师交流,不问学科与专业,不同的学科、不同的专业,都拿自己的困惑与体验、体会与心得,群策群力,努力地从认识上解决根本问题,从认识上真正地提升自己。

OTA倡导的志愿者精神,因为我们相信,只有做到"己欲达而达人,己欲利而利人",在不断地付出中不断地提升自己的能力,发挥自己的潜力。因此,我们也相信,我们的"付出纯属慷慨","我们只求付出,不求回报"。因为,我们的回报并不是来源于他人的报恩,而是来源于自我价值的实现,自我能力的提升,自我潜力的开发。而封闭与自私,并不是通向智慧之途,也不能提升自己的潜力,实现自我的价值。我们从孔子身上更加强化了我们的信仰,在我们的学术交流室的墙上,挂着孔子的画像,他像慈父一样看着我们,看着二千五百年以后的教师是如何做的。

在我们的巨变社会,压力与机遇共存,机会与挑战共生,我们其实是非常幸运的,能和孔子相似,见证一个非凡的时代,见证一个能改变我们思想的时代,我们的选择决定了我们自己的命运,时代在考问我们,我们能不能"授天命"。我们也非常幸福能在我们的生活中,创立了一个OTA,践行孔子的思想。有意无意之间,我们走着和孔子同样的道路。

我并不是学传统文化的,仅仅是作为一般的知识分子对中华传统的热爱而熟悉孔子,而且,一般读书只是单纯地读书而已,可能是因为从事人力资源研究的原因吧,我读书是会读人的,敏荣和他的书真的是文如其人、人如其文!毫不夸张地说,读他的书,不仅能感受到作者文笔的大气、恢宏,更能从字里行间领悟出作者真诚、正直和善良的本性。我很留心地观察他,发现自己的直觉完全是正确的,而且这一点我和文魁校长特别有同感! 能像他这样踏踏实实做人和做学问的可不多见,因此我刻意地安排他做一些OTA志愿者的工作,他总能始终热情高效地完成。如今我们已经在一起共事一年多时间,我们和OTA的其他同事一起,度过了许许多多饱含激情的奋斗时光! 曾几何时,我为这个集体写下了"一夜鸿儒志,千秋霸业明"、"半杯乌梅心清静,一壶普洱定乾坤"等诗篇,甚至我都有心要给我们的团队谱写队歌,在这个大变革的时代,这是一份多么难能可贵的情感啊,这份友谊是值得我们团队珍惜一辈子的!

经常听敏荣说到,在这个大变动的时代,为什么人要真诚、正直和善良?首先你必须让别人理解为人真诚、正直和善良的益处,否则不可能期望大家会真诚、正直和善良。在我看来,敏荣的这本书就是一部最好的人生教材,它从千百年来东方哲学大师的思想发展和全球社会实践的发展总结出一个重要的道理:越是动荡不安的社会、越是大变革时代,越是呼唤人性的真诚、正直和善良。只有做一个真诚、正直和善良的人,才能最终获得成功,并同时得到内心的安宁。敏荣是这样写的,更是这样做的!

教师的职业是神圣的,它是经营生命的职业、是以人类灵魂为经营对象的职业,我相信,读过敏荣著作的读者一定能感受到内心深处灵魂的洗礼!

衷心祝愿敏荣出更多的好书!

（首都经济贸易大学 OTA 主任、教授、博士生导师）

2010 年 11 月 16 日

序论　走近孔子

子曰:女奚不曰,其为人也,发愤忘食,乐以忘忧,不知老之将至云尔。

——《论语·述而》

第1讲　走近孔子

诗三百,一言以蔽之,曰:思无邪。

——《论语·为政》

子曰:若圣与仁,则吾岂敢?

——《论语·述而》

一、70后眼中的孔子

孔子在我们70年代生人的心中,是以一个落魄的,交上了倒霉运,但同时又是居心叵测的文人的形象最先扎下根的。孔子也在二十世纪七十年代的"批林批孔"中被批斗成"孔老二"。我是70年代生人,也是在批判孔子的环境中成长起来的。小时候,接触到的孔子,并不是他老人家那光辉的形象,而是非常落魄的孔子:一个妄想开历史倒车的人物。当然,这些信息都是从连环画和故事书上得来的。其中有几个控诉孔子的细节至今还记忆犹新。

面目全非的孔子

孔子是相当媚俗的。孔子从鲁国国君处接受礼物:鲤鱼。同时,孔子的儿子也在此时出生,于是乎,孔子将自己的儿子取名为"孔鲤"。小人书上画着是孔子穿着破衣服,正在礼拜桌子上放着的鲤鱼,鲤鱼上还盘旋着嗡嗡飞着的苍蝇。

"官迷心窍",一心想当官。孔子的一生都是在琢磨着怎样当官,巴结贵人。五十几岁好不容易才做了官。回到家里,对自己的官服拜了又拜。

当官了之后没干什么好事,镇压过农民起义,杀死了少正卯,开历史的倒车。小人书上画的少正卯是英俊、强壮、正义的年轻男子,而孔子是猥琐的、连正眼都不敢对视。

思想极其反动,妄想恢复奴隶社会的"礼",这是孔子最要命的地方。孔子要"克己复礼",反对新兴的封建社会与地主阶级,为西周的奴隶主阶级唱赞歌。自己游手好闲,不务正业,后来在所在国家待不下去了,于是就周游列国,如丧家之犬,为列国所排斥,同时,在路上,遭到劳动人民的嘲笑。

后来我们对于孔子思想的感悟,则是来源于自己生活的现实。我是70年代生人,是在大变动时代下成长起来的一代。有人归纳,70年代的人,是靠不住的一代人。这是有道理的,为什么呢?

大变动中感悟孔子

我们这一代人,是在巨变下成长起来的。我们有着60年代以前理想主义的影响,又有着80年代以来巨变的现实主义的影响,理想与现实,应然与实然之间的冲突在70年代人中更为明显。"靠不住的一代"也就此成长起来了。

后来工作了,成为了研究人员,后来又成为教师,面对讲台下的那么多80年代、90年代后的大学生,心中常生"戚戚焉",但又不甘心"戚戚焉"成为我们的特点。"坦荡荡"的冲动成为了我内心的向往。

"安身立命"的冲动使得我看了很多哲学、思想、传统方面的书,也听了很多这一方面的讲座,如北京大学的张岱年、美籍华人学者杜维明、武汉大学的郭齐勇、华中理工大学的杨叔子等,也看了南怀瑾、梁漱溟、李泽厚的许多书。懵懵懂懂之间,似懂非懂之时,加深了对自己的理解,也加深了对时代的理解,更加深了对传统的理解,尤其是对《论语》的理解。

心中的志忑、惶恐始终存在:急功近利,急于求成,好高骛远,舍近求远。心中的不安,造就了生活中的折腾;折腾之余,也更深刻地体会到心安、心定的重要意义。在不安与惶恐之时,常常想起古代的圣贤之人,尤其是2500年前活得不太顺畅的孔老夫子,经常重读经典《论语》,希望在圣人的智慧沉淀中寻找心灵的淡泊、宁静的港湾,也在此时,加深了对《论语》与孔子思想的理解。更后来,想把这种对人生的理解、对圣贤著作的体会传递给学生们,又给学生们开设了公共选修课《论语与法律》。

二、无法还原的真实的孔子

　　孔子对于中国,正如苏格拉底对于西方欧洲,耶稣对于基督教,释迦牟尼对于佛教,穆罕默德对于伊斯兰教,属于文明的奠基人。这些"圣人"级别的人物奠定了各个文明的最为基本的精神与思想价值内核。

难以复原的圣人

　　历史是无法复原的,如何理解这些文明的奠基人,的确是一件困难的事情。首先,圣人的思想本身就难以理解,"神龙见首不见尾",难以见真容。《史记》记载孔子与老子见面的情景时,孔子对老子的评价就是如此。① 其次,圣人的思想往往在字义上高深莫测,甚至自相矛盾,"只可意会,不可言传"。老子留下的著名的《道德经》是这样讲的,"道可道,非常道"。孔子最得意的学生颜回②对孔子的学说非常感叹,他是这样评价孔子的,"我老师的思想越看越觉得高深,越研究越觉得博大,研究着研究着,眼看就在前面了,可以学到了,但忽然着,又不见了,跑到后面去了。"③第三,圣人之后,往往门派众多,哪些是圣人的真言真录,往往难以究明。苏格拉底在柏拉图那里与在色诺芬那里就是两个不同的人物,耶稣以后就有不同的弟子传下来的《福音》,后来教

---

　① "鸟,我知它能飞;鱼,吾知它能游;兽,我知它能走。走者可用网缚之,游者可用钩钓之,飞者可用箭取之。至于龙,吾不知其何以? 龙乘风云而上九天也! 吾所见老子也,其犹龙耶。学识渊深而莫测,志趣高邈而难知;如蛇之随时屈伸,如龙之应时变化。老聃,真吾师也!"原文为:"鸟,吾知其能飞;鱼,吾知其能游;兽,吾知其能走。走者可以为罔,游者可以为纶,飞者可以为矰。至于龙吾不能知,其乘风去而上天。吾今日见老子,其犹龙邪!"(《史记·老子韩非列传》)

　② 颜回,字子渊,春秋时期鲁国人,生于鲁昭公二十九年(公元前521年),卒于鲁哀公十三年(公元前481年),享年仅40岁(据熊赐履:《学统》)。他14岁即拜孔子为师,此后终生师事之。在孔门诸弟子中,孔子对他称赞最多,不仅赞其"好学",而且还以"仁人"相许。历代文人学士对他也无不推尊有加,宋明儒者更好"寻孔、颜乐处"。自汉高帝以颜回配享孔子、祀以太牢,三国魏正始年间将此举定为制度以来,历代统治者封赠有加,无不尊奉颜子。

　③ 原文是:"颜渊喟然叹曰:'仰之弥高,钻之弥坚,瞻之在前,忽焉在后! 夫子循循然善诱人:博我以文,约我以礼。欲罢不能,既竭吾才。如有所立卓尔。虽欲从之,未由也已!'"(《论语·子罕》)

会只是将其中的少数几个列入《圣经》之中,其他均剔除在外,现代的考古还发现了有《犹太福音》等与主流《圣经》不同的福音。释迦牟尼以后,不同的派别就更多了,均是对释迦牟尼思想的不同理解。圣人的思想与圣人的话要理解起来不是件容易的事,产生歧义也是不可避免的。

让人迷惑的仁学

孔子的思想也不例外。对于孔子的思想,他的学生中也是理解各异,有子张说、子夏说、曾子说、子游说,而且影响都很大。亲自聆听孔子教导的人尚且如此,更何况几千年后的今人。例如,孔子学说中的"仁"的思想,"仁"已经成为我们日常生活中经常会用的词:"仁爱"、"仁慈"、"仁德"、"仁义"、"仁政",在姓名中也有"王守仁"、"曹聚仁"等,有名的药店"同仁堂"也依此命名,但孔子思想中的"仁"到底有什么含义呢?历代争论不休,有些著名的学者甚至认为"仁"就是"人",没有什么特殊的含义,纯属孔子故弄玄虚。[1]

现今的人们,对孔子的思想有注释之,如杨伯峻的《论语译注》、杨树达的《论语疏证》[2],也有对孔子思想的感悟与一己之得的,如于丹的《论语心得》,但很少有解释孔子思想本来意义的作品。孔子在世的时候,他最得意的学生们,包括七十二贤人们很多都弄不清楚,今天的我们能将其弄明白吗?但如果孔子本原的思想都搞不明白,我们又怎样能面对这样一位中华文明的奠基人呢?我们又怎样能说我们的身上传承着五千年的文明呢?

三、走上神坛的孔子

对于圣人思想的理解难以完成。而圣人在各个时代的再现,往往不是圣人或是圣人思想本身,而是各个时代投射到圣人身上的影子。

被请上神坛的圣人们

圣人在世时往往以凡人的面目示人,而在圣人所在的时代以及现实的世

---

① 参见杨伯峻:《论语译注》,中华书局 1960 年版。
② 参见杨树达:《论语疏证》,江西人民出版社 2007 年版。

界,凡人往往不被尊重。于是圣人在后世的现实世界中就被请进了殿堂,用高大庄严的形象,饰之以金箔示人。耶稣一介平民,但他之后基督教的最高总部被安置在富丽堂皇的梵蒂冈(Vatican),教皇以尊贵、华丽服饰示人。为什么呢? 因为,世人喜欢将华丽与高贵等同起来,而不是将贫穷与高贵等同起来。要让世人服膺,就必须以高贵华丽示人。在各个文明的记载中,传递文明信息的使者(Messanger)往往不被当时的人们所理解,被当时的人们所遗弃、污蔑,甚至是陷害。西方的耶稣就是由于犹太教的长老会陷害而被移交给罗马当局的。孔子在当时也被人评价为"遑遑如丧家之犬"。真理行之于世界,并不会被世人所珍惜,反而会被误解与批判。正如《圣经》中所言,真理是不能被直视的,否则,眼睛会变瞎。汉代就曾记载有"叶公好龙"的故事,[①]非常到位地指出凡人对待真理的态度。

圣人的两面性

因此,各个时代对圣人思想与圣人事迹的理解,往往反映了不同的时代的世人的主流看法。孔子,在中国的汉代以后,不断地被冠以圣人之称,到最后前面有一长串的名称,如"大成至圣文宣先师"、"玄圣文宣王"等等。因为不这样,不足以显示其尊贵。这其实是与孔子的思想不相符合的,孔子自己讲过,"圣与仁",他差得很远。[②] 不同时代的人们都喜欢美化、神化孔子。如孔子的相貌,据史书上记载,是相当丑陋的。但是大部分的孔子的画像都将孔子画成仪表堂堂的奇男子。

这些向世间宣扬"道"、"真理"的人,其实是宣扬世人所难以理解的道理,而世俗的力量却是构成社会的主导力量。所以,圣人不为当时的世人所理解、甚至不为当时的世人所容也就难怪了。而当圣人为后世的人们所接受之后,他们就会按照自己的美好愿望来重新塑造圣人。例如圣人一出生即有"瑞相",一开始就有与众不同的智慧,举手投足之间异于世俗之人;圣人肯定有

---

① 刘向《新序·杂事》记载:"叶公子高好龙,钩以写龙,凿以写龙,屋室雕文以写龙。于是天龙闻而下之,窥头于牖,施尾于堂。叶公见之,弃而还走,失其魂魄,五色无主。是叶公非好龙也,好夫似龙而非龙者也。"

② 参见《论语·述而》:"子曰:'若圣与仁,则吾岂敢? 抑为之不厌,诲人不倦,则可谓云尔已矣。'公西华曰:'正唯弟子不能学也。'"

大富、大贵,等等。于是,孔子就变成了"衍圣公",变成了凌驾于帝王之上的思想权威。理解孔子也就变得非常困难了。

四、解释孔子

圣人已经离我们很久远了,人们既可以将孔子请上圣坛,也可以将他拉下圣坛,任意糟蹋。孔子在我们70年代生人的心中,其实是很矛盾的人物。也正是因为他的矛盾,激起了我的巨大的兴趣。评价孔子的矛盾,孔子自身的矛盾,以及孔子所处的矛盾的大变动时代,这些都与我们这些矛盾的现代人相合。我的专业是法律,法律是探求固定性、不变性、永恒性的学科,是寻求规律、规则的学科。现代社会的急剧变迁使得我们的世界变得自相矛盾:转轨社会本身就是一个矛盾体。而正是由于它的矛盾、不符合逻辑,寻求"规则"、"规律"与"不变性"的心理也就越来越强烈。又加上学习法律本身提供了一个研究传统的机会。法律从本质上讲,并不是一个日新月异的学科,而是具有相当的保守性:保存社会的传统、良知的学科。当然,在我们的转轨社会中,应然的不实然,不应该的却是实然的现象比比皆是。于是,用法律整体的分析方法,用孔子自身的言行来还原孔子,力图接近孔子的思想的原意,以2500年前的智慧点亮迷雾茫茫的现实的想法便在我心中萌生起来。

能否全面理解圣人

我自本科学习法律,尔后研究法律,再之后教授法律,学习《论语》并不是我的专业。在以专业治学的世界中,由非专业人士来解释孔子的思想,似乎是不合情理的。我对孔子的理解也是很晚的事情,虽然中学、大学都读过《论语》,但都属于一知半解,而且,在脑海中形成的先入为主的孔子还是一个非常负面的形象。但是法律这个专业培养的是这么一群人:坚信并言之凿凿地说要还原1804年、1875年和1900年的经典文本在法律界是司空见惯的事情,还原几千年前的古罗马的《查士丁尼法典》的原意,并探求其中的精神也是可以做到的。既然这些都可以做到,为什么不能还原孔子的思想呢?于是就有了这样的一本理解孔子的真实思想的著作。

法律解释最为根本的方法是整体的解释方法:即不纠结于一句一词的解

释,而是对于个别的解释是基于整体的解释,每个个别处的解释在整体上是一致的。当年,孔子的学生编辑《论语》,恐怕也有这样的意思。既然孔子的思想那么庞杂,不得全面得之。孔子最得意的学生颜回也曾感慨孔子的思想是那么地深奥,"仰之弥高,钻之弥坚",因此,最好的办法就是忠实地将孔子的语录与行为辑录成册,让后辈小子自己去揣夺之,而揣摩的方法肯定是基于整体的理解。

五、亲近孔子

误解来源于断章取义。我们曾用"语录"式方法理解过孔子,也用此方法理解过马克思、毛泽东,也以此理解过进入我们视野的西方传统。其实这些都是将自己的偏见用不同的表达方式表现出来而已,都未触及到理解对象的本质。

通过这种整体的、客观的比较、归纳与总结,我们可以看到一个完全不同于我们日常理解的孔子:一个有着平常人情感的孔子,一个有着喜怒哀乐、有脾气的、对现实有时也挺无奈的孔子;一个既平凡,又伟大;一个看起来离我们很远,又离我们很近的;一个我们可以亲近的孔子;一个可以教我们怎样在一个变动的社会中处世与成长的长者。

从变动社会理解仁学

孔子所处的也是一个大变动的时代,它的变动性远远甚于我们现在的转轨社会。我们的忧愁、我们的无奈、我们的痛苦,都可以在那个时代找到相对应的类比。历史的车轮滚滚向前,但只要潜下心来,我们就会发现,经验具有很多的相似性。我们从孔子身上,可以得到很多启示:我们的无奈来源于我们的"无知",我们的蒙蔽来源于我们的"偏见",我们的痛苦来源于对自身能力的忽视。从孔子身上,我们可以找到我们生活的意义,我们前行的力量。与"圣人"对话,将使我们的灵魂得到抚慰,使我们躁动的心灵得到安宁,使我们混乱的思想得到净化。

在欧洲的宗教改革时期,荷兰的爱拉斯谟因为崇尚理性而遭到天主教和新教的两面夹击,他曾经大声地向"圣苏格拉底"祈求。美国的本杰明·富兰克林则给自己确立了一个目标,那就是"效法耶稣和苏格拉底"。我们为什么不可以追寻我们的圣人,让他们的智慧照耀我们前进的迷途呢?

第2讲　孔子的奔波到底是为了什么

学而时习之,不亦说乎;

有朋自远方来,不亦乐乎;

人不知而不愠,不亦君子乎。

——《论语·学而》

一、孔子的生活时代:大变动时代

春秋时期的时代背景是怎么样的呢?西周时实行分封和建制。① 当时分封的诸侯国家有 1700 个。以偌大中国,我们现在才只有两千多个县,而当时的疆域没有现在大,这就意味着一个县就可以是一个诸侯国。到了春秋时期,比较强大的国家有 170 多个。从 1700 多个国家演变到 170 多个,十者只强其一,可见社会的急剧变动性。

面对变动的社会,就必然提出如下问题:人何以安身立命?人在变动中的处世之道是什么?人与社会、人与人应该如何对待?生命的目的是什么?什么是固定的?什么是不变的?在大变动时期,什么是我们需要坚持的?

我们可以看到凡是文明奠基性思想的起源,包括宗教思想的起源,往往起源于充满动荡、大灾大难、经历巨大变动的时代。《圣经》中“旧约”、“新约”记载的就是大量的苦难史。古希腊文明的繁荣与希波战争和希腊半岛的征战是分不开的。而中国的思想的奠基则产生于春秋这一大变动时期。这其实是人与人类社会的性质决定的,人的结构是需要外界的不断刺激,并不断地激起

---

① 参见《礼记·王制》:“王者之制禄爵,公、侯、伯、子、男,凡五等……天子之田方千里,公侯田方百里,伯七十里,子男五十里。”

自身的抗争，从而激发自身的能力，进而提升自身的能力与完善自身。唯有足够大的磨难与自我警示，否则不能提升与完善自身，这正所谓"难而后有得"，所以，佛教中也有"命在呼吸间"一说。① 而这种认识，往往是在稳定时期、大一统时代、社会缺乏变动时期所难以体会与认识得到的。而这种认识成就了人类社会的精神财富，成为了认识人的本质与社会意义的宝贵财富。

如果是非常安逸、没有变化、没有社会变动的时代，就难以产生社会思想。人也是一样。这就是为什么叫"生于忧患，死于安乐"。② 近代的亚当·斯密也说过，"痛苦与磨难是人们最好的导师，只是人们不愿意去面对它"。③ 对于一个社会的动荡、磨难，一个人、一个民族如何去面对它，可以看出一个人或是一个民族的素养，同时，也可以成就一个人或是一个民族。磨难是一种财富，④关键是人们如何去面对它。如果不能面对它，就会感觉世事难料，是不可琢磨、不可分析的。而正确地面对磨难可以成就人的思想，西方的基督教、印度的佛教、古希腊的苏格拉底的思想、柏拉图的思想都可以看出成就于磨难之下的思考，从孔子百折不挠的经历中也可以看出来。

二、家道中落，多能鄙事

孔子（公元前551—前479），名丘，字仲尼，鲁国人。中国春秋末期伟大的思想家和教育家，儒家学派的创始人。孔子生年一般按《史记·孔子世家》所记为鲁襄公二十二年，而生月生日《史记》未记，按《穀梁传》所记"十月庚子

---

① 参见《四十二章经》中的"生即有灭"。"佛问沙门：人命在几间？对曰：数日间。佛言：子未知道。复问一沙门：人命在几间？对曰：饮食间。佛言：子未知道。复问一沙门：人命在几间？对曰：呼吸间。佛言：善哉！子知道矣。"
② 《孟子·告子下》有云："故天降大任于是人也，必先苦其心志，劳其筋骨，饿其体肤，空乏其身，行拂乱其所为，所以动心忍性，曾益其所不能。人恒过，然后能改；困于心，衡于虑，而后作；征于色，发于声，而后喻。入则无法家拂士，出则无敌国外患者，国恒亡。然后知生于忧患而死于安乐也。"
③ 亚当·斯密：《道德情操论》，转引自沈敏荣：《市民社会与法律精神——人的品格与制度变迁》，法律出版社2008年版，第78页。
④ 人类学家潘光旦教授曾在抗日战争最困难的时期撰文指出：其实抗日战争对中华民族来说并不是一件坏事，它对促进中华民族的进步是有益的。

孔子生",换算为当今之公历应为公元前 551 年 9 月 28 日生。现代兴起的山东祭孔大典就是按照这个时间。①

孔子出身贵族,早年丧父,家境衰落。他曾说过:"吾少也贱,故多能鄙事。"少时的磨难成就了他平民化的倾向。以后的私学以及他"有教无类"的思想,都跟他少年时期的经历有很大的关系。少年时期的磨难洗去了孔子身上贵族的色彩。

虽然家庭属于当时的贵族,但孔子的出身(父公叔纥与孔子的母亲"野合"而成)②、孔子的家庭(父早亡,家道中落)、孔子的生活遭遇("少也贱")却与上流社会格格不入。我们知道,直到三国两晋南北朝,都是讲究身份名第的,"九品中正制"一直是当时选拔人才的方式。出生在贵族家庭最大的好处应该是使得孔子能够接受正规的教育,因为在孔子之前是"学在贵族"、"学在官府"。同时,孔子的生活际遇,又使得孔子具有了平民的本质与眼光,这就使得孔子的思想是开放的,"有教无类",没有身份、地位、贫富、权力之间的差别。孔子是创立"私学"的第一人,私学从他那时起。

孔子年轻时曾做过"委吏"(管理仓廪)与"乘田"(管放牧牛羊)。虽然生活贫苦,但是孔子 15 岁即"志于学"。他善于取法他人,曾说:"三人行,必有吾师焉。择其善者而从之,其不善者而改之。"③他学无常师,好学不厌,乡人也赞他"博学"。

三、创立私学,影响日隆

孔子之前,学在"贵族",是"官学",平民是没有机会学习的。但是,当时是大变动时期,大量的贵族转为平民,促进了知识的下移。所以,在孔子之时,已具备了民间知识自我扩散的条件,"私学"由此而生。自孔子以后的"私学"传统一直延续下来,成为中国民间的传统,一直到 1911 年民国之后,才使"公

---

① 孔子生年有两种说法,公元前 551 年和公元前 552 年;出生日有 9 月 8 日,9 月 28 日,10 月 9 日等各种说法。本处从通说。

② 参见司马迁的《史记·孔子世家》,原文是"(叔梁)纥与颜氏女野合而生孔子"。

③ 《论语·述而》。

学"成为教育的方式,有了诸如中国公学、国立北京大学、中央大学、中山大学、武汉大学等国内知名学府。在漫长的二千多年的历史中,"私学"的传统一直得以保留,孔子也被尊称为"圣人"。

孔子"三十而立",开始授徒讲学。凡带上"束修"(以实物当做求学的学费)的,都收为学生。如曾点①、子路②、伯牛③、冉有④、子贡⑤、颜渊等,是较早的一批弟子。连鲁大夫孟僖子、其子孟懿子⑥和南宫敬叔⑦都来学礼,可见孔子办学已名闻遐迩。私学的创设,打破了"学在官府"的传统,进一步促进了

---

① 曾点,字晳,春秋时期鲁国南武城(今平邑县魏庄乡南武城村)人,是儒家一代传人"宗圣"曾参之父,他自己也是孔子的学生。

② 仲由,字子路,又字季路,春秋末鲁国卞(今山东泗水县泉林镇卞桥[据裴骃《史记》集解引徐广《尸子》说]人)。孔子得意门生。以政事见称。性格爽直率真,有勇力才艺,敢于批评孔子。孔子了解其为人,对其评价很高,认为可备大臣之数,"千乘之国可使治其赋",并说他使自己"恶言不闻于耳"。做事果断,信守诺言,勇于进取,曾任卫蒲邑大夫、季氏家宰,是孔子"堕三都"之举的最主要合作者之一。后为卫大夫孔悝家宰,在内讧中被杀。

③ 冉伯牛(生卒年不详)姓冉,名耕,字伯牛,春秋末年鲁国人,出身"贱人"家族,孔子弟子中以德行著称者之一。孔子任鲁国司寇时,任中都宰。孔子在总结其学生特长时,把他列为德行优秀者之列。孟子在评论孔门弟子时则把他列为德行的首位,可见其在仁德修养方面有突出成就。他能注意平日的接人待物之礼节,受到称赞,《尸子》中记载孔子在接人待物方面经常请他来侍奉和帮助。他为人端庄正派,孟子认为他的行为大体与孔子相似;王充则认为他的德才达到了称圣的程度。班固和王充则认为他是行善而遭恶疾的典型,可见他的德行对后世影响之深远。历代官府对他都很尊崇。东汉明帝永平十五年(72 年)东巡,祀孔子时以他为配。唐玄宗开元八年(720 年)列为"十哲"之一,配享孔子。

④ 冉有(公元前 522—前 489)名求,字子有,春秋末鲁国人。比孔子小 29 岁,是孔子最器重的弟子之一,在孔门中以善于处理政事著名,曾做过鲁国贵族季孙氏的家臣,孔子称其"可使治赋"。

⑤ 端木赐(公元前 520—前 456),字子贡,是孔门七十二贤人之一,是孔子的得意门生,且列言语科之优异者,孔子曾称其为"瑚琏之器"。他利口巧辞,善于雄辩,且有干济才,办事通达。曾任鲁、卫两国之相。他还善于经商之道,曾经经商于曹、鲁两国之间,富致千金。为孔子弟子中首富。相传,孔子病危时,未赶回,子贡觉得对不起老师,别人守墓三年离去,他在墓旁再守了三年,一共守了六年。

⑥ 孟懿子,鲁大夫仲孙氏,名何忌,懿乃其谥号,曾从父遗命学礼于孔子,是孔子早期的学生。孟懿子问孝,子曰:"无违。"樊迟御,子告之曰:"孟孙问孝于我,我对曰:'无违'。"樊迟曰:"何谓也?"子曰:"生,事之以礼。死,葬之以礼,祭之以礼。"

⑦ 南宫敬叔,春秋鲁人。鲁孟僖子子仲孙阅;以居南宫,因以为氏;字子容,亦称南容。孔子弟子,孔子妻以兄女。见《左传·昭公七年》《论语·宪问》与《史记·孔子世家》。

学术文化的平民化。

《论语》一开始就是三个反问句。

　　子曰:"学而时习之,不亦说乎? 有朋自远方来,不亦乐乎? 人不知而不愠,不亦君子乎?"(《论语·学而》)

　　(参考译文①:孔子说:"学习,然后实践它,难道不是件高兴的事情吗? 有志同道合的人听说你的学说,远道而来(请教、切磋),难道不是件高兴的事吗? 别人不了解你,但自己却不存怫郁不快之意,难道不也是修养有成德的君子吗?")

"有朋自远方来,不亦乐乎",这时候孔子的影响就很大了。这里的"有朋自远方来",不是我们所理解的有很多朋友从远方来,然后我很高兴。其实是很多人知道了孔子的名望,知道孔子的学说,然后去拜访孔子,跟孔子切磋。②

孔子原来讲课的时候曾经"三赢三亏"。一会儿人多,一会儿人少。一件事物原来没有,一下子出现,人们肯定要持怀疑、观望、试探的态度,这是非常正常的,问题是将这个东西带到这个世界的人是否会坚持。从孔子开始才有了私学的,原来以前所有的人要想学习,要想得到知识,要想得到一些智慧去那儿? 得去官府。官府创办了一些学校。原来周朝是这样的,就是"学在官府",而且对象是"贵族",一般平民是没有机会学习的。但是从孔子开始就有了私学。当然一开始人们是持观望、怀疑的态度的。唯有孔子用实际行动打破这种偏见与固有之识,人们才会慢慢地接受。

72 个优秀学生

相传,孔子的门徒很多,有三千之多,其中 72 个是贤人。培养出圣贤是很不容易的。大家去山东曲阜孔庙就可以看到 72 贤人的雕塑,都是非常有名望

---

① 本文以下参考杨伯峻先生的《论语译注》、钱穆先生的《论语新解》、程树德先生的《论语集释》、杨树达先生的《论语疏证》中的译文和解释译文。

② 同门曰"朋",同志曰"友"。

的人。可见孔子当时的教育是非常有成效的。我们现在的高校每年基本上都招收 3000 名以上的学生,产生杰出的人才却很少,钱学森临终前还向温家宝总理进言:为什么中国培养不出大师?而孔子门下却有 72 贤人。贤人当然跟圣人差一级别,孔子才能称得上圣人,贤人属非常有才华、非常有才能的人。也就是在三千弟子当中,有 72 个人特别有才华,这就非常了不起了。这几个大家都是闻熟能详的:子路、冉有、子贡、颜渊。这四个人在本书中也会反复提及。

很多人相信孔子的学说,去拜访他,孔子当然很高兴。孔子在《论语》中自述自己的理想就是:"老者安之,朋友信之,少者怀之。"①这些学生也使得孔子的影响面更扩大了,在周国、齐国,大家都听说过孔子。而且孔子的学生在别的地方还当大官。子贡、冉有在外交方面很有天分;子路擅长军事;颜渊死得早,他是孔子最为欣赏的。

与众不同的孔子

尽管孔子的学问很大,但孔子在当时是长期不得志。可以想象,在大变动时期,有些人迎合世事、阿谀奉承,也有些人怨天尤人、自暴自弃。但孔子的态度却是截然相反,是"不患人之不知己,而患不知人也",他严格要求自己,忧患的并不是别人不了解自己,而是自己认识自己不够。孔子在挫折面前并没有自暴自弃,而是作为自身前进的动力。仔细想想,孔子的态度确实与众不同。当时是大变动时期,也是巨大的社会转轨时期,②礼乐崩坏,霸术横行。大丈夫立世,当扬名于世,定邦安民,成就一番事业;或是巨富一方,纵横于世,让他人甚至是诸侯不敢小觑。子路与子贡就是这么想的。但孔子却相反,走了另一条路。用"三十而立、四十而不惑、五十而知天命、六十而耳顺,七十而随心所欲,不逾矩","时时不离仁"来要求自己。有这样一种人生态度,一个人就不可能自暴自弃,自我放逐。孔子之人格、学识、行为也成为了学生们敬仰的对象,如颜回的评价是"仰之弥高,钻之弥坚"。

---

① 《论语·公冶长》记载:"子路曰:'愿闻子之志。'子曰:'老者安之,朋友信之,少者怀之。'"

② 当时的转轨是从周朝的分封制转变为诸侯争霸。

　　鲁国自宣公以后,政权操持在以季氏为首的三桓手中。昭公初年,三家又瓜分了鲁君的兵符军权。孔子曾对季氏"八佾舞于庭"(八佾是一种舞蹈的名,按照礼仪,只有周王才有资格享用)的僭越行为表示愤慨。昭公二十五年(公元前517年)鲁国内乱,孔子离鲁至齐。齐景公向孔子问政,孔子说:"君君,臣臣,父父,子子。"我们以前老是认为这是孔子反动的罪证之一:推行君王论、父权论、要臣子愚忠,子女愚孝。其实,这是典型的断章取义,以现代的思想度古人之腹。我们学校的文魁校长曾在一次座谈会上说他当校长最大的理想是,"老师像老师,学生像学生"。如果以这种心态理解孔子,其道理是显而易见的。如果做君主的不像君主,当臣子的不像臣子,各个角色不按其道而行,是礼乐崩坏的原因,也是一国不能长期得以强盛的原因。要是各方都各按其道,安司其职,"在其位,谋其政","不在其位,不谋其政",社会的强盛就有了基础。

　　当时齐国政权操在大夫陈氏手中,所以景公虽悦孔子言但也不能用。孔子在齐不得志,遂又返鲁,"退而修诗书礼乐,弟子弥众",从远方来求学的,几乎遍及各诸侯国。其时鲁政权操在季氏手中,而季氏又受制于其家臣阳货。孔子不满这种政不在君而在大夫的"陪臣执国命"的状况,不愿出仕。他说:"不义而富且贵,于我如浮云。"

　　孔子一直受不到重用。孔子不受重用也有一种可能,就是学生太多,别人不敢用他,如果用他的话,他的势力可能会超过国君。就像《论语》中子路所说的,只要有1000乘,就可治理一个中等的国家。① "乘"是当时的作战单位,就是一个马夫、几个作战人员,再加上三、四匹马组成,叫做"一乘"。当时有1000乘就算一个中等国家,所以它的范围很小,哪个国君敢用孔子呢?如果用孔子,他的影响和势力就有可能把国家给颠覆掉。② 另一种可能是这种学说国家用不着。从春秋战国时期可以看到,乱世的时期能用什么呢?用那些急功近利的方法,如法家,用严刑峻法,用了就能够强大。如果用了需要一代

---

　①　《论语·先进》记载道:"子路率尔而对,曰:'千乘之国,摄乎大国之间,加之以师旅,因之以饥馑,由也为之,比及三年,可使有勇,且知方也。'"
　②　大夫、世卿把持国家,架空国君的事例在春秋时期比比皆是。三家分晋就是一个突出的例子:国内的权势大夫架空国君,最终将晋国一分为三。

两代才能够强大的,这种学说就可能不被用。① 反正结果是,孔子不得志。春秋时期齐国的名相晏婴曾对孔子有过这样的评价,挺耐人寻味的:"凡是儒者都能言善辩,是难以用法来约束他们的。他们高傲任性,自以为是,不能任用为臣子,他们重视丧事,过分追求哀荣,为了葬礼隆重,不惜清家荡产,不能让这种人的做法形成风气。他们四处游说,谋求官禄,不能用他们来治理国家。自从周王室衰微,礼崩乐坏已经有好长时间了。现在孔子讲究仪容服饰,制定繁琐礼节,这些繁文缛节就是几代人也学不完,一个人毕生探讨也搞不清楚,大王如果起用这套东西来改变齐国风俗,恐怕不是引导百姓的办法。"②

那么不得志之后怎么办呢?"人不知而不愠,不亦君子乎。"大家看见没有,这是不是孔子的写照。长期怀才不遇,没有人来用他,孔子由此就自暴自弃了吗? 没有。而是依然奋进,这就很了不起了。别人影响不了孔子的成长。到后来周游列国以及周游列国回来之后也没有人用他。这就是当时的社会现实,大家从《春秋列国志》里可以看到,在春秋战国时期,有儿子娶母亲的,有哥哥杀弟弟的,有臣子篡权、家庭篡权的,有阴谋叛乱的,这世道就乱了,跟原来周朝的状况完全不一样。当时有个非常有名的诸侯国,叫晋国,后来分成赵国、魏国和韩国三家,这就是历史上非常有名的"三家分晋"。这是晋国国君手下的三个大臣、三个很有名望的家族把晋国就给瓜分了。当时,阴谋夺权、不顾礼节,什么邪恶的东西只要想得到的就能得到。孔子的这种从人的本性出发的学说,当时的人不敢用、不会用、不能用,也不想用。那么大的学问没有人用,不能不使人有"怀才不遇"之感。

四、时来运转,孔子出仕

孔子到了 51 岁的时候,时来运转,当了一阵子官。鲁定公九年(公元前

---

① 无论是对一个国,还是对个人而言,急功近利的诱惑始终是很大的。中国春秋战国割据局面的结束是由施行了"法家"政策的秦国来完成的这一事实也说明了这个问题。

② 《史记·孔子世家》记载:"晏婴进曰:'夫儒者滑稽而不可轨法;倨傲自顺,不可以为下;崇丧遂哀,破产厚葬,不可以为俗;游说乞贷,不可以为国。自大贤之息,周室既衰,礼乐缺有间。今孔子盛容饰,繁登降之礼,趋详之节,累世不能殚其学,当年不能究其礼。君欲用之以移齐俗,非所以先细民也。'"

501 年)阳货被逐,孔子才被任为中都宰。"行之一年,四方则之"。遂由中都宰迁司空,再升为大司寇。官还当得挺大,当过大司寇,①相当于现在集司法部部长、最高法院院长于一身。

鲁定公十年(公元前 500 年)齐鲁夹谷之会,鲁由孔子相礼。孔子认为"有文事者必有武备,有武事者必有文备",早有防范,使齐君想用武力劫持鲁君之预谋未能得逞,并运用外交手段收回被齐侵占的郓、灌、龟阴之田。

定公十二年(公元前 498 年)孔子为加强公室,抑制三桓,援引古制"家不藏甲,邑无百雉之城",提出"堕三都"的计划,并通过任季氏宰的子路去实施。由于孔子利用了三桓与其家臣的矛盾,季孙氏、叔孙氏同意各自毁掉了费邑与后邑。但孟孙氏被家臣公敛处父所煽动而反对堕成邑。定公围之不克。孔子计划受挫。

孔子为官期间作出很多贡献,给鲁国帮了很多忙,收回了一些失地。这说明孔子很能干,不像我们以后理解的儒家书生,只有书生意气,而没有行动能力。孔子干事能力是超强的。在他手下,不光是会"文",还需要有其他的才能,《论语》中记载孔子以四教,即文,行,忠,信。② 子路军事上就很有才华,冉有的管理才能很厉害,子贡的外交才能也很了得的。所以,并不是说孔子只会读书。③

孔子加强国家秩序,削减重臣的权力,使鲁国日渐强大。齐国就感到鲁国强大的潜在危机。齐国原来是西周名相姜子牙的封地,后来到了齐桓公时比较强大,能称霸诸侯了。鲁国跟齐国非常靠近。旁边有一个强大的鲁国,齐国

---

①　西周时期的司寇。当时周天子是最高裁判者。中央设大司寇,负责实践法律法令,辅佐周王行使司法权,大司寇下设小司寇,辅佐大司寇审理具体案件。大、小司寇下设专门的司法属吏。此外,基层设有士师、乡士、遂士等负责处理具体司法事宜。大司寇的职责,负责建立和颁布治理天下的三法,以辅佐王惩罚(违法的)诸侯国,禁止四方各国(的叛逆):一是惩罚(违法的)新建立之国用轻法;二是惩罚(违法的)旧国用中法;三是惩罚乱国用重法。用五种刑法纠察民众:一是针对野地之民的刑法,以鼓励务农而纠察是否勤劳;二是针对军队的刑法,以鼓励服从军令而纠察是否有离队的;三是针对六乡之民的刑法,以鼓励德行而纠察是否有不孝的;四是针对官府的刑法,以鼓励贤能而纠察是否失职;五是针对国都之民的刑法,以鼓励谨慎而纠察是否恭敬。

②　参见《论语·述而》:"子以四教:文,行,忠,信。"

③　孔子有一次跟手下的弟子谈理想,结果孔子谈到自己就想带几个学生,当当老师。由此后人将孔子理解成只会教书,而不会其他。

就感到恐惧。所以齐国用了反间计和美人计,送给鲁国国君很多美女,结果计谋成功。孔子遂辞官不做。

春秋时期,不像后来,很多人明知抱负实现不了还在那儿当官,或是死谏,而是离职而去。这点与后来孟子的情形是一样的,如果他们的思想、主张得不到应用的话,他们就走人了。思想的实现比个人的仕途更重要。孔子那个时候当官和做人是连在一起的。如果自己的学说不为所用,他们的选择就是走人。

五、天命之年,周游列国

孔子仕鲁,齐人闻而惧,恐鲁强而并己,乃馈女乐于鲁定公与季桓子。季桓子受齐女乐,三日不听政。孔子政治抱负难以施展,遂带领颜回、子路、子贡、冉有等十余弟子离开"父母之邦",开始了长达14年之久的周游列国的颠沛流离生涯。是年孔子已55岁。

可以看到,孔子为官的时间并不长,只从51岁到55岁短短的四年多时间,而在55岁之后,孔子开始周游列国。这是很有意思的。孔子在交通极不发达的当时,开始了周游列国,而且是长达14年的时间。孔子这是干什么呢?当然按照我们现在的观念来说,孔子周游的这些国家都不算太远,就在黄河中下游、淮河流域这一片,但是当时的交通工具是牛车,用牛车作为交通工具就很不容易了。

孔子每到一个地方就宣传自己的说法、主张,希望被别人采纳,但并没有人听他的。有一些国家的国君,碍于孔子的名望,对他很礼遇、很尊重,但是在政治上却没人用他。"不知而不愠,不亦君子乎?"这么大的磨难孔子都不愤怒。我们想想,孔子到底是一个什么样的状态?孔子为什么会这样?孔子也是人哪,孔子是50多岁的时候开始周游列国,用我们现在的观念来计算,男的是60岁退休,女的是55岁退休,孔子在快要退休的时候才开始周游列国。退休一般讲是"颐养天年",但孔子却开始周游列国。到底是什么样的力量促使孔子走上这条我们都难以理解的路呢?

《论语》里面的第一句话就是对孔子一生的概括。这么重要的一本书,开题不会无缘无故地把一个没有内容,不重要的话放在开头。这一句话应该是对孔子一生的概括。

六、列国困顿，矢志不渝

孔子周游列国时受了很多苦。孔子曾经在匡地，被众人围住，认为他特别像他们国家中一位比较坏的奸臣，为此孔子五天五夜没吃没喝。在被围期间，孔子还是给他的学生讲学，孔子在当时讲什么呢，①能激起孔子这么大的热情，也能激起学生们这么大的热情呢？具体的内容历史上未记载，我们可以推测，他讲的应该是诸如：在危难的情况下我们应该怎么办？我们应该用什么方式处理当前的情况？这样的处理会给我们带来什么？

孔子一行先至卫国，始受卫灵公礼遇，后又受监视，恐获罪，将适于陈。过匡地，被围困五天。解围后原欲过蒲至晋，因晋内乱而未往，只得又返卫。到了卫国，还去拜访了卫国的卫夫人南子，卫夫人在卫国很有权势，对卫君有决定性的影响。估计卫夫人的人品有点问题，这时候，子路就不高兴了，就说孔子，"正直了一辈子了，还去见这种人"，然后孔子说，这种事我以后再也不干了。② 所以说孔子也不是说不犯错误，但是孔子能反省，有自我意识，能改，不犯第二次错误，这就是孔子提出来的圣人的标准：无二过。我们以后会看到，圣人的标准不是不犯错误，而是不犯两次同样的错误。这就非常了不起了。③

卫灵公怠于政，不用孔子。孔子说："苟有用我者，期月而已可也，三年有成。"④孔子说，如果有人用我的话，一个月两个月就能有效果，三年就会有大的成就。看来，孔子的学说在实践中也不是慢热型的，是有快速效果的。在春秋战国时期，是非常讲究学说的速效性，否则就没有生命力，但速效并不等于是急功近利。但是当时的当权者都等不了那么久，急功近利是当时普遍的现象。社会可以急功近利，个人就不能够急功近利了。如果你急功近利的话，那以后的日子就长不了了。所以你绝对不能急功近利的，一定要有方法、策略，

①　"子畏于匡。曰：'文王既没，文不在兹乎？天之将丧斯文也。后死者不得与于斯文也。天之未丧斯文也，匡人其如予何。'"（《论语·子罕》）。
②　"子见南子，子路不说。夫子矢之曰：'予所否者，天厌之！天厌之！'"（《论语·雍也》）
③　故有孔子的"圣人无二过"一说。
④　《论语·为政》。

有思路,慢慢地去积累,去实现。

后卫国内乱,孔子离卫经曹至宋。宋司马桓魋欲杀孔子,孔子微服过宋经郑至陈,是年孔子六十岁。其后孔子往返陈蔡多次,曾"厄于陈蔡之间"。据《史记》记载:因楚昭王来聘孔子,陈、蔡大夫围孔子,致使绝粮七日。解围后孔子至楚,不久楚昭王死。卫出公欲用孔子。孔子答子路曰,为政必以"正名"为先。返卫后,孔子虽受"养贤"之礼遇,但仍不见用。那时候兵荒马乱的,虽然当时是春秋,比战国的时候好一点,但还是乱世,到处奔波风险是很大的。那时候绝粮七日,七天都没吃饭,生命都受到威胁。大家想想,孔子这是在干吗呢?五六十岁的人哪。

大家知道,五十多岁在那个时候是很不容易的。以前那时候,人均寿命有限。五六十岁的人,到外面这么折腾,折腾个啥呢?这大家应该好好想想。孔子其实在《论语》里面都告诉了我们,就跟释迦牟尼一样,王子也不做了,到处寻道;苏格拉底不要安逸的生活,宁可不抚养老婆和孩子,70岁了还要献身真理。安逸的生活、家庭的幸福都是别人梦寐以求的事情,但他们都不要,这是要折腾啥呢?人,包括那些古希腊哲学家、思想家,他们到底想要干什么?人生都难免一死,他们到底要折腾啥呢?如果能回答这个问题,理解这些人的思想就不难了。

七、述而不作,成就仁学

鲁哀公十一年(公元前484年)冉有归鲁,率军在郎战胜齐军。季康子派人以币迎孔子。孔子遂归鲁,时孔子年68岁。55岁到68岁,孔子在列国周游了14年。大家想想,14年哪,孔子在外面飘荡了14年。有句俗话叫"金窝银窝,不如家里狗窝",而孔子在50岁以后在外面飘荡了14年,还是没有人了解他,没有人知道他。孔子图的是什么呢?

孔子归鲁后,鲁人尊以"国老",初鲁哀公与季康子常以政事相询,但终不被重用。那时候一个人活了那么久就非常不容易了,鲁国人对他很尊重,尊重他到过这么多地方,见过这么多世面。这里面不一定是尊重孔子学问大,而是因为他年纪大,走的地方多。当时有谁走过那么多国家?但是呢,还是没有人用他。

　　孔子晚年致力于整理文献和继续从事教育。鲁哀公十六年（公元前 479 年）孔子卒，葬于鲁城北泗水之上。孔子活了 73 岁，孟子死的时候 84 岁，所以后来，中国有种说法，73 岁、84 岁是比较危险的时期，你能过了那个槛，以后就会比较顺。圣人都活不过 73 岁、84 岁，何况一般人。当然，现在能活过 73 岁、84 岁的人很多。孔子当时活了 73 岁，这在当时是很长寿了。

　　孔子死后，孔子的学生将孔子的言行编辑成册，就是我们现在看到的《论语》。《论语》自儒学成为正统的统治思想之后，就成为了经典。自宋理学的推崇之后，《论语》与《大学》、《中庸》、《孟子》一起成为《四书》，成为了读书人必读的书。北宋名相赵普曾有名言："半部《论语》治天下"，《论语》也成为了治国的法宝。

正论（上） 仁的解释

子曰：志于道，据于德，依于仁，游于艺。

—— 《论语·述而》

第3讲　让人迷惑的仁:109种
解释说明了什么(一)

子罕言利,与命,与仁。

——《论语·子罕》

一、不可言说的言说:仁的疑惑

我们现在就来看看《论语》这本书到底讲什么。要了解一本书,最好的方法就是知道它的中心思想。那么,《论语》的中心思想是什么呢? 孔子讲来讲去,都围绕着一个主题,那就是"仁",就是"仁"学。在孔子以前没有"仁"学,人们都不知道有这个学问。① 孔子的学说以"仁"为中心,"仁"学自此大行于天下。我们现在用这个词也用得很多,比如"仁爱"、"仁慈"。那么什么是"仁"呢? 只要把"仁"弄清楚了,孔子的思想也就容易解释了。令人费解的是,虽然孔子在《论语》里面多次讲到"仁",但没有给出一个明确的定义②,这就很麻烦了。我们知道,我们学任何一个东西都得有定义,但是孔子学说里面的这个"仁"字却没有定义。什么是"仁"的含义,不知道。这就非常奇怪了。

在孔子生活的当时,他的学生就发现了这个问题,有人就跑去问曾子③,说我们老师一会儿这么讲,一会儿那么讲,"仁"学到底是讲什么? 孔子的

---

① 春秋时代重视"礼",却很少讲仁,更不用说仁学。杨伯峻:《论语译注》,中华书局1980年版,第16页。
② 《论语》中讲"仁"109次,"仁"字出现有110处。杨伯峻:《论语译注》,第16页。
③ 曾子是孔子一个比较得意的弟子,曾子、子思、孟子一系后来成为了儒家的正统解释者,后来的正统"儒家"思想就是从这一系传下来的。

"仁"到底是什么意思？曾子回答说，"我们老师的这个'仁'字啊，'忠恕'而已"。① 这些东西在《论语》里面都有记载的。说到这里，大家不禁要问，孔子的学说就那么简单吗？如果那么简单的话，孔子有必要这样翻来覆去地讲吗？

于是很多人就直接跑到孔子那里去问孔子。孔子那时候的学生可不像我们现在这样，得看老师的脸色行事，要买老师的高兴，他们那时候可是有话直说，经常会让老师下不了台。他们跑去问孔子，说："老师，这个'仁'字到底是什么意思？"结果呢，一个学生去了一个说法。四五个学生去了，每个学生一个说法，孔子的学生都蒙了。到底什么是仁呢？所以呢，孔子的学生没有办法，把所有关于"仁"的说法都记录下来。在《论语》里面有 100 多处。各个"仁"字说法不一，没有一处是一样的。这就麻烦了，这么大的一个学说中的中心思想竟然不一样。

其实很奇怪，往往越是核心的东西越说不出来。老子（李聃）也有这样的感触。老子留下 5000 多字的《道德经》。老子他原来当过周朝的藏史官，相当于国家图书馆馆长，当然不仅仅是图书馆馆长，周朝那时候的图书馆馆长跟现在的图书馆馆长是不一样的，当时所有的学问都在官府，官府掌握图书馆。而且，那时候的文字很难写，识字的人也很少。所以当时掌管图书馆，能有机会阅读所有的图书，那他的学问就应该非常大，一定是国家最有智慧的人物。老子将要终了的时候，西出函谷关，别人都不知道他去哪儿了。最后应函谷关守将（函谷关关令）尹喜的强烈要求，他最终留下了五千字的《道德经》。《道德经》开头第一句就是："道可道，非常道；名可名，无常名。"就是说，"我讲的这个东西虽然可以讲出来，但这东西肯定不是我们平常所理解的那样"。有那么一个东西，不能用通常可理解的方式说出来，这叫"道可道，非常道"。什么是"非常道"呢？就是不可能用平常的语言讲出来的东西。

可见，真理是不可言说的。因此，如果我们把《论语》中的"仁"搞清楚了，对于那种不可表述的东西就都搞清楚了。

下面，我们来逐句地分析《论语》中讲到的"仁"，力求能理解和解释清楚"仁"的含义。

---

① 《论语·里仁》记载：子曰："参乎！吾道一以贯之。"曾子曰："唯。"子出。门人问曰："何谓也？"曾子曰："夫子之道，忠恕而已矣。"

二、令人疑惑的"仁"的不同表述

既然"仁"的含义目前还搞不清楚，我们先按它的表述形式和字面含义来进行分类。在《论语》中关于"仁"的表述体现在下面六个方面。

（1）对"仁"进行肯定描述，孔子讲过什么是"仁"。但不是定义式的，不是指出"仁"是什么东西，而只是描述性的，非定义式的。

（2）仁的功效，即"仁"会带来什么。第（1）、（2）是从正面表述。

（3）对"仁"进行否定性地阐述，即没有"仁"会怎么样，从而达到强调"仁"的目的。

（4）孔子有好多东西是不说的，其中"仁"也是不说的内容之一。这就很有意思了，一个学说的中心思想是不说的，那我们就很纳闷这个学说是如何明确的呢？除此之外，"命"和"鬼"孔子也是不说的。因此，后人评价"儒家"比较入世，就是从这儿来的。

（5）然后是历史上的"仁"，具有了"仁"的人是怎么样的。

（6）最后一类，也是最有意思的。孔子反复地描述"仁"，但就是不下定义。这就产生问题了，到底"仁"是什么意思？如果一个学说的中心思想弄不明白，想弄清楚孔子的思想那是不可能的。于是就有很多人跑去问孔子什么是"仁"。孔子对不同的人给予了不同的回答。

现在我们就来具体看看孔子对于"仁"的各种表述。学习《论语》和我们现在的学习是不一样的，我们现在的学习总是从概念、定义、公式出发，是演绎的方法，而《论语》呢，它是在完成一个似乎完成不了的任务，阐述一个不可言说的话题。因此，学习《论语》，不能依我们现在的演绎或是归纳的方法，而是对于每一个"仁"的内容，大家应该铭记在心，仔细体会孔子在每一处讲"仁"的地方，他到底要传递什么样的信息；他到底怎样讲"仁"；他讲的"仁"到底是什么意思。我们要学习中国传统社会中学习《论语》的方法：不求甚解，但求熟记于心：在中国传统的封建社会中，《论语》是小孩子们必读的书，小孩不需要理解其中的意思，只要背就行了。而以后，随着年龄的增长，他对《论语》的理解也就会逐步深刻，因为这是一个阐述"至理"的书，是一本可以影响一个人一生的书，也是一个随着不同的年龄段有不同的理解与体会的书。这也是我们今天学习经典,尤其是学习关于如何生活与生存的经典应该具有的态度。一个东西只要是有,即使是"不可言传",那也是应该可以"意会"得到。那么多的民族,那么多的文化,那么多的宗教反复地强调的东西,能够传承数千年而不衰,那我们至少应该意会一下,理解其中到底是什么样的含义?这对我们加强理解生命的意义、生活的实质、自我的内涵实在是太有帮助了。

到最后,孔子说,如果一个人具有"仁"了,他就会有志向,而如果有了志向,他就可以做到"千军可夺帅,匹夫不可夺志。"这是《论语》里面的原话,就是到最后能达到这么样的一个效果:这个人你根本撼他不动,外界的消极力量对他没有影响。① 他们坚持自己的思想,坚持自己的主见,别人动他不了啊。要知道"千军可夺帅"是很不容易的。在历史上也可能就三国时期的张飞能做得到:"三军之中取上将首级,如探囊取物",而且还是《三国演义》中关羽吹嘘张飞的,其中还有兄弟俩互相吹嘘的嫌疑,但这都比不上"匹夫有志"。有这么强大的功效,不由得人不来敬仰和学习。因此,我们要带着崇敬的心态来研讨这本书,仔细琢磨,才能体会其中的不可言说的深义。

下面就来逐一表述。本讲是关于"仁"的肯定表述,包括上面的第(1)与第(2)项,第4讲是"仁"的否定表述,就是上面的第(3)与第(4)项,第5讲是学生问仁,孔子的各种回答,包括上面的第(5)和第(6)项。

三、仁的肯定表述:外在的行为模式

(一)简单版的"仁":孝悌乃"仁"之本

现在我们来看看,孔子是怎么讲述"仁"的。开始是《学而》。

> 有子曰:"其为人也孝弟,而好犯上者,鲜矣;不好犯上,而好作乱者,未之有也。君子务本,本立而道生。孝弟也者,其为仁之本欤!"(《论语·学而》)

【参考译文】有子说:"他的为人孝顺、尊敬(兄长),却会心存喜好犯

---

① 这里也可以体会一下西塞罗在《论共和国》说的话:法律是使人不在外在诱惑下堕落,不受外来影响之下改变,不在强力压迫之下屈服,不在金钱诱惑之下腐败。

上的,这种人是很少的;不喜好犯上,却喜好作乱的,这种人从来没有过。君子专心致力于事情的根本处,根本建立起来了,'道'就会由此而生。孝顺爹娘,尊敬兄长,这就是'仁'的根本吧!"

"仁"的根本是什么呢? 是孝悌。大家记住,孔子的学生有子在此处讲:"孝悌"是"仁"之根本,但是你们在后面可以看到《论语》的一些自相矛盾的阐述。一定要正视这些看似自相矛盾的地方,而不是因为是孔圣人的东西,就理所当然地认为他说的所有的东西都是一致的。其实,正是通过比较这些看似矛盾的地方我们才可以体会出孔子的真正思想。

什么是"孝"呢? 对上是孝,兄对弟叫悌。有子的意思是说,一个人如果做到了"孝"和"悌",如果能做到尊敬长者、善待平辈,国家就太平了。从这个地方后来就发展出了"修齐治平"的思想:修身、齐家、治国、平天下,是《大学》、《中庸》里面讲的。这是后来对孔子思想的阐述,但并不是孔子自己直接说的。孔子自己直接说的,只有《论语》。而《大学》、《中庸》都不是孔子直接说的。《孟子》是孟子做的,而其他都是后人根据孔子的思想做的解释。我们到最后来分析一下,看看这些思想与孔子的思想到底有什么出入。孟子的思想跟孔子的思想都不一样,所以到明朝朱元璋的时候,采取了一个极端的措施,要把孟子的塑像从孔子殿堂里面请出去,说孟子的思想把孔子的思想给歪曲了,违背了。这都是后话,我们以后再讲。

"君子务本",这"本"是什么意思呢? 这本就是根本。"孝悌"就是"仁"。"君子务本,本立而道生。孝弟也者,其为仁之本欤!"这就是"仁"了。大家看,《论语》很简单,要知道,《论语》原先是小学读的,而不是像我们现在大家到大学才读。

有子的思想与孔子的表述其实有冲突。

　　子曰:"弟子,入则孝,出则弟,谨而信,凡爱众,而亲仁。行有余力,则以学文。"(《论语·学而》)
　　【参考译文】孔子说:"后生小子,在家则讲孝道;出门则尊敬兄长;言行当谨慎信实,博爱大众,亲近有仁德的人。如此修行有余力的,再向书本文字上用心。"

"入则孝,出则弟,谨而信,凡爱众,而亲仁。"这也是"仁"的一种肯定。但这里面就没有上面那么直接了。这里面的是有"孝悌"了,就亲近"仁"了,却不是"仁"的根本。所以孔子的讲课,可能也会出现别人听不懂,前后自相矛盾的情况。如果孔子的课都是讲得好的话,那么他的学生也不会"三赢三亏"了。有时候别人也听得云里来,雾里去。

(二)仁者是什么:什么样的人才能做到"仁"

那么什么样的人才能做到"仁"呢。这里就有一句话,这也是肯定的。颜回能做到仁。

　　子曰:"回也,其心三月不违仁,其余则日月至焉而已矣。"(《论语·雍也》)

　　【参考译文】孔子说:"颜回呀,他的心能三个月不离开仁,别的学生么,只是一日一月短时期至于仁罢了。"

这就不对了,如果"孝悌"是"仁"的根本,但为什么却是有的人做得到,有的人做不到,其中孔子最得意的弟子——颜回也就只能做到三个月,过了三个月也不行。其余的人呢,也就几天,最多也就一个月。这不对吧,稍微有点学问的人,稍微有点知识的人都会"孝"、都会"悌"。这个根本都能抓住,都能"亲仁"吧。这就出来问题了。为什么只有颜回可以做到三个月,大家知道,颜回是很厉害的。在《论语》里曾有记载,在陋室里,只有"一箪食","一瓢饮",颜回还是很高兴地歌唱。① 这真正实现了孔子的"人不知而不愠,不亦君子乎",他是真正的君子,是孔子最欣赏的,这种人也就三个月能达到"仁",过了三个月也不行。这个"仁"到底什么含义,怎么这么难?

仁者是什么:仁者的特征

随之而后呢,

────────────

① 子曰:"贤哉,回也!一箪食,一瓢饮,在陋巷,人不堪其忧,回也不改其乐。贤哉,回也!"(《论语·雍也》)

子曰:"知①者乐水,仁者乐山。知者动,仁者静。知者乐,仁者寿。"
(《论语·雍也》)

【参考译文】孔子说:"有智慧的人喜好于水,具有仁的人喜好山。有智慧的人常运动,具有仁的人常沉静。有智慧的人(心生)快乐,具有仁的人长寿。"

这是《论语》中很有名的一句话。具有智慧的人喜欢水,"仁"者,具有"仁"的那个人,喜欢山,就喜欢山的清静。然后,"知者动,仁者静;知者乐,仁者寿",具有"仁"啊,能使人长寿。孔子指出,"智"和"仁"是不一样的。② 这个智者不一定是仁者,这个仁者的水平可能比智者还高。从这个"水"跟"山","动"跟"静","乐"跟"寿",我们可以看出,"智"和"仁"的差别。

仁者比智者,一个有智慧的人更需要积累。其实智者是很厉害的,在春秋战国时代,鬼谷子等有智慧的人能够洞察一切,是非常有智慧的人。仁者比智者的境界还高,可见仁者非同一般。仁者是能够使自己安静下来的人。当时是一个动荡的社会,人们是很难安静下来,尤其是心灵的安静。讲到"静"字,这里给大家讲一个故事。佛教传入中国,尤其是其中的禅宗一派,在中国发扬光大,影响非常深远。将之发扬光大的人是六祖惠能。也就是惠能大和尚撰写了中国人写的唯一一部佛经《六祖坛经》,其他的经典都是从西域、天竺传入被翻译过来的。在六祖之前,是达摩老祖将禅宗传入东土。大家知道达摩吗? 看过金庸小说都知道里面经常会提到《达摩老祖易筋经》,就是指的这个达摩,就是将禅宗传到中国来的那个人。他对中国的佛教,尤其是禅宗的影响非常深远。达摩是禅宗传入中国的始祖。如果你去寺庙的话,尤其是禅宗的寺庙,③就会看到方丈室里面都会挂的一幅他的画像:一个长满胡子的外国人,脚下踩着芦苇,下面是滔滔河水。

达摩到中国正是南北朝时期,那也是中国历史上的又一个大变动时期。他在中国的第一个大弟子是慧可禅师。慧可禅师在遇到达摩之前,就小有名

① 知,为智的通假字。
② 由此可知,知识之获取与"仁"的培养是不同的方面,不同的层次。这对现代以知识为中心的教育思想是有巨大的启示意义的。
③ 中国佛教的寺庙有很多派别,如禅宗、净土宗、华严宗、天台宗等。

气,他原来是自认为得道,看达摩不上眼。达摩刚到中国的时候,慧可禅师就已经在开堂讲法,根本没把达摩当回事。可后来呢,发现达摩确实比他的道行要高。为什么比他高呢? 达摩是远渡重洋,肯定是背负重要的使命而来,但他竟然能在少室山面壁十年。而慧可这弟子呢,外表虽然很强势,但是他有一点,就是不能做到内心的安静,很狂躁①,请教了很多人也解决不了。到最后请教达摩,达摩把它解决了。大家知道他是怎么解决的吗? 慧可问达摩:"我的心不安怎么办呢?"达摩告诉他,"既然你的心不安,那你把不安的心掏出来给我看看?"②这回答说出来大家看看好像是挺容易的,其实切实体会体会,这事情挺不容易的。大家肯定都有心不安吧? 大学毕业之后怎么办呢? 社会现在有很多是靠关系怎么办? 而我如果没有关系又怎么办呢? 肯定不安心吧。人活着肯定存在着心不安。人活在这个世界上,要安心其实很不易,或小,或老,或者壮年,都有不同的压力,自身的、家庭的、社会的、心理的,还有生活上的压力,要做到心安谈何容易。理想与现实之间的差距肯定是存在的,现实肯定不可能按照我们自己想象的来。而当理想与现实差距大到无法接受时,就会有人想着以结束自己的个体生命的办法来结束这一矛盾,这就是为什么我

---

① 要让自己的心灵很宁静其实是很不容易的。慧可对自己的心灵的调节是他一辈子的工作。据史料记载,二祖慧可付法给三祖僧璨后,即前往邺都,韬光养晦,变易形仪,随宜说法,或入诸酒肆,或过于屠门,或习街谈,或随厮役,一音演畅,四众皈依,如是长达三十四年。曾有人问二祖:"师是道人,何故如是(师父,你是个出家人,出家人有出家人的戒律,你怎么可以出入这些不干不净的地方)?"二祖回答道:"我自调心,何关汝事(我自己观察和调整自己的心,跟你有什么相干)!"

② 宋代释道原所著《景德传灯录》卷三对这一故事有详细记载:
　　慧可禅师问道:"诸佛法印,可得闻乎?"
　　祖师道:"诸佛法印,匪(非)从人得。"
　　慧可禅师听了很茫然,便说:"我心未宁,乞师与安。"
　　祖师回答道:"将心来,与汝安。"
　　慧可禅师沉吟了好久,回答道:"觅心了不可得。"
　　祖师于是回答道:"我与汝安心竟。"
　　慧可禅师听了祖师的回答,当即豁然大悟,心怀踊跃。慧可禅师开悟后,继续留在达摩祖师的身边,时间长达六年之久(亦说九年),后继承了祖师的衣钵,成为禅宗的二祖。
　　原文是:光曰:"诸佛法印可得闻乎?"师曰:"诸佛法印,匪从人得。"光曰:"我心未宁,乞师与安。"师曰:"将心来与汝安。"曰:"觅心了不可得。"师曰:"我与汝安心竟。"

们现在看到自杀的特别多。那么达摩就告诉他，你心不安，那你能不能把不安的心掏出来给我看，到底不安在哪儿。弟子一想，还真是，一下子就豁然开朗。其实人生确实如此：人生的大部分烦恼都是由于执迷不悟，头脑未想通所致，要是想通了，大部分的烦恼也就没了。后来慧可就想拜达摩为师。开始达摩不收他，于是他就在雪地里站了七天七夜，达摩最后才接受他。这是禅宗里面一个非常有名的传说故事。

这就是心安，不容易的。《大学》就是这样描述的，"安而后能定，定而后能虑，虑而后能得。"就强调了心安是前提和基础。仁者就能够做到静，包括外面的静，也包括内心的静。可见仁者已经达到了禅宗达摩所说的开悟的程度了，这就很不容易了，但仁者不排斥智者。

仁者是什么：仁者不党

然而孔子又说：

子曰："人之过也，各于其党。观过，斯知仁矣。"（《论语·里仁》）

【参考译文】孔子说："人犯的各种各样的过错，都有其外在的影响原因。通过观察这些过错，就知道仁的真正含义了。"

党，是中国古代地方单位的名称：五家为邻，二十五家为里，五百家为党，一万二千五百家为乡。人以类聚，物以群分，孟母为教子而三迁，为的就是邻里的良好风气能影响童年孟子的成长。人是非常容易受外界影响的，很多人按志趣而居住在一起，也会相互影响，成为一类人。人的外在习气的影响使人会违背自己的本性、违背自己的良知，而迁就于社会的习惯或风气，有时是有意识的，更多的是无意识的。而通过观察这些过错，就知道人的本性、人的良知是多么地重要，也知道了什么是"仁"的真正含义了。

孔子还讲过：君子不党。不受乡党的习惯性意见的支配，随时保持开放的态度，随时关注自己的良知、自身的感受，是实现"仁"的必要条件。

究其根本，党无论是古代的乡党，还是现代的党派，都是一种外在的归属感。归属感对于社会中的成员而言，是非常重要的。个体的人对于自己的感情、对于家庭、对于朋友、对于社会都需要有归属感、认同感，这叫物以类聚，人以群分,是非常自然的事情。但仁者是什么呢?外在的归属感对于仁者而言,不是最为根本的,仁者实现了自我的归属,这就非常不容易了,这才能从真正的意义上找到自我,而不会在集体中、党派中迷失自我。

孔子那时候的乡党虽然跟我们现在的党派不一样,但结果是一样的,就是结成党派后,对人发展成君子其实是不好的。通过结社,一个人容易丧失了自我,这个"仁"就会被违背得太远,背离了根本。在现代的宪政里面,结社权是公民的基本权利,同时,公民的自由权也是最为根本的,只有两个方面结合起来,才能成就人的全面发展。

仁者的高风亮节

既然孔子讲仁学,那他自己肯定能做到"仁",这是我们一般人的认识,也是孔子那个时代很多人持有的看法。很多人说,孔子讲"仁",那么孔子自己肯定也做到"仁"了,但孔子的回答却让很多人大吃一惊。孔子说他自己也做不到。这就挺有意思了,自己讲的东西自己也做不到,让自己也做不到的东西作为学说思想的核心。

> 子曰:"若圣与仁,则吾岂敢?抑为之不厌,诲人不倦,则可谓云尔已矣。"公西华曰:"正唯弟子不能学也。"(《论语·述而》)
>
> 【参考译文】孔子说:"讲到圣和仁,我怎么敢当?不过是学习和生活总不厌倦,教导别人总不疲劳,我可算得如此而已。"公西华说:"这正是我们学不到的。"

大家看看,这里是"圣"与"仁"并称,这里将"圣"与"仁"放在一起,说明"圣"与"仁"是非常相近的,是同级别的东西。孔子说,我也做不到"仁"和"圣"。这有点像古希腊的苏格拉底了:当有人说他是古希腊最有智慧的人,但他自己却说自己不是世俗社会所认为的那种智慧,而只是认识到了自己的无知才成为最有智慧的人。孔子也正是认识到自己做不到"仁"与"圣",这样才成就了他的"圣"与"仁"。

这到底是什么意思?"仁"与"圣"一样,是人的自我认识的一种状态:自我认识是没有止境的,如果认为自己达到顶峰了,就意味着他再也不能进步了,他在走向"圣"与"仁"的路上就止步了;而如果他认为自我认识没有止境,自己远没有达到认识的边界,那他正是处在走向"仁"与"圣"的路途之中。"仁"与"圣"肯定不是指一个人聪明与否:苏格拉底不笨,但肯定也不是最聪明的,比他聪明的人多的是,比他"明哲保身"的人也多得是,但苏格拉底自己最了解自己,并且在认识自己的这一路径中狂奔不已,而在古希腊,了解自己者才是最有智慧的人。所以从这里可以看到真正有智慧的人,是那些能认识到自己不足的人,而不是以才自恃的人,认为自己有智慧的人却是愚蠢之人。

这里面的"仁"是什么呢:"为之不厌,诲人不倦"。这又是另外一种不同的解释。这里的"仁"是指行动力,是自己与别人的关系,如果能做到这两个方面:任劳任怨、不知疲倦,就能达到仁。孔子老在"仁"的边缘上打转,就是不说"仁"到底是什么意思,大家看这不是急死人吗?

仁者的五美四恶

孔子又说,如果能做到"五美",去除"四恶",也可以做到"仁"。

子张问于孔子曰:"何如,斯可以从政矣?"子曰:"尊五美,屏四恶,斯可以从政矣。"子张曰:"何谓五美?"子曰:"君子惠而不费;劳而不怨;欲而不贪;泰而不骄;威而不猛。"子张曰:"何谓惠而不费?"子曰:"因民之所利而利之,斯不亦惠而不费乎? 择可劳而劳之,又谁怨! 欲仁而得仁,又焉贪! 君子无众寡,无小大,无敢慢,斯不亦泰而不骄乎! 君子正其衣冠,尊其瞻视,俨然人望而畏之,斯不亦威而不猛乎!"子张曰:"何谓四恶?"子曰:"不教而杀谓之虐;不戒视成谓之暴;慢令致期谓之贼;犹之与人也,出纳之吝,谓之有司。"(《论语·尧曰》)

【参考译文】子张向孔子问道:"怎样才可以从事政治呢?"孔子说:"尊崇五种美德,屏除四种恶行,这就可以从事政治了。"子张说:"五种美德是些什么?"孔子说:"在上位的君子,第一须懂得惠而不费,第二是劳而不怨,第三是欲而不贪,第四是泰而不骄,第五是威而不猛。"子张问:"怎样才算是惠而不费呢?"孔子说:"就着人民能得利益之处而使他们得利,岂不是给人民以好处而自己却无所耗费吗? 只选择民众愿意做的事而使民众劳动，又有谁来怨恨呢？自己想要实现仁道便推行仁道，又贪求什么呢？无论对方(人员)或多或少,(力量)或大或小,都不敢怠慢他们,这不也是安泰矜持却不骄傲吗？君子只要衣冠整肃,目不斜视,庄严地使人望而有所畏惧,岂不就是威严却不猛暴吗?"子张问:"四种恶行又是些什么呢?"孔子说:"不事先教育便加杀戮叫做虐;不加告诫便要成绩叫做暴;起先对命令懈怠,突然限期又不通融叫做贼;同是给人以财物,但出手悭吝,叫做小家子气。"

什么是"五美"呢？"君子惠而不费;劳而不怨;欲而不贪;泰而不骄;威而不猛。"

惠而不费

什么是"惠而不费"呢？给别人以恩惠,同时自己也不损失,甚至自己还有所得,这就是"惠而不费"。就是自己的发展与社会的发展必须是同步的,这样才能持久。不像后世所谓的必须要牺牲了自己,才能成就他人,自己的发展与社会的发展处于对立的地位。孔子接着解释"惠而不费"体现在社会治理上,就是"因民之所利而利之,斯不亦惠而不费乎?"就是能跟随"民"的"利"而走,而不是逆向行之,能因势利导,顺时应势。这里可以印证《论语》中孔子讲的"民可使,由之;不可使,知之"(民众自己知道怎么办,那就顺应它,如果民众自己不知道怎么办,那就教育它)的理解是正确的。孔子对"利"是很宽容的,不像后世理解的"君子不言利"这样极端。

劳而不怨

什么是"劳而不怨"呢？君子需要"劳",不"劳"者无以成君子。不经受苦难,不经历困境,很难做到"具有美德"。这种苦难是心甘情愿的,"不愿天,不尤人",这种自觉自愿的"苦难"就能与"乐"联系在一起了。这种"劳而不怨"体现在社会政治上,孔子的解释是"择可劳而劳之,又谁怨!"治理社会也像君子的发展一样,要做到任劳任怨,选择民众可以劳动的时间和情况,再去劳动他们,又有谁来怨恨呢?

欲而不贪

什么是"欲而不贪"呢？"欲仁而得仁，又焉贪！"君子可以有欲望，没有欲望也不能成为君子。孔子是不排斥"欲"的，但这个欲望必须是符合"仁"的，是"欲仁"。这样的欲望就有了方向、有了目标，也有了约束，就不会发展成"贪"。孔子对"欲"也是很宽容的。

泰而不骄

什么是"泰而不骄"呢？"君子无众寡，无小大，无敢慢，斯不亦泰而不骄乎！"君子没有"众寡"、"大小"、"敢慢"的观念，有的是什么样的观念？就是有"仁"的观念。有了"仁"了，就没有"众寡"、"大小"、"敢慢"这些外在的观念，而具有内在的、本质的观念。这样就可以做到"泰而不骄"。人类的语言多是从外在的方面对事物进行描述，而对于内在的本质的东西，往往是用不准确的、比喻性的方式来指代。因此，运用语言来认识事物与自身的内在的本质的属性，就必须要突破语言的局限性，用自身的内省、反思、想象与归纳来把握世界与自身的内涵。这也是禅宗为什么要"不立文字"的原因：不立文字并不是说不需要文字，而是认识到文字在阐述人的本质上具有局限性。

威而不猛

什么是"威而不猛"呢？"君子正其衣冠，尊其瞻视，俨然人望而畏之，斯不亦威而不猛乎！"仁者平时是"君子食无求饱，居无求安，敏于事而慎于言，就有道而正焉"，对生活细节是有着严格的自我要求，这样有追求、有品格、有修养的人，不就是"威而不猛"吗？

从细节着手、从日常生活着手，做到"惠而不费"、"劳而不怨"、"欲而不贪"、"威而不猛"、"泰而不骄"，同时，与此相反的，要克服"急功近利"、忽视平时生活积累和自我要求的"急于求成"的"四恶"。

四恶

什么是"四恶"呢？孔子指出，"虐"、"暴"、"贼"、"有司"四种恶行是需力戒的。

"不教而杀谓之虐",相对于"威而不猛",不重视平时的积累,不"教育",这包括对"民",也包括对待自己。一个人对待自己没有平时的积累,到时候死命地要求自己,这就叫做"不教而杀",是"虐"。对外叫"暴虐",对己就叫"自虐",这都是四恶之一。

"不戒视成谓之暴",这相对于"泰而不骄"与"欲而不贪"。没有平时的"申诫",没有平时的"克己",要做到"成",就是"暴"。对自己就是对自己的暴,作为当政者,对民众,就是对民众的暴。与之相反就是平时的严格要求,"水到而渠成"。

"慢令致期谓之贼",这相对于"劳也不怨"。平时不抓紧,到期限了却要求完成。这与"任劳任怨"完全相反。这就是"贼",是偷"仁"的贼。

"犹之与人也,出纳之吝,谓之有司",这相对于"惠而不费",不能做到"惠而不费",就是"小气"了,这也违背了"仁"。外在的表现就是抠抠搜搜,不光明磊落了,嗜财如命,忽视了"义"。这里面其实阐述了人的最为重要的美德"慷慨"的实质:慷慨的外在表现是无偿地给予他人,不求回报。其实,慷慨是一种能力,是你帮助他人的能力;同时,慷慨也是一种自我潜力释放的必然通道,唯有在感动与无私中,才能将自己的能力无限地释放出来。因此,慷慨不是有目的的,也不能存在要求回报的心理,更不能对自己造成精神与生存上的伤害,这就是"惠而不费",个人与社会的双赢,这才是生存与发展之道。

做到"五美",不做"四恶",就可以达到"仁"了。看来,达到"仁"挺不容易的,需要智慧,更需要有强大的行动力。

(三)作为标准的"仁"

还有几种"仁"的解释是作为行为的标准。

作为确定标准的"仁"

　　子曰:"志于道,据于德,依于仁,游于艺。"(《论语·述而》)

　　【参考译文】孔子说:"立志在'道',据守在'德',依靠在'仁',而游憩于礼、乐、射、御、书、数六艺之中。"

"仁"还可以作为标准。孔子讲的这句话可是成功的秘诀。如果一个人能做到上述这四点,一个人基本上就可以成功。这也就是孔子讲的"吾之道一以贯尔"的意思了。孔子也讲道，他的道一以贯尔，始终如一，就是孔子的这个道是贯穿一辈子，一辈子都不会违背的。① 这辈子都不会违背，都会贯彻。这就是一以贯尔，没有其他第二个的，这也可以称为孔子的"不二法门"②。"志于道，据于德，依于仁，游于艺"，这是一个标准。可以根据这个标准要求我们的行动。第一，要有志向，在道中产生志向，然后从德中产生我们的行为，然后以仁作为我们的标准，最后还需要多才多艺，这个人才能够成功。孔子自己能这么说，他自己肯定能做得到，孔子讲六艺，讲"仁"、"礼"，都是在这一标准下展开的。结合这一标准可以更深地理解孔子的思想。

"志于道，据于德，依于仁，游于艺"中的"依于仁"，说明"仁"是实实在在的东西，跟"道"、"德"、"艺"并列的。既然是可以"依"的，必然是实实在在的，可以理解的，可以体会得到的，并且可以确切地掌握的东西。不然的话，怎么"依"呢？

"仁"的行为准则：礼

然后呢？孔子说达到仁，需要遵从礼。

> 子曰："恭而无礼则劳；慎而无礼则葸；勇而无礼则乱；直而无礼则绞。君子笃于亲，则民兴于仁。故旧不遗，则民不偷。"（《论语·泰伯》）
>
> 【参考译文】孔子说："只注重容貌态度的端庄，却没有礼，就会劳倦；只知谨慎，却没有礼，就会畏怯多惧；只是勇力十足，却没有礼，就会犯上作乱；只是心直口快，却没有礼，就会尖刻伤人。在上位的人能宽厚地对待亲族，民众就会在仁道之上欣欣向荣；在上位的人不遗弃他的故旧之人，那民众就不致冷淡无情。"

"礼"在孔子的学说中是非常重要的，跟"仁"的关系也很密切。要实现"仁"，必须遵从"礼"，没有"礼"是不行的。如果一般的人能做到这样的几点，则一般的人（民众）就可以"兴于仁"了。

---

① 在中国以后的传统社会中，根据这个望文生义，发展出来旧社会的一贯道。

② 佛教也有一种说法叫做"不二法门"。

"子曰:恭而无礼则劳。"

一个人很顺从,很恭敬,但如果无礼的话,就没有智慧,则劳,也就是像动物一样劳作。这里的"礼"不仅是规矩,是行事的礼仪,而且更为重要的是,它决定了行为是否符合"仁",这也是理解孔子倡导"礼"的起点。

后世对孔子的理解,由于不能理解"仁"的含义,对他的其他的思想也歪曲了,首当其冲的就是"礼"的思想:繁文缛节、认死理、不求变化,是后来儒家最被人诟病的地方。从春秋名相晏子,到墨子,再到后来批判儒家的智士都看到了这一点。因此,理解孔子"仁"的思想是非常重要的,唯有理解了其中的真义,才能理解孔子讲"礼"是真正含义。①

"子曰:慎而无礼则葸。"

一个人虽然谨慎,但如果没有方法、没有策略的话,那也不好,属于过分的谨慎小心了。如果这个人很谨慎,但是"无礼",谨慎不和"礼"结合起来,那么就会猥猥琐琐、谨慎过分、胆小怕事,不勇敢了。与这一句相近的,孔子曾评价过别人太过谨慎,不必要三思而后行,想一想就可以了。季文子三思而后行。子闻之,曰:"再,斯可矣。"②(季文子三思之后才会采取行动,孔子知道了,评论说,不需要三思,想一想就可以了。)说明孔子是强调干中学的,这在孔子对

---

① 正是由于"仁"的不可言说,后世对孔子思想的误解是全方位的。孔子的核心思想是说不清楚的,而我们却要将它说清楚,这就麻烦了。到后来宋明理学,非要将它讲清楚,而且说得非常清楚,叫"尽天理,灭人欲。"就是说,凡是不符合天理的"人欲"都是不应该的,就将人欲与天理对立起来了。其实孔子从来不这样说的。孔子说天理和人欲是一体的,从来不说二者分开。到最后宋明理学看"人欲"什么都不顺眼了,树立了一个很高的人的标准,一个没有人欲而只有天理的人,完全地做到了"天人合一"。于是这个很高的人的门槛可以扼杀任何一个活生生的人,在这一思想之下无一例外。没有了宽容的思想看什么都不顺眼,尤其是看女人的脚也不顺眼:太大,女的脚不应该有这么大,于是就包小脚,一包就是近千年,这些都是宋明理学能支持的行为。如此一来这种学说肯定就有问题了。如果孔子的学说中有这种思想的话,他也不会流传那么长的时间了。孔子也不会被尊称为"圣人"了。对人的宽容是孔子思想的重要方面,尤其是对人的"欲"与"利"上。

② 《论语·公冶长》。

待过错的思想中也可以看出来,圣人不在不犯错,也是会犯错误的,但不会犯同样的一个错误,即"无二过"。① 正是在这个意义上,孔子对勇是很强调的,曾讲过"仁者必有勇",同时,对"行"也非常强调。

这个"礼"是和"仁"直接对应的,具备一定的"仁",通过一定的方式达到那个"仁",就是"礼",所以这个"礼",并不是后来儒家"礼教"的固化的、不变的、具有终极意义的礼仪,②而是可以承载"仁"、导向"仁"的平台与基础。如果要仔细研究孔子的思想,以及孔子在其他场合中所讲的话,孔子应该是这个含义。比如,孔子还讲过,如果不讲仁,礼就没有意义了。③ 礼是可以变化的,而变化的依据是能否达到"仁",而不是遵从的人数的多少或是礼数的渊源。④

孔子的"礼",不是说一定的定式,一定的礼数。"礼"是达到"仁"的途径,但"仁"都说不清,这个"礼"肯定也有说不清楚的成分。孔子作"礼",只是用以前的"周礼"来促进大家思考,通过自己的践行来认识、取舍。

　　"勇而无礼则乱。"

如果这个人有"勇",但没有"礼"的话,那也会"乱"。光有"勇",没有"礼"也不行。上面孔子讲过,过分谨慎不行,但反过来,不小心、过分勇敢行不行呢? 孔子说,勇敢也要和"礼"结合起来,否则会"乱"。什么是"乱"呢?就是严重地脱离了原有的、应有的秩序:对个人而言,就是乱"仁";对社会而言,就是丧失基本的价值与判断标准;对政治组织而言,乱就是秩序的崩溃。这个"乱"在《论语》中是反复出现的,主要指的就是上面三层的意思。如"好'勇'不好学,其蔽也'乱'"⑤,君子有勇而无义为乱⑥,好勇疾贫,乱也。人而

---

① 《论语·卫灵公》记载:子曰:"过而不改,是谓过矣。"
② 这符合《论语》中讲过的,子绝四,毋意,毋必,毋固,毋我。(《论语·子罕》)即孔子一点也没有四种毛病——不悬空揣测,不绝对肯定,不拘泥固执,不唯我独是。
③ 原文:子曰:"人而不仁,如礼何? 人而不仁,如乐何?"(《论语·八佾》)。
④ 原文:子曰:"麻冕,礼也。今也,纯俭,吾从众。拜下,礼也。今拜乎上,泰也,虽远众,吾从下。"(《论语·子罕》)
⑤ 《论语·阳货》。
⑥ 《论语·阳货》。

不仁,疾之已甚,乱也。① 这主要是从乱"仁"的角度;其次是乱社会,如"巧言乱德"②,"欲洁其身,而乱大伦。"③第三是乱政治,如"不好犯上,而好作乱者"④,还有"危邦不入,乱邦不居"都是其义。

"乱"就是没有了秩序,人走向"仁"的通道走不通了,因此,勇气很重要,但是,正如古希腊的伯里克利讲过的,"有些人的勇气来源于无知,深思熟虑之后却成为了懦夫","只有那些深知战争的痛苦和和平的甜美而能临危不惧的人,才称得上伟大的灵魂。"⑤

　　　　"直而无礼则绞。"

然后"直而有礼"。什么是"直"呢,就是"质直",不弯曲。就是这个人比较正直,但是这个"直"不与"礼"相结合,就会成为"绞"。什么是"绞"呢,就是太正直了,不灵活,不会随机应变,随缘而化。一个人如果很正直,但是不讲究方法、策略,那就会伤人。比如说两个非常熟悉的人,如果没有基本相处之道,没有尊重、礼让、宽容,两个人的关系是不可能持续长久。有个例子,在中国南方福建、浙江等一些地方,夫称妻为"堂客",意为厅堂中的客人,要互相尊重、礼让。夫妻之道如此,朋友之道也是如此。

由此可以看到,做到"仁"非常不简单:既要"恭而有礼","勇而有礼",又要"直而有礼",这个人仅仅具有"恭"、"慎"、"勇"、"直"的美德还远远不够,而且要有方法、有策略,知道美德如何实现,还要做到灵活而有原则,恰当而不过度,才能达到"仁"。至于具体如何做到,孔子并未言明。由此可见,这个"仁"不单单是孝悌了,还有很多内容。

　　　　子曰:"君子笃于亲,则民兴于仁。故旧不遗,则民不偷。"

① 《论语·泰伯》。
② 《论语·卫灵公》。
③ 《论语·微子》。
④ 《论语·学而》。
⑤ 沈敏荣:《市民社会与法律精神——人的品格与制度变迁》,法律出版社 2008 年版,第30 页。

具有了美德，同时又知道实现与实践美德的方法、策略，然后君子就认认真真地从与身边的亲人相处之道做起，从身边的小事做起，就能够实践"仁"了。这里孔子只是告诉我们在什么地方来实践这些美德，至于如何能做到恰到好处，孔子并未明说。

这样做以后，社会中就有一群君子能做到"仁"，这就是民众的表率，让民众看到和懂得，人还可以这样有意义地活着，这样按照自己的本性快乐地生活。正是君子的榜样的召唤，民众就能做到"兴于仁"，越来越多的民众在良知与正义的感召下，做到"仁"。因此，如果能守住这些人类固有的东西、千年因循不变的东西，那么民众就不会变得冷漠，而是充满着激情。

这里的"仁"比原来清楚了，具有了操作层面的意义：就是需要做到哪几个方面，实现哪几个方面的美德才能实现仁，并且在哪个范围内实践，而且，这样做还具有推广与示范的效应，具有强大的社会效果：能纯正社会风气。但孔子还是没有讲出"仁"的含义。因此，问题还是存在，"仁"没有搞清楚，"礼"也就难以清楚。

（四）"仁"与其他品德的基础

木讷怎么可能是"仁"

既然做到"仁"是那么的困难，那么是否有几个与"仁"特别接近的品格呢？孔子说是有的，有几个品格与"仁"是非常接近的。

> 子曰："刚、毅、木、讷，近仁。"（《论语·子路》）
> 【参考译文】孔子说："刚强、坚毅、质朴，言语不轻易出口，有这四种品德的人近于仁。"

这几个东西跟"仁"最接近了。

跟"仁"最接近有四个品德。"刚"，就是"刚正不阿"、"正直"。"刚"与"直"、"信"、"知"、"勇"、"仁"等是孔子反复强调的。[1]"毅"，也好理解，在

---

[1] 子曰："由也，女闻六言六蔽矣乎？"对曰："未也。""居！吾语女：好'仁'不好学，其蔽也'愚'；好'知'不好学，其蔽也'荡'；好'信'不好学，其蔽也'贼'；好'直'不好学，其蔽也'绞'；好'勇'不好学，其蔽也'乱'；好'刚'不好学，其蔽也'狂'。"（《论语·阳货》）

《论语》中有直接的解释,叫做"任重而道远,士不可以不弘毅",要实现"仁",任重而道远,士不可以不弘毅,得有毅力。然后是"木",这就有问题了,这个有"仁"者比较"木",大家想想,这是不是有问题。话少,或者我们可以讲得积极一点,叫"内秀"。仁者是这样一个人。这就有问题嘛,跟我们现在的思想肯定有出入。怎么会是"木",怎么会是"讷"?有谁喜欢"木",有谁喜欢"讷"?我们现在总是希望我们的孩子聪明,从小就让他们学习"脑筋急转弯"。孔子的这个说法就不好理解了。能理解吗?来看看下面的故事。

这里有一个《六祖坛经》的故事,对我们理解其中的端倪有很大帮助。大家知道,后来宋明理学沿袭了佛教的思路来解释《论语》。还有近代新儒家的代表人物,如梁漱溟等人,原来是学佛的,后来改学了儒学,他们认为两者是相通的。

《六祖坛经》里面说一个人到寺庙里去参道,原来挺活泼的一个人,参道三年,这个人就像木头人一样:也不跟别人说话,也不跟别人交流。过了这三年,又恢复成原先的样子。人哪,如果他的心思特别专一,这个人就表现出一种比较"木"的状态。当然,不是说这个人永远都是"木"的,而是指达到"仁"的过程当中,经常表现出"木"与"讷"的特征。中国也有成语叫"大智若愚"就是这个意思。有的人特别愿意说话,口如舌簧,滔滔不绝,这种人在危难的时候,就可能不太镇定。有个例子大家应该都知道,汪精卫口才极好,人也长得极漂亮,胆子也很大,曾刺杀过满清的亲王,当时非常有名望。而日本人一来,他就立不住了,说中国人的器械不如日本人,肯定打不过日本人,他就干了一件把他以前的功绩通通抹杀了的事情:叛国。汪精卫其实是一个很有才华的人,演讲非常精彩,字也写得很漂亮。但他却没有一种"木"的状态,所以就会因势而变,做出些天理难容的事情来,将自己的半世英名都给毁了,成为全国人民共同声讨的对象。

仁者与勇者

子曰:"有德者,必有言;有言者,不必有德。仁者,必有勇;勇者,不必有仁。"(《论语·宪问》)

【参考译文】孔子说:"一个有道德的人,必能好言好语,但一个能说会道的人不一定有道德。仁人一定勇敢,但勇敢的人不一定能做到仁。"

有道德的人，他说的话肯定是富有启示的；但说话说得很好的人，并不一定是有道德的。所以，作为一个具有"仁"的人，能察言观色是很重要的。① 仁者必定是有勇的，就是说关键的时候能站出来，能立得住，敢于担当，这叫有"勇"。这和佛教上的"勇猛精进"是一样的："勇"是必不可少的。如果一个人没有勇气，那个人就不是仁者，也不是孔子希望出现的那个人。当然，勇者并不一定是仁者，"勇而无礼则乱"，这是上面讲过的。

"勇"，也不是天生的，而是后天培养出来的，孔子讲"君子坦荡荡，小人长戚戚"，在坦荡中，人的勇气不断地增长，在危难和关键的时候，就能够挺身而出。② 而没有平时的积累，这种勇气只能是匹夫之勇，深思熟虑之后就成了懦夫。

这就是勇者不必有"仁"，仁者必定有"勇"，然后呢？

知与仁的关系

子曰："知及之，仁不能守之；虽得之，必失之。知及之，仁能守之，不庄以泣之；则民不敬。知及之，仁能守之，庄以泣之，动之不以礼；未善也。"（《论语·卫灵公》）

【参考译文】孔子说："一个在上位的人，如果能用聪明才智得到此道，但不能用仁德保持它；就是得到，仍然会失去。用聪明才智得到它，仁

---

① "今吾于人也，听其言而观其行。"（《论语·公冶长》）

② 孟子后来对此有精辟的解释。在某些人身上，难道没有仁义之心吗？他之所以丧失他的善良之心，也正像斧头之对于树木一般，天天地去砍伐它，能够茂盛吗？他在日里夜里发出来的善心，他在天刚亮时所接触到的清明之气，这些在他心里所激发出来的好恶跟一般人相近的也有一点点。可是一至第二天白天，所行所为又把它消减了。反复地消减，那么，他夜里心里所发出的善念自然不能存在；夜里心里所发出的善念不能存在，便和禽兽相距不远了。别人看到他简直是禽兽，因之以为他不会有过善良的资质，这难道也是这些人的本性吗？所以，假若得不到滋养，没有东西会生长；失掉滋养，没有东西不消亡。孔子说过，"抓住它，就存在；放弃它，就亡失；出出进进没有一定时候，也不知道它何去何从。"这是指人心而言。原文见《孟子·告子章句下》："虽存乎人者，岂无仁义之心哉？其所以放其良心者，亦犹斧斤之于木也，旦旦而伐之，可以为美乎？其日夜之所息，平旦之气，其好恶与人相近也者几希，则其旦昼之所为，有梏亡之矣。梏之反覆，则其夜气不足以存；夜气不足以存，则其违禽兽不远矣。人见其禽兽也，而以为未尝有才焉者，是岂人之情也哉？故苟得其养，无物不长；苟失其养，无物不消。孔子曰：'操则存，舍则亡；出入无时，莫知其乡。'惟心之谓欤？"

德又能保持它,但不用恭敬严肃的态度来治理百姓,百姓也会慢其上而不敬。用聪明才智得到它,仁德能保持它,又能用恭敬严肃的态度来治理百姓,但没有用礼的方法来发动民众,也还是未做到善。"

这里讲的是"知"与"仁"的关系。前面也讲过"仁"与"知"的关系:仁者乐山,智者乐水。水与山对一个人的"智"与"仁"是有影响的。环境对个人的成长的影响是蛮大的。智者善于应对变化、灵活机动;而仁者乐山,"故旧不遗",发现人生与生活中永恒、不变的东西,以不变应对变化的世界,所以,仁者能长守。

一个人的一生,其实是在变动的社会中不断选择的结果。什么样的选择就会有什么样的生活。因此,生活都是自己创造出来的,佛教中叫"造业",它因循着一定的因果关系。自己的特点,自己需要的东西,自己喜欢的环境是自己可以选择的。这些可以决定一个人的生活。一些生活,智慧可以达到,但如果没有用"仁"来守卫,最后一定会失去的。那么如何才能用"仁"来守卫呢,就是前面所学的"志于道,依于仁",这就是说,一个人的智慧可以达到,但如果没有"仁",你是守不住的。而如果智慧能够达到,又有"仁"可以守住,那这个人是很不容易的。从中可以看出,这个"仁"就很不简单了。

然后呢,"仁"能守住,一个标志是什么呢?有"礼"。动则有"礼","仁"直接跟"礼"相关。"仁"直接产生"礼"。"礼"是什么呢?"礼"是一种行为,一种行为规则,然后这样的话,就很厉害了,就能够做到尽善尽美。不然的话,不管是财富也好,事业也好,是守不住的。由此可见,"仁"是很必需的,很基本的了。因此,孔子才讲"仁",也正是"仁",孔子把弟子吸引过来,你想想,孔子在匡地,在危难的时候,他讲的是"仁",只有在那个时候,才能将这个问题讲清楚。不然怎样能讲清楚?要是在平时,吃得饱,穿得暖和,没有任何危机,夸夸其谈,"有言者,不必有德",怎么可能讲清楚。真正危难时,用当时的情景才能讲清楚,用自身的行为以身试法,才能表现出仁者的勇气、仁者的智慧与仁者的态度。既有勇,又有智慧。然后又能够决断,这才叫"仁"。

讲到这儿,有一处"仁"是相同的吗?没有。孔子就在周边绕圈子,不直接入主题,到最后把学生都给逼急了,于是就直接跑去问孔子,孔子还是不说。这是后话,我们现在接着看孔子如何讲授仁学。

(五)仁的属性

仁者的人际关系

好了,孔子继续讲了,

> 子曰:"唯仁者,能好人,能恶人。"(《论语·里仁》)
> 【参考译文】孔子说:"只有实现了仁的人,才能够真正地喜爱人,真正地厌恶人。"

如果一个人有"仁"了,他能"好人",也能"恶人",就是憎恨分明。既能爱别人,又能恨别人。仁者,是爱憎分明,很有棱角,很有规律的,很可爱的一个人。

孔子接着讲,

> 子曰:"苟志于仁矣,无恶也。"(《论语·里仁》)
> 【参考译文】孔子说:"假如立定志向实行仁,就会没有恶行。"

如果一个人"志于仁",则无恶矣。一个人能做到以"仁"为志,就不会有恶事,就不会干恶事,或者即使与恶事相邻,也能够去恶。这里,孔子提供了一个理解仁的思路:"仁"与"恶"存在着根本性质上的不同,二者只要有一方搞清楚了,另一方也就明白了。

仁者很少见

讲了那么多仁,大家清楚了吗? 大家会觉得越听越糊涂,接着孔子又说了让人摸不着头脑的话。

> 子曰:"我未见好仁者,恶不仁者。好仁者,无以尚之;恶不仁者,其为仁矣,不使不仁者加乎其身。有能一日用其力于仁矣乎? 我未见力不足者。盖有之矣,我未之见也。"(《论语·里仁》)
> 【参考译文】孔子说:"我没有见到过爱好仁的人和憎恶不仁的人。

　　爱好仁的人,他自会觉得世上更没有事物能胜过仁的了。若能憎恶不仁的人,他行仁能使不仁的东西加在自己身上。又有谁能用一天之力用在仁之上呢?我没见过力量不足的。或许世上真有力量不足的人,只是我不曾见到罢了。"

　　孔子说,我没有见过喜好"仁"的人,也没有见过厌恶"不仁"的人。那是什么意思呢?也就是这个世界上到处是喜欢"不仁"者,仁者倒是被一般人的人所厌恶,"不仁"者多得很。

　　这里孔子提供了另外一个思路:既然"仁"那么难以理解,可以从"不仁"入手来理解"仁"。仁者具有两个共同的特征:喜好"仁"和厌恶"不仁"者。不喜欢"不仁"的人就是"仁"。如果"仁"说不清楚,但如果"不仁"是可以弄清楚的,通过明确"不仁"也可以将"仁"弄明白。你如果把"不仁"的东西排除在外,那就是"仁"了。这也是了解"仁"的一种方法。"恶不仁者",就是见到"不仁"就躲得远远的,不使"不仁"者加乎其身。不知道"仁",如果知道"不仁"也行。不做"不仁"的事情,那就是"仁"了。

　　但这句话与后面评论颜回等众弟子的话似乎是有冲突的。孔子曾说,颜回三月不违"仁",其他的弟子就一天、几天,至多一个月能够做到不违"仁"。其他的呢,一天做到都难啊。但这些弟子毕竟是能做到仁的,怎么可以说"我未见好仁者,恶不仁者"呢?

　　"有能一日用其力于仁矣乎?我未见力不足者。"

　　"好仁者"那么少,原因是"仁"很难吗?孔子说,不是的,做不到"仁"是由于不肯花气力,不肯花心思。一个人的能力肯定足够,肯定能做到。看见没有,这里的"仁"是一种能力,不是跟别人的关系。"孝悌"是根本,仁者能做到"孝悌",但"仁"本身不是跟别的东西有关的。"仁"是一种能力,仁者无敌,就是从这里来的。是指仁者具有的一种不可战胜的能力。

　　"盖有之矣,我未之见也。"

这种人可能有,但我从来没有见过。颜回不是吗?孔子怎么能说没有见过呢?孔子刚才还说呢,其他弟子"日月至之焉"。这里有些逻辑矛盾。我们继续往下看,

子曰:"君子而不仁者有矣夫?未有小人而仁者也!"(《论语·宪问》)

【参考译文】孔子说:"君子或许也会不仁有的吧?但小人要做到仁,却是没有的。"

君子有可能不仁,"仁"再加上君子就很厉害了。这里有必要详细解释一下君子。孔子学说中的君子要求不低。孔子曾讲过一句话,我们经常据此攻击孔子轻视妇女。孔子曾讲过,"唯小人与女子难养也"。孔子曾明明白白地讲过,女人难养,小人也难养。这样看来,孔子实在是太坏了,说妇女难养,难道男人就好养了吗?

在孔子那里,将人分成君子、小人。其实,君子是很不容易做到的。有句话叫:"君子坦荡荡,小人长戚戚"。君子很坦荡的,如果一个人"长戚戚"的话,这就不是君子,是小人了。但又有谁没有"长戚戚"过呢?我们经常会心中惴惴不安,说虚假的话,做虚假的事,戴着面具生活。如果依照这一标准,大部分人将会是小人。孔子可不好意思这么说,这么说得罪的人就太多了,属于"直而无礼则绞"。小人就是指一般的男人,一般的人都难养。你们好好想想,没有自我的一种约束,自我的一种调教,如果做不到孔子所讲的"游于艺,依于仁",一个人就是小人,也就是一个正常外表下的内在的人很小:患得患失、自私自利、前后不一致。我们大多数人的那个内在的人都很小。

然后,一般的女的就是女子。女子,如果你看到一个字:"娘",就知道妇女也是分级别的:有一种人叫良女。然后按古中文的写法,从左往右写,将两字并成一个字,就是"娘"。如果一个人有了小孩,有了慈善心了,这个人就是良女,就不是一般的女子了。所以,一个人如果不按照一定的方式生活、行动的话,都是难养的。什么叫难养呢?就是出尔反尔、背信弃义、好高骛远、见利忘义,这个人就难养;就是自己不知道如何发展、提升自己,跟他人也相处不了,不知道怎样合作。什么叫好养呢?大家知道"桃园三结义",这就叫好养:

肝胆相照,荣辱与共。而与此相对应的,就是《投名状》中的兄弟情了①,那就是难养:见利忘义、出卖友情。

其实,难养是人的本性。2007年我们学校组织暑期去内蒙古考察蒙牛集团,后来顺道去了呼和浩特市的大昭寺参观。大昭寺在北方很有名,是内蒙古接受了西藏的喇嘛教之后建立的寺庙。呼市也叫昭城,那里是喇嘛教,喇嘛教是密宗,一般人看不懂,寺庙里面塑造的菩萨也与别的显宗的寺庙不一样。在大昭寺进门的正当中画了一个非常大的图,叫"六道轮回"图。

按一般的理解是:上辈子从哪里来,这辈子行善或是作恶,然后下辈子到哪里去。你这辈子若不行善积德,下辈子就到畜生道或是恶鬼道中去。这里面到底是唯心,还是有其中的奥妙,能否按另外一个思路来理解,我们姑且不论。最有意思的是巨幅画的当中有一个小圈,里面画着三种动物:一条蛇、一只鸡和一头猪。解说员解说得非常好,她说当中的是什么呢? 是人的本性。这个蛇,象征着歹毒心。《圣经》里面也有蛇,诱使亚当、夏娃偷吃禁果。鸡是什么呢? 鸡拼命地点头,拼命地吃东西,拼命地点头就是为了眼前的吃的,就是为了眼前的利益,没有长远的眼光,没有什么智慧,就顾自己眼前的几粒米的利益。然后是猪,懒惰、没有定力、见异思迁,这些都是人的本性:人兼具蛇、鸡和猪的本性。如果一个人不约束、不调教,就按本性来活的话,这就是难养了。

人的本性的这种理解,不单单是佛教如此理解,《圣经》也是如此理解的。《圣经》里面讲,人是有原罪的,其实我们想想,人的本性当中有鸡的本性、蛇的本性与猪的本性。好吗? 不好啊,非常难养啊。这就是人的原罪。《圣经·旧约》第一篇《创世记》就记载了人的邪恶本性的来源:亚当和夏娃不听上帝之言,偷吃禁果:善恶之树上的善恶果②,于是被上帝赶出了伊甸园,落入尘世,并受到惩罚:男的受劳作之苦,女的受生育之苦。人类的邪恶本性越来越明显。亚当和夏娃之子该隐因妒忌心,杀了自己的弟弟亚伯,于是受到了上

---

① 香港导演陈可辛拍摄的《投名状》,主演是李连杰、刘德华、金城武,演的是清代晚期三位结拜兄弟的故事。

② 这里又和我们的常识相冲突了,我们总是认为善恶是文明的产物,是人类进步的标志,但为什么人类在懂得了善恶之后就堕落了,我们在后面再讲。

帝的惩罚:"你种地,地不再给你效力,你必流离漂荡在地上"①。后人将该隐视为吸血鬼的始祖。再后来,人类越来越邪恶,人类不再诚实,上帝就非常后悔造人在地上②,于是就发洪水来惩罚人类,只剩下诺亚一家。再后来,出了圣人亚伯拉罕,但随即,人类又堕落了,亚伯拉罕生以撒,以撒的长子以扫因为一碗汤将长子权卖给了弟弟雅各,雅各的最小儿子诺约瑟被众哥哥卖给了去埃及的驼队商人。人类本性当中邪恶的一面在《圣经》中比比皆是。后天不努力,完全靠先天是很可怕的。一个人也好,一个民族也好,后天不努力,是非常可怕的,是灾难性的。如果每个人都是小人,都是一般的妇女,那就很难养了。这里也是对我们现在社会与制度建设敲响了警钟,制度建设的目的如果不能落实到人的发展、人的品格的完善,任何的制度改革、任何的社会完善都是徒然的。

再看看,孔子歧视妇女吗? 孔子还真没有歧视妇女。孔子之所以被认为歧视妇女,是源于我们对孔子的误解。我们若是从孔子的整体思想,而不只是断章取义地理解孔子的思想,就更能准确地理解和把握孔子的思想。

士不可以不弘毅

然后,曾子又说了。曾子专门解释老师的话,他比较年长,知识量也比较大,孔子不在的时候,经常由他来担当传道、解惑的责任。

> 曾子曰:"士不可以不弘毅,任重而道远。仁以为己任,不亦重乎,死而后已,不亦远乎。"(《论语·泰伯》)
> 【参考译文】曾子说:"一个士,不可以不刚强而有毅力,因为他负担沉重,路程遥远。以实现仁为己任,不也很沉重吗? 到死方休,不也很遥远吗?"

---

① 《圣经·创世记》。

② 《圣经·创世记》的原文是这样的:"耶和华见人在地上的罪恶很大,终日所思想的尽都是恶,耶和华就后悔造人在地上,心中忧伤。耶和华说:'我要将所造的人和走兽,并昆虫,以及空中的飞鸟,都从地上除灭,因为我造他们后悔了'。""世界在神面前败坏,地上满了强暴。神观看世界,见是败坏了,凡有血气的人,在地上都败坏了行为"。

士是那些有志向、有才能的人。春秋战国时期曾流行"养士"、"门客"的制度。士是有内涵、有人格、有特殊才能、有尊严的那些人，叫"士可杀，不可辱"。人可不是"可杀，不可辱"的，人是可以苟且偷生的，叫"留得青山在，不怕没柴烧"。作为士的话，是"可杀，不可辱"，而要做到具有这样的品质，就必须要"弘毅"："士不可以不弘毅，任重而道远"，你得"弘毅"，才能成为士，才能成就特殊的才能。"任重而道远"，道那边有什么东西啊？如果用现代哲学比较形象的说法，就比较容易理解了：叫"此岸"与"彼岸"，从"此岸"到"彼岸"，是很远的。这是我们现代哲学的说法，而曾子那时也这么认识，"任重而道远"。那什么叫"彼岸"，彼岸也具有不可言说的特点。

"仁以为己任，不亦重乎，死而后已，不亦远乎。"

"仁以为己任"，要达到"仁"，"仁"现在看起来是一种状态，你这个人有没有达到"仁"是一种状态。大家往这方面想想，"仁"到底是一种什么样的状态？说这个人达到"仁"了。"死而后已，不亦远乎"，要达到仁是很难的，这是一辈子的事业，但却是可以达到的。

孔子讲，能达到"仁"的人很少，甚至看不到这样的人，但却是可以达到的。死而后已，死了之后，才停止，不是很远吗？这个"仁"看来和人的生命有很大的关系，在人死了之后才停止。

(六)如何能知道"仁"

还有，孔子再讲，孔子讲"仁"可是不厌其烦地讲。

当仁不让

子曰："当仁，不让于师。"(《论语·卫灵公》)

【参考译文】孔子说："遇到行仁之事，即当率先向前，就是老师，也不同他谦让。"

这句话现在变成了成语，叫"当仁不让"。逗号、句号是1919年五四新文化运动之后才出现的，当时古文是没有句逗的，就是从右往左写，从上往下写。所以；"当仁不让"就出来了，你可以这么读，也可以那么读。古文不同的读法经常会有不同的意思,有意的误读有时甚至有助于理解原文的含义。

　　古文中的一句话,如果加以不同句逗的话,往往会有不同的意思。其中有一句经常会引起争议,叫"民可使由之,不可使知之"。我们一般按上面的句逗讲,这是一种读法,这也是原来攻击孔子奉行愚民政策的例证。"民可使由之,不可使知之"意思就是说老百姓,你不能让他懂,懂了的话,就麻烦了,历朝历代都是那么解释的,宋代的朱熹在《四书集注》中也是这么解释这句话的。但如果按"民可使,由之;不可使,知之"这种读法,意思就完全变了,"民可使"就是老百姓自己知道怎么干,那你就让他们去;不知道怎么干时,让他们知道怎么办,这可不是愚民。孔子办私学,有教无类,这是他开创的办学模式,在礼乐崩坏的年代,有教无类,让平民阶级掌握知识、能独立判断、有共同的人类价值。难道一个"道一以贯尔"的孔子在认识与行为上具有那么截然不同的反差吗?至于为什么历朝历代这么解释孔子,我们以后讲到"仁的改变"那一部分时再讲。依据孔子的整体思想,他是不可能这样说的。他能根据每个人的不同特点,因材施教,什么样的人到他那里来,他都不会嫌弃,他都可以教育的,把你应该是什么样的材料教育成你原来应有的样子。你们想,持这样一种思想的人怎么会说出这样一种愚民的话来呢?认为一般的人不可"使知之"呢?相反,他只会是亲民。如果我们坚持第一种句逗方式的话,肯定与孔子的整体思想相违背。如果我们按第二种方式来读的话,孔子的思想就很厉害了:"民可使,由之;不可使,知之。"如果老百姓能干的话,就让他们干,如果不能干的话,教育他们。这完全是现代市场经济思想的古代版本。老百姓你别管他,他们知道怎么干的话你别去管他,越管越糟。他们不知道怎么干的时候,那你教育他就行了。这种思想在《论语》的其他地方也反复出现过,如上面讲过的"五美四恶"中。两种解读方法会有两种完全不同的意思。所以以后,一种意思解读不通时换个方法解读也是可以的,而且不失为一种好的方法。

　　所以这些攻击孔子轻礼妇女、轻视劳动人民的依据,都是误读的结果,你们看看,孔子轻视妇女与劳动人民吗?按自己的理解来解释孔子,往往会解释出自己希望的结果,依据孔子的学说,原意的真实、整体的含义来解释,才能窥探出孔子话语的真义。

仁是真理

我们接着看"当仁,不让于师"。

这句话指出"仁"比知识还重要。教师意味着什么?意味着知识。师者,传道、授业、解惑也,这是韩愈讲的。"仁者"如果认为是"仁"的,教师的话都是可以违背,也可以背叛他。古希腊的亚里士多德讲过一句非常有名的话:爱教师,更爱真理。这与孔子的话几乎是一模一样的,只是这是古希腊人讲的。教师也有错的,当教师与"仁"相冲突的时候,我选择的是仁,是真理。这里的"仁"就与真理站在一起了。这里的"仁"就是"真理"了。

教师在现代社会的地位已经比较低了,但是还原到公元前5世纪,那是一个"一日为师,终身为父"的时代,教师的地位是极其崇高的。就是这么崇高地位的教师,在"仁"面前,也得退下阵来。可见,"仁"对一个人的发展来说是具有多么重要的地位啊!

然后呢,

> 子曰:"民之于仁也,甚于水火。水火,吾见蹈而死者矣;未见蹈仁而死者也。"(《论语·卫灵公》)
> 【参考译文】孔子说:"民众需要仁,更甚于需要水火。我只见蹈火蹈水而死了的,却从没有看见因实践履仁而死了的。"

让老百姓达到"仁",是非常不容易的。个人要达到"仁"很难,让老百姓全体都达到"仁",那几乎是不可能的。"民之于仁也,甚于水火",水火不相容啊。让老百姓达到"仁",那想法是很好的,但现实的可能性等于零。但就个人而言,达到"仁",实践"仁",却是可能的,也是必须的:踏上火会发生死亡,但如果踏上"仁",只会将你引向更好,而不是更坏,更不要说是死亡了。

这里孔子阐述的是整体与个体的关系:整体意义上的"仁"是不可能的,但是个体意义上的"仁"是必须的。这种理解是基于对人与由人组成的社会整体的理解。我们来看看孔子对人与由人组成的社会整体的看法。

组成社会的四种人

能达到"仁"的毕竟是人当中的少数，要民众全体达到"仁"是不可能的。这个确实是社会的现实。孔子在《论语》中，将人是分成几个层次的，粗略而言，是小人与君子，而细致地讲，可以分为下面四个层次。

第一层次是小人。小人的特点是"不可久处约"、"难养"、"长戚戚"、"不可长处乐"等等。从小人的特点可以看出，孔子看人的重心在于内在的人，由对内在的人的培养上来区分人的高下。

第二层次是"中人"，即一般的人，大多数的人应该都属于这一层次。中人以上，可以说人生的大道理，而中人以下，就不能跟他说人生的大道理，说了也理解不了，甚至是误解。① "中人"这种提法在《论语》中出现得不多，但这部分人应该是占人群的大部分，这一部分以另一种方式在《论语》中体现出来，那就是"民"，这一部分是可以教育的，是"有教无类"的对象。② 做到"仁"需要经历磨难，这是很多人不愿意面对的，或是面对了也有很多人会退缩，或是很难正确面对的。正如亚当·斯密讲的，"困难是人类最好的老师，但是很少有人愿意面对"。③ 老百姓具有中庸之德的是少数，人依靠本性而为，而不依教育、不约束自己、不"克己"，就很难做到中庸之德了。④ 老百姓需要有君子的示范效应，才能亲近仁。⑤

第三层次是中人经过教育，"不愤不启，不悱不发。举一隅不以三隅反，则不复也。"⑥"仁者先难而后获，可谓仁矣。"⑦则成为士，即有志向的人，"士不可以不弘毅，任重而道远。"⑧他们将志向的实现看得比性命还重要。"志士仁人，无求生以害仁，有杀身以成仁。"⑨

---

① "中人以上，可以语上也；中人以下，不可以语上也。"（《论语·雍也》）
② 如樊迟问知。子曰："务民之义，敬鬼神而远之，可谓知矣。"（《论语·雍也》）
③ 问仁。曰："仁者先难而后获，可谓仁矣。"（《论语·雍也》）
④ 子曰："中庸之为德也，其至矣乎！民鲜久矣。"（《论语·雍也》）
⑤ "君子笃于亲，则民兴于仁。"（《论语·泰伯》）
⑥ 《论语·述而》。
⑦ 《论语·雍也》。
⑧ 《论语·泰伯》。
⑨ 《论语·卫灵公》。

第四层次则是有志向的士通过长期的磨练,需要通过君子的行为标准,即在视、听、色、貌、言、事、疑、忿、得九个方面下工夫。① 具有美德,又能知道变化;能遵循自身良知的召唤,又能顺应社会的变动,能做到"望之俨然;即之也温;听其言也厉"。② 最后,君子是具有非常强大的行动力的,在行动中,不掩饰自己的错误,在更正自己的错误中提升与发展自己。③ 君子的要求就很高了,非一般人所能做到了。

至于圣人与仁者,则是可遇而不可求,很少见了,不足以形成一类人了。子曰:"我未见好仁者,恶不仁者。好仁者,无以尚之;恶不仁者,其为仁矣,不使不仁者加乎其身。有能一日用其力于仁矣乎? 我未见力不足者。盖有之矣,我未之见也。"④子曰:"若圣与仁,则吾岂敢? 抑为之不厌,诲人不倦,则可谓云尔已矣。"公西华曰:"正唯弟子不能学也。"⑤

正如孔子对自身的归纳一样,"十五而志于学,三十而立",这就相当于一个"士"了,有了志向,能立于世,不为世间流言所折,但是还是经常会迷惑,经常会迷失,需要反省、精进,这之前,应该只是一个"中人"。"四十而不惑",这就相当于一个"君子"了,而后是"五十而知天命,六十而耳顺,七十而随心所欲,不逾矩",这就有点"圣"和"仁"的意义了,"夫仁者,己欲立而立人,己欲达而达人。能近取譬,可谓仁之方也已。"就是仁者,能从自己出发,从自己人格与事业的"建立"、基于自己强大行动力而获得的自我的发展来启示他人、提携他人。而且,仁者能因时而化,不因循守旧,能"就近取譬",随缘而化,这就不是对一般人的要求,是可遇而不可求了,很难做到了。

民之于仁,甚于水火

所以讲,圣人尚且如此,何况我们这些一般的人。就一般的民众而言,要求他们都达到"仁",这肯定是做不到的,如果强行要求他们做的话,那就只是

---

① "君子有九思:视思明,听思聪,色思温,貌思恭,言思忠,事思敬,疑思问,忿思难,见得思义。"(《论语·季氏》)

② "君子有三变:望之俨然;即之也温;听其言也厉。"(《论语·子张》)

③ "君子之过也,如日月之食焉。过也,人皆见之;更也,人皆仰之。"(《论语·子张》)

④ 《论语·里仁》。

⑤ 《论语·述而》。

促使民众去"撒谎"了。这里并不是孔子对民众有鄙视的看法，而是孔子能正视现实，对现实有清晰的认识。① 我们只要看看冯梦龙写的《东周列国志》，就可以看到当时的社会现实是如何地糟糕，即使是现在，我们所谓的"盛世"，要全民做到"仁"，那也是"甚于水火"。所以，对民众的要求，要基于现实主义，而不是理想主义。

（七）仁的功效

能利己利人的仁

我们讲了仁的属性，那么具有了"仁"会有什么用呢？ 在现实的世界中，"功利"是避免不了的。在孔子那里，"道"与现实并不是对立的，而是蕴藏于日常的生活之中。"富与贵，人之所欲也"，"邦有道，贫且贱焉，耻也"②，人的欲望与道可以是并行不悖的。所以，讲"功利"并没有错。一件好的东西，不光是对别人有利的，对自己也应该是有利的。如果光是对别人有利，对社会有利，对国家有利，而对自己没有利，而要求自己去实施，这样的教育与教导能否有效就很值得我们怀疑。我们的日常教育中就经常存在着违背孔子教导的东西。走极端是我们教育中经常犯的毛病，也是我们认识中经常有的误区。真正的诚实首先是有利于自身的，当年胡适当中国公学校长的时候曾教导过学生，"你如果想要勇敢，就说实话。"这种利己利人的教育要比我们的利他教育要有效得多。这也正如孔子讲的，"夫仁者，己欲立而立人，己欲达而达人。"③

因此，这里孔子就讲，具有了仁，会有什么功效。

仁者无忧

子曰："知者不惑；仁者不忧；勇者不惧。"（《论语·子罕》）

【参考译文】孔子说："有智慧的人心无惑乱，实现了仁的人心无忧愁，勇敢的人无所畏惧。"

---

① 基于客观认识基础之上的宽容是孔子学说的一大特点：如对利、对欲的认识都是如此。

② 《论语·泰伯》。

③ 《论语·雍也》。

"知者"能够不迷惑，也就是孔子讲的"四十而不惑"中的"惑"。这个不迷惑是很重要的。而"仁者"能够不"忧虑"，能做到不"忧虑"是很不容易的。而"勇者"能够不"恐惧"，不"惧怕"，这也很不容易。

《论语》中还记载了孔子相似的一句话，只是秩序不一样了，将"仁者"放在了前面，将"知者"放在了后面。

> 子曰："君子道者三，我无能焉：仁者不忧；知者不惑；勇者不惧。"子贡曰："夫子自道也！"（《论语·宪问》）
>
> 【参考译文】孔子说："成就君子的有三项，我一项也没能做到：实现了仁的人不忧虑，有智慧的人不迷惑，勇敢的人不惧怕。"子贡说："这正是先生称道他自己啊。"

可见，这话可能是孔子经常说的，或是弟子们印象特别深刻，认为需要强调的，所以才会在《论语》中反复出现。"知"与"勇"能与"仁"并列，可见，其他二者也很重要。那么，这三者是什么关系呢？

我们先来看看"勇"。孔子曾讲过，"仁者，必有勇；勇者，不必有仁。"①就是说，"仁者"是包括"勇者"的。而如果单单有"勇"，则是会出事的，是孔子不推荐的。孔子讲过"六言六蔽"中，其中之一就是"勇"："好'勇'不好学，其蔽也'乱'"②，"君子有勇而无义为乱，小人有勇而无义为盗。"③君子"恶勇而无礼者"④，"勇而无礼则乱"⑤，因此，"勇"必须搭配"义"、"学"与"礼"，否则，"勇"则"乱"。

这里就可以看出，这"仁者"要比"勇者"的境界来得高，"仁者"其实就包含了"勇者"。而且，这个"不忧"比"不惧"要来得困难。"不忧"是对未来"不确定性"的把握，而"不惧"只是对现实"不确定性"的把握。尽管这"仁者"包含了"勇者"，但"仁者"极难达到，所以，"不忧"的境界很难体会得到，这"勇

---

① 《论语·宪问》。
② 《论语·阳货》。
③ 《论语·阳货》。
④ 《论语·阳货》。
⑤ 《论语·泰伯》。

者"却是在日常生活中经常见的,是值得赞美的品格,因此,与"仁者"并列,可以更好地体会"仁"的功效。

我们再来看看"知"。我们前面讲过,"子曰:'知及之,仁不能守之;虽得之,必失之。知及之,仁能守之,不庄以泣之;则民不敬。知及之,仁能守之,庄以泣之,动之不以礼;未善也。'"①"仁"与"知"关系是十分密切的。而且"知者利仁"②。"知者"的境界是很高的,能做到"不迷惑",这是孔子自己到"四十"才能做到的。"子曰:'可与言,而不与之言,失人;不可与言,而与之言,失言。知者不失人,亦不失言。'""知者"能做到"不失人","亦不失言",是"智者"。但这个"知"必须要搭配"仁"才能持久,才能"守之"。所以,这个"仁者"其实也具有"知者"的品质,否则,如何能守之呢,"知者"如何能"利仁"呢? 但与"勇者"并列的道理是一样的,"仁者"不可知,也不可遇,所以,与"知者"并列,其实是在阐述"仁者"的品质。

这三种品质是很难做的,"知者"、"勇者"、"仁者","不惑"、"不忧"、"不惧",是很难的。其实,这些都是一个"仁者"所具有的品质,非常难得。所以,孔子自己讲,我自己都做不到,"君子道者三,我无能焉",颜回也只能"三月而至焉","其余则日月至之焉"。太难了。不过,"仁"的功效确实是太诱人了,太好了。

杀身成仁

正是因为"仁"好,功效太大,所以,

> 子曰:"志士仁人,无求生以害仁,有杀身以成仁。"(《论语·卫灵公》)
> 【参考译文】孔子说:"有志于仁的人和实现了仁的人,没有为求生命安全而宁愿损害仁的,只有宁愿牺牲性命来成就仁的。"

就是说,凡是成为"有志向"的"士"和"具有仁"的"人"都将"仁"的价值

---

① 《论语·卫灵公》。
② 《论语·里仁》。

视为高过"生命"。生命是很可贵的,惧怕"死亡"是人的本能之一,而有个东西能超过"生命"的价值,这个东西就不一般了,非常可贵了。在《论语》中超过死亡的还有"道","朝闻道,夕死可矣",早上知道了道,晚上死了也值得,说明"闻道"之可贵。可见,这个"仁"与"道"具有同一级别,同样重要。通过和"生命"之比较,说明这个"仁"太可贵了,太重要了,是人生的"道"。

　　到这里,我们知道这个"仁"具有什么属性,这个"仁"的巨大功效,比"生命"还重要,但问题是这个"仁"是什么,还是不清楚。

第4讲 否定加否定等于肯定:109种解释说明了什么(二)

子曰:人而不仁,如礼何?

人而不仁,如乐何?

——《论语·八佾》

上面讲了《论语》中说的这个"仁"功效极大,但我们到目前为止还是不知道这个"仁"到底是什么。下面孔子接着还是没有讲"仁"是什么,而是讲没有了"仁"会怎么样。讲了"仁"的性质,讲了"仁"的功效,又讲没有了"仁"会怎么样,这样,即使没有讲"仁",也能理解一些"仁"的含义了。

一、仁的否定表述:如果没有仁会如何

能说会道是美德吗?

子曰:"巧言令色,鲜矣仁!"(《论语·学而》)

子曰:"考言令色,鲜矣仁。"(《论语·阳货》)

【参考译文】孔子说:"满口说讨人喜欢的话,满脸装着讨人喜欢的面色,这种人,就很少具有'仁'了。"

有一些外在表现,一看就知道不是"仁"。什么呢?"巧言"与"令色"。就是从"言"与"外表"能看出不具有"仁"。什么是"巧言"呢?不是指说话有"技巧",而是"与内在不符合","投他人所好"的"言"。这在《论语》中曾多次提及。"子曰:'巧言、令色、足恭,左丘明耻之,丘亦耻之。匿怨而友其人,左

丘明耻之,丘亦耻之。'"①"子曰:'巧言乱德。小不忍,则乱大谋。'"②

那么与"巧言"相对的是什么呢,就是前面我们讲过的,"刚、毅、木、讷,近仁","有德者,必有言","仁者"的"言"不是"巧言",而是"有德之言"、"内外一致的言"、"与内在相符合的言"。这在后来的《中庸》中将之归纳为"诚"。真诚是成就"仁"的基础。

另外一个从"色",即面貌上,也可以看出不具有"仁"。不是发自内心的面貌,伪善的表现是与"仁"背道而驰的。那么"仁者"的面貌是什么呢? 君子有"九思"中的"色思温","子夏问孝。子曰:'色难'。"③都是指"色"应该如何。"色"在孔子那里是很重要的,"子曰:'贤者辟世,其次辟地,其次辟色,其次辟言。'子曰:'作者七人矣!'"④这个"色"是发至内心的"色",不是假的"色","令色",不是"色取仁而行违"⑤,而是"正颜色",即"君子所贵乎道者三:动容貌,斯远暴慢矣;正颜色,斯近信矣;出辞气,斯远鄙倍矣。"⑥"正颜色"是君子"所贵",是通向"仁"的通道,假的颜色与"仁"背道而驰。

孔子是如何看周礼的

如果没有了仁,礼与乐也就没有意义了。

子曰:"人而不仁,如礼何? 人而不仁,如乐何?"(《论语·八佾》)

【参考译文】孔子说:"人如果没有(内在的)仁,把(外在的)礼又如何来运用呢? 人如果没有(内在的)仁,把(外在的)乐又如何来运用呢?"

就是说,做人没有做到"仁","礼"和"乐"就都没有意义了。"礼"、"乐"都是形式上的,唯有与"仁"的实质相结合,才具有意义。同时,遵循"礼",从事"乐"的目的也在于认识与实现"仁"。

---

① 《论语·公冶长》。
② 《论语·卫灵公》。
③ 《论语·问政》。
④ 《论语·宪问》。
⑤ 《论语·颜渊》。
⑥ 《论语·泰伯》。

　　"礼"和"乐"是很重要的，我们国家就号称是"礼乐之邦"，有"礼"，有"乐"，就有文明。但孔子说"礼乐"都是衍生物，没有了"仁"这个根本，光讲"礼"、"乐"是没有意义的。所以，这个"仁"就很重要了，如果"仁"不讲清楚，弄不清楚这个"仁"的含义，这"礼乐"中，所有的文明积累，可能都是累赘。这对我们学习传统文化也是最为基本的原则，要重根本，不能重皮毛。光看"礼乐"，光看华丽的外表，不看内在的实质是不行的。因此，这个"仁"必须要弄清楚。

　　"文革"的时候批判孔子的罪状之一就是复古与推崇"周礼"，逆历史的潮流而动，其实是我们又一次地误读了孔子。孔子对"周礼"的研究，是为了探寻"仁"，依"仁"是可以改变"礼"的。

如何看待不仁

　　下面孔子又讲到对"不仁"的人的态度。

　　　　子曰："好勇疾贫，乱也。人而不仁，疾之已甚，乱也。"（《论语·泰伯》）

　　【参考译文】孔子说："以勇敢自喜却厌恶贫困，是一种祸害。对于不仁的人，痛恨太甚，也是一种祸害。"

　　如果喜好勇敢与厌恶贫穷结合在一起，结果是什么呢？是一种祸害。对于"勇者"，孔子讲过是"无惧"。对于"贫"，孔子也讲过，"子曰：'笃信好学，守死善道。危邦不入，乱邦不居，天下有道则见，无道则隐。邦有道，贫且贱焉，耻也，邦无道，富且贵焉，耻也。'"①只有在"邦有道"的时候，"耻贫"才是对的，而如果"邦无道"，"富且贵"则是可耻的，"知耻而后能勇"，而不是没有任何条件的"疾贫"，不顾外界条件的"疾"是违反孔子的"道"与"仁"的。孔子讲究"危邦不入，乱邦不居"、"过犹不及"的，非常强调外界环境，尤其是"邦"的政治是否"有道"，"贫富"、"贵贱"对"仁"的促进都是十分巨大的。

　　另一个祸害就是对"不仁"的态度，如果痛恨人们"不仁"，要求人们都做

---

　　①　《论语·泰伯》。

到"仁",就会产生祸害了。也就是对人的要求太高了,要求社会中的人都成为"仁人",这时候就成灾难了。

上面我们讲过,人人成为仁人,在孔子看来,是不可能的,对人的要求太高了。孔子曾讲过相似的话,"子曰:'民之于仁也,甚于水火。水火,吾见蹈而死者矣;未见蹈仁而死者也。'"①让百姓都达到仁,比水火交融还难。民众需要的是因势利导,"因民之所利而利之,斯不亦惠而不费乎?"②

上半句是对"贫"的态度,下半句是对"不仁"的态度。因此,"民",也就是一般的"人",在实际生活中"不仁"是很正常的,这也说明了要做到"仁"是很不容易的,不是一般民众的任务,而是一个人受到了教育,自己觉悟,自己树立信心,并持之以恒地在日常生活中要求自己,不断实践才可以达到的。这也是孔子一再强调的。那么现实世界是什么样的呢? 现实世界中的人,是分层次的。

孔子世界中的人是分层次的

对现实世界的清晰认识,是对人、对社会,以及对自身正确认识的前提与条件。孔子对现实社会中的人的认识是分层次的,我们在前面已作讲述。从下面的孔子与子贡的对话中也可以更清楚地看出来。

> 子贡问曰:"何如斯可谓之士矣?"
>
> 子曰:"行己有耻;使于四方,不辱君命;可谓士矣。"
>
> 曰:"敢问其次?"
>
> 曰:"宗族称孝焉,乡党称弟焉。"
>
> 曰:"敢问其次?"
>
> 曰:"言必信,行必果;硁硁然,小人哉! 抑亦可以为次矣。"
>
> 曰:"今之从政者何如?"
>
> 子曰:"噫! 斗筲之人,何足算也!"(《论语·子路》)
>
> 【参考译文】子贡问道:"怎样才可以叫做'士'?"

---

① 《论语·卫灵公》。
② 《论语·尧曰》。

孔子说:"自己行为保持羞耻之心,出使外国,很好地完成君主的使命,可以叫做'士'了。"

子贡问道:"请问次一等的如何呢?"

孔子说:"宗族称赞他孝顺父母,乡里称赞他恭敬尊长。"

子贡又问道:"请问再次一等的如何呢?"

孔子说:"出一言必信,不反悔。做一事必果决,不转变。坚定、确定地像块石头般,那是小人呀! 但也可算是再次一等的'士'了。"

子贡道:"现在的那些执政的人怎么样?"

孔子说:"噫,都是些气量极小的人,都不算上面几类人。"

我们看到的最为常见的是"士",还不是"君子"。在《论语》中有很多关于"士"的描述,如"曾子曰:'士,不可以不弘毅,任重而道远。仁以为己任,不亦重乎,死而后已,不亦远乎。'""志士仁人,无求生以害仁,有杀身以成仁。""子张曰:'士见危致命,见得思义,祭思敬,丧思哀,其可已矣。'""子曰:'士志于道,而耻恶衣恶食者,未足与议也!'"

"士"是那些有"志于道"、"志于仁"的人,但是在行为上还达不到"君子"的境界。这一类人就很了不起了。这种人的特点是"行己有耻;使于四方,不辱君命;可谓士矣。"也就是有"耻辱感",有"使命感",能肩负"责任"。

其次是那些能做到"孝悌"的人,这是我们在一开始讲"仁"的时候讲过的"仁之本"。就是能在家庭、宗族中做到尊敬长辈,在本质上不坏,"发乎情"的那些人,但是没有受过教育,未树立志向,对自己的信心也不够,未能做到"止于礼",这些人是可教之人。这也是上面我们所讲的"中人"。

再次,就是"小人"。孔子说的"小人"并不是我们现在所说的贬义的"小人"。我们现在讲自己为"君子",讲看不上眼的人为"势利小人"。其实,在孔子那里,"君子"是很难达到的,能成为"士"就很不容易了。而"小人"是些什么样的人呢? 是那些"言必行,行必果"的人,但问题是这种"言必行,行必果"是不管在任何条件下,都是"言必行,行必果",有点像我们现在所说的"死士"。这帮人就是"小人",不是我们现在所说的"忘恩负义"、"见利忘义"、"恩将仇报"的那种"小人",而是不能判断外界条件,不能判断世事变化,不能判断是非曲直,这种人才叫"小人"。孔子在其他地方也讲过,君子有四恶,

"恶称人之恶者,恶居下流而讪上者,恶勇而无礼者,恶果敢而窒者"①中的后两者就是小人的行径。因此,这里的"小人"毫无贬义之义,而是指一个人内在的培养是否能成形,"小人"是指内在的培养很小,跟孔子在《论语》其他地方的用法是一样的,如"大人",是指人的内在的培养很大,这就是"畏大人之言",这种人是"士"需要学习、敬畏的,肯定不是位高权重,或是具有巨大财富的人。这与"唯小人与女子难养也"的解释也就一致起来了,不应作贬义理解。

最次就是那些内在没有成形的,即"斗筲之人",即度量和见识都很小的人。这些人的内在没有成形,结果就是极易被外界所吸引、诱惑。这些人在孔子那里就不值一提了,比如阳货之流,孔子连见面都觉得累。这里我们可以看到,孔子十分强调人的内在的强大,如"无忧、无惧、无惑","坦荡荡"等,这与人的内在的培养、内在的强大不可分离。从这里我们可以看出,"仁"很重要的一个方面是"内在的培养"。这也是划分人的层次的标准,而不是指外在的财富、贵贱、体力强壮与否。

如何与斗筲之人打交道

> 阳货欲见孔子,孔子不见,归孔子豚。
>
> 孔子时其亡也,而往拜之。
>
> 遇诸涂。
>
> 谓孔子曰:"来!予与尔言。"
>
> 曰:"怀其宝而迷其邦,可谓仁乎?"
>
> 曰:"不可。"
>
> "好从事而亟失时,可谓知乎?"
>
> 曰:"不可。"
>
> "日月逝矣!岁不我与!"
>
> 孔子曰:"诺,吾将仕矣!"(《论语·阳货》)
>
> 【参考译文】阳货想要见孔子,孔子不去见他。他便送孔子一个(蒸熟了的)小猪,(依孔子倡导的礼,孔子得到他家道谢。)

---

① 《论语·阳货》。

孔子探听到阳货不在家，前去拜谢。

两人在路上遇见了。

阳货对孔子说："来，我同你说话。"

阳货说："自己有一身的本领，却尽让一国之人迷惑失道，这可以叫做仁吗？"

他自己接口道："不可以；——一个人喜欢做官，却屡屡错过机会，可以叫做智慧吗？"

他又自己接口道："不可以；——光阴一天天过去，岁月不会等待你的呀！"

孔子说："好吧，我快打算做官了。"

　　这里记载的是阳货与孔子的交往。阳货是孔子所谓的"斗筲之人"，连"小人"都算不上。那《论语》为什么要大段地记述他的话呢？

　　阳货此人，孔子是看不上的，连老百姓也对他恨之入骨。因为孔子长得像阳虎①，在匡地被围五日，"子畏于匡。曰：'文王既没，文不在兹乎。天之将丧斯文也。后死者不得与于斯文也。天之未丧斯文也。匡人其如予何。'"②

　　阳货在孔子所在的国家是"当权派"。在《论语》中记述孔子如何对待阳货，从中可以学到如何在"危邦"、"乱邦"中的处世之道。这是很重要的：如何对待你的敌人，或是如何对待要害你的人。具体而言，可以看出下列几个方面的生存之道。

　　第一，个人的对抗肯定是毫无价值的。孔子不想见阳货，但又不得不与之打交道。关于人与社会的关系如何处理，在春秋这个大变动时期确实难以处理，因此，在《论语》中，这一方面的阐述就不少，也很重要了，而不是无缘无故，没有目的地放在其中。还有一个很有趣的就是孔子见卫夫人，被子路数落的故事。"子见南子，子路不说。夫子矢之曰：'予所否者，天厌之！天厌之！'"③

---

① 阳虎，姬姓，阳氏，名虎，一名货。春秋后期鲁国人，季孙氏家臣。

② 《论语·子罕》。

③ 《论语·雍也》。

在乱邦与危邦中生存的智慧在《论语》中曾出现过多次。如"邦有道,则显,邦无道,则隐。""邦有道谷,邦无道谷;耻也。"①"子曰:'邦有道,危言,危行;邦无道,危行,言孙。'"②"子曰:'直哉史鱼! 邦有道,如矢;邦有道,如矢。君子哉蘧伯玉! 邦有道,则仕;邦无道,则可卷而怀之。'"③"子谓南容,'邦有道不废,邦无道免于刑戮。'以其兄之子妻之"④"子曰:'宁武子,邦有道,则知;邦无道,则愚。其知可及也;其愚不可及也。'"⑤邦无道,自我保护非常重要,要能做到"免于刑戮",⑥要能做到"愚",自我保护与保全是自我发展的前提。"子曰:'笃信好学,守死善道。危邦不入,乱邦不居,天下有道则见,无道则隐。邦有道,贫且贱焉,耻也,邦无道,富且贵焉,耻也。'"⑦这是孔子对待环境的总结。不管是"危邦"还是"乱邦","笃信好学",信仰坚定、纯正,信心饱满,好学不辍是必须的。因为这是人实现"仁"的使命所决定的。同时,不入"危邦",不居"乱邦",这是一个人应该有的选择。如果在"危邦"、"乱邦",圣人都有可能守不住。天下无道,则隐,这只是外在的表象,在人的内在方面,不管是"现"还是"隐","笃信好学,死守善道"都是不变的。从这里我们也可以进一步理解孔子为什么要在五十多岁的时候开始周游列国了。处理好与自己所处的社会的关系,是仁人志士发展的基础。

第二,问题是这个"愚"、"卷可怀之"、"危行"、"言逊"、"耻富贵"如何能做得到呢? 这一段就以孔子的亲身实践为例做一说明。首先孔子是"不见",孔子是讲"三人行,必有我师焉",可见这个"阳货"不属于"人"的范围。孔子讲人,多从内在与内涵着眼,阳货属"斗筲之人",气量与见识都小,所以,这种人就不属于可以"为我师"的"三人"之内了。

第三,做人不能违背自己的原则,包括与阳货这些人的交往中。阳货看孔子不来见,于是想出了一个办法,送给孔子一个烤小猪,因为按照孔子自己所

①　《论语·宪问》。
②　《论语·宪问》。
③　《论语·卫灵公》。
④　《论语·公冶长》。
⑤　《论语·公冶长》。
⑥　"子谓南容,'邦有道不废,邦无道免于刑戮。'以其兄之子妻之"(《论语·公冶长》第五)
⑦　《论语·泰伯》。

说的"礼",非得去见他不可。可见,阳货也非一莽夫。于是孔子便探得一日阳货不在时去答谢。可见,孔子也是很聪明的,对于"礼"也不是死硬遵守。可见,孔子的学说是很灵活的,是实质至上,形式次之。这与孔子自己说的"子曰:'人而不仁,如礼何? 人而不仁,如乐何?'"①是高度一致的。只有做到因时而变、因地而化、随缘而生、机动灵活才能成就真正的仁。

第四,我们发现,"斗筲之人"讲起"仁"来也是头头是道。"不可'怀其宝而迷其邦,'""不可'好从事而亟失时,可谓知乎?'"话都说得非常对。这就更进一步突出了孔子不将这个"仁"学说清楚的用意了,说清楚之时,也是滥用之日。阳货都能将"仁"用得这么好,更何况其他的人呢! 由此可见,这个"仁"并不是一种简单的语言,而在于实践。人的"内在"的培养的实践。"巧言令色,鲜矣仁","刚毅木讷,近仁"。"仁"具有不可说,不可道,但可实践的特点。

第五,有的时候撒谎是可以的。孔子听了阳货的话之后,说,"好的,我将做官了。"其实,据史实记载,孔子于阳虎当权之时,并未仕于阳虎。可见,孔子并没有打算做官,而是为了避免阳虎的纠缠,而以此结束他们的谈话。可见,对于内在不成形的人,避免不必要的纠缠是必要的。这也正是孔子自己讲的,"子曰:'中人以上,可以语上也;中人以下,不可以语上也。'"这时候说话要讲究策略。由此而见,孔子在《论语》中是活泼泼的,并不死板。②

美德是如何炼成的

下面的一段话孔子更是点出了美德是实践出来的,并不是说出来的。光靠说是实现不了仁的。③

> 子曰:"由也,女闻六言六蔽矣乎?"
> 对曰:"未也。"

---

① 《论语·八佾》。
② 到了孟子的战国时期,孟子更是将这个意思发挥到极致,叫"君子言不必信,行不必果,唯义是从",就是讲君子说话可以不算数,行动也不必讲究结果,只要是遵从"义"就可以了。
③ "考言令色,鲜矣仁。"(《论语·阳货》)

"居！吾语女：好'仁'不好学，其蔽也'愚'；好'知'不好学，其蔽也'荡'；好'信'不好学，其蔽也'贼'；好'直'不好学，其蔽也'绞'；好'勇'不好学，其蔽也'乱'；好'刚'不好学，其蔽也'狂'。"（《论语·阳货》）

【参考译文】孔子说："仲由呀！你听过有六种品德和六种弊病的说法吗？"

子路答道："没有。"

孔子说："你坐下！我告诉你。爱好仁，却不好学，那种弊病就是容易被人愚弄；爱好智慧，却不好学，那种弊病就是流荡而无基础；爱好诚信，却不好学，那种弊病就是反而成为（对自己的）伤害；喜好直率，却不好学，那种弊病就是说话尖刻，不通情理；喜好勇敢，却不好学，那种弊病就是易犯上作乱；爱好刚强，却不学，那种弊病就是易于狂妄抵触人。"

"仁"、"知"、"信"、"直"、"勇"、"刚"都是好的美德，但如果只是停留在口头上，不实践，或是实践不讲究"礼"，则会转化为六种不好的东西："愚"、"荡"、"贼"、"绞"、"乱"、"狂"，其中的差别，就是"学"。

这里的"学"是有日常生活中践行的含义。

第一，在《论语》的第一篇"学而"中就点出了"好学"不是我们现在一般所理解的知识分子坐在书房里看书。"子曰：'君子食无求饱，居无求安，敏于事而慎于言，就有道而正焉，可谓好学也已。'"①这个好学，是和吃饭、睡觉、敏于事、就有道联系在一起的，而不单单是好读书而已。

第二，这个"好学"是挺不容易的。子夏曰："日知其所亡，月无忘其所能，可谓好学也已矣！"②这就有点像佛教中的"勤精进"的含义了。

第三，好学者是不常见的。"哀公问：'弟子孰为好学？'孔子对曰：'有颜回者好学，不迁怒，不贰过。不幸短命死矣，今也则亡，未闻好学者也。'"③"季康子问：'弟子孰为好学？'孔子对曰：'有颜回者好学，不幸短命死矣！今

---

① 《论语·学而》。
② 《论语·子张》。
③ 《论语·雍也》。

也则亡.'"①也就颜回好学,其他则不能说是好学。而颜回,我们前面看到,是孔子所说的"三月不违仁"的人。可见,"好学"与"不违仁"是联系在一起的。

第四,这个"好学"与"善道"是联系在一起的。"子曰:'笃信好学,守死善道。危邦不入,乱邦不居,天下有道则见,无道则隐。邦有道,贫且贱焉,耻也,邦无道,富且贵焉,耻也。'"②因此,这个"好学",与对世事的判断联系在一起,我们不能简单地来理解成喜欢读书。

下面我们来分别解释这几种美德,及由于缺乏了"好学"而走向的反面。

仁与愚相距不远

　　　　好"仁"不好学,其蔽也"愚";

如果喜好"仁",但没有做到"好学",那结果是什么呢？是"愚"。什么是"愚"呢？孔子讲过,"子曰:'唯上知与下愚,不移。'"③唯有上等的智者与下等的愚人是改变不了,受教育也没有用。这个好"仁"要是不与吃饭、睡觉、做事、就有道联系起来,就是"下愚",所有的智慧、认识都是白搭。因此,这就更突出了这个"仁"不是停留在认识或是口头上的,而是落实到行动上的。这就和孔子讲的"刚毅木讷,近仁"对应起来了。

另外,"仁"与"愚"仅仅是在"好学"上有差别,"仁"与"愚"具有相似点。"木"、"讷",迟缓为"木","鲜言"为"讷",反应慢,表达不清,这看起来就"愚"了。如果追求仁的人不好学,不在日常生活中严格要求,不"勤精进",追求"仁"就成为"愚"了,还不如不追求了。看来,这里的"仁"的含义越来越清楚了。其最为核心的意思不是指"孝悌",也不是指"仁慈"或是"仁义",而是指内在的人的培养,内在的"大人"能否尽快地培养出来,在纷乱的世界上能否建立自己的内在的标准与价值,这是仁的核心价值之所在。

为什么会怀才不遇

　　　　好"知"不好学,其蔽也"荡";

----

①　《论语·先进》。
②　《论语·泰伯》。
③　《论语·阳货》。

如果是喜欢"知",即智慧,但是没有将之与自己的日常生活结合起来,结果是什么呢?是"荡"。孔子讲过,"子曰:'古者民有三疾,今也或是之亡也。古之狂也肆,今之狂也荡;古之矜也廉,今之矜也忿戾;古之愚也直,今之愚也诈而已矣。'"①"荡",就是放荡不羁。如果有智慧,但是没有"不患人不知己,患无能也"的态度,结果就是"怀才不遇"、"世道不公"、"虎落平阳"的感觉,在行为上也就表现出"玩世不恭"、"游戏人生"。这是孔子所反对的,"危邦"就应该"不入","乱邦"就应该"不居",邦无道,就应该"危行、言逊",就应该"贫且贱"也,所以,不管是"邦有道",还是"邦无道","荡"都是不足取的,都是违背"就正道"的。这在历史上就有很多的故事,如三国时期的杨修、孔融都是在"荡"字上翻了跟斗,遭杀身之祸的。现在的很多年轻人也有这样的心态,都是不足取的。

不分场合的信诺不足取

> 好"信"不好学,其蔽也"贼";

如果喜欢"信义",但是未将之落实到现实生活,与自己的日常生活一致起来,形成自己的习以为常的习惯,那它的弊病就是"贼"。什么是贼呢?"子张曰:'何谓四恶?'子曰:'不教而杀谓之虐;不戒视成谓之暴;慢令致期谓之贼;犹之与人也,出纳之吝,谓之有司。'"②"子曰:'乡原,德之贼也!'"③贼是"四恶"之一,与"五大美德"相反,"曰:'何谓五美?'子曰:'君子惠而不费;劳而不怨;欲而不贪;泰而不骄;威而不猛。'"也就是贼与"仁"与"道"背道而驰的。就是讲,如果光讲"信义",不"好学",那问题就大了,与"仁"背道而驰了。管同《四书纪闻》有云:"大人之所以必信者,惟其为学而知义之所在也。敬好信不好学,则惟知重然诺而不明事理之是非,谨厚者则硁硁为小人;苟又挟以刚勇之气,必如周汉不足之处游侠,轻身殉人,扞文纲而犯公义,自圣贤观

---

① 《论语·阳货》。
② 《论语·尧曰》。
③ 《论语·阳货》。

之，非贼而何？"①这也是孔子将这些人归类为小人，即"言必信，行必果；硁硁然，小人哉！抑亦可以为次矣。"这就是"信而不学"的恶果，是"小人"之行径，是违背与偷盗"仁"之贼。

太过正直也不好

> 好"直"不好学，其蔽也"绞"；

如果喜好"直"这一美德，但如果不"好学"，那结果是什么呢？"绞"。孔子在另一个地方也讲过同样的意思。"子曰：'恭而无礼则劳；慎而无礼则葸；勇而无礼则乱；直而无礼则绞。君子笃于亲，则民兴于仁。故旧不遗，则民不偷。'"②"不好学"与"无礼"是等同的。关于"礼"这个问题我们下面再讲。我们先来看看"直"这一品格在"不好学"的条件下如何转化为"绞"。

什么是"直"呢？这个人很"直"，就是很"直率"，很"耿直"。这是"直"的形象用法用于形容人的品格。这在《论语》中是作为人的美德之一的，如"子曰：'举直错诸枉，能使枉者直。'"③"直"的能使那些"不直"——"枉"得到纠正，能使怨气得到伸张。"或曰：'以德报怨，何如？'子曰：'何以报怨？以直报怨，以德报德。'"④"子曰：'直哉史鱼！邦有道，如矢；邦有道，如矢。君子哉蘧伯玉！邦有道，则仕；邦无道，则可卷而怀之。'"⑤

但如果不"好学"，单纯地"直"，而不将其与自己的日常生活、生活习惯，或是更直接地讲，不是发乎内心的，而是刻意地"直"，不分场合、不分环境，那就是"尖酸刻薄"、"尖刻寡义"了，也就是"绞"。

勇而无礼则乱

> 好"勇"不好学，其蔽也"乱"；

---

① 杨伯峻：《论语译注》，中华书局1980年版，第185页。
② 《论语·泰伯》。
③ 《论语·颜渊》。
④ 《论语·宪问》。
⑤ 《论语·卫灵公》。

这个也是孔子一再强调的。光有"勇",不好"学",结果是祸害。同样的意思也出现过,"子曰:'恭而无礼则劳;慎而无礼则葸;勇而无礼则乱;直而无礼则绞。君子笃于亲,则民兴于仁。故旧不遗,则民不偷'。"①这里的"好学"与"礼"是同义的。同时,与下面的"义"也是同义的。"子路曰:'君子尚勇乎?'子曰:'君子义以为上。君子有勇而无义为乱,小人有勇而无义为盗'。"②这种勇而不好学,与上面的"信而不好学"一样,同样是恶行。"子贡曰:'君子亦有恶乎?'子曰:'有恶。恶称人之恶者,恶居下流而讪上者,恶勇而无礼者,恶果敢而窒者。'曰:'赐也亦有恶乎?''恶徼以为知者,恶不孙以为勇者,恶讦以为直者。'"③

对于勇气,往往是和信心联系在一起的,成为人的基本美德。但勇气往往分为不同种类。古希腊黄金时代的执政官伯里克利在其著名的演讲《雅典是希腊的学校》中曾说,"有些人的勇气是来源于无知,深思熟虑之后他们却成了懦夫。"而另一种勇气则是"行动时我们勇气百倍,行动前却要对各项措施的利弊展开辩论。"④这里的勇气也与"有知"、"好学"联系在一起。

刚正不阿也不一定好

好"刚"不好学,其蔽也"狂"。

这个"刚"是能具备"仁"的人所具有的品格。"子曰:'刚毅、木讷,近仁。'"⑤而且,这个"刚"很难得,要"刚"而"不欲""子曰:'吾未见刚者。'或对曰:'申枨。'子曰:'枨也欲,焉得刚?'"⑥

但是,这个"刚正不阿"的品格,如果不结合"好学",结果就便是"狂"。什么是"狂"呢,就是脱离自身的现实而自认为高大、了不起。内在的原来是

---

① 《论语·泰伯》。
② 《论语·阳货》。
③ 《论语·阳货》。
④ 沈敏荣:《市民社会与法律精神——人的品格与制度变迁》,法律出版社 2008 年版,第 30 页。
⑤ 《论语·子路》。
⑥ 《论语·公冶长》。

个"小人",或是"中人",却自认为是"大人"、"君子",这就叫"狂"。这个可以说是年轻人的特点。孔子自己也曾说过,"子在陈曰:'归与! 归与! 吾党之小子狂简,斐然成章,不知所以裁之。'"①所以,"志于道"的年轻人,一定要跟"好学"、"志于学"结合起来,才能"志于道"。而这种"狂",如果与其他"恶德"结合起来,就连孔子自己都觉得没有办法,无法教育了,就属于"下愚不能移"的范围了。孔子说:"狂妄而不直率,幼稚而不老实,无能而不讲信用,这种人我是不知道其所以然的。"②

这种"狂",还有一个特点,就是能"进取"。孔子曾说过,"狂者进取"、"古之狂也肆"。③《论语》还记载了一则孔子碰见"狂士"的经历。"楚狂接舆,歌而过孔子,曰:'凤兮! 何德之衰? 往者不可谏,来者犹可追。已而! 已而! 今之从政者殆而!'孔子下,欲与之言。趋而避之,不得与之言。"④孔子对楚狂还是挺看重的,希望能听到他们的"肆意直言",希望能与他们进行直接交流。

因此,"狂"本身并不是恶行,它是对自身与社会的评价,一种与现实不能融合的评价,它也有其可爱之处,但是要达到"仁"与"道",这个"狂"必须要克服,才能做到"刚"而"好学"。

孔子讲了"好学"在成就"仁"、"知"、"信"、"直"、"勇"、"刚"等六项美德上的重要作用,没有"好学",这些美德都会走向反面。但如何通过"好学"达到"仁"呢,孔子延续其一贯的风格,并不明确解释。

什么是不仁

下面再讲讲一个"不仁"的例子,就是孔子的学生宰我。我们来看看什么是"不仁",以及"仁"与"礼乐"的关系,从中进一步加深对"仁"的认识。

---

① 《论语·公冶长》。

② 子曰:"狂而不直,侗而不愿,悾悾而不信,吾不知之矣。"(《论语·泰伯》)

③ 子曰:"不得中行而与之,必也狂狷乎? 狂者进取,狷者有所不为也。"(《论语·子路》)。
子曰:"古者民有三疾,今也或是之亡也。古之狂也肆,今之狂也荡;古之矜也廉,今之矜也忿戾;古之愚也直,今之愚也诈而已矣。"(《论语·阳货》)。

④ 《论语·微子》。

宰我问："三年之丧期已久矣！君子三年不为礼，礼必坏；三年不为乐，乐必崩。旧谷既没，新谷既升；钻燧改火，期可已矣。"

子曰："食夫稻，衣夫锦，于女安乎？"

曰："安！"

"女安，则为之！夫君子之居丧，食旨不甘，闻乐不乐，居处不安，故不为也。今女安，则为之！"

宰我出。

子曰："予之不仁也！子生三年，然后免于父母之怀。夫三年之丧，天下之丧也；予也，有三年之爱于其父母乎？"（《论语·阳货》）

【参考译文】宰我问道："父母之故，守孝三年，为期也太久了。君子有三年不去行礼仪，礼仪一定会被废弃掉；三年不去奏乐，音乐一定会失传。陈谷既已吃完，新谷又已收成；打火用的燧木也都改了，似乎一年的期限也就可以了。"

孔子说："丧亲一年后，你便吃白米饭，穿花缎衣，心里安不安呢？"

宰我说："安呀！"

孔子说："你既觉安心，就去干吧，君子在守孝期间，正因为吃美味不晓得甜美，听音乐不觉得快乐，住在家里心觉不安，才不这样干。如今你既然觉得心安，便可如此做了。"

宰我退了出来。

孔子说："宰予真不仁呀，儿女生下地来，三年以后才能完全脱离父母的怀抱。替父母守孝三年，天下都是如此的。宰予是不是对他死去的父母也有三年的爱心呢？"

孔子既然教学生一系列"美德"，其中一个就是"直"。所以，孔子的学生大都很"直"，其中一个学生颜回"不直"，老赞同孔子的讲课，孔子对他就很有意见。"子曰：'回也，非助我者也！于吾言，无所不说。'"[1]说颜回对我一点帮助都没有，老附和我的讲话。所以，孔子的学生经常挑孔子的刺，上面就是一则例子。其实，这也并不是宰我的实际想法，而是他的设问，在孔子的学生

---

[1]　《论语·先进》。

中,宰我是言语第一,甚至超过子贡。①

言语第一的宰我

这里需要指出的,在《论语》的其他部分,孔子对宰我的评价甚高。宰我在孔子弟子排名中是靠前的。"德行:颜渊、闵子骞②、冉伯牛、仲弓;言语:宰我、子贡;政事:冉有、李路;文学:子游、子夏。"③大家可以看到,他比子贡还靠前。宰我在"礼"方面有深入的研究。国君不问孔子而问于宰我。"哀公问社于宰我。宰我对曰:'夏后氏以松,殷人以柏,周人以栗,曰,使民战栗。'子闻之,曰:'成事不说,遂事不谏,既往不咎。'"④他还经常与孔子探讨"仁"的问题。而且经常自己假设一些稀奇古怪的问题来问孔子。"宰我问曰:'仁者,虽告之曰,'井有仁焉。'其从之也?'"子曰:'何为其然也? 君子可逝也,不可陷也;可欺也,不可罔也。'"⑤可见,宰我是发现孔子学说中的问题并与孔子探讨加以明确者,并不是亲身实践者,也并不是真正意义上的"不仁者"。这是大家需要注意的。

这个宰我,在孔子的学生当中,对"礼"有相当的研究。他发现了一个问题,就是这个丧期三年是不是太长了。前面讲的晏婴对此持有的批评态度和在"仁的改变"一部分中墨子对儒家的评价都曾对此作出批评。于是宰我就跑去问孔子,说这个"礼"与君子之道相背,可见,宰我理解孔子的思想也和我们一样,从整体理解入手,互相加以佐证,力求思想不相互矛盾。而且宰我还对这一问题提出了相应的改进之道,就是一年之丧期。我们要搞清楚,这里有可能并不是宰我的真实意思,而是在"好学"过程当中,发现孔子的学说有自相矛盾之处,于是就提了出来。我们现在在学习孔子学说的过程中,也应该有

---

① 德行:颜渊、闵子骞、冉伯牛、仲弓;言语:宰我、子贡;政事:冉有、季路;文学:子游、子夏。(《论语·先进》)

② 闵子骞(公元前536—前487),名损,字子骞,春秋末期鲁国(现鱼台县大闵村)人,孔子高徒,在孔门中以德行与颜回并称,为七十二贤人之一。他为人所称道,主要是他的孝,作为二十四孝子之一,孔子称赞说:"孝哉,闵子骞! 人不间于其父母昆弟之言。"明朝编撰的《二十四孝图》,闵子骞排在第三,是中华民族文化史上的先贤人物。

③ 《论语·先进》。

④ 《论语·八佾》。

⑤ 《论语·雍也》。

这种精神,如果能发现问题,再能解决之,就能更进一步理解孔子的精神。现在来看看,宰我的理由是什么? 孔子是怎么回答的。

宰我的理由是:

> 三年的丧期太长了。君子有三年不去行礼仪,礼仪一定会被废弃掉;三年不去奏乐,音乐一定会失传。陈谷既已吃完,新谷又已收成;打火用的燧木也都改了,一年也就可以了。

孔子的回答是:

> 子曰:“食夫稻,衣夫锦,于女安乎?”

孔子说,你吃好的,穿好的,心安否? 从这里可以看出,孔子的“礼”的内在标准,也是实质性的标准是“心安”。如果一件事情可以做到“心安”,这件事情就是可行的,“仁”也在其中了。否则,就不符合“礼”了。因此,这里的重心是“安”。这应该和我们上面提到的“心安”联系起来思考。

心安为什么那么难

> 曰:“安!”
>
> “女安,则为之! 夫君子之居丧,食旨不甘,闻乐不乐,居处不安,故不为也。今女安,则为之!”

宰我的回答是,可以安心。而后孔子的回答是,“安,则为之”。这才是重点所在,是“礼”的核心。只要是“安”,就可以为。而后孔子又指出,君子是“不安”的,你这个“安”不是君子的“安”,所以不能为也。最有意思的还是后边孔子的评价。如果你这也“安心”,并做了,那你就“不仁”了。这里指出了孔子的“礼”的核心思想,它具有两个方面的内容:一是要“心安”,二是这个“心”是君子之心,而非小人之心。

> “君子三年为礼,礼必坏;三年不为乐,乐必崩。旧谷既没,新谷既

升；钻燧改火，期可已矣。"

三年守孝，什么事情都不干，"礼"与"乐"是不是也就坏了呢。孔子的学说不是自相矛盾吗？孔子你自己不也说过，"子曰：'苟有用我者，期月而已可也，三年有成。'"[①] 三年的时间可不短。那拿三年的时间来守孝，而不关注"礼"，不关注"乐"，这是不是就是不关注"仁"了呢？"仁"可是不能"须臾离也"。于是宰我如此发问。我们想想，也真是存在这样的问题。那么是如何解决这个问题的呢？

> 子曰："予之不仁也！子生三年，然后免于父母之怀。夫三年之丧，天下之丧也；予也，有三年之爱于其父母乎？"

可见，这个"仁"就是先"安心"，而后"为之"。这和我们前面所说的"君子坦荡荡，小人长戚戚"是一致的，跟前面讲过的"仁者静，知者动"也是同一意思。其中核心思想就是"安心"，就是"坦荡荡"，就是"宁静"。这种思想在后来的《大学》中得到阐述，这种思想同样也见于佛教中的《金刚经》、《六祖坛经》。

从宰我的有意发问上可以看到，"仁"最为根本的就是"安心"，至于"礼乐"只是安心的手段。这也正是孔子所谓的"如不仁，如礼何，如不仁，如乐何。"所以，这一段对于理解仁的含义是非常重要的。这也是在"言语"类，宰我要排第一的原因之所在，既指出了孔子学说中看似矛盾的地方，又能让孔子说出"仁"、"礼"的真正含义。

这时候问题又来了，既然"仁"、"礼"的实质是"安心"，虽然"安心"很难，但也不至于说不清楚，为什么孔子不大张旗鼓地说出来呢？为什么"安心"那么难呢？

仁与不仁，不好判断

> 子游曰："吾友张也，为难能也；然而未仁。"（《论语·子张》）

---

① 《论语·子路》。

【参考译文】子游说:"我的朋友子张呀! 他是难能可贵的了,然而还不能做到仁。"

这是孔子门人间的相互评价。子游说他的同学子张,已经做得很好了,但是也未达到"仁"。那这个子张是怎样一个人呢? 我们来看一看。

子张跟随孔子多年,孔子周游列国之时,子张即随其左右,因此,子张与孔子的交流是非常多的。子张问过各式各样的问题,如"政"、"为政"、"禄"、"仁"、"善人之道"、"明"、"崇德"、"辨惑"、"士"、"行"。因此,子张可以讲是深得孔子思想精髓,能和孔子对话的人。子张的见解也非常厉害。《论语》中就记载了子张的几则见解,讲的话也非常到位。

但是,就是这样一位知者,"然而未仁"。这不仅仅是子游对他的评价,曾子也曾说过同样的话,

曾子曰:"堂堂乎张也! 难与并为仁矣。"(《论语·子张》)

【参考译文】曾子说:"子张的为人高得不可攀了,难以携带别人一同进入仁德。"

就是子张在言语形貌上做到很好了,但是这并不是"仁",在内在上还是做得不够。讲到这里,有一则故事可以更好地理解《论语》中为什么要突出子张。佛教中也有一则相似的故事,讲的是阿难的故事。在佛教的大雄宝殿上,在释迦牟尼佛的左右,右边老者是迦叶,左边立的年轻人就是阿难。他是释迦牟尼的远房表侄,长年服侍释迦牟尼。在释迦牟尼的评价中,阿难是"多闻第一",人聪明得不得了,记忆力超一流,听到什么东西都记得住。我们现在看到的佛在世时讲过的经,都是由阿难转述的。话说佛要过世的时候,阿难曾问过释迦牟尼,说你过世了,世人如何能相信这经文是佛在世时讲的。佛就告诉阿难,在记载时,开头写上"如是我闻",就说明是佛在世讲的。这个"如是我闻"中的我,就是阿难。所以,阿难能背那么多佛经,那肯定得道了。但在佛过世的时候,阿难还是没有得道。这是不是有点和子张的情形一样了呢? 子张小孔子49岁,长年跟随孔子,但就是他,不得"仁"。可见,这个"仁",或是内在的"安心",并不是那么容易做到的,也并不是说清楚了就可以了,即使是

说得非常清楚,也可能是"不仁"。①

二、仁的否定阐述:肯定加上否定的对比

上面讲到这个"仁",单单从语言上来表述是远远不够的。即使能用、能说,如果不能实践,也是不行的。下面这些表述是孔子从实践上阐述仁。

仁者与不仁者最重要的区别

首先是不仁者与仁者的不同表现,即不仁者与仁者的不同功效。

> 子曰:"不仁者,不可以久处约,不可以长处乐。仁者安仁,知者利仁。"(《论语·里仁》)
> 【参考译文】孔子说:"不仁的人,不能长久地居于穷困中,也不能长久地居于逸乐中。实现仁的人安于仁;有智慧的人利用仁。"

不仁的人,不可以长期处于简约当中,不可以长时期处于"乐"当中。这是什么意思呢? 就是不具有"仁"的人,不可能真正"安贫",肯定要被富贵所诱惑。这是说明人对富贵的态度。"简约"的生活,正是孔子在《论语》中说过,是在"邦无道"时所必须的。作为"仁者",是可以"富且贵",也可以"贫且贱"的,"仁者"只安于"仁",而不是安于"富与贵"。但"不仁者"与"仁者"的区别,很明显的一点就是在财富问题上,"不仁者"看不透,极易被财富所诱惑,而舍弃了"仁"。"仁者"对世态有自己的判断,是"危邦不入,乱邦不居"。而在日常生活中,是"惠而不费"、"劳而不怨",是"三人行,必有我师焉",是"乐山",是"有朋自远方来,不亦乐乎"的人,能在"邦无道"时做到"贫而乐","在陋巷不改其乐","饭疏食饮水,曲肱而枕之,乐亦在其中矣"。在"邦有道"时,能做到成为"贫穷并不可耻,无力摆脱贫穷才真正可

---

① 《六祖坛经》将之形容为"如人探水,冷暖自知"。

耻"①的人。

乐是什么

另一个"不仁者"与"仁者"最大的区别是能否"长处乐"。这里突出了"乐"这一生活态度。"乐"在孔子的"仁"的学说中是非常重要的。我们来看看"乐"到底是一个什么样的生活态度。

乐需要条件吗

这个"乐"不需要自然与社会条件,是由内而外的。

> 子曰:"饭疏食饮水,曲肱而枕之,乐亦在其中矣。不义而富且贵,于我如浮云。"(《论语·述而》)
> 【参考译文】孔子说:"吃粗粮,喝白水,弯着胳膊做枕头,乐趣也可在这里。用不正当的方法而得来的富贵,对我就好像浮云般。"

饭吃得不好,睡的地方也不好,但这些都不妨碍乐。

> 子曰:"贤哉,回也! 一箪食,一瓢饮,在陋巷,人不堪其忧,回也不改其乐。贤哉,回也!"(《论语·雍也》)
> 【参考译文】孔子说:"颜回多么有贤德呀,一竹器饭,一瓜瓢水,住在穷陋室中,别人都受不了那穷苦的忧愁,颜回却不改变他自有的快乐。颜回多么有修养呀!"

颜回就更厉害了,吃不好,喝不好,住的地方也不好,一般人都会忧愁地要死,而颜回却乐在其中,孔子称其贤,真正取得了"乐"的真谛。

> 叶公问孔子于子路,子路不对。子曰:"女奚不曰,其为人也,发愤忘

---

① 古希腊的黄金时代的执政官伯里克利语,见沈敏荣:《市民社会与法律精神——人的品格与制度变迁》。

食,乐以忘忧,不知老之将至云尔。"(《论语·述而》)

【参考译文】叶公向子路问孔子为人怎么样,子路一时答不上来,回来告诉孔子。孔子说:"你为什么不这样说:他的为人,心下发愤,连吃饭也忘了,心感快乐便忘记忧愁,连自己老境快到也不知道了。"

这是孔子对自己的评价。看来,乐是一种生活状态,是一种自我认识的程度,而不在于外界的环境与刺激。

乐与财富无关

"乐"是看破"富与贵",而不是仇恨"富贵"或是刻意远离"富贵",是"安贫乐道","富而好礼"。

> 子贡曰:"贫而无谄,富而无骄,何如?"子曰:"可也;未若贫而乐,富而好礼者也。"子贡曰:"诗云:'如切如磋,如琢如磨',其斯之谓与?"子曰:"赐也,始可与言诗已矣,告诸往而知来者。"(《论语·学而》)

> 【参考译文】子贡说:"贫穷却不巴结奉承,有财富却不骄傲自大,怎么样?"孔子说:"这也算好了;但是还不如虽贫穷却乐于道,纵有钱却谦虚好礼。"子贡说:《诗经》上说:'要像对待骨、角、象牙、玉石一样,先开料,再糙锉,细刻,然后磨光。'不就是这意思吗?"孔子说:"赐呀,现在可以同你讨论《诗经》了,告诉你一件事,你就知道所以然了。"

正如上面孔子对颜回的评价所指出的,一般人将"乐"与外在的富贵、好吃好喝联系在一起,但这里孔子所指出的真正的"乐"与外界的物质刺激无关,"贫"与"乐"可以并行不悖。"乐"是一种对自己生存状态的肯定,是对自身价值的肯定,而不需要求助于外界的评价。只有加强自身的能力培养,自身修养提升,自身眼光的训练,才能真正立于世,在"有道之邦",用自己的劳动和智慧摆脱贫穷,安邦治国,在邦无道时,能不自暴自弃,不为外界的财富与富贵所诱惑,仍关注于自己的发展。任何事情能做到不急不躁、安排得当、安之若素,正如一个好的玉器,必须精雕细琢,不可急躁鲁莽、颠倒秩序,方可雕琢成材。人生亦是如此。子贡能有此认识,孔子大加赞赏,并指出,只有有此认识,才能读懂《诗经》,因为《诗经》是关于日常生活的"风雅颂",也就是唯有此种认识才能读懂生活,懂得生活的真正意义,人生的真正意义。

乐而不淫

"乐"而有"度",不能"无度"。

> 子曰:"关雎,乐而不淫,哀而不伤。"(《论语·八佾》)
> 【参考译文】孔子说:"《关雎》这诗,欢乐而不放荡,悲哀而不痛苦。"

上面讲美德与"仁"的关系时,孔子指出了"中庸"、"好学"、"礼"、"节制"在美德中的重要作用。对于"乐"也是如此,如果在"乐"中迷失了自我,为了"乐"而"仁",那就是"淫","乐"过了,那就不是真正仁者的"乐",能够帮助"仁者"实现"仁"的"乐"。可见,"乐"、"礼"、"好学"、"美德"等都是在"仁"之下才具有真正的意义。

好之者不如乐之者

乐是超越了知识上的了解、不自觉的喜好,是一种自觉的"由内而外的认同"。

> 子曰:"知之者不如好之者,好之者不如乐之者。"(《论语·雍也》)
> 【参考译文】孔子说:"[对于学和道,]懂得它的人不如喜爱它的人,喜爱它的人又不如以它为乐的人。"

这种乐不是一种认识,不是一种"知",也不是一种"爱好",而是比"爱好"程度更高的一种,那就是由内而外的认同与喜欢。

> 孔子曰:"益者三乐,损者三乐;乐节礼乐,乐道人之善,乐多贤友,益矣。乐骄乐,乐佚游,乐宴乐,损矣。"(《论语·季氏》)
> 【参考译文】孔子说:"对人有益的快乐有三种,对有害的快乐有三种。喜欢把自己节制于礼乐中,喜欢称道别人的善处,喜欢多交贤友,便

有益了。喜欢骄纵放肆的快乐,喜欢怠逸游荡,喜欢宴乐淫溺的快乐,便有害了。"

仁者与不仁者都有"乐",两种带来不同结果的乐,一种是益,一种是损。前者是勤精进,听到节制、能促进"仁"的音乐,能发现别人的长处并加以宣扬、发扬,能发现贤良的朋友并与之结交,在自我促进、善于观察别人、处于贤良的环境之中。唯有时时刻刻,在各个场所都严格要求自己,才能不断地得益,自己才能不断地进步,这是"益"。那么什么是"损",即"有害"的呢? 那就是"过度"了,喜欢骄横的音乐,迷失自我地游玩,整日大吃大喝,这些行为都是不以自己的发展、提升为目的,或是结交权贵、或是满足自身的不良嗜好、或是毫无目的的行为,这些都是有害的。不将自己的日常生活纳入到"仁"的范围之中,不纳入到自我反省、自我控制的范围之中,就是"损"了。

无终食之间违仁

乐是日常生活中的状态。

> 闵子侍侧,訚訚如也;子路,行行如也;冉有、子贡,侃侃如也。子乐。"若由也,不得其死然。"(《论语·先进》)
> 【参考译文】闵子骞站在孔子身旁,恭敬而正直的样子;子路很刚强的样子;冉有、子贡温和而快乐的样子。孔子高兴起来了。[不过,又道:]"像仲由吧,怕得不到好死。"

对日常生活的关注是孔子学说的一大特点。不在日常生活上下工夫,人的潜力与能力就发挥不出来,如果在日常生活上不下工夫,或是下工夫下错了,这个人的人生的结果就很明显了。中国俗语中有"造业",业都是自己造出来的;"做人",人都是自己做出来的。孔子的思想的核心就在于此。孔子对子路的评价,是根据子路的行为而来,而子路最后的结局也是如此,"不得其死然"。从这个意义上,人是有"相"的,能根据人的"相"而得知这个人的未来与人生的结局。中国古语有"三岁看大"、"七岁看老"一说,具有一定的道理。《论语》中还记载有孔子看相的论述。①

　　　　子问"公叔文子"于公明贾,曰:"信乎? 夫子不言不笑不取乎?"公明
　　贾对曰:"以告者过也! 夫子时然后言,人不厌其言;乐然后笑,人不厌其
　　笑;义然后取,人不厌其取。"子曰:"其然! 岂其然乎?"(《论语·宪问》)
　　　　【参考译文】孔子向公明贾问到公叔文子,说:"他老人家平时不言
　　语,不笑,丝毫不取于人,是真的吗?"公明贾答道:"这是告诉你的人说得
　　过分了。他老人家到应说话的时候才说话,所以别人不厌恶他的话;高兴
　　了才笑,所以别人不厌恶他的笑;应该取才取,所以别人不厌恶他的取。"
　　孔子说:"这样啊,难道真是如此的吗?"

　　这里反映出"乐"的真正含义:做一个真实的自己。"时然后言"、"乐然后
笑"、"义然后取",只有做到内外的一致,行为才具有促进"仁"的效果。而如
果"言"、"笑"、"取"都是基于目的、欲望、利益的话,这些行为就不会促进
"仁"的实现。

仁者乐山

乐需要在自然、生活中培养与提升。

　　　　子曰:"知者乐水,仁者乐山。知者动,仁者静。知者乐,仁者寿。"
　　(《论语·雍也》)

　　这种"乐"虽然是一种人的内在状态,但是,也离不开外在自然、人文环境
的熏陶,当然不是外界物质环境的刺激。人的内在状态的"乐",虽然不是基
于富贵,但一定是基于外在的人的健康。只有健康的身体,才会有"乐"的物
质基础。青山绿水,培养人的情智,陶冶人的情操。
　　就现代的认识而言,人是具有理性的高等动物,必须先要符合动物性,而

---

① 阙党童子将命。或问之曰:"益者与?"子曰:"吾见其居于位也。见其与先生并行也。
非求益者也,欲速成者也。"(《论语·宪问》)。

后才是高等性。人作为一种比较大型的动物,必须要有比较大的活动范围,否则人的动物性就会丧失,人的幸福感、快乐的感觉也会丧失。这种"仁者乐山"就是根据人的本身性质而得出的必然结论。

不亦乐乎

有志同道合的朋友从远方来印证的"由内而外"的"高兴"。这种基于"仁"的乐,是基于人的共性,肯定会引起人的共鸣,值得共同去追求。因此就会出现"君子群而不党"。

> 子曰:"学而时习之,不亦说乎? 有朋自远方来,不亦乐乎? 人不知而不愠,不亦君子乎?"(《论语·学而》)

好学、贤友印证、自我勤精进,能做到此三点,就是君子之道,就是踏上了实现"仁"的道路,不断地实现真实的自我。因此,"仁远乎哉,不远也","欲仁,仁至矣","君子无终食之间违仁,造次必于是,颠沛必于是"。

成于乐

它是一个人成功的关键与保障。

> 子曰:"兴于诗,立于礼,成于乐。"(《论语·泰伯》)

"成于乐",这将"乐"提到了非常高的地位了,只有在"乐"的基础上,一个人才能有所成就,有所作为。但必须看到,要做到这一点已经是层次很高了,必须要有"兴于诗"、"立于礼"作为铺垫与基础。要有知之、好之,才能乐之。

因此,我们可以得出这样的结论,

(1)这个"乐"是个由内而外的认同,是由衷的高兴,而不是一般的感觉、刺激意义上的高兴。

(2)长久地保障的"乐"必须是基于"仁"与"道"的,而不是基于"利"与"淫"。

（3）这个"乐"必须是和日常生活结合的，需要"长处乐"。

（4）这个"乐"是一个人成功的保障，需要长久地保持。这正是"成于乐"。

财富重要吗

孔子在说明"仁"的问题上，一再强调它与外在的"财富"与"贵贱"的关系。这是认识"仁"与实践"仁"的最为基本的方面，是如何达到"仁"的基础。孔子下面讲一段关于仁的话，在理解"仁"的含义是非常重要的。

子曰："富与贵，是人之所欲也；不以其道得之，不处也。贫与贱，是人之恶也；不以其道得之，不去也。君子去仁，恶乎成名。君子无终食之间违仁，造次必于是，颠沛必于是。"（《论语·里仁》）

【参考译文】孔子说："财富与尊贵，这是人人所企盼的；但不用正当的方法去得到它，君子不接受。穷困和卑贱，这是人人所厌恶的；但不用正当的方法脱离它，君子是不愿意的。君子抛弃了仁，怎样去成就他（外在的）声名呢？君子没有一餐饭的时间违背仁，就是在仓猝匆忙的时候仍能做到仁，在颠沛流离的时候同样仍能做到仁。"

孔子说，"富与贵"，是每个人的欲望，这是需要重视的。孔子是正视社会现实和人的正常需求的。也正是在这个意义上，孔子讲，"因民之所利而利之"，"邦有道，贫且贱，耻也"。因此，孔子"罕言利"，但并不否定"利"，只是认为"利"是人的一种欲望，"子曰：'放于利而行，多怨。'"[1]并不是人生和生活的目的。"子曰：'君子喻于义，小人喻于利。'"[2]否则，"见小利而大事不成"。[3] 什么是"大事"呢？ 不是富，也不是贵，而是"仁"与"义"。所以，要成就"仁"的人，就不能以"富与贵"作为人生"上达"的标准和依靠，而且，要避免"富与贵"的诱惑。正所谓：

---

[1] 《论语·里仁》。

[2] 《论语·里仁》。

[3] 子曰："无欲速；无见小利。欲速则不达；见小利则大事不成。"（《论语·子路》）

"不以其道得之,不处也。贫与贱,是人之恶也;不以其道得之,不去也。"

"名"那么重要吗

孔子进一步指出,君子要以"仁"作为标准:

"君子去仁,恶乎成名。"

君子如果舍弃了"仁",那他就不能"成名"。这里的"名"是什么意思呢?这里肯定不是"富与贵",即财富有多大,官位有多高。那这个"名"是什么呢?就是个"好名声"吗?大家都说好?孔子自己也讲过,"道听而途说,鲜矣仁"。大家的意见似乎也不对。那么这个"名"到底是什么意思呢?我们还是用老办法,看看孔子在《论语》的其他地方是如何用"名"的,这样就能弄清楚它的含义。

子曰:"大哉尧之为君也,巍巍乎,唯天为大,唯尧则之,荡荡乎,民无能名焉。巍巍乎,其有成功也,焕乎,其有文章。"(《论语·泰伯》)
【参考译文】孔子说:"尧作为君主真是伟大呀!真高大得很呀!只有天能那么高大,只有尧能够学习天。他的恩惠真是广博呀!民众简直不知道怎样称赞他。他的功绩实在太崇高了,他的礼仪制度也真够美好了!"

这里"民无能名焉"的"名"是指用语言表达出来。

子曰:"小子!何莫学夫诗?诗:可以兴,可以观,可以群,可以怨;迩之事父,远之事君;多识于鸟、兽、草、木之名。"(《论语·阳货》)
【参考译文】孔子说:"学生们为什么没有人研究诗?读诗,可以培养想象力,可以提高观察力,可以懂得如何与人相处,可以懂得在不得意时如何怨。近处讲,懂得如何侍奉父母;远处讲,懂得如何服侍君上;小言之,也可使你多认识鸟兽草木的名称。"

这里也是用语言来对对象有恰如其分的表示。那么，"君子去仁，恶乎成名"中的"成名"就是用语言将自己表达出来，这种表达不可能用"财富"，也不可能用"富贵"，而只能用"自我的认识"。这正是孔子自己说的"己欲达而达人，己欲利而利人"。这个"成名"，用我们现在的话来说，就是"认识自己"。这和古希腊雅典的城训相一致了。

这个名不是父母给我们的"名"，而是用自己的认识与自己的语言理性地表达"我是谁"，相当于传统社会中自己给自己取的"字"。如果君子舍弃了"仁"，就不能知道自己是谁了。只有社会、外界对自己的认识，而没有了自我的评价与自我的认识。这种认识与现代心理学的研究是一致的。《荣格之道：整合之路》指出，现代心理学大师荣格的研究表明，人的人格分为第一人格与第二人格，第一人格是社会、家庭、教育所形成的人的自我认识，而第二人格是真正的自我的认识。①

这种对"名"的理解才能与其他的对君子的评价一致起来。

子曰："君子疾没世而名不称焉。"(《论语·卫灵公》)
【参考译文】孔子说："君子最害怕的活了一辈子，自己还不认识自己的本来面目"。

如果"邦无道"，君子可能贫困一世，贫贱一世，而"名声不彰"，这是君子所"忧患"的吗？非也。在"邦无道"时，君子刻意去"隐"，名声不为外人称道，这是孔子所称道的"仁者"的生活方式，正如孔子对前人的如下评价。逸民：伯夷、叔齐、虞仲、夷逸、朱张、柳下惠、少连。子曰："不降其志，不辱其身，伯夷叔齐与？"谓柳下惠、少连："降志辱身矣；言中伦，行中虑，其斯而已矣！"谓虞仲、夷逸："隐居放言，身中清，废中权。""我则异于是，无可无不可。"②而真正的意思是"名不称"也，没有相应的对自己的认识与评价，这才是君子所疾也。

---

① ［美］罗森：《荣格之道：整合之路》，申荷永等译，中国社会科学出版社 2003 年版，第 93 页。
② 《论语·微子》。

下面一句更可印证孔子之义。

> 达巷党人曰，"大哉孔子，博学而无所成名。"

这里也是这个意思。社会中的一般人对孔子是这样评价的，孔子真伟大，真博学，但是没有一个自己的专门领域。这有点像我们现在对人的评价。比如北京大学有个非常有名的教授，演讲口才极好，学问也很好。很多人，包括学术界的人这样评价他，"是个杂家，博学但无专长。"确实，社会中的一般认识，知识学问并不是拿来认识自己的，而是用来当作"敲门砖"，取得"富与贵"的台阶，是拿来建立自己的"社会地位"、"社会名声"的工具，高校中一些所谓的教授正是如此。这样的知识与学问，是为了博得他人的认同为主要目的，而非以认识自我为归依。这是社会普遍的评价标准。

于是孔子听说了，就对自己的弟子说，"我们的学问不是拿来混饭吃的，不是赶马车，不是射箭。否则，我们就与赶车的无异了。"这有点像西方的哲人所说的，"哲学是不能拿来当面包吃的"。

> 子闻之，谓门弟子曰，"吾何执？执御乎，执射乎？吾执御矣。"

这其实是教育孔子的弟子，让他们明白，我教给你们的，不是拿来混饭吃的，而是用来明白人生大道理的，是了解"真正的自我"，理解自己的"本来面目"。

因此，正确的"名"，也就是正确的认识，是最重要的。孔子也是这么告诉鲁莽的子路的。

> 子路曰："卫君待子而为政，子将奚先？"子曰："必也正名乎！"子路曰："有是哉？子之迂也！奚其正？"子曰："野哉，由也！君子于其所不知，盖阙如也。名不正，则言不顺；言不顺，则事不成；事不成，则礼乐不兴；礼乐不兴，则刑罚不中；刑罚不中，则民无所措手足。故君子名之必可言也，言之必可行也。君子于其言，无所苟已矣！"(《论语·子路》)
>
> 【参考译文】子路问道："如果卫君有意等着您去治理国政，您准备首

先干什么?"孔子说:"那一定是纠正名分上的用词不当吧!"子路说:"您
的迂腐竟到如此地步吗! 这又何必纠正?"孔子说:"你怎么这样卤莽!
由呀! 君子对于他所不懂的,大概采取保留态度,[你怎么能乱说呢?]如
果名不正,言语就不能顺理成章;言语不顺理成章,做事就不可能成功;事
业不能成功,国家的礼乐制度也就举办不起来;礼乐制度兴不起来,刑罚
也就不会得当;刑罚不得当,百姓就会手足无措。所以君子定下名,一定
可以说得出来;而顺理成章的话也一定做得成事。君子对于措词说话要
没有一点马虎的地方才罢了。"

没有正确的认识就没有周密的语言,没有周密的语言,就不可能办成事
情;而不能成就事情,就没有"礼"和"乐";没有了"礼"和"乐",刑罚也就不能
适用;而如果刑罚不能适用,老百姓就不知道怎么行事了。这正所谓:"故君
子名之必可言也,言之必可行也。君子于其言,无所苟已矣!"①

三、仁的不可知

"仁"这个东西不是简单地说说而已,有如子张,堂堂乎,但做不到"仁"。
"仁"是需要有"正确的认识",需要有"名",需要认识自己。而自己的认识,
从古到今,都是非常难的。因此,"仁"更多的意义是实践,是基于自我认识的
实践,而不是"巧言令色",而是"刚毅木讷"。因此,孔子在"仁"这一问题上,
是"罕言"的,是一般不发表意见,而是用对"君子"的认识,对"小人"的认识,
以及自己的言传身教来影响弟子、示范弟子。

不可知的仁

孟武伯问子路仁乎? 子曰:"不知也。"又问。子曰:"由也,千乘之
国,可使治其赋也,不知其仁也。""求也何如?"子曰:"求也,千室之邑,百
乘之家,可使为之宰也,不知其仁也。""赤也何如?"子曰:"赤也,束带立
于朝,可使与宾客言也,不知其仁也。"(《论语·公冶长》)

----

① 《论语·子路》。

【参考译文】孟武伯向孔子问子路是否做到仁。孔子说:"不晓得。"他又问(子路究竟是怎样的人呢?)。孔子说:"仲由呀,如果有一千辆兵车的大国,可以叫他负责兵役和军政的工作。至于他有没有做到仁,我不晓得。"孟武伯继续问:"冉求又怎么样呢?"孔子道:"求呀,千户人口的大邑,具有百辆兵车的大夫封地,可以叫他当总管。至于他有没有做到仁,我不晓得。""公西华又怎么样呢?"孔子道:"赤呀,可使他穿着礼服,立于朝廷之中应对一切。至于他有没有做到仁,我不晓得。"

有人问孔子对其弟子的评价,问他们是不是做到了"仁"。孔子一一加以否定。同时指出了,"千乘之国,可使治其赋"、"千室之邑百乘之家,可使为之宰也"、"带立于朝,可使与宾客言也"这些都不是"仁"。他们都不能正确的认识自我,都容易被外界所诱惑,都存在时势造英雄的因素,而不能完全认识清楚自己。

这个"仁者",也并不是为了认识自己而成为隐者,或是避世者,而是积极入世的。需要能"达人"、"利人"的。因为认识自己并不是件简单的工作,而是必须要在社会中完成的。

子张问曰:"令尹子文三仕为令尹,无喜色;三已之,无愠色。旧令尹之政,必以告新令尹。何如?"子曰:"忠矣。"曰:"仁矣乎?"曰:"未知;焉得仁!""崔子杀齐君,陈文子有马十乘,弃而违之。至于他邦,则曰,'犹吾大崔子也。'违之;之一邦,则又曰:'犹吾大夫崔子也。'违之。何如?"子曰:"清矣。"曰:"仁矣乎?"子曰:"未之,焉得仁?"(《论语·公冶长》)

【参考译文】子张问道:"楚国的令尹子文三次做令尹的官,没有高兴的颜色;三次被罢免,没有怨恨的颜色。[每次交代,]一定把自己的一切政令全部告诉接位的人。这个人怎么样?"孔子说:"可算尽忠于国家了。"子张说:"算不算仁呢?"孔子说:"那只是这一事堪称为忠而已,若问其人那我不知呀!但这怎么能算是仁呢?"子张又问:"崔杼无理地杀掉齐庄公,陈文子当时有四十匹马,都舍弃不要,离开齐国。到了另一个国家,说道:'这里的执政者同我们的崔子差不多。'又离开。又到了一国,又说道:'这里的执政者同我们的崔子差不多。'于是又离开。这个人怎么样?"孔子道:"清白得很。"子张道:"算不算仁呢?"孔子道:"那只是这一件事堪称为清高而已,若问其人,那我不知呀! 但这怎么能算是仁呢?"

这是什么意思呢?"堂堂乎"子张举了两个截然相反的人,想从中探得"仁"的含义。子张举的第一个例子是"子文"三次做官至"令尹",也不高兴,三次被罢免,也不气愤,还是忠于职守。这个人的内在修养真是太高了,按照上面说的,"仁"是人的内在品格的培养,这个人应该是做到"仁"了,但孔子的评价是"忠",而不是"仁"。另一个人是"陈文子",到哪儿,都发现佞人当道,愤而离去,"子文"既然不是"仁",与之相反的"陈文子"应该是"仁"了,对外界的反应高度敏感,均持批评态度,与"子文"正好相反。没想到,孔子的评价是"清",而不是"仁"。这两个人其实做得都非常不错,而且是两个截然相反的人,但都与"仁"无关。看来,"仁"并不是靠否定之否定可以探求清楚的。

这个"仁"确实难以做到,又很难说得清,孔子又不经常讲。于是宰我又问了个怪问题。宰我号称"言语"第一,经常想出些怪问题。上面的守孝一年比三年合理就是他拍脑袋想出来的。这时他又想出了个怪问题。

宰我的怪问题

宰我问曰:"仁者,虽告之曰,'井有仁焉。'其从之也?"子曰:"何为其然也? 君子可逝也,不可陷也;可欺也,不可罔也。"(《论语·雍也》)

【参考译文】宰我问道:"做到仁的人,就是告诉他,'井里掉下一位仁人啦。'他是不是会跟着下去呢?"孔子说:"为何会这样呢? 可以诱骗仁者去看,但不能陷害他入井。他可被骗,但不会因骗而糊涂。"

什么问题呢? 告诉一个"仁者",说井里有"仁",这个"仁者"是不是也会下去呢? 这个宰我什么意思呢? 反正这个"仁"你孔子自己也说不清楚,那就告诉一个"仁者"一个假的关于"仁"的信息,而且是明知不可能的,那这个"仁者"会跟随吗? 确实是有这个问题。这个"仁"字谁也说不清楚,难道不会被滥用吗？你孔子不是讲这个"仁"比性命还宝贵吗？"仁人志士，有杀身成仁者，无存生以害仁者"。① 生命尚不足惜，区区跳井又何足挂齿呢？

那孔子是怎么回答呢？孔子说，怎么可能会是这样呢？君子可以"逝"也，不可"陷"也，可"欺"也，不可"罔"也。就是说，君子可以被摧折，但不可能被"困"住，可以被欺骗，但不可能被愚弄。意思是说，宰我，这个"仁"的含义说不清楚，但却是可以明了的，应知道自己是不是被愚弄了。下面孔子没有说的话是，你宰我这问题是愚弄人的。

那么为什么宰我的问题是假问题呢？问题就在于这个"仁"并不是个外在的东西，并不是说可以见，可以外求的。如果可以外求，那就与孔子说的"不可须臾离也"、"欲仁而仁至矣"不符了。

子罕言者三

子罕言利，与命，与仁。②

【参考译文】孔子平日很少谈到功利、命运和仁。

说孔子很少说三个方面的内容，一是利，一是命，一是仁。但我们发现在《论语》中孔子讲利、命与仁的不少。可见，《论语》中的问题的出现频率与现实生活中的孔子的说教是不一样的。现实生活中可能孔子这三方面讲得很少，但是孔子的学生对这三个方面的迷惑也最多，于是将这三个方面的内容记载下来。可见，《论语》中的内容并不是把孔子在现实生活中的所有方面都记载下来，而是将有助于理解孔子思想深义的内容记载下来，因此，根据《论语》整体理解孔子是理解他每一句话的前提与基础。

孔子不讲"利"，这个好理解。孔子在《论语》中凡是讲到"利"，都不是将其与"仁"和"义"对立来讲的。孔子所讲的"利"是从属于"仁"的。从孔子的思想上讲，孔子的学说是不讲利的。只是在不与"仁"相冲突的情况下，利才是允许的。因此，从实质思想上讲，孔子是不讲利的。

---

① 《论语·卫灵公》。
② 《论语·子罕》。

孔子能算命?

那么"命"呢? 孔子是知道"命"的。

这个"命"有以下几个特点。

(1)"命"是不以人的意志为转移的。

　　子曰:"道之将行也与? 命也;道之将废也与? 命也;公伯寮其如命何!"(《论语·宪问》)

　　【参考译文】孔子说:"道若将行,这是命,道若将废,那也是命。公伯寮能把命运怎样呢!"

　　孔子对"命"有深刻的认识,也是他的使命感的终极来源。孔子在危难时刻,在匡地被围,支撑他的力量有相当部分来源于"天",来源于"命",来源于"道"。

　　司马牛忧曰:"人皆有兄弟,我独亡!"子夏曰:"商闻之矣:'死生有命,富贵在天'。君子敬而无失,与人恭而有礼;四海之内,皆兄弟也。君子何患乎无兄弟也?"(《论语·颜渊》)

　　【参考译文】司马牛很忧愁地说:"别人都有兄弟,单单我没有。"子夏说:"我曾听孔子说过:死生听之命运,富贵由天安排。君子只要做到恭敬而不出差错,对待别人恭谨,合乎礼节,那么,天下之大,到处都是兄弟——君子又何必着急没有兄弟呢?"

　　孔子的优秀学生子夏对此也很认同。"生死有命,富贵在天"这句话成为了后来国人非常熟悉的日常用语。"生死有命,富贵在天"并不是说一个人不需要重视生死、富贵,采取鲁莽或是消极的生活态度,而是指生死、富贵有"命"、"天"操持,是有其内在规律的,强求是无意义的。人要做的是按天命,按事物的内在规律来生存、行事。

　　(2)"知命"成为君子的前提条件。

子曰:"不知命,无以为君子也。不知礼,无以立也。不知言,无以知人也。"(《论语·尧曰》)

【参考译文】孔子说:"不懂得命运,便不可能成为君子;不懂得礼,便不可能立足于社会;不懂得分辨人家的言语,也不可能认识人。"

"命"和"礼"、"言"同样重要,都是一个人有所成就必须要知道的。只有知道"命",才能按照"命"来生活。"不知礼"的后果,我们前面已经讲过了,"子曰:'恭而无礼则劳;慎而无礼则葸;勇而无礼则乱;直而无礼则绞。君子笃于亲,则民兴于仁。故旧不遗,则民不偷。'"它与"不好学"的后果是一样的,都属于"动辄得咎"。

(3)敬畏"天命"是君子的德行。

"子曰:'吾十有五而志于学,三十而立,四十而不惑,五十而知天命,六十而耳顺,七十而从心所欲,不逾矩。'"(《论语·为政》)

【参考译文】孔子说:"我十五岁时,有志于学;到三十岁,能坚定自立;到四十岁,能通达不再有迷惑;到五十岁,能知道什么是我与生俱来的使命;到六十岁,凡我听到一切,都能明白贯通,不再感到心有违逆;到了七十岁,便随心所欲,任何念头都不越出规矩法度之外。"

孔子说自己到五十岁的时候才知道"天命"。可见懂得"天命"是不易的。

懂得了"天命",还需要有敬畏之心,否则就属于"小人"了。孔子曰:"君子有三畏:畏天命,畏大人,畏圣人之言。小人不知天命而不畏也,狎大人,侮圣人之言。"①因此,这个"天命"是需要敬畏的,是不能由人来随便讨论的。这是孔子很少讲"命"的原因。

子为什么罕言仁

我们可以理解孔子很少讲"利"与"命",那么,孔子很少讲"仁"就有点说不过去了。"仁"作为孔子学说的中心,孔子很少讲"仁",那孔子讲什么呢?

---

① 《论语·季氏》。

原因我们上面也讲过了，"仁"是需要实践，而不是讨论就能了事的。堂堂如子张，却也不"仁"，何况一般的人呢？需要在日常生活中实践，需要在困境中践行。这里孔子罕言，并不是说不讲"仁"，而是很少讲"仁"的定义，"仁"的含义，而是通过言传身教，传达"仁"的真义。

四不行

　　宪问"耻"。子曰："邦有道谷，邦无道谷；耻也。""克、伐、怨、欲，不行焉，可以为'仁'矣？"子曰："可以为难矣，仁则吾不知也。"（《论语·宪问》）

　　【参考译文】原宪问什么叫耻辱。孔子说："国家政治清明，做官领薪俸；国家政治黑暗，仍做官领薪俸，这就是耻辱。"原宪又道："好胜、自夸、怨恨和贪欲四种毛病都制之不行，可以算仁吗？"孔子说："可以说是难能可贵的了，若说是仁人，那我不知道呀！"

　　这时候，又有个学生来问孔子，什么是耻辱。孔子告诉他，"邦有道谷，邦无道谷；耻也。"这与下面一句的意思是一致的，子曰："笃信好学，守死善道。危邦不入，乱邦不居，天下有道则见，无道则隐。邦有道，贫且贱焉，耻也，邦无道，富且贵焉，耻也。"[①]都是回答什么是耻辱的。就是邦有道，你可以出来做官，邦无道，你还出来做官，就必然会"助纣为虐"、"同流合污"了。孔子是敬重君子的知进退的。"子曰：'甯武子，邦有道，则知；邦无道，则愚。其知可及也；其愚不可及也。'"[②]

　　宪又问，如果不做四件事情，"克、伐、怨、欲"是不是就可以做到仁了呢？"克"就是好胜，"伐"就是自夸，"怨"就是怨恨，"欲"就是贪心。这四样东西都不做，是不是就做"仁"了呢？孔子说，要做到这四样是很难得了，但是还不是"仁"。这里我们可以知道，"仁者"可以有很多方面是不为的，但是"仁者"最为重要的方面是"为"，是积极的作为，是行动力的展现，而不是不作为。

---

① 《论语·泰伯》。
② 《论语·公冶长》。

仁与口才

或曰:"雍也仁而不佞。"子曰:"焉用佞? 御人以口给,屡憎于人。不知其仁,焉用佞?"(《论语·公冶长》)

【参考译文】有人说:"冉雍这个人是一仁人,可惜短于口才。"孔子说:"何必要有口才呢? 强嘴利舌地同人家辩驳,常常被人讨厌。我不知道冉雍是否称得上仁,但为什么要有口才呢?"

或曰:"雍也仁而不佞。"有人对孔子说,这个仲弓是能做到"仁"的,但可惜的就是口才不好。这个雍,就是冉雍,字仲弓。我们知道仲弓的德行在孔子诸弟子中是非常好的。

"德行:颜渊、闵子骞、冉伯牛、仲弓;言语:宰我、子贡;政事:冉有、李路;文学:子游、子夏。"(《论语·先进》)

【参考译文】[孔子的学生各有所长。]德行见长的:颜渊、闵子骞、冉伯牛、仲弓。言语见长的:宰我、子贡。处理政事见长的:冉有、季路。文学见长的:子游、子夏。

仲弓的故事

仲弓的出身不好,但他自己很有出息。

子谓仲弓,曰:"犁牛之子骍且角,虽欲勿用,山川其舍诸?"(《论语·雍也》)

【参考译文】孔子谈到冉雍,说:"耕牛的所生小牛长着赤色的毛,整齐的角,虽然不想用它作牺牲来祭祀,但山川之神难道会舍弃它吗?"

而且,这对于一个在当时出身不好的人来说,更为难能可贵。孔子对冉雍的评价也是很高的。

子曰:"雍也可使南面。"(《论语·雍也》)

【参考译文】孔子说:"冉雍这个人,可以让他做一部门或一地方的长官。"

而且,冉雍的见识也是很厉害的,他是少有的在《论语》的记述中能纠正孔子,孔子还心服口服的人。

仲弓问子桑伯子。子曰:"可也简。"仲弓曰:"居敬而行简,以临其民,不亦不可乎? 居简而行简,无乃大简乎?"子曰:"雍之言然。"(《论语·雍也》)

【参考译文】仲弓问到子桑伯子这个人。孔子说:"他简单得好。"仲弓说:"若存心严肃认真,而以简单行之,由那样的人来治理民众,岂不好吗? 若存心简单,又以简单行之,不是太简单了吗?"孔子说:"雍说得对。"

孔子对仲弓的教育也是非常有意思的。仲弓虽然出身贱民,但是德行很好,尤其是从政能力很强,孔子就有意地在这方面教育他。这正是孔子所讲的,"子曰:'不愤不启,不悱不发。举一隅不以三隅反,则不复也。'"①

【参考译文】孔子说:"不到学生想求明白而不得的时候,不去开导他;不到他想说出来却说不出的时候,不去启发他。告诉他一件事物,不能推知其他相类似的事物,便不再教他了。"

当仲弓问孔子"仁"是什么时,孔子的回答就很有针对性和可操作性。

仲弓问"仁"。子曰:"出门如见大宾;使民如承大祭;己所不欲,勿施于人;在邦无怨,在家无怨。"仲弓曰:"雍虽不敏,请事斯语矣!"(《论语·颜渊》)

【参考译文】仲弓问仁。孔子道:"平时出门好像去接待贵宾,役使百

---

① 《论语·述而》。

姓好像去承当大祀典一般(严肃谨慎)。自己所不喜欢的事物,就不强加于别人。在邦国中,在家族中,应该能无所怨恨。"仲弓说:"我虽然迟钝,也要实行您这话。"

当仲弓问孔子"政"是什么时,孔子的回答也很有针对性和可操作性。

　　仲弓为李氏宰,问"政"。子曰:"先有司,赦小过,举贤才。"曰:"焉知贤才而举之?"曰:"举尔所不知,人其舍诸!"(《论语·子路》)

　　【参考译文】仲弓做了季氏的总管,向孔子问为政之道。孔子说:"给手下负责人员带头,不计较人家的小错误,提拔优秀人才。"仲弓说:"怎样去识别优秀人才并提拔他们呢?"孔子说:"提拔你所知道的;那些你所不知道的,别人难道会埋没他吗?"

对于仲弓这么一个有才华、有德行的人,孔子对他的评价也是做不到"仁"。但同时,孔子对口才好不好有了一番评价。

　　"焉用佞? 御人以口给,屡憎于人。不知其仁,焉用佞?"

孔子对口才好与坏是不太看重的。可见,这个"仁"与口才的好与坏是没有关系,主要是一个人内在的东西,跟外在的东西关系不大。无怪乎孔子要讲"刚毅木讷,近仁"、"巧言令色,鲜矣仁"。但仲弓的行动力是很强的,这也是"仁"的核心。

另外,按照佛教的说法,一个人只要得正道,能悟道,就能打开"智慧海",得"无上辩才"。口才与思维是有很强的联系,是后天可以培养的。古罗马雄辩天才德摩斯梯尼天生口吃,后口含石子练习,终成最伟大的雄辩家。现代的英国名相丘吉尔也是靠自我强化训练终成一代演说名家。

第5讲 左右而言他:109种解释说明了什么(三)

子曰:"仁远乎哉? 我欲仁,斯仁至矣。"

——《论语·述而》

一、仁的可知与可得

从上面的分析可以看到,这个"仁"功效很大,但是很难做到。"仁"跟人的外在方面关系不大,主要是关于人的内在的方面。那么这个"仁"太难了。这时候,孔子又说了,不是这样的。

呼之即来的仁:孔子的迷魂阵

子曰:"仁远乎哉? 我欲仁,斯仁至矣。"(《论语·述而》)

【参考译文】孔子说:"仁难道离我们很远吗? 我想要仁,仁就来了。"

正是孔子对于"仁"的解说,看起来这个"仁"具有遥不可及的特点,要做到"仁"真是太难了。孔子诸多的优秀学生中,最优秀的颜回也只能做到几个月,其他则是几天或是一月,很难做到长期地保持。而历史上的人物,则很少做到"仁"的。于是,很多人,肯定也包括孔子的学生,感叹要做到这个"仁"太难了,这个"仁"离自己太遥远了。

这时候,孔子就说了上面的一段话。

"这个仁,远吗? 其实不远啊! 我想要做到仁,仁就来了。"

这个"仁"就存乎于一念之间,一想到"仁","仁"就来了。就这么简单。因此,"仁"的实质肯定不是人与人之间的关系的处理,当然做到了"仁",可以处理好人与人之间的关系，也必须处理好人与人之间的关系，正如"君子以文会友，以友辅仁"。这个"仁"，其实跟"正念"有很大的关系，跟"好学"有很大的关系，跟一个人的"上进心"有很大的关系。

那什么是"正念"呢？佛教在这一方面说得非常详细，尤其是南北朝时期禅宗六祖慧能的《六祖坛经》在这一方面有详尽地论述。① 其实，这个"正念"也不容易。②

什么是"正念"呢？其实，它的外在表现就是"好学"，即"食无求饱，居无求安，敏于事而慎于言，就正道而行焉"，是有"礼"。因此，如果有了"正念"，要做到这个"仁"也是不难的。

有名是不是很重要？

既然这个"仁"是关注一个人的内在方面。人在内在方面是看不见，摸不着的，那么如何知道是否在实践"仁"呢？这时，人的实践行为就很重要了。所以，孔子很关注人的外在行为。但在实践中，还有一点是很需要注意的，那就是表面上像"仁"，但实际上不是"仁"。这就是孔子与子张的对话。子张总是希望用讨论、言语的方式将孔子的讲课内容搞清楚。对于孔子的学生子张，我们前面讲论过了，曾子、子游都对他有评价。而孔子与子张说这样一番话，也有孔子教育的目的。

　　　子张问士："何如斯可谓之达矣？"子曰："何哉？尔所谓达者！"子张对曰："在邦必闻，在家必闻。"子曰："是闻也，非达也。夫达也者：质直而好义，察言而观色，虑以下人；在邦必达，在家必达。夫闻也者：色取仁而行违，居之不疑；在邦必闻，在家必闻。"（《论语·颜渊》）

【参考译文】子张问："一个士如何才能算达？"孔子说："你所说的达是什么意思？"子张答道："在国内一定有名望，在大夫家也一定有名望。"

---

① 《六祖坛经》讲一个目不识丁的南方人慧能如何在五祖那里获得正念的过程，并将这种正念传播于世的故事，非常具有震撼力。

② 近代大家梁启超曾评价佛教是"正信"，而不是"迷信"。这些宗教经典用寓言、引申、比喻的方法来表达"正念"，来表达"道"的思想。

孔子说:"这个叫名闻,不叫显达。怎样才是显达呢? 天性质直,心志好义,善于分析别人的言语,观察别人的态度,心存谦让。这样的人,自然在国内、在卿大夫家,到处都有所显达。至于闻,表面上似乎爱好仁,实际行为却不如此,可是自己竟以仁人自居而不加疑惑。这样的人,也能在国内有名闻,在卿大夫家也能有名闻。"

子张问孔子,怎样才能做到"达",即"君子上达,小人小达"的"达"。孔子知道子张这个学生的品性,于是就问,你所认为的"达"是什么意思呢? 因为孔子知道,子张跟随自己多年,对外在的关注超乎内在的。果然,子张的回答是:"在国家中,大家都知道他,在家庭中,大家也知道他。是个有名望的人。"于是孔子告诉他,你理解的这个"达"其实是"闻",不是"达"。什么是"达"呢? 内在而言,是耿直,喜好义;外在方面,能"察言观色",能够推己及人,己所不欲,勿施于人。这样的人,在国家中能够"达",在家中也能够"达"。但是如果要做到"有名望",那表现上做得好像很喜好"仁",而实际上的行为是相反的,内在是做不到的,但自己却以"仁者"自居,这样的人就可以做到在国家中很有名望,在家中也很有名望。所以,这个"达"是内外合一,而这个"闻"是外名而内违。这个内外合一,就是"君子"的品行,是"士"的品德。而正如孔子所说的,那些有名望的人,可能也是"斗筲之人"。其实,这就是针对子张的问题而引申的。在《论语》中,子贡也曾有过同样的问题,孔子就作了不同的回答。① 对于同一个问题,要仔细地体会孔子的不同回答的真正含义,从中可以探求孔子思想的真义。

贤良的朋友很重要:曾子版的仁

曾子对孔子的思想作了阐释。曾子是深得孔子要义的,经常是代师回答别人的问题,有点像释迦牟尼驾前的迦叶。我们前面讲过,很多人对孔子的

---

① 子贡问曰:"何如斯可谓之士矣?"子曰:"行己有耻;使于四方,不辱君命;可谓士矣。"曰:"敢问其次?"曰:"宗族称孝焉,乡党称弟焉。"曰:"敢问其次?"曰:"言必信,行必果;硁硁然,小人哉! 抑亦可以为次矣。"曰:"今之从政者何如?"子曰:"噫! 斗筲之人,何足算也!"(《论语·子路》)

"仁"不得要领，就跑去问曾子，曾子曾言简意赅地说，"我们老师讲的仁，'忠恕'而已。没什么复杂的。"这里的曾子又说了怎样才能达到仁。他用的方法是用参与社会的方法。这一点正是孔子思想的核心之一。曾子的归纳能力非常了得，别人搞不清楚孔子的思想，曾子常是寥寥数语给人以解疑。上面讲过的对"仁"的理解，曾子就归纳成"忠恕而已"。

　　曾子曰："君子以文会友；以友辅仁。"（《论语·颜渊》）

　　【参考译文】曾子说："君子用讲习礼乐文章来聚会朋友，并用朋友会合来互相辅助，共进于仁道。"

　　君子以文会友，用友来辅佐实现仁。中国教育史上著名的辅仁大学，即由此得名①，这个"仁"虽然是人的内在的方面，但是一个人自己是很难看得清楚，也很难自我实现，这时就需要通过参与社会的方法。这个参与社会并不是去当官，从政，而是结交"朋友"，这个朋友并不是"利益"上的朋友，而是通过"文"来结交"志同道合"的朋友。这个"文"，也通"纹"，是指内在的纹路，是指一个人的内涵。就是以文结交的朋友，是内涵相近、志趣相投的朋友，这样的朋友就可以有利于一个人实现"仁"，而不是结交"小人"或是"斗筲之人"。

仁其实很容易：子夏版的仁

　　另外一个孔子的学生，对"仁"也掌握了要领，也说这个"仁"不难。这个学生就是子夏。

　　子夏曰："博学而笃志，切问而近思；仁在其中矣。"（《论语·子张》）

　　【参考译文】子夏说："广泛地学习，并坚守自己的志趣；恳切地发问，

　　———————————

① 英敛之是清朝末年与马相伯齐名的中国天主教代表人物，在教会的支持下，他创办了《大公报》与辅仁大学。他与容闳等早期教会信徒是第一批通过教会的渠道睁眼看世界的中国人。英敛之在创办辅仁大学之初，就认识到既要"介绍西欧新得科学文化之精"，也不可舍弃"中国旧有文学美术之最善者"。他在宣言中开宗明义地说，辅仁的创办，"绝非用殖民政策，造成附属之品，乃为吸收中国有志爱国之士，本此志愿，同工合作"。

又能从身边发生的事情出发来思考问题,仁道就在这中间了。"

子夏①小孔子四十四岁,是孔子后期学生中之佼佼者,才思敏捷,以文学著称,被孔子称为"文学"科的代表性学生。德行:颜渊、闵子骞、冉伯牛、仲弓;言语:宰我、子贡;政事:冉有、李路;文学:子游、子夏。② 子夏为学时,因常有独到见解而得到孔子的赞许,如其问《诗经》中"巧笑倩兮,美目盼兮,素以为绚兮"一句,孔子答以"绘事后素",他立即得出"礼后乎"(即礼乐产生在仁义之后)的结论,孔子赞曰:"起予者,商也! 始可以言《诗》已矣。"(子夏问曰:"巧笑倩兮,美目盼兮,素以为绚兮。何为也?"子曰:"绘事后素。"曰:"礼后乎?"子曰:"起予者商也! 始可与言诗矣。"③)但孔子认为子夏在遵循"仁"和"礼"的方面有所"不及",曾告诫子夏曰:"女为君子儒,无为小人儒"。(子谓子夏曰:"女为君子儒! 无为小人儒!"④)子夏才气过人,《论语》中保留了他的许多著名的格言,如:"博学而笃志,切问而近思,仁在其中矣";"百工居其肆以成其言,君子学以致其道";"日知其所亡,月无忘其所能,可谓好学也已矣";"虽小道,必有可观者焉";"仕而优则学,学而优则仕"等等。

孔子去世后,子夏至魏国西河(济水、黄河间)讲学,"如田子方、段干木、吴起、禽滑厘之属,皆受业于子夏之伦"⑤,还做过崇尚儒学的魏文侯的老师。近人为子夏思想中具有"法家精神",韩非子称"儒分为八"不及子夏之儒,将之视为法家。⑥ 可见,子夏的学问是很大的,对孔子的思想也有独到的理解。但子夏之学简单易行,极易操作,有法家"急功近利"的特点,这也是子夏的学

---

① 子夏(公元前507—?),姓卜,名商,字子夏,后亦称"卜子夏"、"卜先生",春秋末晋国温人,孔子的著名弟子,是孔子晚年的得意弟子之一,"孔门十哲"之一。子夏是继孔子之后,系统传授儒家经典的第一人,对儒家文献的流传和学术思想的发展作出了重大的贡献,被后世誉为传经之鼻祖。子夏还在儒家思想的发展和创新方面取得很大成就,他晚年时,到魏国西河一带教学,开创的"西河学派"培育出大批经国治世的良材,并成为前期法家成长的摇篮。子夏在传播儒家经典、发扬儒家学说、继承和发展孔子思想,以及培育具有法家特色的弟子等方面都贡献卓著。
② 《论语·先进》。
③ 《论语·八佾》。
④ 《论语·雍也》。
⑤ 《史记·儒林列传》。
⑥ 见郭沫若:《十批判书》。

说为什么被评价为具有法家的内涵。

子夏说，要博学，懂得多；志向要确定，矢志不移；切中问题正确地提问，多考虑当下的问题，这样，就是在实现仁的途中了。这和孔子的"欲仁而得仁"的意思是相近的。子夏还说过，"子夏曰：'日知其所亡，月无忘其所能，可谓好学也已矣！'"①跟孔子的"子曰：'君子食无求饱，居无求安，敏于事而慎于言，就有道而正焉，可谓好学也已。'"是一致的。在子夏看来，"仁"不难，极易操作，而且也知道如何操作。

这样看来，做到这个"仁"也并不难。那为什么孔子上面说了那么多的"仁"的难呢？为什么孔子又"罕言"呢？岂不是自相矛盾？

二、历史上的"仁"与做到"仁"的人

孔子在"仁"的阐述上的自相矛盾，使得除了曾子、子夏少数几个学生外，其他学生非常困惑，包括颜渊、子路、子贡、司马牛、子张等跟随孔子多年的人都不得要领。于是很多学生就去请教孔子，那历史上哪些人做到"仁"，他们的行为是否符合孔子的标准呢？其中围绕的中心人物就是管仲。

管仲"仁"否

管仲在春秋时期是一个非常有名的人物，也是经常引起人们争议的人物。管仲的一些行为确实是不符合当时社会中的"礼"。如"士为知己者死"，当时社会中的"死士"也很多。管仲却薄情寡义，先事公子纠，公子纠死，又事他的对手公子小白。孔子对此却有自己不同的看法，曾说过，"好信不好学，其蔽也贼"，这个我们上面解释过了。子路对孔子给管仲的过高评价就不以为然，问孔子，这样的人怎么也能做到"仁"呢？

> 子路曰："桓公杀公子纠，召忽死之，管仲不死。"曰："未仁乎！"子曰："桓公九合诸侯，不以兵车，管仲之力也。如其仁！如其仁！"（《论语·宪问》）

---

① 《论语·子张》。

【参考译文】子路说："齐桓公杀了他哥哥公子纠，[公子纠的师傅]召忽因此自杀，[但是他的另一师傅]管仲却不自杀。"接着又道："管仲该不是有仁道吧？"孔子说："齐桓公多次地主持诸侯间的盟会，并不凭仗兵车武力，都是管仲的力量。这就是他的仁了，这就是他的仁了。"

孔子的回答是，正是由于管仲的努力，齐桓公多次联合各诸侯，使得战争停止，这就是"大仁大德"，至于管仲其他方面，都不能掩盖他的这一德行。

子贡也提出同样的问题。

子贡曰："管仲非仁者与？桓公杀公子纠，不能死，又相之。"子曰："管仲相桓公，霸诸侯，一匡天下，民到于今受其赐。微管仲，吾其被发左衽矣！岂若匹夫匹妇之为谅也，自经于沟渎，而莫之知也！"（《论语·宪问》）

【参考译文】子贡说："管仲不是仁人吧？桓公杀掉了公子纠，管仲不但不以身殉难，还去辅相他。"孔子说："管仲辅相桓公，称霸诸侯，使天下一切得到匡正，人民到今天还受到他的恩赐。假若没有管仲，我们都会披散着头发，衣襟向左边开了。他难道要像普通老百姓一样守着小节小信，在山沟中自杀，还没有人知道吗？"

孔子回答子贡就更加清楚了。他说，正是管仲的努力，齐桓公称霸诸侯，保天下太平几十年，老百姓到现在还受到管仲努力的好处呢！如果没有他，我们现在还是披头散发的野蛮人呢！不能以区区"匹夫匹妇"这样一般老百姓的标准来要求管仲：仅仅为了效忠主人公子纠而在山郊野外自杀，没有人知道他还具有治理天下的德行。

这里充分地表明，在孔子那里"礼"是可变的，美德也应辩证地看，而不能单一、简单地看待。这是孔子的一贯思想，也是孔子的思想难以理解的地方。①

---

① 在走向大一统的时代，言不必信，行不必果，也可以做到仁，这是孟子的阐释。

历史上的仁者

然后孔子又举出其他实现了"仁"的人。

> 微子去之；箕子为之奴；比干谏而死。孔子曰："殷有三仁焉！"（《论语·微子》）
>
> 【参考译文】[纣王昏乱残暴]微子便离开了他，箕子做了他的奴隶，比干谏劝而被杀。孔子说："殷商末年有三位仁人了。"

商纣时期就有三位仁人，微子、箕子和比干。这就有点问题了。微子去之，符合孔子的"危邦不入，乱邦不居"，"箕子为之奴"，符合孔子的"邦有道，则知；邦无道，则愚"，这个"比干"，"谏而死"，既不能像君子一样的"察言而观色"，也不能做到"愚"。为什么比干也是"仁人"呢？

孔子再举古代的圣者为例来说明仁，他们是尧、舜、汤、周武王的话。

> 尧曰："咨！尔舜！天之历数在尔躬，允执其中！四海困穷，天禄永终。"舜亦以命禹。
>
> 曰："予小子履，敢用玄牡，敢昭告于皇皇后帝：有罪不敢赦，帝臣不蔽，简在帝心！朕躬有罪，无以万方；万方有罪，罪在朕躬。"
>
> "周有大赉，善人是富。""虽有周亲，不如仁人；百姓有过，在予一人。谨权量，审法度，修废官，四方之政行焉。兴灭国，继绝世，举逸民，天下之民归心焉。所重民：食、丧、祭。宽则得众，信则民任焉。敏则有功，公则说。"（《论语·尧曰》）
>
> 【参考译文】尧[让位给舜的时候，]说道："啧啧！你这位舜呀！上天的大命已经落到你的身上了，好好地掌握那中道！假若天下的百姓都陷于困苦贫穷，上天给你的禄位也会永远地终止了。"舜也把这番话来交代禹。
>
> [汤]遇到大旱祷天求雨时也说："我小子履，谨用黑色公牛作牺牲，敢于明明白白地告于光明而伟大的天帝：有罪的人[我]不敢擅自去赦免他。您的臣仆[的善恶]我也不隐瞒掩盖，您心里也是早就晓得的。我本

人若有罪，就不要牵连天下万方；天下万方若有罪，都该由我一个人来承担。"

周武王得上天大赐，一时善人特多。"我虽然有至亲，却不如有仁德之人。"他又说："百姓如果有罪过，都应该由我来担承。谨慎审定度量衡，修复已废弃的官职，全国的政令就易于推行了。恢复被灭亡的国家，承续已断绝的后代，提拔隐逸在野的人才，天下的百姓就都会心悦诚服了。所当重视的：民众、粮食、丧礼、祭祀。宽厚就会得到群众的拥护，勤敏就会有功绩，公平就会使百姓高兴。"

学习尧的正念

其中尧、舜是这么说的。尧曰："咨！尔舜！天之历数在尔躬，允执其中！四海困穷，天禄永终。"舜亦以命禹。

什么意思呢？尧对舜说，天下的命运系于你，你要"允执其中"，你要做到公允，能公正不偏袒。这样天下百姓才能归心。否则，天下穷困，你的命运也就完结了。

这是一个做到了"仁"的人说的话。什么意思呢？一个达到"仁"的人，是"心系天下"、"以天下为己任"。孔子自己也是这样做的。"子畏于匡。曰：'文王既没，文不在兹乎。天之章丧斯文也。后死者不得与于斯文也。天之未丧斯文也。匡人其如予何。'"①

这一段说明仁者要有远大的志向，要立志。

学习汤的责任感

下面是成汤的一段话。

曰："予小子履，敢用玄牡，敢昭告于皇皇后帝：有罪不敢赦，帝臣不蔽，简在帝心！朕躬有罪，无以万方；万方有罪，罪在朕躬。"

汤说，我能够坦荡荡地昭告上天，我能够做到"允执其中"，有罪的不敢宽赦，我并没有被私欲所遮蔽，这一点上天应该历历清楚。如果我的所作所为有罪，与一般的百姓无关；而如果百姓有罪，则罪在于我。

---

① 《论语·子罕》。

这一段说明仁者的责任重大。这也正是曾子讲的,"士,不可以不弘毅,任重而道远。仁以为己任,不亦重乎,死而后已,不亦远乎。"成汤的话就是对这一句话的最好的解释。没有这等大智大勇,要成为仁者是很难的。

学习周武王的"正行"

下面是周武王的话。"周有大赉,善人是富。""虽有周亲,不如仁人;百姓有过,在予一人。谨权量,审法度,修废官,四方之政行焉。兴灭国,继绝世,举逸民,天下之民归心焉。所重:民、食、丧、祭。宽则得众,信则民任焉。敏则有功,公则说。"①

这也是仁者言行。周武王说:亲近善人。一个国家中,真正的财富是善人。起用有"仁义"的人是"仁者"的职责。老百姓有罪过,在于我一人。仁者需要做的是"权量"要严谨,"法度"要严密。要在老百姓中做到"公允",这是对"允执其中"的解释,然后是任用贤人,"修废官",天下的治理就实现了。将原来的被消灭的国家恢复起来,将断绝的家族延续下来,推举归隐山林中的贤人,这样,"天下的民心"就归顺了。需要关注的是百姓、温饱、丧事、祭祀四项。宽厚就会得到民众的拥护,有信用就会得到民众的信任。机敏的人都会得到功绩,公允就会使得百姓"心悦"。

这是"仁者"的责任之下的行动。需要做的是"治理"与"归心",需要达到的目标是"拥护"、"信任"与"心悦"。这就是"仁者"的身体力行。

仁者,任重而道远

然后,孔子讲,假如有"仁者"成为统治者,也需要一世的时间来达到"仁"。

子曰:"如有王者,必世而后仁。"(《论语·子路》)
【参考译文】孔子说:"假若有王者兴起,一定需要三十年时间才能使仁道大行于天下呀!"

---

① 《论语·尧曰》。

这些"仁者"的言行,将评价管仲及诸先王的意见结合起来,就可以看到孔子对"仁者"的态度。"仁者"是胸怀天下,不以一人一己的得失,而非忠于一人。也唯有如此之胸怀,才能成就"仁者",这就是"志"的重要性。

伯夷、叔齐"仁"否?

下面讨论的是伯夷、叔齐两人。这是挺有意思的两个人,是商纣时期孤竹君的两个儿子,父亲死了,兄弟俩互相让位,都逃到周文王那里。周武王起兵讨伐商纣,他们拦住车马劝阻。周朝统一天下,他们以吃食周朝的粮食为耻,饿死于首阳山。这在《论语》中是有记述的,孔子对这两人也是很赞赏的。《论语》中有两则记述了孔子的赞赏。

> "齐景公有马千驷,死之日,民无德而称焉;伯夷、叔齐饿于首阳之下,民到于今称之。其斯之谓与?"(《论语·季氏》)
>
> 【参考译文】齐景公有马四千匹,到他死了以后,民众都不觉得他有什么好行为可以称述。伯夷、叔齐两人饿死在首阳山下,大家到现在还称颂他。那就是这个意思吧!
>
> 子曰:"伯夷、叔齐不念旧恶,怨是用希。"(《论语·公冶长》)
>
> 【参考译文】孔子说:"伯夷、叔齐不记念一切以往的仇恨,所以他们心上也少有怨恨。"

还有一则很有意思,是子贡以伯夷、叔齐二人来探寻孔子的观点。

> 冉有曰:"夫子为卫君乎?"子贡曰:"诺,吾将问之。"入,曰:"伯夷、叔齐何人也?"曰:"古之贤人也。"曰:"怨乎?"曰:"求仁而得仁,又何怨?"出,曰:"夫子不为也。"(《论语·述而》)
>
> 【参考译文】冉有问:"老师赞成卫君吗?"子贡说:"好吧,我去问问他。"子贡进到孔子屋里,问:"伯夷、叔齐是什么样的人?"孔子说:"是古代的贤人。"子贡说:"[他们两人互相推让,都不肯做孤竹国的国君,结果都跑到国外,]是不是后来又怨悔呢?"孔子说:"他们求仁德,便得到了仁德,又怨悔什么呢?"子贡走出,答复冉有道:"老师不赞成卫君。"

问题的起因是冉有想知道孔子对卫国现在国君的所作所为是否赞同。当时卫国发生了什么呢? 当时的国君出公辄原来是卫灵公的孙子,他的父亲蒯聩在卫灵公时期得罪了卫灵公夫人南子(就是《论语》中记载孔子跑去见的南子),于是跑到了晋国。卫灵公死,传位于出公辄。晋国将蒯聩送回,借以侵略卫国。卫国抵御晋兵,自然也拒绝了蒯聩回国。这是父子争夺国君的位置。

于是冉有跑去问子贡,子贡也被难住了,不知道,于是他跑去问孔子。子贡的言语在弟子当中是出了名的。他并不直接问,因为直接问,孔子并不一定会回答。而是问孔子对伯夷、叔齐两人的看法。孔子说,"贤人"。又问,"他们对他们的所作所为后悔吗?"孔子说,"他们追求仁,而得到了仁,后悔什么呢?"于是,子贡就明白了,得出的结论是,"孔子不赞同卫国君的做法"。

这里倒不是孔子对卫国君的评价,而是对伯夷、叔齐的评价。认为他们也是"仁者"。在《论语》中还有其他对伯夷、叔齐的看法。

> 逸民:伯夷、叔齐、虞仲、夷逸、朱张、柳下惠、少连。子曰:"不降其志,不辱其身,伯夷叔齐与?"谓柳下惠、少连:"降志辱身矣;言中伦,行中虑,其斯而已矣!"谓虞仲、夷逸:"隐居放言,身中清,废中权。""我则异于是,无可无不可。"(《论语·微子》)
>
> 【参考译文】古今被遗落的人才有伯夷、叔齐、虞仲、夷逸、朱张、柳下惠、少连。孔子说:"不动摇自己意志,不辱没自己身份,是伯夷、叔齐吧!"又说,"柳下惠、少连降低自己志向意志,屈辱自己身份了,可是言语合乎法度,行为经过思虑,那也不过如此罢了。"又说:"虞仲、夷逸逃世隐居,放肆直言。行为廉洁,遁世也合乎权宜。我就和他们这些人不同,没有什么可以,也没有什么不可以。"

孔子对伯夷、叔齐的评价是"不降其志,不辱其身"。在这七个逸民当中,唯独这两人成为了"仁者",那么他们的标准是什么呢? 一是不降其志,二是不辱其身。这就是"仁者"的标准。一个是内在是否有"志",这个"志"还得是个大的志向,天下为己任的志向。二是能否促进其"身",尤其是不受辱,包括身体、生命及尊严。前者是积极的方面,后者是消极的方面,能做到这二者,即是"仁者"矣。所以,这个"仁",用事例说明是可以清楚来理解的。

这里其实也就回答了上面的孔子为什么认为比干死谏亦是"仁"。因为，比干也符合"不降其志，不辱其身"，只要符合这一标准，死值得，如果不符合此标准，死就是不值得的。

三、孔子释"仁"：不同的学生、不同的回答

孔子与苏格拉底，谁是更好的老师？

正是由于孔子对"仁"的解释没有定义，而是就"仁"的性质、功效以及没有"仁"会产生的效果等方面对"仁"的描述，很多学生搞不清楚，就跑去问孔子。孔子不但鼓励学生去问问题，而且，鼓励学生对老师不对的地方进行批评。对于不批评的学生他是批评的，比如对颜回，孔子对他的评价很高，但是，颜回很少批评老师，总是点头称是，孔子对他就颇有微词。子曰："回也，非助我者也！于吾言，无所不说。"①而对老是批评他的子路，孔子的评价就很高。当然，如果问题问得不好，孔子也是挺不客气的。

我们现在高校老说要学习西方的苏格拉底教学法，说这种方法有利于开启学生的心智，比我们现在老师在课堂上"一言堂"的方法要先进。殊不知在孔子的年代，教师与学生的对答就是主要的教育方法，而且，这种问答是根据每个学生的不同特点设计的，与苏格拉底的方法具有异曲同工之妙，这对教师的要求也非常高。

樊迟问"仁"

下面是学生跑去问孔子。

樊迟问知。子曰："务民之义，敬鬼神而远之，可谓知矣。"问仁。曰："仁者先难而后获，可谓仁矣。"（《论语·雍也》）

【参考译文】樊迟问怎么样才算是有智慧。孔子说："把心力专一地放在使民众走向'义'上，严肃地对待鬼神，但并不打算接近他，可以说是

---

① 《论语·先进》。

智慧了。"又问怎么样才叫做有仁。孔子说："仁者付出努力，然后收获果实，可以说是仁了。"

樊迟问什么是"仁"。孔子直接回答了他，

"仁者先难而后获，可谓仁矣。"

就说明，要达到"仁"必须要经历磨难。后来孟子就说了一段我们都知道的话："故天将降大任于是人也，必先苦其心志，劳其筋骨，饿其体肤，空乏其身，行拂乱其所为，所以动心忍性，曾益其所不能。人恒过，然后能改；困于心，衡于虑，而后作；征于色，发于声，而后喻。"①人生磨难，对年轻人来说，只要不把小命弄丢了，把自己给弄残了，那都是一笔财富。磨难可以让人认识很多东西。为什么叫一个人是纨绔子弟，就说明一个人不经历磨难就会碌碌无为。不经历磨难很多东西是发挥不出来的。这叫"生于忧患，死于安乐"。

孔子讲"仁"是离不开生活的，"仁"肯定不是书本上的东西，肯定是关于如何应付困难。有磨难你这个人才会执著，才会全神贯注的关注一件事情。人有刺激，才会兴奋。所以说大家有困难有磨难，这不是坏事情。尤其是认为自己出身不好、大学不好啊等等，这些是完全不用担忧的，还有如人生的出路、住房、财富等。你只要天天做到勇猛精进，把今天的事情很有效率地完成了，你就会很踏实。磨难对一个人不是坏事。如果一个人自暴自弃那就完蛋了②，你老空想、担心，自己不奋发图强，而是跟别人比，看人家有多好，我有多差，或是我有多好，人家有多差，那你就完蛋了。天助自助者啊，只有自己努力、勤奋，才会有所成就。从世界各文明的经典中，我们都可以发现有很大一部分是关于生活细节、日常戒律的阐述。只有从日常生活的点滴做起，从衣、食、住、行的每时每刻做起，才是人生的正道。而这些只有通过磨难才能更清

①　《孟子·告子章句下》。
②　孟子曰："自暴者，不可与有言也；自弃者，不可与有为也。言非礼义，谓之自暴也；吾身不能居仁由义，谓之自弃也。仁，人之安宅也；义，人之正路也。旷安宅而弗居，舍正路而不由，哀哉！"（《孟子·离娄章句上》）

楚地认识到，更准确地把握。这和我们日常的俗语"大难不死，必有后福"是一致的。这种"福"不是说摆在街上，或是从天上砸下来，而是说如果一个人经历了死亡，那他对人生的体悟就比一般人要深刻，认识也更到位，拼搏的劲头也更是由内而外，那么这个人的进步就比其他人要大，获得的机会也就更多，成功的可能性也就大得多了。

这就是"仁者先难而后获"，唯有苦难，唯有自身的努力，才能有所收获。比如说困难非常强大，就需要很努力的拼搏，在拼搏中，自己的能力就得到了加强。即使在一个或数个困难中失败了，但只要再接再厉，能力就自然而然地提升了。在困难当中奋进，然后"难而后获，可谓仁"。大家看到，这样的"仁"是关于生活的，不是关于书本、关于外在的，是实实在在的对人的一种理解、对生活的一种体验，体验到"仁"的真正的意义，生活真正的含义。这也叫"觉悟"，有觉悟的"仁"。

子贡版的"仁"

下面这句话对于理解"仁"是很重要的。

> 子贡曰："如有博施于民而能济众，何如？可谓仁乎？"子曰："何事于仁！必也圣乎！尧舜其犹病诸！夫仁者，己欲立而立人，己欲达而达人。能近取譬，可谓仁之方也已。"（《论语·雍也》）
>
> 【参考译文】子贡说："假若有这么一个人，广泛地给民众以好处，又能帮助大家生活得很好，怎么样？可以说是仁道了吧？"孔子说："哪里仅是仁道！那一定是圣德了！尧舜或许都难以做到哩！仁是什么呢？自己要站得住，同时也使别人站得住；自己要事事行得通，同时也使别人事事行得通。能够就眼下的事实选择例子一步步去做，可以说是实践仁道的方法了。"

大家知道子贡是个外交家，也是很富有的一个人。连孔子都纳闷子贡做生意的本领怎么这么大。子曰："回也奇庶乎！屡空；赐不受命，而货殖焉；亿则屡中。"①子贡就问，有这么一种情况：一个人他能够给大家带来恩惠，这可

---

① 《论语·先进》。

不是一个人两个人或者身边的人，而是给民众带来恩惠，这个人是否"仁乎"？孔子回答说，这个人就不单单是"仁"啦，这个人是圣人。孔子说，"仁者，己欲立而立人，己欲达而达人"，这个反映了什么呢？反映了"仁者"必须要"立"，要"达"。君子"上达"，小人"下达"。"仁"必须要"达"，要往上，用通俗的话也就是"好好学习、天天向上"。这是基本的、最基础的，这和"达"的含义是一样的，每天都能够进步，每天都能够积累，按照一个方向来争取一个目标。

"己欲立"，你这个人能立得起来的。什么叫能立得起来呢，就是说这个人不是出尔反尔、背信弃义，不是那种说谎话、说假话、说空话的人。你能立得起来，大家能够实实在在地感受到你是一个立着的人。按照我们现在的说法就是，一个人要有"格"。在法律里，讲"人格"，其实就一个人来讲品格是很重要的，如果连这个都没有的话，那就很麻烦了，就连"人"都不是了，立不起来，就更不要提"仁"了。那么"仁者"呢，不但要自己立起来，还要立别人，不但自己可以达，而且能达别人。"仁"不仅仅是和别人搞好关系，而是自己必须先具有这些能力、具备这些品质，而且这种品质还得能影响别人，"仁"必须有这样的一个特点。你不能连自己都做不到，自己都做不到就麻烦了。所以你能够看到，现在这个社会，有很多时候是自己都做不到，而要求别人，那么离品格，离这种"仁"的基本要求就远了。

对己对人一视同仁，这对于理解"仁"是很重要的。对于一个人，要做到"仁"的话，必须要立起来，必须要能够"达"。不然的话，做不到这个，"仁"根本无从谈起。所以这是很重要的两个基本联系点。这是对子贡说的，子贡的才能很大，尤其是对外的才能很大，是个外交家。那么对内呢，他相对来说欠缺，那么孔子就教他这个，要把自己做好。不要想着一步登天，自己做不好就能施恩于天下，这样尧舜都做不到的啊！孔子在教子贡同时，也对我们是个启示，也揭示了"仁"的一个方面的属性。

颜渊版的"仁"

另外一个人，这是孔子评价最高的一个人——颜回。这个人连续三个月能做到"仁"，其他人则"日月至之已"，其他人就是一天两天，最多一个月能做到仁，其他人都不行，像子贡这些人都不行。但颜回能达到，就是因为这个"仁"，他能达到了还问。这里就有两个问题。第一他能做到"仁"了，为什么不能坚持,第二他为什么做到了还去问。

　　　　颜渊问"仁"。子曰:"克己复礼,为仁。一日克己复礼,天下归仁焉。
为仁由己,而由仁乎哉?"颜渊曰:"请问其目?"子曰:"非礼勿视,非礼勿听,
非礼勿言,非礼勿动。"颜渊曰:"回虽不敏,请事斯语矣!"(《论语·颜渊》)
　　　　【参考译文】颜渊问仁。孔子说:"约束自己,践行礼,那就是仁了。
一旦这样做到了,便见天下尽归入我心之仁了。实践仁,全凭自己,还凭
别人吗?"颜渊说:"请问行动的纲领。"孔子说:"不合礼的事不看,不合礼
的话不听,不合礼的话不说,不合礼的事不做。"颜渊说:"我虽然迟钝,也
要实行您这话啊!"

　　孔子回答说"克己复礼",这句话被我们后人用坏了。如果要是知道了,
"礼"是达到"仁"的一种行为,并不是一成不变的,"仁"对每个人的要求都是
不一样的,每个人达到"仁"的方法措施都是不一样的,这就意味着每个人的理
解都是不一样的。那么什么叫"克己复礼",就是约束自己、磨练自己。人要通
过不断地磨练自己,按孔子的说法,"造次"也要做到,"颠沛"也要做到。所以说
"克己复礼"是孔子的一个必然的结论。不是说把自己完全地约束住了,把自
己改造得完全不一样了,即"灭人欲"。不是这样的。而是说有些地方该张扬
的要张扬,有些地方是该约束的要约束,依"天命",依人的内在规律行事。

　　如果能做到这一点就行了,那么怎么才能"克己"呢? 下面这几句话是很
重要的:"非礼勿视,非礼勿听,非礼勿言,非礼勿动"。这句话我们应该能够
体会到这么几个层次的意思。第一,要达到"仁",不单单是懂了就行,而必须
要做,要实践,不实践是达不到的。那么怎么实践呢,至少是四个方面。看、
听、说的话、行动都对"仁"有影响的,这四个方面都要重视,如果忽视了其中
任何一个方面,对"仁"都会有影响的。颜回可能行动没有问题,言行没有问
题,但听和视可能有问题。所以他可能只做得到两个方面,而不是四个方面齐
头并进。这样,"仁"的要求可就高了,要按照"礼"的方式去听、去看、去说话、
去办事。这是对颜回的要求。颜回的起点很高,但他仍然不能完全做到这四
个方面。所以这对我们是有启示的,不要以为一个人读了本书、懂了道理之后
就行了,只有将知识转化为行动力才是目的。

孔子的话很强调行动力的，不强调"三思而行"，强调"敏于事"，强调看、听、说、动。

另一方面，孔子所说的"非礼勿视，非礼勿听，非礼勿言，非礼勿动"也是对人的一种全面的要求：你要会看、会听、会说、会动。如果将"仁"分解成这些方面，要做到"仁"是很不容易的。这里介绍清末大儒曾国藩，号称"曾文正公"，这个让近代的领袖都崇敬不已的人物，在清朝是个很厉害的角色，号称清末的"中兴之臣"：正是他组织的湘军挽狂澜于既倒，让清朝能延续下去，也正是他在自己的事业顶峰时期把自己亲创的湘军给解散了，然后扶植自己的学生李鸿章，并支持他创立淮军。别人都看不懂他为什么要这么做，也不理解他为什么要这样做。曾国藩培养子女也很有方法，教导子女要早起、日日勤扫庭院，他留下来的《曾国藩家书》流传甚广，影响甚大，他有个儿子叫曾纪泽，是清廷驻英国大使，也是近代非常重要的一个人物。

据说，曾国藩有八项才能，但是只有一项留下来了，就是《冰鉴》，教人如何相面的，其他的全都失传了。曾国藩不是一般的人物，相传当年他上京赶考的时候，他父亲送他，在路上碰到了出殡的。他父亲看到了棺材觉得很晦气，而曾国藩的态度却相反，言棺材乃有"官与才"，所以不一定不吉利，说不定挺好。后来果真金榜题名。关于他的传说还有很多。传说曾国藩带领湘军时，有一次在吃饭的时候，手下人带来三个人投靠他，问曾国藩该如何用这三个人。曾氏继续吃饭，理都没理。等这三个人走后，曾国藩对手下人说，其中一个人需要回家给老母送终，之后再让他回来参军。另一个人则打发回家。剩下那个人先让他管粮草，再委以重任。别人就问，你看都没看，怎么知道呢？曾氏说是看这几个人的面相：第一个人是勇夫，一旦上沙场就有可能送命，所以要先回家给老母送终；第二个人是出尔反尔，忠心不够，不适合使用。最后委以重任的这个人就是非常有名的台湾第一任巡抚刘铭传。

按孔子的说法，人是有"命"的，这"命"能不能从面相上看出来，不得而知。其实，人作为一个生物体，本身是非常复杂的，我们不会，并不等于没有，也并不等于我们的前人不会。近代大哲学家康德认为，我们经验能确认的并不能全面覆盖人类的先验认知。《论语》中曾记载孔子有"相人"的本领。君子在大变动时代之中，必须能"观其澜"（孟子语），这是必须要具备的本领。

这其实很能说明人很复杂。有很多东西人还不知道、不掌握。我们的科学越发达,医学越发达,其后果可能不是解决问题越彻底,而是被发现的问题越多。而现在模糊学、混沌学这些讲究整体的学科正在兴起。所以,在看、听、言、动上有下不完的功夫,行无止境。以上是从讲"非礼勿动,非礼勿听"展开去的。正是个人具有很多不能掌握的特点,因此,传统、经验与理性对人的成长都具有重要的指导意义。

在这里讲的"仁",都是从《论语》里面各个章节挑选出来的。孔子之所以不正面回答什么是"仁",因为"仁"不是一个明确的概念,每个人根据自己的特点不同可能都是不一样的,每个人的起点都不一样,所以没有办法给出一个固定的规则,固定的答案。但是"仁"又是确实存在的,每个人可以根据自己的情况量身定做,然后往前发展。而且"仁"是一种状态而不是一种界限、标尺或者是固定的目标,这种状态是无止境的,就像学习一样。

冉雍版的"仁"

另外一个人又来问孔子,还是关于"仁"的,但孔子对不同的人有不同的回答。

　　仲弓问"仁"。子曰:"出门如见大宾;使民如承大祭;己所不欲,勿施于人;在邦无怨,在家无怨。"仲弓曰:"雍虽不敏,请事斯语矣!"(《论语·颜渊》)

　　【参考译文】仲弓问仁。孔子道:"平时出门好像去接待贵宾,役使百姓好像去承当大祀典一般(严肃谨慎)。自己所不喜欢的事物,就不强加于别人。在邦国中,在家族中,应该能无所怨恨。"仲弓说:"我虽然迟钝,也要实行您这话。"

这个人是仲弓。① 我们上面讲过,孔子对仲弓的评价很好的。孔子回答,

---

① 冉雍(公元前522—?),字仲弓,茶簦(今菏泽市冉贤集)人。为孔子弟子,与冉耕(伯牛)、冉求(子有)皆在孔门十哲之列,世称"一门三贤",当地人称为三冉。冉雍乃少昊之裔,周文王之后。曹叔振铎数传至冉离,世居"菏泽之阳"。家贫,以牧为业,人称"犁牛氏"。《冉氏族普》称离娶颜氏,生长子耕,次子雍。颜氏死,又娶公西氏,生求。后公西氏闻孔子设教阙里,"命三子往从学焉"。

"仁"就是要在行为上有所作为，行为要"节"，就是要检点、庄重，还有"出门如见大宾，使民如承大祭"。然后下面一句非常重要，"己所不欲，勿施于人"，一方面是说自己不愿意的事情就不要强加给别人；另一方面的理解就是，别人所欲的就不要去约束，每个人都有其长处和优点，所以要做到基本的尊重——尊重个性。仲弓这个人我们上面讲过，出身不好，完全靠自我奋斗。大凡靠自我奋斗成长起来的人，个人主观性强，对别人的要求也会相对苛刻，经常强加给别人一些东西，所以孔子就教导他在行为上必须约束自己。这个回答与颜回不同，对颜回是全面的教导，因为他的层次本身就比较高，但是仲弓这个人其中一个方面很不足，往往是"己所欲施于人"，而不能做到将心比心。每个人都有自己的想法，所以自己不愿意的事情不要要求别人，别人要求的东西、别人的观点要被尊重。但是我们虽然嘴上总是这么说，但实际上总是做不到，总是己所欲施于人，必须要怎样、必须要做到等等。[①] 比如说现在我们上课就是很明显的一个例子：上课基本上是老师一个人在讲，学生很少主动发言。而在国外不是这样，学生有的跷着二郎腿，有的喝饮料，都很随便，但他们的思想很活跃，能发言，都有交流。如果有学生认为老师讲得不对，他就能按照自己的理解来表述，老师都非常尊重他的，没有人会说这不行。其实这更是老师能力的一种表现，也是"仁"的表现。通过正视那些反对的意见，正体现了"人不知而不愠"，这是一种境界。当自己的认识和别人发生冲突的时候不生气，而是两个人分别按照自己的想法能产生思想的交锋，其实这时候对老师的帮助是最大的。所以要是上课的时候学生反对老师的话，一点问题都没有。能够真诚地面对别人的反对，其实是一种能力的表现。在某种认识上，学生的认识超过老师，能跟老师叫板，那是很正常的，是学生有自主、有主见、能思考的表现。而老师能跟他们真诚地交流，老师的水平与能力也会随之增强。这一点是可以从孔子那里学习得到的。通过交锋、辩论，个人的认识才能更有效地提高。当一个人的思路变了以后，可能活得更有意义，能够创造更大的价值，包括财

---

① 孟子曾以木匠为例列举了治国之道也是如此。孟子见齐宣王曰："为巨室，则必使工师求大木。工师得大木。则王喜，以为能胜其任也。匠人斲而小之，则王怒，以为不胜其任矣。夫人幼而学之，壮而欲行之。王曰'姑舍女所学而从我'，则何如？今有璞玉于此，虽万镒，必使玉人雕琢之。至于治国家，则曰'姑舍女所学而从我'，则何以异于教玉人雕琢玉哉？"（《孟子·梁惠王章句下》）

富。不是说我们稀里糊涂的学完了以后什么都得不到，那就失去了讲《论语》的意义了。

"在邦无怨，在家无怨"，这里的"怨"和"难养"是联系起来的，"唯小人与女子难养也"的下一句就是"近则狎，远则怨"，就是说当你跟他越亲近的时候他反而越不尊重你，当疏远了以后就开始埋怨。这主要是因为这样的人没有一个内在的品格，没有"格"，自己立不住。不能"立"，不能"达"，就会反而要求别人。近的时候就无所顾忌了，远的时候又开始怨了，这种人"难养"。那能不能做到"不远不近"呢？事实上，在现实生活中的情况是要么远了要么就是近了，不远不近的距离是很难把握的。所以，如果能够做到"在邦无怨，在家无怨"，那么也就做到了"己欲立而立人，己欲达而达人"，这样的人拥有很大的人格魅力，能够影响周围的人，这样也就达到"仁"了。这个要求不低啊。

司马牛版的"仁"

> 司马牛问"仁"。子曰："仁者，其言也讱。"曰："斯言也讱，其谓之仁矣乎？"子曰："为之难，言之得无讱乎？"（《论语·颜渊》）
>
> 【参考译文】司马牛问仁。孔子说："仁者的言语迟钝。"司马牛道："言语迟钝，就说是仁了吗？"孔子道："做起来不容易，说话能够不迟钝吗？"

司马牛问，"仁者其言也讱"。这个"讱"字的意思是比较迟钝，话语不够犀利。司马牛这个人比较好辩论。孔子讲"刚毅木讷，近仁"，"巧言令色，鲜以仁"，但是引申的意思并不是简单的"木讷"，而是说对那些无所谓的东西不需要辩。好些东西的辩论确实是无意义的，因为很多问题是基础上的差异，辩论半天也是辩论不清楚的。还不如自己去看看书，或者实实在在地做一些事情，去行动。孔子说"君子讷于言而敏于行"，行动其实是非常重要的，当一个人行动快了就会有很多机会。当一个人的速度比别人快一倍，那么机会可就不只是多一倍了，而是有可能呈几何级数地增长。

这里孔子的回答其实是点出了他为什么"罕言仁"的原因。是因为"为之难，言之得无讱乎？"仁的根本实质在于"为之"。做起来都很难，说得容易又有何用？

樊迟的烦恼

　　樊迟问"仁"。子曰:"爱人。"问"知"。子曰:"知人。"樊迟未达。子曰:"举直错诸枉,能使枉者直。"樊迟退,见子夏曰:"乡也,吾见于夫子而问'知';子曰:'举直错诸枉,能使枉者直。'何谓也?"子夏曰:"富哉言乎! 舜有天下,选于众,举皋陶,不仁者远矣;汤有天下,选于众,举伊尹,不仁者远矣。"(《论语·颜渊》)

　　【参考译文】樊迟问仁。孔子说:"爱人。"又问智。孔子说:"善于鉴别人物。"樊迟还不透彻了解。孔子说:"把正直人提拔出来,位列邪恶人之上,能够使邪恶人正直。"樊迟退了出来,找着子夏,说道:"刚才我去见老师向他问智,他说,'把正直人提拔出来,位列邪恶人之上',这是什么意思?"子夏道:"这是涵义多么丰富的话呀! 舜有了天下,在众人之中挑选,把皋陶提拔出来,那些不仁的人便都离开了。汤有了天下,在众人之中挑选,把伊尹提拔出来,那些不仁的人也都离开了。"

　　樊迟问"仁",孔子回答的就更直接了"爱人"。"爱人"其实境界也很高的。《圣经·新约》里面耶稣讲,当一个人打你的左脸,你要把右脸也送上去;要去爱自己的敌人,这些一般人是做不到的,这个境界是很高的。如果能理解耶稣的话,也就能知道"爱人"的真正含义了。能够分析敌人之所以成为你的敌人的原因是什么,不去憎恨别人而是自己反省。所以也可以用一个"爱"字来概括。[1] 摆在我们面前就有一个很好的例子,我们和日本有着很多年的民族矛盾,侵华战争中日本人在我们国家烧杀抢掠,无恶不作。但是反过来想想,还是因为我们落后。不是说我们痛恨日本人就能把自己变得强大,而是只有自己能把自己变得强大。所以我们应该做的是反思,而不是简单的痛恨。我们老讲发扬爱国主义,爱国的基础是"爱",而不是靠"恨"来激发的。

　　樊迟问仁。子曰:"居处恭,执事敬,与人忠;虽之夷狄,不可弃也。"

---

[1] 墨家讲"兼爱"也有这一层意思。当一个人可以爱自己敌人时,还有什么人不可以爱的呢? 包括自己的亲人、朋友,还有陌生人。

（《论语·子路》）

【参考译文】樊迟问什么是仁。孔子回答说："平时要做到恭敬，做事做到敬畏认真，与人交往忠心诚意。这几种品格，纵使到了蛮夷之地，也不可放弃啊。"

樊迟问孔子"仁"的含义。孔子是这样回答的，"平时要做到恭敬，做事要做到敬畏，与人交往要做到忠，即使周围的环境与此格格不入，也不可放弃啊。"

樊迟是个挺有意思的一个人，对孔子的学说一点感觉都没有，同一个问题反复地问，在《论语》中，就数他问同样一个问题问得多，问"仁"他一个人就问题过三次，其他两次我们上面讲了。还有一次是，

樊迟问知。子曰："务民之义，敬鬼神而远之，可谓知矣。"问仁。曰："仁者先难而后获，可谓仁矣。"（《论语·雍也》）

樊迟应该出身低微，对治理国家的事情一窍不通，他赶车的本领不错，《论语》上记载他给孔子赶过车。孟懿子问孝。子曰："无违。"樊迟御，子告之曰："孟孙问孝于我，我对曰，'无违。'"樊迟曰："何谓也?"子曰："生，事之以礼;死，葬之以礼，祭之以礼。"①

孔子对樊迟的两处回答具有共通性。"先难而后获"与"居处恭，执事敬，与人忠，虽之夷狄，不可弃也"是一个意思。只有从平时点滴做起，从日常生活细节做起，做到"恭"与"敬"，而且，即使有磨难，生活在无人认同、无人理解的地方，你也要坚持，这样，就能做到"仁"。就是即使碰到了最大的困难，最大的挫折，也要坚持自己的追求，保持"仁"的追求，才能有所获，即"难而后获"。这是孔子对樊迟的回答，也是对"仁"的最平白、简单的表述，也是我们理解"仁"的最直接的方面。

樊迟对平民的生活、种地非常熟悉，曾想在孔子那里学点种地的窍门，被孔子狠批了一通。孔子对学生的态度也是挺"直"的，好的就表扬，不好的就

---

① 《论语·为政》。

批评。如对樊迟是这样,对颜回、子路均是如此。有一次,樊迟问得很到位,孔子就大加表扬。

> 樊迟从游于舞雩之下。曰:"敢问崇德、修慝、辨惑?"子曰:"善哉问!先事后得,非崇德与? 攻其恶,无攻人之恶,非修慝与? 一朝之忿,忘其身以及其亲,非惑与?"(《论语·颜渊》)

【参考译文】樊迟陪侍孔子在舞雩台下游逛,问道:"请问怎样提高自己的品德,怎样消除别人对自己不露面的怨恨,怎样辨别出哪种是糊涂事。"孔子道:"问得好! 首先付出劳动,然后收获,不是提高品德了吗? 专门批判自己的过失,不去批判别人的过失,不就消除无形的怨恨了吗? 因为偶然的忿怒,便忘记自己的生命安危,甚至也忘记了父母亲属,不是糊涂吗?"

樊迟问题问得好就表扬,问得不好就批评。有一次,樊迟问孔子如何种田,这下可把孔子惹火了,不给樊迟解答了。樊迟又问如何种菜,孔子也不解答。最后,孔子的评价是,樊迟你这么个学习方向,肯定是走不向"大人",而是"小人"了。

> 樊迟请学稼,子曰:"吾不如老农。"请学为圃,曰:"吾不如老圃。"樊迟出,子曰:"小人哉,樊须也! 上好礼,则民莫敢不敬;上好义,则民莫敢不服;上好信,则民莫敢不用情。夫如是,则四方之民,襁负其子而至矣;焉用稼!"(《论语·子路》)

【参考译文】樊迟请求学稼稽之学。孔子说:"我不如老农呀!"樊迟又请求学园圃之学。孔子说:"我不如老菜农。"樊迟退了出来。孔子说:"樊迟真是山野小人,君子在上位,只要能好礼,民众就没有人敢不尊敬;只要能好义,民众就没有人敢不服从;只要能诚恳信实,民众就没有人敢不说真话。做到这样,四方的民众都会背负着他们的孩子来投奔,为什么要自己种庄稼呢?"

子贡版的"仁"

子贡天赋极高,理解力也极强。他曾对孔子的评价是,"子贡曰:夫子之文章,可得而闻也;夫子之言性与天道,不可得而闻也。"他与宰我同列于孔子学生中言语出类拔萃的代表。他与宰我有同样的问题:理解力极强,同时,应变能力也极强,社会适应性极好,但对"仁"的践行力差。孔子对他的评价是"赐不受命"①,即没有完成命运恩赐给他的使命。因此,孔子对子贡的问题的解答也多在这一方面下工夫。

> 子贡问"为仁"。子曰:"工欲善其事,必先利其器。居是邦也,事其大夫之贤者,友其士之仁者。"(《论语·卫灵公》)
> 【参考译文】子贡问怎样能做到仁。孔子说:"手工业者要完善他的工作,一定先要快利他的工具。居住在一个国家,就要敬奉那些大官中的贤人,结交那些士人中的仁人。"

孔子对子贡的回答类似于曾子的话,"以文会友,以友辅仁"。只是子贡的才能大,政治才能也高,于是孔子回答也是关于政治上的,"事其大夫之贤者,友其士之仁者"。这是根据子贡的生活环境而做的回答。孔子对子贡的回答不同于上面对樊迟的回答。孔子给樊迟的答案侧重于实实在在的可操作性,而给子贡的回答则是策略性、方向性的。子贡的行动能力极强,悟性极高,所以点拨,而不是手把手地教。

子张版的"仁"

> 子张问"仁"于孔子。孔子曰:"能行五者于天下,为仁矣。""请问之?"曰:"恭、宽、信、敏、惠:恭则不侮,宽则得众,信则人任焉,敏则有功,惠则足以使人。"(《论语·阳货》)
> 【参考译文】子张向孔子问仁。孔子说:"能够处处实行五种品德,便是仁人了。"子张道:"请问哪五种?"孔子说:"庄重、宽厚、诚信、勤敏、慈惠。庄重就不致遭受侮辱,宽厚就会得到大众的拥护,诚信就会得到别人的任用,勤敏就会使事情易于成功,慈惠就能够对人有恩惠,易于使唤人。"

---

① 《论语·先进》。

　　"堂堂乎"子张问孔子什么是仁？子张的为人、品格、缺点，我们上面都讲了：外表做得很好，但内在有欠缺。于是孔子送给他的五个字都是关于"行"的："恭、宽、信、敏、惠"，内外兼修，这样就能取得进展，而不能光注重表面。做到内外一致，言行一致，这是"仁"的根本。

第6讲　孔子到底告诉我们什么:仁学真义

子曰:"君子道者三,我无能焉:仁者不忧;知者不惑;勇者不惧。"子贡曰:"夫子自道也!"

——《论语·宪问》

"君子务本,本立而道生。"

——《论语·学而》

一、仁之真义——正面的意义

孟子的解释对吗

前几讲的核心就是《论语》里面最为中心的思想——"仁",我们把孔子的学说叫"仁学",那么这个"仁"到底是什么意思呢？孟子曾在《孟子·尽心章句下》中指出:"仁也者,人也。合而言之,道也"。杨伯竣教授的解释是"古音'仁'与'人'相同。说文云:'仁,亲也。从人二。'意思是只要有两个人在一起,便不能不有'仁'的道德,而'仁'的道德也只能在人与人之间产生。中庸也说,'仁者,人也。'"[①]持这种意见者很多。但这种意思与孔子在《论语》中关于"仁"的表述是不一致的,尤其是"我欲仁,斯仁至矣"、"博学而笃志,切问而近思;仁在其中矣。"这里的"仁"并没有关于人与人之间的关系的意思,而是一个人也有"仁"。关于两个人的解释就与这种"仁"的用法自相矛盾了。

如果我们把这个"仁"的内涵了解清楚了,那么对于孔子学说的精神实质和他的学说就更容易理解。

---

① 杨伯竣:《孟子译注》,中华书局1960年版,第329页。

仁是一种能力

通过上面几讲，我们慢慢也清楚了，"仁"首先是一种能力，是人的一种品质，如果"不仁"的人就不能够相处，所谓：

> "不仁者，不可以久处约，不可以长处乐。仁者安仁，知者利仁。"（《论语·里仁》）

还有一句是，

> "唯女子与小人为难养也！近之则不孙，远之则怨。"（《论语·阳货》）

这是同样的正反两方面，说的是一个意思，也就是说一个人达不到"仁"，不具有这种品质、能力的话，那他就很难与别人相处，别人也很难与你相处，就是"小人"了。

> "近则狎，远则怨"。

人要时时地进行磨练，"君子去仁，恶乎成名。君子无终食之间违仁，造次必于是，颠沛必于是。"当然"仁者"比君子更高一层，君子不一定"仁"，但君子的品质"仁者"一定都具有，正所谓，

> "仁者无忧，勇者无惧"。

仁是一种品质

"仁"是一种品质，而这种品质的外在表现很多，比如说没有恐惧、能够相处。"仁"是一种内在的东西，是一种内涵。"仁者"确实有很多优点，甚至能够让人舍弃自己的生命这样的终极目的，这有点类似于信仰，能够忠贞不渝，能舍弃生命追求，这应该是人真正有意义的地方，值得追求的地方。

孔子都说人对抗社会是不行的，叫做"危邦不入，乱邦不居"，孔子说自己虽然不算是圣人，但他总比一般人感悟多，孔子体会到了，人不能和社会作对。君子要结交一些比自己有才能的人，要是都结识一些拉帮结派的人，圣人都有可能守不住。那么我们学习还有什么用呢？确实有这个问题，当年孔子也面临这个问题，当时是周朝末年，东周群雄纷争，为了争夺王权可以什么都不管不顾，什么都可以不讲，都可以用手段、用关系，比现在有过之而无不及，[①]大家别以为只有我们现在社会变动性那么大，其实当时更甚，"三十六计"都是从那个时候来的，什么反间计、美人计，那个时候动不动全族就给贬为奴隶，丢掉脑袋是经常的事，后来战国时期的李斯、商鞅都是车裂而亡，可以说是非常血腥的。

人在滚滚红尘中，如何不辱其身很重要

孔子的很多学生也不懂，仁到底还有什么用？有什么意义啊？到底能给自己带来什么好处？这是很重要的，要是一样东西不能使人得到益处，而是要去赴死，那是没有人愿意学的。为什么要舍去生命、舍去财富、舍去富贵啊，因为这个东西有意义。孔子讲"富与贵人，之所欲也"，这是很正常的，孔子也没有把这两个东西截然对立起来，孔子原来讲"诗三百，一言以蔽之"，叫"思无邪"，第一篇就是"关关雎鸠，在河之洲，窈窕淑女，君子好逑。"乍一看这是黄色嘛，男子一看到漂亮女子就要去追求，完全一副男欢女爱的景象。但是这在人类社会很正常，人的构成当中就有荷尔蒙（人的潜力中就包含有性冲动），这是人的一种正常的想法，而且对人的要求也必须从这一层次开始，要正视人最基本的需求，要是连这都不正视的话，那么对人的要求就是不现实的，也是很可怕的。

斯大林曾说过，共产党员是用特殊材料做成的。共产党人被培养成没有任何私欲、天下为公，这其实与孔子讲的"千军可夺帅，匹夫不可夺志"是一样的，不可夺志的匹夫肯定不是一般的人，肯定是具有特殊内涵、特殊能耐者。但问题是，一个人怎么可能会是这样呢？如何才能做到呢？一个人从自然的意义上都是由血和肉组成的，都有基本的欲望，都有自私心，所以，

---

① 冯梦龙；《东周列国志》写的就是当时那个社会。

一个人不可能自然而然就能成就人的特殊属性，或是轻易就能超越这种自然属性。因此，这里问题的关键是过程，是如何达到的。如果不关注过程，或是轻视过程，其结果并不是人的自然属性的超越，而是人的邪恶本性的扩张。而这一过程，正是"仁学"的核心思想，也是各种文明的奠基性经典努力要解决的问题。

·对人提出高的要求，必须要以正视人的本来面目与切实可行的过程为基础，忽视了人的本来面目或是忽略人的成长过程的制度要求或是制度安排往往是可怕的。

西方比我们更强调过程的管控和重视人的本性，这一点，他们的实践更接近于孔子的思想。西方的基础是人性本恶的，人具有邪恶的本性，比如基督教认为，人是有原罪的，有一种往下发展的堕落的本性，而不是向上的。一个社会必须把它向下的本性遏制住，并给予向上的本性以通道，一个人才能发展。所以对人的要求这么高并没有错，但是对人的本性的认识一定要正视的。如果不正视人的本性的话，这个社会就会很麻烦了。

仁具有实用价值

"仁"对我们有用吗？有利益吗？没有利益，谁还会去追求呢？不是说为了真理、为了理想就够了。

结果他的学生就去问，但所得的答案都不一样，孔子是根据不同人的特点而回答的，缺什么补什么。一个人要达到"仁"，一定要具备一定的"礼"，所以每个人通往"仁"的道路是不一样的。他也讲这个"仁"会给人带来什么好处，不会没有好处。如果人活着老去追求那些没有好处的东西，是没有人去追求的，没有人会追求活得越来越贫困。一个东西真正值得人们追求，那就肯定会给人带来利益。一个"仁者"，一个"智者"，他可能一时贫穷，但不可能永远贫穷、窘困，"邦有道，贫且贱，耻也"，而"仁"正是可以让人在适当的时机、用适当的方式摆脱贫穷，这就是"仁"的好处之一。"仁"让人进退有度、进退有时。古希腊黄金时代的执政官伯里克利曾说，"贫穷并不可怕，无力摆脱贫穷才是可怕的、可耻的。"这个我们在后面还会讲到。孔子也不贫穷，他曾讲过：邦有道，贫且贱，耻也。他的弟子，比如子贡等人也是非常富有，也有很多弟子的官当得很大。孔子平时也不干什么事情，游山玩水、周游列国，孔子的志向是什么呢？跟他的朋友、学生一起，①当然是一些君子，一起在山清水秀的地方谈志向、交流，叫"君子群而不党"。

二、人的能力与潜力

日常生活中人的能力体验

我们按照自己的经验，有没有达到"仁"的人？或者说是某几方面达到"仁"的，或者某些方面令自己触动的人？应该说在生活中大家都能遇到这样的情况。比如说有的人演说特别好，特别能够打动人，使人动情。或者说有的人特别高尚，比如说我们小时候学过的吉鸿昌英勇就义；江姐受尽折磨、宁死不屈；赵一曼大义凛然，英勇就义，我们就觉得特别感动，能体会到"千军可夺帅，匹夫不可夺志"的气概，也能体会到"朝闻道，夕死可矣"的无畏。但是能不能一个人把所有的优点都做到呢？这个还是很难的，②但应该是可能的。也就是说如果一个人往这方面发展，很多能力就能够发挥出来。而且这种能力是能够持久的。而如果用不正当、不道德的手段，也能得到利益，但自己的能力就得不到提升，长期而言，对自己的成长不利。比如说可以通过欺骗获得利益，特别是在市场经济的当下更是容易实现。比如说通过阴谋诡计、用假文凭等，得到一定的职位的。但另一方面，这会令人担惊受怕。"小人长戚戚"，这是一定的，做了坏事一定会担惊受怕。而一个人一旦撒谎就需要用更多的谎言来掩盖，是否能往前发展就成了个未知数。但如果是脚踏实地地走，你的人生就是可以持续的，那么人生目标就是可以达到的。这个你说值得不值得呢？有些人认为不值得，这样太傻了。比如孔子讲的"刚毅木讷"现在大家不推崇了，那是死脑筋。这是可以选择的，尤其是现代社会。

确实，在这个世界上，"刚毅木讷"的人要吃亏，孔子也是这样认为的，他说，"刚毅木讷，近仁。"同时，他也指出，好仁，但如果不好学，则愚。如果缺少

---

① 曰："莫春者，春服既成，冠者五六人，童子六七人，浴乎沂，风乎舞雩，咏而归。"夫子喟然叹曰："吾与点也！"（《论语·先进》）

② 孔子对其弟子的评价也是如此：没有人能完全达到"仁"，他自己也达不到。

了好学,"刚毅木讷"与"愚"无异。你如果要做到"仁",就要在日常生活上严格要求自己,"食无求饱","居无求安",要有强大的行动力,要"敏于事",否则,就变成"愚"了,还不如不要"仁",做一个"知者",而非"仁者",也就是做一个聪明人罢了。

一个"仁者",必须要采取"仁者"的生活方式,按照"仁者"的方式来生活,既对自己有清楚的认识,又严格要求自己,同时,对自己的生活安排不能违反自己的本性,然后你的速度要快,要敏捷,孔子讲要"讷于言,敏于行",就是说行动要快,行动慢的话是不可能成功的,"仁"的威力也就不复存在了。

好与坏是可以转化的

很多人讲老天爷对人是公平的,比如说盲人和聋人也一样。盲人的听力比一般人要强,手脚的能力也比一般人强。比如我们平时都不注意上楼有几级台阶,但一个盲人如果经常走的话他肯定是知道的。再举个例子,德国作曲家贝多芬,中年失聪,但他说,我要扼住命运的咽喉,他的成就都是在他失聪之后完成的。连最伟大的音乐家都可以是聋人,那可想而知人的潜在能力有多大。还有一则故事,德国著名音乐家亨德尔到九十岁的时候,眼睛瞎了,这对于一个平常人是非常痛苦的事情,对音乐家更是如此。但亨德尔却说,"我终于看到上帝了"。

人的潜力是无穷的,但是人的这种能力很难发挥。

身体力行是根本

人生需要积累,要对得起自己的良知、对得起自己的身体。这两个方面是共通的,缺一不可。不能说懂了"仁"就行了,还要身体力行。这是一辈子的事情,是很难的。所以孔子没有把这层意思点破,如果把这个点破的话,很多人就会认为自己懂了,人们一旦这么认为了就完了,也就不会再去行了。非常聪明的人,如子贡、子张都存在这方面的问题。

"仁"不单单是认知的问题,更为重要的是行动的问题,包括佛教也是一样。释迦牟尼在世的时候从来没有说自己得道了,成佛了,只是后世对他的评价。因为信仰是一辈子的事情。大家可以看看《金刚经》,释迦牟尼一辈子每天的两顿饭都是化缘来的,大家想想,一个王子、一个有那么多信徒的人还能这么坚持，说明实践是非常重要的。

孔子为什么不说呢，就是怕很多人妄自尊大地以为自己懂了，怕"巧言令色"者以此招摇撞骗。"仁"可不单单是认知的东西，而是还要有实践的东西。而实践正是生活当中点滴的积累，在日常生活中、在磨难中实践"仁"，认准目标，锲而不舍。要有信心，就像很多宗教一样，不能问为什么，而是要相信"仁"能创造很多奇迹。在各个民族的传统、宗教经典中的奇迹、不可思议的传说、各种各样的神话，若能从这一方面进行理解，都能得到解释。

三、仁学即人学

孟子曾讲过，仁学就是人学。其实，要是将人真正地理解到位，真正地理解人的真义，"仁学"也就在其中了。但如果将人作片面地理解，"仁学"也就受到了歪曲。

荒诞不经的背后是什么

但什么是人呢？什么是人的基本特征呢？这是任何一个有生命力的文明着力解决的问题。我们在这里引用《圣经》中的《创世记》中的故事来说明人的特征。

《圣经》中的第一章是《创世记》，讲人是怎么来的，人又是怎么堕落的，怎么被赶出伊甸园的。整个故事乍看起来荒诞不经、逻辑紊乱，惊诧于西方有那么多人相信这么样的一个故事，还构成了西方两大宗教：基督教与犹太教的经典的基础。但若是依据整体解释的方法来考察《创世记》，颇能揭示出不易被认识的人的特点，荒诞不经与逻辑紊乱的背后经常传递着真理。中国古代的传说与民间故事是如此，西方也是这样。

逻辑停止的地方是哪里

与《圣经》等各文明的经典一样，《论语》是需要用心灵去读的，而不是用眼睛去看，正如西方的正义女神所提示的，世间的真理，不是用眼睛看的，用眼睛看是看不到真理的，而必须要用心灵去体会。因此，正义女神的眼睛都是被蒙上的。其实，中国传统的智慧也是如此，我们从来不说"用脑想"，而是强调

"心想"，说"心想事成"。

有智慧好还是不好

在解决了人的来源之后，《圣经》接着阐述人的特征。人的始祖亚当与夏娃原来是生活在伊甸园中：赤身裸体但无羞耻感，遵循上帝的教导快乐地生活着。但是有一天，由于蛇的诱惑，亚当与夏娃偷吃了伊甸园中的"禁果"。什么是禁果呢？是生长于伊甸园中央的"智慧之果"。上帝告诉亚当与夏娃说吃了这个果子人就会死。但蛇告诉夏娃，吃了这果子，人不但不会死，而且眼睛还会变亮，能分辨善恶、对错。于是，亚当与夏娃就偷吃了禁果。果然，吃完之后，亚当与夏娃的眼睛就变亮了，能分辨善恶、是非了。人类从此就有了智慧，知道是非、荣辱、羞耻。于是，文明也就产生了。这里与我们的日常思维又有严重的冲突。智慧是个好东西，人类有了智慧，是值得鼓励，是值得推崇的。那么为什么上帝不让人类的始祖亚当、夏娃吃智慧果呢？为什么不让人类拥有智慧呢？

亚当、夏娃吃完了禁果后，眼睛发亮，有了智慧，能分辨善恶，能知耻辱，这不是好事吗？这不正是我们教育的目的，人类文明的结晶吗？人类没有这些难道会幸福吗？为什么上帝不让人有智慧呢？这些问题不解决，就很难理解人的本质与特征了。

问题是亚当、夏娃没有吃智慧果、眼睛没有发亮之前在伊甸园里幸福地生活了很多年。亚当、夏娃眼睛没有发亮之前，他们又看到什么？他们的生活又是怎样的？他们的生活真是很幸福吗？这种幸福是人类所追求的幸福吗？这一系列问题的明白，有利于我们理解亚当、夏娃吃了禁果之后的结果为什么那么严重。

这就需要根据《圣经》的整个文本来理解。人类有了智慧之后，我们发现《圣经》中指出人类的堕落自此开始。眼睛睁开了之后，我们发现《圣经》中揭示了世俗的世界中，有了智慧与善恶的人类是一个丑恶不堪的世界，哥哥杀弟弟的（《圣经》上说，亚当、夏娃的长子就杀了弟弟，成为了传说中吸血鬼的祖先；亚伯拉罕的长子追杀次子），也有引诱、占有他人之妻，欺骗、撒谎、凶杀、掠夺等构成了世界的主流，以至于上帝派天使去发现世上是否还有十个诚实的人都难以找到（诺亚的时代），震怒的上帝决定要摧毁他所创造的世界（这就是诺亚方舟故事的起因）。睁开我们的眼睛来看这个世界，其实是一个尔虞我诈、欺强凌弱、钩心斗角、自私自利、错误横行的世界，无知、狂妄、欺凌、愚昧充斥其中。无怪乎在这滚滚红尘中，很多人看破红尘，寻求世外的净土。人类有了智慧，其实等于是人有了原罪：自以为是、自私自利、欺凌豪夺，这个世界是一个凶险的世界。无怪乎孔子说："道听而途说，鲜矣德"。整个《圣经》其实就是人类的罪恶史：自私、软弱、狂妄、凶残、见异思迁、好逸恶劳。因此，不能用变亮的眼睛来看待人的本质与特征，也不能用变亮的眼睛来看待这个世界的本质。必须蒙住人的眼睛：西方的正义女神有一个明显的例子——她是蒙着眼睛的。正义、智慧，以及终极意义的象征，如神、上帝都不能以目视之。真正的智慧不是通过眼睛，而是通过心灵来感知的。这正是"道可道，非常道"，"名可名，无常名"的真义之所在。

睁开眼睛能看到什么

人的本质与特征不能用充满智慧的眼睛，而需要用心灵，用"第三只眼"，用"慧眼"来感知"人的本来面目"。这是基督教、犹太教、佛教与伊斯兰教这世界上最大的四大宗教希望传递出来的共同的信息，也是《论语》用"仁"的思想希望传递出来的信息。

尽管人世险恶、人情淡薄，用肉眼看到的人的能力有限：耐力、体力、视力、信心都非常有限，生命的周期也有限，但是，闭上眼睛，或是反观历史，你就会发现，人身上具有一股巨大的能量与潜力：只要持之以恒、方法得当、受到起磨难，人竟然能完成许多自己想都不敢想的事情：人竟然是由无所不能的上帝创造出来的"上帝之子"，能成为"仁者"无敌于天下，这些都传递出人的巨大潜力的信息。很多的民间故事也传递出了同样的信息。

《愚公移山》是其中最著名的一个。若依明亮的眼睛，或是依据逻辑来分析，这个故事是很有问题的。有那么一个老头，竟然想到了一个荒唐的主意：要搬掉家门前的山；不但自己搬，而且要自己的子子孙孙也搬。并且这老头还坚持自己的主意，开始行动。按我们现代人的理解，不能不算是愚笨之极。我们现在也有很多人住在山里，但是为了保护林木，也要搬家，他们是搬到山外，这样成本就低多了。愚公不但坚持自己愚笨的想法，而且，老头还是个非常专制的家长，不但自己搬山，而且要自己的子子孙孙也都搬山。不但自己错误地安排自己的命运，而且还专断地决定子子孙孙的命运。这就是我们睁着眼睛看到的故事：不名一文，荒唐之极。但是如果我们蒙住我们的眼睛，用心来读这个故事，却能发现另一个景象：首先是感动，然后是思考。

闭上眼睛读《愚公移山》

脆弱、易腐朽、信心不足、力量有限、生命短暂、有诸多欲望、恶习的个体是我们用肉眼所看到的，但另一方面，在人类的记忆中，在历史中，很多却就是用这个有欠缺的肉体，造就了很多永恒的事业，留下了永恒的形象，激励后来者超越肉眼所看到的有限。而《愚公移山》就属于这样的故事：人力与山，双方的力量、性质相差太悬殊了。短暂的、脆弱的、充满欲望、时常懒惰的个体要将一个在人类的历史上几乎是永恒的、不变的山给克服了。这太不可思议了。荒唐之后是震撼。西班牙文学世界中也有一个荒诞的形象：堂吉诃德，荒诞之后留下的却是永恒的印象。这可能是人类表达"非常道"惯用的方法吧！

将两个性质截然相反的东西联系起来，让弱者克服强者，需要的只是人的信心、勇气与持之以恒。这是我们一般人不敢想的，也不敢做的，而这正是人的最大弱点之一。故事最后的结尾也挺耐人寻味的：山最终并不是由人力搬走的，而是由神给搬走的。这正印证了古语讲的，"天助自助者"。努力者的成功事业的完成肯定会得益于诸多外界的帮助，但"自助"是第一位的。

很多其他的故事也都讲述着同样的道理，如铁杵磨成针的故事。世界上很少有针是由铁杵磨成的，这样的成本也太高了。但铁杵与针这样相差极大的事物，却能靠持之以恒的人力联系起来。聪明的李白很快就懂得了这个道理，并奋发图志，成为中国历史上最伟大的诗人。可见，人的潜力是多么的巨大。还有水滴石穿、龟兔赛跑等都是讲述同样的道理。

很多看似荒唐的故事，却告诉着人们永恒的道理：信心、勇气与毅力能激起人向上的巨大的，我们无法了解的力量。

但是，将人的外在的表象与内在的潜力结合起来、连结起来是非常困难的，是一项非常艰苦的工作，并不容易。它需要很多磨难、认识与努力。这也是很多的宗教经典、古圣贤的经典教导的核心。《论语》也是如此。孔子的"仁"正是要完成这样一个看似不可能完成的任务。

正论（下）　仁的实现

子曰:志于道,据于德,依于仁,游于艺。

——《论语·述而》

第7讲　知行合一:用孔子的生活来佐证仁的含义

子曰:吾道一以贯之。

——《论语·公冶长》

子曰:文,莫吾犹人也。躬行君子,则吾未之有得。

——《论语·述而》

《论语》里面讲的就是如何将人的内在的潜能发挥出来,在现实的世界中,将外在的人与内在的潜能连结起来,这就是"仁学",即将两个人,是指外在的人与内在的人连结起来。而连结起来的途径就是:好学、好礼、正念、正行的形成,需要在社会中磨练,需要在困难的大风大浪中锤炼。

一、正念的形成

正念就是正确的认识。而正念的形成需要自我反思与自我了解,需要强烈的责任感与使命感,经常地自我反省,需要有敬畏之心,无二过的认识。

(一)自我反思与自我了解

人应该忧患什么

子曰:"不患无位,患所以立,不患莫知己,求为可知也"。(《论语·里仁》)

【参考译文】孔子说:"不要忧愁没有职位,该忧愁没有任职的本领;不要忧愁没有人知道自己,该去追求足以使别人知道自己的本领呀!"

"己欲利而利人,己欲达而达人。"自己做好了可以感染别人了,有没有位置都无所谓,在你自己的奋斗过程中,别人不知道你干什么,只要你自己应该知道如何行动就行了,踏踏实实地干就行,一个人的人生其实是无数次选择的结果。虽然我们生活的大环境没有办法选择,但是小环境、身边的朋友、事业、居住的环境都是可以选择的。其实你只要有能力,你可以选择社会,不要担心会不会没有我的地位啊。"不患莫知己",就是不忧患别人不知道自己,为什么呢? 因为你的生活并不是别人施舍或是认同的结果,而是自我认识、自我选择、自我创造的结果。其实人有很多方面其他人是不知道的,这是很正常的。人生在世,如人探水,冷暖自知,而且,世人对你的评价,往往是随着你的内在能力的发挥与否而有高下之分。人要是把自己认知清楚了,有很多方面会很豁达的,众多的社会压力集中于始点:提升自己。所以说只要你勤奋、坚持,那人的发展就不是你原来的那种状态了,正所谓"士别三日,当刮目相看"。如果你注重积累,那你就和一般人不一样,按照毛泽东主席在《纪念白求恩》中所讲,就是一个高尚的人,一个脱离低级趣味的人。这是两个意义上的人:包括本质意义上的人,即精神境界品格高尚。所以说看人的话,不能光看外在的人,而是要看内在的人——实质上的人。一个人从本质上而言,是有两个人的,两个人合在一起,就是两个人,俩人按照中国古代的写法,就是"仁"字。这个"仁"字有两层意思,一个是自我,一个是比自我更高的人。实现自我、发挥潜力,将两个人的能力都发挥出来,合二为一,这是一个人与生俱来的使命啊。如果你不把这个"人"字看作大写的,那你个人基本的生活就会没有意义,没有实现人的使命。所以孔子说这是每个人与生俱来的,是人本质上的要求。"我欲仁,仁至矣","仁不难也"。这也是东方文明中"天人合一"的实质,是西方文明中"天赋人权"、"权利神圣不可侵犯"的原因之所在。在这个意义上,也可以理解下面两句话。

子曰:"君子病无能焉,不病人之不己知也。"(《论语·卫灵公》)

【参考译文】孔子说:"君子只忧愁自己没有能力,不忧愁别人不知道自己。"

"君子求诸己,小人求诸人"。(《论语·卫灵公》)

【参考译文】孔子说:"君子一切求之于己,小人一切求之于人。"

现在社会上很多人要托关系，其实这样的思维定势久而久之就变成"小人"了。社会上真正有成就的，都是讲究自我创造和自我奋斗的。"小人"难养也，所以说人与人之间的关系难养，"小人"难养一个很典型的表现就是没有团队精神。"小人党而不群"，君子是"群而不党"，大变动时期，"小人"习气很常见。而小人的习气占上风了，包括体育活动，需要靠团队共同努力的那就很难成功，比如中国男足，有人感叹：中国怎么要找 11 个真正的男人就那么难呢？

一个民族如果健康、有生命力、向上的，那这个民族一定是能正视人生根本问题，讲生老病死的。有一个美国人写了本关于日本精神的书：《菊与刀》①。这本书写得很好，一个堕落的民族讲"荣华富贵"②，而一个健康的民族自有其内在的精神内涵：一个健康的民族探究的是人的"生老病死"的根本问题，而不是"富与贵"。在孔子以后，我们求签拜佛多是为了怎么富贵，少有解决安身立命的实质问题，这说明这个民族不断走向堕落了，脱离了实在的、真正的东西。"君子求诸己，小人求诸人"，所以说中华民族到了明、清之时不断走上堕落之途，中原反复被外族侵略是有自身的衰败原因。

（二）强烈的责任感与使命感

子曰："人能弘道，非道弘人。"（《论语·卫灵公》）

【参考译文】孔子说："人能够弘扬道，不是用道来拯救人。"

"人能弘道，非道弘人"，人只要坚持不懈地去做，能弘道，而且能带来利益。因为利益是人之所欲，很正常的，是人的本性。要用正当的方法去得，可能时间会久一点，但是一旦得到了就能很持久，这就叫"仁能守之"。但如果是靠阴谋诡计得来的话，可能确实能在短时间内带来财富，但这是不可持久的，对自己的损害可能非常大，这就叫"仁不能守，终必失之"。

"道"是离不开人的，没有离开了人的"道"。"道"存在于人的积极的生活中，存在于人的勇猛精进之中。离开了人，"道"就毫无意义了。所以，希望

① 鲁思·本尼迪克特：《菊与刀》，吕万和等译，商务印书馆 1990 年版。
② 沈敏荣：《市民社会与法律精神——人的品格与制度变迁》，第 158 页。

"道"或"外力"来拯救自己,那就错了。只有在自己的积极的生活中,"道"才显现。而非让"道"来拯救你。"道"是如此,"菩萨"、"上帝"、"佛祖"都是如此,宗教的真正意义与孔子的思想是一致的,如果是"以道弘人",那就是"迷信"了,是精神的"鸦片"了。

(三)自省

应该做到的九项功夫

> 孔子曰:"君子有九思:视思明,听思聪,色思温,貌思恭,言思忠,事思敬,疑思问,忿思难,见得思义。"(《论语·季氏》)

【参考译文】孔子说:"君子有九种考虑:看的时候,考虑看明白了没有;听的时候,考虑听清楚了没有;脸上的颜色,考虑是否温和;容貌态度,考虑是否庄矜;说的言语,考虑是否忠诚老实;对待事业,考虑是否严肃认真;遇到疑问,考虑怎样向人家请教;将发怒了,应考虑患难在前;看见可得的,考虑是否应该获得。"

一个人要做到"仁",要做到两个"人"的和谐。第一个人是物质意义上的、形体意义上的,这不能没有;没有了物质意义上的人,没有了人的欲望与利益,人就不成其为人了。第二个是具有了美德,具有精神境界的那个人,内在的。这两个人都重要,不能为了第二个人,第一个人就不要了,没那种说法。不能拼命摧残自己的身体而去达到很高的境界,否则,宣扬此等说法的宗教是邪教,宣扬此等思想的学说是邪说,如此的想法也是邪念。

如果要达到"仁",要想把能力发挥出来的话,首先要目明,眼睛很明亮。不能在"木讷"之后眼睛就看不见了,要有辨别力。能做到辨明"危邦"、"乱邦",能做到"认识自己",明辨"事理"。这是对眼力的一种考验和衡量标准。所以这是对看的要求。对听也有要求,耳目聪颖。如果这个没达到的话,这个人就没有达到要求,就要改了。

如何听,如何摆正态度

"听思聪,色思温",人的形态得做到"人不知而不愠",不能想脾气不好就发脾气,想暴躁就暴躁,这就说明没有达到"仁"。对人是否很恭敬,比如老看不起别人那就非常有问题。"三人行，必有我师焉"，大家可以想一想，当时是"学在官府"的时代，老师是非常受到尊敬的，是一种地位的象征，孔子讲这话在当时其实是非常不合主流，在当时"一日为师，终身为父"的年代，随便称别人"师"可不是件容易的事。就是说每个人身上都有可以学习的地方，一个农民的勤奋、执著值得学习，工人身上的很多品质是可以学习的。如果是一个贵族，也一定会有不足之处，有需要向别人学习的地方。明代心学大师王阳明是一个很了不起的人，他曾经说过"街上走的人人都是菩萨"，意思是每个人身上都有自己独特的品质，不要看不起别人，每个人都有优点。

如何说话，如何做事

"言思忠"，说话的时候也要考虑是不是"忠"。孔子讲的"忠"可不是对诸侯的忠诚，而是对人对己的忠诚。这和"刚毅木讷，近仁"是对应的。只有忠诚，才能在与人相处中表现真实的自己，而只有在日常生活的真实表现中，才能有反思的基础，才能认识真正的自己，而在不断地自我认识中，自我的潜能也就得到了释放。与之相反的就是"见人说人话，见鬼说鬼话。"这就是不应该的，好像是八面玲珑，左右逢源，到处得利，但却忘记了最为根本的一件事：自我认识与自我提升，对自己就有损害了。这正所谓"聪明反被聪明误"，所以"大智者"——"若愚"。

"事思敬"，即做每个事情是不是兢兢业业。大家翻看任何一本成功人士的传记，这都是必不可少的。所以说年轻人多看一些传记是有好处了，看看成功人士有什么优秀的品质，有一些品质是共同的，对自己的生活言行也是很重要的。比如日本电器巨子松下的创始人松下幸之助在自传中曾写过自己一开始做推销时，曾被拒十多次，但他却持之以恒，不弃不馁。对自己的有恩之人三井始终尊敬有加。①

如何思考，如何行动

"疑思问"，这一点尤其是我们国家的学生很缺乏的地方，这可能跟我们从小以来的教育模式有很大关系，很少去积极地提问。其实，只有问了才能知

---

① ［日］松下幸之助：《自来水哲学》，李菁菁译，南海出版公司 2008 年版。

道,虽然不一定有答案,但起码是思路的一种整理,有的时候在提问的时候就能把思路理清。《论语》里面描绘的就是一个大课堂。佛经中的《金刚经》也是以问答的形式完成的。西方的苏格拉底教学法也是如此。而当下的中国,教育却演变为"填鸭式"为主了。不知道我们尊崇为圣人的孔子要是生活在当下会作何感想?

"愤思难",就是说如果见到什么不满意的事情,就开始进取。心中想求彻底的明白而未得的时候就应当有所动作,而不是去压抑自己。孔子的一生磨难很多,遭遇也不公,但他很快乐,不懂就问,行动很敏捷。而不是像我们现在心理学讲的,把垃圾藏在心里,这对自己能力的提高是非常不利的。

"见得思义",得到一个东西,就应想想取得这东西是否符合"道义"。首先要对得起自己,然后才考虑对得起别人,"己欲立而立人,己欲达而达人"。

以上就是孔子的言行,如果要达到"仁"的话,这九点都要做到的,这是很不容易的。如果有某些没有做到的话,对能力的提高就大打折扣了。

如何对待善与不善

"见善如不及,见不善而探汤;吾见其人矣,吾闻其语矣!隐居以求其志,行义以达其道;吾闻其语矣,未见其人也!"(《论语·李氏》)

【参考译文】孔子说:"看见善良,努力追求,好像赶不上似的;遇见不善的,使劲避开,好像将手伸到沸水里。我看见这样的人,也听过这样的话。避世隐居求保全他的意志,依义而行来寻求他的仁道。我听过这样的话,却没有见过这样的人。"

遇见好的东西则考虑自己的不足之处,见到不好的东西而远离,否则得到的话自己也是守不住的。这与"危邦不入,乱邦不居"的含义是一样的。比如说,把一个青蛙放到冷水里开始煮的话,这个青蛙是不知道的,没有感觉的。而将其放入热水之中,它就会拼命地蹦,跳离沸水。所以要预防,第一件事就是要远离,别进去。这句话不容易啊,而且这是个起点。现在生活选择多了,机会多了,也意味着风险多了。

"隐居以求其志,行义以达其道;吾闻其语矣,未见其人也!"

这种人没有，后来大家就引申为《大学》里所谓的"修身、齐家、治国、平天下"，一个人独善其身。但孔子不是这个意思。这种人"隐居以求其志，行义以达其道"，我听过这么说，但没见过这种人，这样做很难，所以也不苛求。孔子的"修身"与"隐居"是两个不同的概念。

（四）有敬畏之心

三畏

君子有三畏，畏天命、畏大人、畏圣人之言。

什么叫"天命"，所谓的"天命不可违"，人是有命数的。人得有敬畏之心。宗教里有"敬畏之心"，中国传统的宗教因素较弱，但也不失敬畏之心。

"敬畏"是开发潜能、提升自己的前提。有"敬畏之心"，才不会狂妄；有"敬畏之心"，才不会知足，才能勤精进；有"敬畏之心"，才能知道宽容，才能知道虚怀若谷。人理性的力量只有在"敬畏之心"的支持下才会有益。孔子的四毋①、四必②都是在"敬畏之心"下的产物。

一是"畏天命"，"天命不可违"。世界上很多东西，如大变动时代、大一统时代都属于天命，如曾国藩时代，有人曾进言他在权倾朝野的时候，取代满清而代之，曾呵斥此种见解。袁世凯却是逆天命而动，去民国而称帝，到最后是自取灭亡。对"天命"的"敬畏之心"不可不存。人也是有"命"的，最大的"命"就是"仁"，合"俩人"而成就"大人"。孔子评价子贡就是"赐不受命"。

二是"畏大人"，即内在的人格很高大的人，而非外在很有财富，很有地位的人。这种人不管外在的状态如何，都得保持"敬畏之心"：尊敬他、亲近他，因为这是自己学习的榜样。

三是"圣人之言"。圣人不可见，但其言犹在。对圣人之言，要敬畏。正如宗教经典，一字不能改，用钦定版本，不能亵渎，有的甚至不能翻译，这就是"敬畏"的表现。但真正的"敬畏"是由内而外的。"圣人之言"只有怀着"敬

---

① 子绝四，毋意，毋必，毋固，毋我。（《论语·子罕》）
② 见齐衰者，虽狎必变。见冕者与瞽者，虽亵必以貌。凶服者式之；式负版者，有盛馔，必变色而作。迅雷、风烈必变。（《论语·乡党》）

畏"之心读,用心去读,才能了解其中的含义。

（五）无二过

如何看待犯错

子贡曰:"君子之过也,如日月之食焉。过也,人皆见之;更也,人皆仰之。"(《论语·子张》)

【参考译文】子贡说:"君子的过失好比日蚀月蚀:错误的时候,每个人都看得见;更改的时候,每个人都仰望着。"

这其实是孔子的写照。孔子自己就讲过,陈司败问昭公知礼乎,孔子曰:"知礼。"孔子退,揖巫马期而进之,曰:"吾闻君子不党,君子亦党乎?君取于吴,为同姓,谓之吴孟子。君而知礼,孰不知礼?"巫马期以告。子曰:"丘也幸,苟有过,人必知之。"①就是讲,犯错误是难免的,如果一味地想不犯错误,也就干不了事了。干事就可能要犯错误。但同样的错误不可能犯两次,如果犯两次,就是过了。子曰:"过而不改,是谓过矣!"②

因此,犯了错误,就要改正,不要怕改正错误。子曰:"君子不重,则不威;学则不固。主忠信。无友不如己者。过,则勿惮改。"③子曰:"主忠信。毋友不如己者。过,则勿惮改。"④

二、正　行

"正念"之下,便是"正行"。如何行动很重要。

（一）如何衣食住行

食无求饱,居无求安

子曰:"君子食无求饱,居无求安,敏于事而慎于言,就有道而正焉,

---

① 《论语·述而》。
② 《论语·卫灵公》。
③ 《论语·为政》。
④ 《论语·乡党》。

可谓好学也已。"(《论语·学而》)

【参考译文】孔子说:"君子,饮食不要求饱足,居住不要求舒适,做事勤劳敏捷,说话却谨慎,又能常向有道之人来辨正自己的是非,这样,可以说是好学了。"

孔子对吃饭、睡觉、说话都是有自我要求。这也印证了孔子自己讲过的"九思":"君子有九思:视思明,听思聪,色思温,貌思恭,言思忠,事思敬,疑思问,忿思难,见得思义。""非礼勿视,非礼勿听,非礼勿言,非礼勿动。"而不仅仅是口头上的"仁":"巧言令色",或是光看看书,而没有切实的、严密的行动。"九思"必须要化在日常生活之中,而非仅仅停留在口头上。

这种行动孔子将之归纳为"好学"。子曰:"吾尝终日不食,终夜不寝,以思;无益,不如学也。"①

日常生活很重要

这里面的"学",我们在上面讲过了,不是我们现在认为的单纯的学习,而是在吃饭、睡觉、走路、说话等日常生活中的自我要求。

在很多作出很大作为的人的日后回忆中,像孔子这样的自我反省并不是单一例子。中国近代有个非常有名的高僧,叫印光大师。他文化程度很低,没有受过什么教育,但是他成为了近代的高僧。日后他自己的回忆也曾有"终日不食、终夜不寝"的修炼,长时间的不吃不喝,终日打坐悟道,其他人都不知其死活。他曾告诫后来者莫学他,还是以日日勤精进为上。这就有点像孔子的经历了。

其实,在佛教中,像这样的想法和经历也是不少的。比如相传佛祖释迦牟尼就曾在菩提树下发毒誓:不成正道,就不起来。这就和印光与孔子的做法相似了。

这种做法,一般而言,属急功近利的方式,舍弃了日积月累,而是毕其功于一役。这样的做法极易伤害"身体",而身体没了,或是受伤了,是极易损害日后的日积月累之功效的。对于"身"与"志"的结合是"无益"的。

_____

① 《论语·卫灵公》。

孔子的"学"与"礼"都有发挥日积月累之功。没有这些日积月累的功效，不在日常的"视、听、言、行、动""视、听、色、貌、言、事、疑、忿、见得"上努力，所有的努力都将白费，所有的美德都将不复存在。这正所谓：无"礼"则无功。"恭而无礼则劳；慎而无礼则葸；勇而无礼则乱；直而无礼则绞。君子笃于亲，则民兴于仁。故旧不遗，则民不偷。"不"好学"也无功。"好'仁'不好学，其蔽也'愚'；好'知'不好学，其蔽也'荡'；好'信'不好学，其蔽也'贼'；好'直'不好学，其蔽也'绞'；好'勇'不好学，其蔽也'乱'；好'刚'不好学，其蔽也'狂'。"

因此，此话的意思在于孔子以自身的经历告诫诸人，切莫急功近利，要在细处着手，要在日常生活着手，与时俱进。这也正是佛教中"勤精进"的含义。

颜回为什么受表扬

有了这样的认识，我们也能明白孔子对学生和对人的评价标准，就是看其能不能在平时着手。比如孔子对颜回的赞赏，和对宰我平时睡觉的严厉批评。

子曰："贤哉，回也！一箪食，一瓢饮，在陋巷，人不堪其忧，回也不改其乐。贤哉，回也！"（《论语·雍也》）

【参考译文】孔子说："颜回多么有贤德呀，一竹器饭，一瓜瓢水，住在穷陋室中，别人都受不了那穷苦的忧愁，颜回却不改变他自有的快乐。颜回多么有修养呀！"

一个人如果有了上面的认识，对于物质方面的要求就会无足轻重，就会"乐"，想做到"仁"，"仁"也在其中了。这也是孔子对自己的评价和要求。

子曰："饭疏食饮水，曲肱而枕之，乐亦在其中矣。不义而富且贵，于我如浮云。"（《论语·述而》）

【参考译文】孔子说："吃粗粮，喝白水，弯着胳膊做枕头，乐趣也可在这里。用不正当的方法而得来的富贵，对我好像浮云般。"

这样，一个人就有了自我提升的切实基础，外界环境的影响就很小了。

　　子欲居九夷。或曰："陋，如之何？"子曰："君子居之，何陋之有！"
（《论语·泰伯》）

　　【参考译文】孔子想搬到九夷去住。有人说："那地方非常闭塞，怎么
好住？"孔子道："有君子去住，就不闭塞了。"

而孔子对宰我最为生气的也在于宰我平时的不努力。

　　宰予昼寝。子曰："朽木不可雕也，粪土之墙不可圬也。于予与何
诛？"子曰："始吾于人也，听其言而信其行；今吾于人也，听其言而观其
行。于予与改是。"（《论语·公冶长》）

　　【参考译文】宰我在白天睡觉。孔子说："腐烂了的木头雕刻不得，粪
土似的墙壁粉刷不得；对于宰我么，还能有何责备呀。"又说："以前我对
人，听到他的话，便相信他的行为；现在，我对人，听到他的话，再得看他的
行为。从宰我的事件以后，我改变了态度。"

（二）孔子的辩证法："不器"终成"大器"

不器、志于道

　　正是孔子对人有了上述的认识，对物质方面的需要也就不单纯是财富的
多少，而在于这些财富能否有利自己的"听、视、言、行、动"，如果有利，那拒绝
财富是可耻的，而如果不利，接受财富也是可耻的。对于财富的认识就超越了
财富，而回归到人本身，回归到自己的"身"与"志"能否结合。这正是现代人
所说的要能驾驭财富，不做财富的奴隶。

　　这样我们就非常容易体会到孔子自己的话了。

　　子曰："君子不器。"（《论语·为政》）

　　【参考译文】孔子说："君子不像一件器皿一般，[只有一定的
用途。]"

　　而如果对财富的看法仅仅着眼于财富，那就不是"君子"了，而是"小人"，

说明这个人脱离了"正道"。

　　子曰："君子喻于义,小人喻于利。"(《论语·里仁》)
　　【参考译文】孔子说:"君子懂得的是义,小人懂得的是利。"

因此,一个有志向的人,就应该超越财富。

　　子曰:"士志于道,而耻恶衣恶食者,未足与议也!"(《论语·里仁》)
　　【参考译文】孔子说:"一个士,有志于道了,但又以自己吃粗粮穿破衣为耻辱,这种人,不值得同他商议了。"

因此,我们可以看到,孔子是超越财富,而不是否定财富。

(三)始终如一

坚持很重要

　　子曰:"参乎!吾道一以贯之。"曾子曰:"唯。"子出。门人问曰:"何谓也?"曾子曰:"夫子之道,忠恕而已矣。"(《论语·里仁》)
　　【参考译文】孔子说:"参呀!我平日所讲的道,都可以用一个头绪来贯穿的。"曾子说:"是。"孔子走出去以后,别的学生便问曾子道:"这是什么意思?"曾子说:"先生之道,只是忠和恕罢了。"

　　孔子告诉曾参说,他的"道"是始终如一的。这里姑且不论这个"道"的含义,是否是曾子所说的"忠"与"恕",而是就孔子的学说而论,它是始终如一的;就孔子自身的要求与实践而言,也是始终如一的。
　　这种始终如一的确定的东西就是"道",也是孔子讲的"仁",就是将"身"与"志"的结合,这是终生的事业。
　　这也就是曾子自己讲的"不可以不弘毅"。只有人死了,这一过程才结束。

　　曾子曰:"士不可以不弘毅,任重而道远。仁以为己任,不亦重乎,死

而后已,不亦远乎。"(《论语·泰伯》)

【参考译文】曾子说:"一个士,不可以不刚强而有毅力,因为他负担沉重,路程遥远。以实现仁为己任,不也很沉重吗? 到死方休,不也很遥远吗?"

(四)有所为,有所不为:严格生活

孔子的生活是非常严格的,有所为,有所不为。这是有严格的标准的。

哪些东西可知,但不可说

子不语怪,力,乱,神。(《论语·述而》)

【参考译文】孔子不谈怪异、强力、悖乱和神道。

孔子四个方面的内容是不说的,分别是"怪","力","乱","神"。怪与神是与人无关的,是荒诞、奇思、异想的产物,是人的想象的延伸与扭曲的反映。而孔子是主张向人的回归,回归人的正常的、日常的生活。而讲究"非人"的东西,无异于与此学说背道而驰。而且,这些问题也属于说不清楚的。这在孔子的其他问答中也可见。"樊迟问知。子曰:'务民之义,敬鬼神而远之,可谓知矣。'问仁。曰:'仁者先难而后获,可谓仁矣。'"[①]

而"力"、"乱"是关于人的,但是却与"身"与"志"的结合完全违背的,是不足取的。

另外,孔子还有三样东西是很少说的。那就是"利"、"命"与"仁"。

哪些东西不能多说

子罕言利,与命,与仁。(《论语·子罕》)

【参考译文】孔子平日很少谈到功利、命运和仁。

之所以不说"利",是因为对于人的成长而言,"利"并不是主要方面,而是附属的。有利于成长的"利",是可取的,而不利于成长的"利",是可耻的。

---

① 《论语·雍也》。

之所以不说"命",是因为"天命"具有必然性,具有"非常道"的特点,可懂,但不可说。

而之所以不说"仁",是因为,"仁"并不是一个抽象的概念,或是一个可以取得的东西,而是必须与日常的生活结合在一起的境界,是人的"身"与"志"结合在一起的状态,因此,单说一个"仁"字,没有任何意义。这个"仁",孔子很少说,仅仅是不说其概念,而"仁"的精神则贯穿于孔子的说教。所以,三个"罕言",其实其中的意义并不一样。

哪些东西是绝对杜绝的

子绝四,毋意,毋必,毋固,毋我。(《论语·子罕》)

【参考译文】孔子平日绝无四种心:一无臆测心,二无期必心,三无固执心,四无自我心。

孔子有四样东西是没有的,一是"意",即主观臆想;二是"必",即绝对肯定;三是"固",即拘泥固执;四是"我",即唯我独是。

第一是"毋意"。什么是主观臆想呢?就是没有事实依据,或是道听途说而作判断。终《论语》一书,我们看不到孔子有主观的臆想,道听而途说。到了孟子,将其发挥,"观水有术,必观其澜。日月有明,容光必照焉。"①

第二是"毋必"。孔子对事物和人也不绝对地肯定与否定。孔子一些看似绝对的话,其实,其中有很大的因人施教的成分。比如,孔子对子路,说其"不得好死"。但在子路由于内乱而死后,孔子大恸,从此不吃糜肉。再比如对冉有的态度,对冉有帮助季氏聚财而批评,甚至断绝师徒关系,但他对冉有的评价也是很高的。再比如,说宰我白天睡觉,是朽木不可雕也,但他对宰我在口才上的成就也是肯定的。

因此,对孔子的话,必须要整体地来看,不能断章取义,就某一句来推断孔子的整个意义。这其实就犯了"必"的毛病。

第三是"毋固",即拘泥不化。根据不同的地点、不同的环境、不同的社会、不同的政治条件而不断地自我调整,这也是孔子的特点。而不是拘泥于某

---

① 《孟子·尽心章句》。

一个理论、某一个学说,或是某一句话。孔子对"礼"的态度就是明证。

第四是"毋我",不以自我为中心,这也是孔子所不为的。但不以自己为中心,并不是没有了自我,而是自我与社会的融合,不是消灭自我,是自己与内在的志向的融合,是自己与社会的融合。

孔子讲的"己欲立而立人,己欲达而达人","推己及人","鸟兽不可与同群! 吾非斯人之徒与而谁与? 天下有道,丘不与易也。""三人行,必有我师焉,择其不善者改之"都是这个意思。

(五)有所为、有所不为:不离日常生活

《论语》中有大量描写孔子的饮食、起居的。这些看似平常,其实,正是这些平常事才见功力。一个人独处时也是如此,这也是后来者归纳的"慎独"①:就是一个人独处的时候也要谨慎、严谨。这些行为并不是做给别人看的,而是由内而外的,发自内心的。

如何吃饭、睡觉、座位、居住

食不语,寝不言。(《论语·乡党》)

席不正不坐。(《论语·乡党》)

寝不尸,居不容。(《论语·乡党》)

孔子吃饭的时候是不说话的,当然,现在根据科学,吃饭的时候不说话是有科学依据的。吃饭的时候不说话,细嚼慢咽,是有利于健康的。这好像跟西方的习惯很不一样,跟我们现在喜欢吃桌餐热烈讨论也很不一样了。康德是西方的哲学大家,他虽然一辈子未婚,但往往是邀请一些朋友来共进午餐,共同交流,有点像现在的午餐会。但这好不好呢? 不好说,反正康德老年得了类似帕金森症的病,连自己与身边亲近的人都认识不出来了。所以现代人吃饭应少说话,甚至不说话,细嚼慢咽,这样易于健康。现在估计做到"食不语"是挺难的。

孔子睡觉的时候也不说话,这估计是类似梦话的情形。睡觉的时候也不是像尸体一样躺在那儿笔直。另外,孔子对坐也挺在乎,平时与会见客人的时

---

① 《中庸》将此发挥。

候坐姿也不一样。从中可以看到,孔子的生活是很细的,落实到细节。

这么一本神圣的书,为什么写那么多孔子的饮食起居呢? 为什么是那么多"君子无终食之间违仁,造次必于是,颠沛必于是。"其实,不单单《论语》是如此,佛经、圣经也经常出现这种情况。如《金刚经》一开始就写了佛祖是如何化缘、如何洗脚,写得很详细。佛教中的"戒律"更是关于生活的细节。《圣经》中,包括旧约和新约,里面也有相当详细的关于生活细节的描述。而伊斯兰教的《古兰经》对生活细节的苛求更是有过之而无不及。

为什么这些原典对生活细节是如此的苛求? 问题的核心在于个人的发展与才能的提升,日常生活的积累是关键。日积月累才是个人能力发展的根本的途径。而且,这种日积月累要做到有所为,有所不为。各个时期根据自身的不同条件,社会环境的不同变化而做调整。下面孔子所说的"三戒"就是这个意思。

戒律很重要

孔子曰:"君子有三戒:少之时,血气未定,戒之在色;及其壮也,血气方刚,戒之在斗;及其老也,血气既衰,戒之在得。"(《论语·季氏》)

【参考译文】孔子说:"君子有三件事情应该杜绝:年轻的时候,血气未定,莫要迷恋女色;等到壮年,血气正旺盛,莫要好胜喜斗;等到年老了,血气已经衰弱,莫要贪求无厌。"

下面是孔子在吃、穿上面的要求,也是要求挺严格的。这些生活细节在个人的成长中都是非常重要的。

如何吃

食不厌精,脍不厌细。食饐而餲,鱼馁而肉败,不食。色恶不食,臭恶不食。失饪不食,不时不食。割不正不食,不得其酱不食。肉虽多,不使胜食气;唯酒无量,不及乱。沽酒,市脯,不食。不撤姜食。不多食。祭于公,不宿肉。祭肉,不出三日;出三日,不食之矣。食不语,寝不言。虽疏食,菜羹,瓜祭,必齐如也。(《论语·乡党》)

【参考译文】粮食不嫌舂得精,鱼和肉不嫌切得细。粮食霉烂发臭,鱼和肉腐烂，都不吃。食物颜色变了，不吃。气味难闻，不吃。烹调不当，不吃。不到该当吃食时候，不吃。不是按一定方法砍割的肉，不吃。没有一定调味的酱醋，不吃。席上肉虽然多，吃它不超过主食。只有酒不限量，却不至醉。买来的酒和肉干不吃。吃完了，姜不撤除，但吃得不多。参与国家祭祀典礼，不把祭肉留到第二天，便分颁于人了。自己家里的祭肉留存不超过三天，也必吃完分完。若是存放过了三天，便不吃了。吃饭的时候不交谈，睡觉的时候不说话。虽然是糙米饭小菜汤，临食前也一定得先祭一祭，而且祭的时候一定恭恭敬敬，好像斋戒的一样。

　　这和"大事不拘小节"是有出入的。《论语》中子夏曾对孔子的思想有过这样的发挥，"子夏曰：'大德不逾闲；小德出入可也。'"①这其实与孔子本人的思想是有一定出入。孔子在"小德"上的重视并不亚于"大德"，而且，他往往是从"小德"着手，而很少谈论大德"仁"。而子夏的这种抓大放小，恐怕与孔子的实际思想是有一定出入，子夏的思想就有点像法家的功利主义的思想了。这也是后世对子夏的评价了。这一点孔子也看出来了，他曾告诫子夏，不要做"小人儒"，就利而忘义；而要做"君子儒"，要从行为的细节做起。子谓子夏曰："女为君子儒！无为小人儒！"②

如何穿

　　君子不以绀緅饰，红紫不以为亵服；当暑，袗絺绤，必表而出之。缁衣羔裘，素衣麑裘，黄衣狐裘。亵裘长，短右袂。（必有寝衣，长一身有半。）厚以居去。丧无所不佩。非帷裳，必杀之。羔裘玄冠，不以吊。吉月，必朝服而朝。齐，必有明衣，布；必有寝衣，长一身有半。（《论语·乡党》）
　　【参考译文】君子不穿深青色盘绕和黑中透红的布镶边，不用红色和紫色的布做平时在家里穿的便服。在夏天，穿粗麻布或细麻布做的单衣，但出外必加上衣。黑色的罩衣，配黑色的羔羊皮袍；白色的罩衣，配白色的小鹿皮袍；黄色的罩衣，配黄色的狐皮袍。平时在家里穿的皮袍做得比

---

① 《论语·子张》。
② 《论语·雍也》。

较长,右边的袖子短一点。一定要有睡觉盖的被子,有一身半长。用狐的厚毛皮做坐垫。除去在丧事期,可以佩戴各种装饰品。不是上朝和祭祀时穿的礼服,一定要裁边。不穿黑色羔羊皮袍和戴黑色礼帽去吊丧。每月初一,一定要穿着上朝的礼服去朝拜君主。

对穿的重视是"礼"很重要的组成部分。人的外在着装往往是人的思想的外在体现。整洁、宽松、得体、舒适的衣着有利于个人的发展。

必要的礼节是必须的

在政治生活中,孔子也是有所为,有所不为,有着严格的标准。

孔子上朝的时候有严格的礼仪。

> 入公门,鞠躬如也,如不容。立不中门,行不履阈。过位,色勃如也,足躩如也,其言似不足者。摄齐升堂,鞠躬如也,屏气似不息者。出降一等,逞颜色,怡怡如也;没阶趋进,翼如也;复其位,踧踖如也。(《论语·乡党》)
>
> 【参考译文】孔子走进朝廷的门,必敛身谨敬,好像公门容不下他身子般。站,不站在门的中间;走,不踩门槛。经过国君的座位,面色便矜庄,脚步也快,言语也好像中气不足。
>
> 牵衣升堂时,敛身谨敬,憋住气好像不呼吸一般。走出来,降下台阶一级,面色便放松,怡然自得。走完了台阶,快快地向前走几步,好像鸟儿舒展翅膀。回到自己的位置,恭敬而内心不安的样子。

出使到国外的时候,也是严格遵循礼仪的。

> 执圭,鞠躬如也;如不胜。上如揖,下如授,勃如战色,足蹜蹜如有循。享礼,有容色;私觌,愉愉如也。(《论语·乡党》)
>
> 【参考译文】[孔子出使到外国,举行典礼]拿着圭,敛身谨敬,像不胜其重的样子。向上举好像在作揖,放下来好像在递交给别人。面色庄重好像在战栗。脚步也紧凑狭窄,好像在沿着[一条线]走过。献礼物的时

候,满脸和气。用私人身份和外国君臣会见,显得轻松愉快。

坐车也是有礼仪的。

> 升车,必正立,执绥。车中不内顾,不疾言,不亲指。(《论语·乡党》)

【参考译文】孔子上车,一定先端正地站好,拉着扶手带[登车]。在车中,不回着头看,不很快地说话,不用手指指画画。

关于孔子政治生活中礼仪的描述可能已无现代意义。但是,关注生活的细节,无论是政治生活与民间生活,这在孔子的思想与行动中是一贯的。对政治生活的关注和对参与政治生活的肯定是与孔子当时的国家地域较小是有关的。[①] 不逃避、直接面对、积极参与生活是孔子的态度。

(六)有所为、有所不为:不在其位、不谋其政

不在其位,不谋其政

> 子曰:"不在其位,不谋其政。"(《论语·泰伯》)
>
> 子曰:"不在其位,不谋其政。"(《论语·宪问》)
>
> 曾子曰:"君子思不出其位。"(《论语·宪问》)

"不在其位,不谋其政"是流传极广的一句话。对于"不在其位,不谋其政"在《论语》中出现三次,可见这句话在孔子的生活中是非常明显的。孔子认为,不在相应的位置上,就不应该考虑它的政事。

这里得结合孔子的其他行为来看待,才能正确地理解这句话。

> 子禽问于子贡曰:"夫子至于是邦也,必闻其政,求之与? 抑与之与?"子贡曰:"夫子温、良、恭、俭、让以得之。夫子之求之也,其诸异乎人之求之与?"(《论语·学而》)

---

① 西方历史的经验表明,在城邦国家中,在政治生活中成长是提升个人能力的有效平台。

【参考译文】子禽向子贡问道:"我们先生每到一个国家,必然听得到那个国家的政事,这是有心求来的呢? 还是别人自愿告诉他的呢?"子贡说:"我们老师是靠温和、良善、严肃、节俭、谦逊来取得的。我们老师获得的方法,和别人获得的方法,不相同吧?"

孔子所说的"不在其位,不谋其政",并不意味着对其中的政事一无所知,而是到了一个地方,对当地当时的政事是有相当的了解的。这作为抱有"治国安邦"理想的孔子是理所当然的。因此,"不在其位,不谋其政"的中心并不是在"不谋其政"。

我们现在来看看什么是"政",就能知道孔子讲的这句话的意思了。

社会之治理,也就是"政"需要的是民众的信任。

子贡问"政"。子曰:"足食,足兵,民信之矣。"子贡曰:"必不得已而去,于斯三者何先?"曰:"去兵。"子贡曰:"必不得已而去,于斯二者何先?"曰:"去食;自古皆有死;民无信不立。"(《论语·颜渊》)

【参考译文】子贡问为政之道。孔子说:"充足粮食,充足军备,民众对政府有信心。"子贡又问:"如果迫于不得已,在粮食、军备和民众的信心三者之中一定要去掉一项,先去掉哪一项?"孔子说:"去掉军备。"子贡又问:"如果迫于不得已,在粮食和民众的信心两者之中一定要去掉一项,先去掉哪一项?"孔子说:"去掉粮食。自古以来谁都免不了死亡。如果民众对政府缺乏信心,国家是站不起来的。"

而这"信任",需要是"正名"。因此,没有这个"位",就没有"正名","政"也就推行不了了。

子路曰:"卫君待子而为政,子将奚先?"子曰:"必也正名乎!"子路曰:"有是哉? 子之迂也! 奚其正?"子曰:"野哉,由也! 君子于其所不知,盖阙如也。名不正,则言不顺;言不顺,则事不成;事不成,则礼乐不兴;礼乐不兴,则刑罚不中;刑罚不中,则民无所措手足。故君子名之必可言也,言之必可行也。君子于其言,无所苟而已矣!"(《论语·子路》)

【参考译文】子路问道:"如果卫君有意等着您去治理国政,您准备首先干什么?"孔子说:"那一定是纠正名分上的用词不当罢!"子路说:"您的迂腐竟到如此地步吗! 这又何必纠正?"孔子说:"你怎么这样卤莽! 由呀! 君子对于他所不懂的,大概采取保留态度,[你怎么能乱说呢?]如果名不正,言语就不能顺理成章;言语不顺理成章,做事就不可能成功;事业不能成功,国家的礼乐制度也就举办不起来;礼乐制度兴不起来,刑罚也就不会得当;刑罚不得当,百姓就会手足无措。所以君子定下名,一定可以说得出来;而顺理成章的话也一定做得成事。君子对于措词说话要没有一点马虎的地方才罢了。"

有了"正名"之后,人就各司其职,君主像君主,臣子像臣子,父亲像父亲,儿子像儿子。

　　齐景公问政于孔子。孔子对曰:"君,君;臣,臣;父,父;子,子。"公曰:"善哉! 信如君不君,臣不臣,父不父,子不子,虽有粟,吾得而食诸?"(《论语·颜渊》)

【参考译文】齐景公向孔子问为政之道。孔子答道:"君要像个君,臣要像个臣,父亲要像父亲,儿子要像儿子。"景公说:"对呀! 若是君不像君,臣不像臣,父不像父,子不像子,即使粮食很多,我能吃得着吗?"

上面讲过,要整个社会中的民众都达到"仁"是不可能的,但如果君子做到"正",民众就会做到"正"。能做到"正"就很不错了。

　　季康子问政于孔子,孔子对曰:"政者,正也,子帅以正,孰敢不正?"(《论语·颜渊》)

【参考译文】季康子向孔子问为政之道。孔子答道:"政字的意思就是正。您若用正道来率先领导,又谁敢不正呢?"

因此,"不在其位,不谋其政"的重点是说明对于"政"而言,"位"是多么的重要。没有了"位","谋政"是毫无意义的。"为政"可以培养人的很多美德,如勤奋、宽容、平稳的办事风格,以及优秀的个人品格。①

　　孔子强调"位"对于"政"的重要性,但同时也指出,对于个人的发展而言,"位"却不是最重要的,而最为重要的是自己能立起来,以及自己的品格培养。②

　　　　子曰:"不患无位,患所以立;不患莫己知,求为可知也。"(《论语·里仁》)

　　【参考译文】孔子说:"不要忧愁没有职位,该忧愁没有任职的本领;不要忧愁没有人知道自己,该去追求足以使别人知道自己的本领呀!"

　　另外,曾子也对孔子作这样的评价。

　　　　曾子曰:"君子思不出其位。"(《论语·宪问》)

　　【参考译文】曾子说:"君子所思虑的不超出自己的职位。"

　　这是曾子对孔子的评价,说孔子思考时不会超出他所处的社会位置。这和上面分析的"不在其位,不谋其政"是一致的。

---

①　子张问"政"。子曰:"居之无倦;行之以忠。"(《论语·颜渊》)子路问"政"。子曰:"先之,劳之。"请益。曰:"无倦。"(《论语·子路》)仲弓为李氏宰,问"政"。子曰:"先有司,赦小过,举贤才。"曰:"焉知贤才而举之?"曰:"举尔所不知,人其舍诸!"(《论语·子路》)叶公问政。子曰:"近者说,远者来。"(《论语·子路》)子夏为莒父宰,问政。子曰:"无欲速,无见小利。欲速则不达,见小利则大事不成。"(《论语·子路》)子张问于孔子曰:"何如,斯可以从政矣?"子曰:"尊五美,屏四恶,斯可以从政矣。"子张曰:"何谓五美?"子曰:"君子惠而不费;劳而不怨;欲而不贪;泰而不骄;威而不猛。"子张曰:"何谓惠而不费?"子曰:"因民之所利而利之,斯不亦惠而不费乎? 择可劳而劳之,又谁怨! 欲仁而得仁,又焉贪! 君子无众寡,无小大,无敢慢,斯不亦泰而不骄乎! 君子正其衣冠,尊其瞻视,俨然人望而畏之,斯不亦威而不猛乎!"子张曰:"何谓四恶?"子曰:"不教而杀谓之虐;不戒视成谓之暴;慢令致期谓之贼;犹之与人也,出纳之吝,谓之有司。"(《论语·尧曰》)。

②　政、位与个体的成长的关系在孟子那里也得到了发挥。孟子曰:"广土众民,君子欲之,所乐不存焉。中天下而立,定四海之民,君子乐之,所性不存焉。君子所性,虽大行不加焉,虽穷居不损焉,分定故也。君子所性,仁义礼智根于心。其生色也,睟然见于面,盎于背,施于四体,四体不言而喻。"(《孟子·尽心章句》)

(七)有所为、有所不为:人文环境很重要

孔子认为,在个人的成长中,两个方面的关系是必须要处理好的,一个是自己的"身"与"志"的共同成长,一个是个人与环境的协调。对于环境重要性的强调说明了孔子积极入世,在社会中培养自己的思想。

要能辨认危邦与乱邦

> 子曰:"笃信好学,守死善道。危邦不入,乱邦不居,天下有道则见,无道则隐。邦有道,贫且贱焉,耻也,邦无道,富且贵焉,耻也。"(《论语·泰伯》)

【参考译文】孔子说:"坚定地相信我们的道,努力学习它,坚持固守以至于死,以求善其道。不进入危险的国家,不居住祸乱的国家。天下有道,就出来做官;天下无道,就隐居不仕。若是政治清明,自己仍是贫贱不能上进,是耻辱;若是政治黑暗,仍是富贵不能退,也是耻辱。"

"危邦不入,乱邦不居"。人对环境的信赖在此可明显地看出来。即使是一个"圣人"或是做到"仁"的人,没有相应的环境,也会逐渐丧失其应有的品格。正可谓,人生在世,如逆水行舟,不进则退。所以,一定要关注"危邦"与"乱邦"。再好的品格也经受不住环境的折腾。近代社会以来,西方社会强调制度建设,原因即在于此。

那么如果在"危邦"或是在"乱邦"中,该怎么办呢? 则是"隐"与"愚"。

那要是永远都是"危邦"或是"乱邦",是不是永远都要"隐"或是"愚"呢? 这恐怕不是孔子的应有之义了。

子曰:"君子疾没世而名不称焉。"①这里的"名"可以不作世间"有名"解,可作"名符其实"解,但下面一句话就完全可以理解孔子并不完全是"隐"与"愚"的态度了。

> 佛肸召,子欲往。子路曰:"昔者由也闻诸夫子曰:'亲于其身为不善者,君子不入也'。佛肸以中牟畔,子之往也如之何?"子曰:"然,有是言

---

① 《论语·卫灵公》。

也。不曰'坚'乎？磨而不磷；不曰'白'乎？涅而不缁。吾岂匏瓜也哉？焉能系而不食！"(《论语·阳货》)

【参考译文】佛肸来召孔子，孔子考虑前往。子路说："从前我听老师说过，'亲自做坏事的人那里，君子是不去的。'如今佛肸盘踞中牟谋反，您却要去，怎么说得过去呢？"孔子说："对，我说过这话。但是，你不知道吗？最坚固的东西，磨也磨不薄；最白的东西，染也染不黑。我难道是匏瓜吗？哪能挂在那里，不希望有人来采食呢？"

看来，孔子也有矛盾，也有冒险，也有困惑的时候。孔子自己也说过，要让自己做到"愚"，是很难的。

子曰："甯武子，邦有道，则知；邦无道，则愚。其知可及也；其愚不可及也。"(《论语·公冶长》)

【参考译文】孔子说："宁武子在国家安定时，显得是一位智者；在国家昏暗时，像是一个愚人。他表现出来的智慧，别人赶得上；而其表现出来的愚笨，别人就赶不上了。"

那么孔子的"邦无道，则隐"是什么意思呢？这和当时的春秋诸侯纷立有很大的关系。当时是可以有"危邦"与"治邦"的选择。因此，这句话的意思是要做到选择，要对"政"有所观察，不要去"危邦"与"乱邦"。而以后，天下一统，这句话是否还作原来的解释，就不一定了。不过，"隐者"始终不是孔子的选项。①

---

① 逸民：伯夷、叔齐、虞仲、夷逸、朱张、柳下惠、少连。子曰："不降其志，不辱其身，伯夷、叔齐与！"谓"柳下惠、少连，降志辱身矣，言中伦，行中虑，其斯而已矣。"谓"虞仲、夷逸，隐居放言，身中清，废中权。我则异于是，无可无不可。"(《论语·微子》)

【参考译文】古今被遗落的人才有伯夷、叔齐、虞仲、夷逸、朱张、柳下惠、少连。孔子道："不动摇自己意志，不辱没自己身份，是伯夷、叔齐罢！"又说，"柳下惠、少连降低自己意志，屈辱自己身份了，可是言语合乎法度，行为经过思虑，那也不过如此罢了。"又说："虞仲、夷逸逃世隐居，放肆直言。行为廉洁，被废弃也是他的权术。我就和他们这些人不同，没有什么可以，也没有什么不可以。"

（八）有所为、有所不为·君子与小人的差别

在孔子的行为理论中,在"有所为"与"有所不为"的区别中,"君子"与"小人"的区分是非常重要的。

"君子"有差异性,但是却能合作与相处,而"小人"都是相同的,不能合作与相处。

　　　子曰:"君子和而不同;小人同而不和。"(《论语·子路》)
　　　【参考译文】孔子说:"君子能互相协调,却不肯盲从附和。小人只是盲从附和,却不会互相协调。"

"君子"安然若素,但不骄横,而"小人"却相反。

　　　子曰:"君子泰而不骄;小人骄而不泰。"(《论语·子路》)
　　　【参考译文】孔子说:"君子安详舒泰,却不骄傲凌人;小人骄傲凌人,却不安详舒泰。"

"君子"天天向上,而"小人",兴趣与志向都很低级。

　　　子曰:"君子上达;小人下达。"(《论语·宪问》)
　　　【参考译文】孔子说:"君子日日长进向上,小人日日沉沦向下。"

"君子"有内涵,搞团结,能合作干事,而不是内部争斗;"君子"能为共同的目的走在一起,但不会拉帮结派。而"小人",却是"党而不群"。

　　　子曰:"君子矜而不争,群而不党。"(《论语·卫灵公》)
　　　【参考译文】孔子说:"君子只是庄敬自守,与人无所争执,只是和聚有群,但亦不结党。"

"君子"判断人是以人的内涵和他实实在在干的事,而不是以他说的话或是别人对他的评论;也不能因为他的为人而忽视他的有用的建议。这说明

"君子"是干事的人。

> 子曰："君子不以言举人;不以人废言。"(《论语·卫灵公》)
> 【参考译文】孔子说："君子不会因为一人的说话而提拔他,也不会因为一人行事有缺失而鄙弃他的好话。"

"君子"和"小人"是不同的行为模式的归纳。但"君子"与"小人"并不是根据行为来进行的分类,而是根据其内在的修养而做的区分。而"君子"最为突出的特征就是他的行动了。

> 子贡问君子。子曰："先行其言,而后从之。"(《论语·为政》)
> 【参考译文】子贡问怎样才能做一个君子。孔子说："对于你要说的话,先实行了,再说出来。"

"君子"修养的目的是为了干事。

> 子路问"君子"。子曰："修己以敬。"曰："如斯而已乎?"曰："修己以安人。"曰："如斯而已乎?"曰："修己以安百姓。修己以安百姓,尧舜其犹病诸。"(《论语·宪问》)
> 【参考译文】子路问怎样才能算是一个君子。孔子道："用恭敬来修养自己。"
> 子路问:"这样就够了吗?"孔子说:"修养自己就可以使他人安乐。"
> 子路问:"这样就够了吗?"孔子说:"修养自己来使所有民众安乐。修养自己来使所有民众安乐,尧舜大概还怕没能完全做到哩!"

有关"君子"与"小人"的详细解释见第10讲。
(九)有所为、有所不为:才艺

孔子就教四科

> 子以四教:文,行,忠,信。(《论语·述而》)

【参考译文】孔子用四种内容教育学生：典籍遗文，社会生活的道德行事，对待别人的忠心，与人交际的信实。

这一句在理解孔子思想中是挺重要的。说孔子教育是分为四个方面，一是"文"，即文采，或称为表达能力；一是行，即实际的行动能力；一是"忠"，即忠心、忠诚；一是"信"，即是否讲信用，即对言语的践行。将思想分为四个方面，这在其他的思想中也是存在的，如佛教的思想。佛教可以分为智慧、苦行、慈悲、愿力，分别以四大菩萨来表示。文殊菩萨是最讲智慧的，他的道场在现在的山西五台山；普贤菩萨是最讲"行"的，他的道场在现在的四川峨眉山；观音菩萨是最讲"慈悲"的，他的道场在现在的浙江普陀山；地藏菩萨是最讲"愿力"的，道场在安徽的九华山。

这四个方面孔子在实际教学当中也是实行的。

四科学生的佼佼者

德行：颜渊、闵子骞、冉伯牛、仲弓；言语：宰我、子贡；政事：冉有、季路；文学：子游、子夏。（《论语·先进》）

【参考译文】[孔子的学生各有所长。]德行见长的：颜渊，闵子骞，冉伯牛，仲弓。言语见长的：宰我，子贡。处理政事见长的：冉有，季路。文学见长的：子游，子夏。

弟子当中，分别在德行、言语、政事、文学四个方面各有突出。德行，相当于忠信，这在《论语》中是有解释的。

中庸这种德行已经好久没有人实践它了。

子曰："中庸之为德也，其至矣乎！民鲜久矣。"（《论语·雍也》）

【参考译文】孔子说："中庸这种道德，该是最高的了，但一般民众，少有此德太久了。"

那么，德行如何来实践呢？孔子也指出了具体的实践方法。

子张问"崇德,辨惑。"子曰:"主忠信,徒义崇德也。爱之欲其生,恶之欲其死;既欲其生又欲其死,是惑也!""诚不以富,亦祇以异。"(《论语·颜渊》)

【参考译文】子张问如何能提高品德,辨别迷惑。孔子说:"以忠诚信实为存心,唯义是从,这就可以提高品德。喜爱一个人,希望他长寿;厌恶他,恨不得他马上死去。既要他长寿,又要他短命,这便是迷惑。这样,的确对自己毫无好处,只是使人奇怪罢了。"

"文"相当于文学、言语,而政事就属于"行"的一部分了。也就是文、行、忠、信各方面,学生当中各有擅长。就是孔子自我评价当中,认为自己在四个方面也是有先有后的。

子曰:"文,莫吾犹人也。躬行君子,则吾未之有得。"(《论语·述而》)

【参考译文】孔子说:"论文采,大约我同别人差不多;但像君子一样亲身实践,那我还没有成功。"

孔子说,在"文"的方面,我不逊于人,但是在行动方面,我离君子的实践能力就差一些了。"躬行君子"可以看出,君子主要指的是"行"这一方面,而内在的方面,看是否有"志",则是"士",二者的结合,则是"德",而两者的完全结合,则是"仁",即两个人的结合:内在的人与外在的人的结合。

另外,"忠"和"信"是孔子花大力气教育的内容,即为什么要"忠"与"信",如何做到"忠与信"。这也是后人最易误解的地方。

(十)有所为、有所不为:财富观

人生活在这个世界上,物质的诱惑是不可避免的,如果回避这个问题,或是将人都视为可以将富贵拒之千里的圣人,则这个学说肯定是不现实的,或是能行一时,但不可能长久在社会中生存。人的欲望是任何思想、学说都不能回避的,必须要正视的。

如何看待财富

孔子对待财富的态度最为根本的是善待财富。利用财富,而不是作财富的奴隶。

"邦有道,贫且贱焉,耻也;邦无道,富且贵焉,耻也"是孔子的根本思想,这在《论语》中出现多次。

> 子曰:"笃信好学,守死善道。危邦不入,乱邦不居,天下有道则见,无道则隐。邦有道,贫且贱焉,耻也,邦无道,富且贵焉,耻也。"(《论语·泰伯》)
>
> 【参考译文】孔子说:"坚定地相信我们的道,努力学习它,坚持固守以至于死,以求善其道。不进入危险的国家,不居住祸乱的国家。天下有道,就出来做官;天下无道,就隐居不仕。若是政治清明,自己仍是贫贱不能上进,是耻辱;若是政治黑暗,仍是富贵不能退,也是耻辱。"
>
> 宪问"耻"。子曰:"邦有道谷,邦无道谷;耻也。""克、伐、怨、欲,不行焉,可以为'仁'矣?"子曰:"可以为难矣,仁则吾不知也。"(《论语·宪问》)
>
> 【参考译文】原宪问什么叫耻辱。孔子说:"国家政治清明,做官领薪俸;国家政治黑暗,仍做官领薪俸,这就是耻辱。"
>
> 原宪又道:"好胜、自夸、怨恨和贪欲四种毛病都制之不行,可以算仁吗?"孔子说:"可以说是难能可贵的了,若说是仁人,那我不不知道呀!"

孔子对待财富是看财富是否有利于一个人的发展,而不是一个人生存的所有目的在于财富。财为人所用,而非人为财所役。这按现代的说法,就是避免财富下人的异化:目的与手段的倒置。

对两个富学生的不同态度

孔子对待子贡的态度其实就说明了孔子的善待财富。子贡天赋极高,善于聚财,口才也极好,但是德行相对差一点,可能是天赋高,但不用功,跟宰我差不多。

> 子曰:"回也奇庶乎! 屡空;赐不受命,而货殖焉;億则屡中。"(《论语·先进》)

【参考译文】孔子说:"颜回的学问道德差不多了罢,可是常常穷得没有办法。端木赐不安本分,去买卖货物增值,猜测行情,竟每每猜对了。"

孔子说,这个颜回学问与道德都很好,但就是很贫穷;这个子贡呢,天赋也极好,但就是不肯好好学,跑去倒卖货物,猜测行情,而且每次都被他猜中,这也奇了。这说明孔子觉得这还挺有意思。但如果财富取之不义,则孔子就会非常生气,甚至是愤怒了。这对冉求的态度上就可以看出来。

季氏富于周公,而求也为之聚敛而附益之。子曰:"非吾徒也,小子鸣鼓而攻之可也!"(《论语·先进》)

【参考译文】季氏比周朝的周公还有钱,冉求却又替他搜刮,增加更多的财富。孔子说:"冉求不是我的门徒呀! 小子们,你们可以大张旗鼓地来声讨他。"

古时师徒关系是非常严肃的,子路跟随孔子周游列国,比之侍父,有过之而无不及。生气到老师要断绝师徒关系,说明孔子对此事的生气程度。

三、正念与正行的结果

(一)外在表现与效果:思无邪、坦荡荡

如果在认识与行为上都能做到相应的程度,即有了"志"与"行",结果就很可观了。

思无邪

子曰:"诗三百,一言以蔽之,曰:'思无邪'。"(《论语·为政》)

【参考译文】孔子说:"《诗经》三百篇,用一句话来概括它,就是'思想纯正'。"

"志"与"行"的结合在于"好学",在于"礼"。而学当中,首先是"诗"。孔子曾讲过,"兴于诗,立于礼,成于乐","诗"、"礼"、"乐"三项就是"好学"的内容。其中的"诗"是"可以兴"、"可以怨"，可以尽情发挥的个人情感，"子曰：'小子！何莫学夫诗？诗：可以兴，可以观，可以群，可以怨；迩之事父，远之事君；多识于鸟、兽、草、木之名。'"①

思想上没有邪念，也就是可以正视人的欲望，正确地看待人的各方面的需求。这是非常重要的。"善待自己"在一个人的成长过程中是非常重要的。

坦荡荡

另外，也可以做到"坦荡荡"，这也是非常重要的，其中的内容我们前面讲过了。

> 子曰："君子坦荡荡，小人长戚戚。"（《论语·述而》）
> 【参考译文】孔子说："君子心地平坦宽广，小人却经常局促忧愁。"

（二）外在表现与效果：超越死亡

认识到人生当中有超越死亡的价值与意义的存在，即内在的人可以超越外在的、形式意义上的人。认识到生命的意义，培养勇敢的精神。

> 子曰："志士仁人，无求生以害仁，有杀身以成仁。"（《论语·卫灵公》）
> 【参考译文】孔子说："有志于仁的人和实现了仁的人，没有为求生命安全而宁愿损害仁的，只有宁愿牺牲性命来成就仁的。"
> 朝闻道，夕死可矣。
> 【译文】早上知晓道，晚上死了也愿意啊！

在佛教中，也有一个门槛是修行者必须要过的，那就是"了生死"，参透"生"与"死"。这在孔子那里也是非常明显的。"不知生、焉知死"。超越了生死，并不是说一个人不珍惜生命，而是一个人参透了生命的意义，会更加珍惜生命，也不会苟且偷生。而且，唯有参透生命的意义，才能精进，才能勇猛。

---

① 《论语·阳货》。

（三）外在表现与效果：美德的出现——温（和气）、厉（严格）、威（威严）、恭（恭敬）、安（安心）、刚毅、木讷

一个人以自身的成长作为目的，在社会中不断培养自己，坚持做到"志"与"行"的结合，"死守善道"、"笃信好学"，并且"持之以恒"，就会在行上有可观的效果。

子温而厉，威而不猛，恭而安。

孔子能做到和气、严格、威严、恭敬、安心，这些都是非常不容易的。而且，效果也非常可观。

子曰："三军可夺帅也，匹夫不可夺志也。"（《论语·子罕》）

【参考译文】孔子说："一国军队，可以使它丧失主帅；匹夫立志，却不能强迫他放弃主张。"

这样做，其实就接近"仁"了。人的外在的方面与内在的方面是一个硬币的两面，是相通的。坚持不懈地在日常生活中坚持美德，就能实现"仁"了。

子曰："刚毅、木讷，近仁。"（《论语·子路》）

【参考译文】孔子说："刚强、坚毅、质朴，言语不轻易出口，有这四种品德的人近于仁。"

四、行动策略

如何才能形成美德

懂得了这些道理之后，关键的问题就是行动的策略了。如何才能做到"志"与"行"的结合，并在社会中，在恰当的环境中培养和磨练自己呢？孔子在《论语》中是指出了其中的行动策略。

兴于诗

第一，从自己感兴趣的地方开始，或是从自己的擅长开始；并严格地要求

自己,做到内在的"志"与外在的"行"的严格一致,然后是可以快快乐乐地完成。这一方面的内容我们在前面已经讲过了。只有在兴趣的基础上,才能产生强大的行动力,否则,不足以应对巨变的世界。

子曰:"兴于诗,立于礼,成于乐。"(《论语·泰伯》)

【参考译文】孔子说:"诗篇使人振奋,礼使人能坚定地站得住,音乐使人的事业成功。"

约之以礼

第二,严格地按照"君子"的言行标准规范自己。

子曰:"君子义以为质,礼以行之,孙以出之,信以成之;君子哉!"(《论语·卫灵公》)

【参考译文】孔子说:"君子把义当他一切行事的本质,依礼节实行它,用谦逊的言语说出它,用诚实的态度完成它。这样才真是位君子呀!"

博学而笃志

第三,要"博学",无处不在学习之中。向周围的人学习,"三人行,必有我师焉",无时无刻地处在"好学"之中,能知道"命"、"礼"、"言"。

子曰:"不知命,无以为君子也。不知礼,无以立也。不知言,无以知人也。"(《论语·尧曰》)

【参考译文】孔子说:"不懂得命运,便不可能成为君子;不懂得礼,便不可能立足于社会;不懂得分辨人家的言语,也不可能认识人。"

孔子的优秀学生子夏做了精确地发挥。

子夏曰:"博学而笃志,切问而近思;仁在其中矣。"(《论语·子张》)

【参考译文】子夏说:"广泛地学习,并坚守自己的志趣;恳切地发问,又能从身边发生的事情出发来思考问题,仁道就在这中间了。"

好学

第四,要"好学"。这一点我们在前面已经讲过了。这里就不再重复了。

能在日常生活中贯彻自己的志向,能实践诸美德,不断地加强自己的行动力,一个人就处于走向"仁"的路径之中了。

第8讲 志与身:通往仁的 两个方面

子曰:"不降其志,不辱其身。"

——《论语·微子》

子罕言"仁",是由于"仁"的核心在于实践,夸夸其谈并无益处,而且,每个人的实践路径各异,但其中也有相同者,即人的外在的方面——"身",它的表现在于"行",与人的内在方面,即"志",也就是人之所以为人的方面,即"立"的方面不断地协调与统一。这是一项非常困难的工作。人是有惰性的,而且,受制于外在的"身",很难认识到自己内在的能力——潜力,即很难认识自己到底是谁,自己的本来面目(禅宗《六祖坛经》对此有深刻的论述)①。各个文明在轴心时代②都是在此下工夫,无论苏格拉底也好,释迦牟尼也好,还是古波斯的文明也好,都是教导人们认识人的本来面目、本来的我、真正的我。

现代的科学和心理学也昭示人的 90% 的能力是以"潜意识"或是"前意识"的方式存在着,不能意识,或是很难以人的意识感觉到。这部分是真正存在于人的能力之中,却很难为人所意识。如果人的发展以这一部分的能力为凭据,比凭借外界的财富、社会的人际关系都来得有效和实际得多。

这一部分人的内在的能力虽然不为人所感觉,但它确实存在着,作为人的不被感知的能力存在。这一部分的不被感知的能力确实可以为人所用的。这也是为什么我们经常会说的"人的潜力是无限的"、"超越自我"、"人的真正的

---

① 禅宗慧能的《六祖坛经》就是教人认识自己的本来面目。

② 公元前 5、6 世纪,圣人辈出,是诸多文明的奠基性思想的成熟期。中国的老子、孔子,古希腊的苏格拉底,古印度的释迦牟尼均生活于这一时间段。史称文明的"轴心时代"。

敌人是自己"、"人最大的困难是超越自我"。这就是人的"本来面目",是"真正的我",是"本我",也是潜在的"超我"。

但另一方面,外在的人,在社会中,是芸芸众生之一;在自然界中,诸多能力都不如自然界的各种生物,目力不如鹰,奔跑不如豹,凶猛不如狮,力大不如象。而且,人极易为外界所诱惑,内生觊觎心,同时,对内在的自己感觉不到的能力缺乏或是没有信心;经常见异思迁,不能持之以恒。

内在无限的自我与外在有限的自我之间就形成了巨大的反差,但是内在的自我的实现必须要借助于与外在的自我的统一。这就是悖论,也是各个文明着力之处。孔子的"仁"之学说即在此处着力。用"好学"、"礼"来实现二者的统一。当然,其中需要的是兴趣、爱好、信心与毅力。孔子指出,"立志"与"躬身君子"是通向"仁"的必要条件。

一、身(行)——躬行君子

我们现在来看看人的外在的方面包括哪些方面,需要做到什么?

《论语》中的"身"最本原的含义是指我们物质意义上这个身体,由此而引申为自己的生命、外在的行为。在"仁"的理解中,"不辱其身"是仁的两个方面之一,另一方面是"不降其志"。

(一)物质意义上的身体

物质意义上的身体

子曰:"我未见好仁者,恶不仁者。好仁者,无以尚之;恶不仁者,其为仁矣,不使不仁者加乎其身。有能一日用其力于仁矣乎? 我未见力不足者。盖有之矣,我未之见也。"(《论语·里仁》)

【参考译文】孔子说:"我不曾见到过爱好仁德的人和厌恶不仁德的人。爱好仁德的人,那是再好也没有的了;厌恶不仁德的人,他行仁德只是不使不仁德的东西加在自己身上。有谁能在某一天使用他的力量于仁德呢? 我没见过力量不够的。大概这样人还是有的,我不曾见到罢了。"

此处的"不使不仁者加乎其身"是指一般的物理意义上的身体。

　　君子不以绀緅饰,红紫不以为亵服;当暑,袗絺绤,必表而出之。缁衣羔裘,素衣麑裘,黄衣狐裘。亵裘长,短右袂。(必有寝衣,长一身有半。)厚以居去。丧无所不佩。非帷裳,必杀之。羔裘玄冠,不以吊。吉月,必朝服而朝。齐,必有明衣,布;必有寝衣,长一身有半。(《论语·乡党》)

　　【参考译文】子不用[近乎黑色的]天青色和铁灰色作镶边,[近乎赤色的]浅红色和紫色不用来做平常居家的衣服。暑天,穿着粗的或者细的葛布单衣,但一定裹着衬衫,使它露在外面。黑色的衣配紫羔,白色的衣配麑裘,黄色的衣配狐裘。居家的皮袄身材较长,可是右边的袖子要做得短些。睡觉一定有小被,长度合本人身长的一又二分之一。用狐貉皮的厚毛做坐垫。丧服满了以后,什么东西都可以佩带。不是[上朝和祭祀穿的]用整幅布做的裙子,一定要裁去。紫羔和黑色礼帽都不穿戴着去吊丧。大年初一,一定穿着上朝的礼服去朝贺。

　　佛肸召,子欲往。子路曰:"昔者由也闻诸夫子曰:'亲于其身为不善者,君子不入也'。佛肸以中牟畔,子之往也如之何?"子曰:"然,有是言也。不曰'坚'乎? 磨而不磷;不曰'白'乎? 涅而不缁。吾岂匏瓜也哉? 焉能系而不食!"(《论语·季氏》)

　　【参考译文】佛肸叫孔子,孔子打算去。子路道:"从前我听老师说过,'亲自做坏事的人那里,君子不去的。'如今佛肸盘踞中牟谋反,您却要去,怎么说得过去呢?"孔子道:"对,我有过这话。但是,你不知道吗? 最坚固的东西,磨也磨不薄;最白的东西,染也染不黑。我难道是匏瓜吗? 哪里能够只是被悬挂着而不给人吃食呢?"

　　这里的"不使不仁者加乎其身"、"长一身有半"、"亲于其身"是指物质意义的身体。这里的"身"是最为本原的、直接的含义,正是在此含义之上,引申出其他的意义。

生命

在物质意义上的"身"的基础上,引申出下述三层意思。

(1)引申为生命。

> 子夏曰:"贤贤易色;事父母,能竭其力;事君,能致其身;与朋友交,言而有信。虽曰未学,吾必谓之学矣。"(《论语·学而》)

> 【参考译文】子夏说:"一个人能好人之贤胜过其好色之心;侍奉爹娘,能尽心竭力;服侍君上,能奉身尽职;同朋友交往,说话诚实守信。这种人,虽说没学习过,我一定说他已经学习过了。"

> 子曰:"志士仁人,无求生以害仁,有杀身以成仁。"(《论语·卫灵公》)

> 【参考译文】孔子说:"有志于仁的人和实现了仁的人,没有为求生命安全而宁愿损害仁的,只有宁愿牺牲性命来成就仁的。"

这里的"能致其身"、"杀身以成仁"是指舍弃自己的生命。

一生的时间

(2)指时间意义的生命。物质意义上的"身"也引申为"一生的时间"。

> 子曰:"衣敝缊袍,与衣狐貉者立,而不耻者,其由也与!'不忮不求,何用不臧?'"子路终身诵之。子曰:"是道也,何足以臧!"(《论语·子罕》)

> 【参考译文】孔子说:"穿着破烂的旧丝绵袍子和穿着狐貉裘的人一道站着,不觉得惭愧的,恐怕只有仲由罢!《诗经》上说:'不嫉妒,不贪求,为什么不会好?'"子路听了,便老念着这两句诗。孔子又道:"仅仅这个样子,怎样能够好得起来?"

子路的"终身诵之"是指终日诵之。孔子对子路的机械理解不以为然,认为子路应理解其中的精神,而非字面意义。

　　子贡问曰："有一言而可以终身行之者乎?"子曰："其恕乎! 己所不欲,勿施于人。"(《论语·卫灵公》)

　　【参考译文】子贡问道："有没有一句可以终身奉行的话呢?"孔子说:"大概是'恕'吧! 自己所不想要的任何事物,就不要施加给别人。"

　　子贡问有无"终身行之"的金玉良言,孔子的回答是从自己出发,"己所不欲,勿施于人"。这里的"终身"是指时间意义上的生命,进一步引申为抽象意义上的自己。

自己

(3)指自己。

　　樊迟从游于舞雩之下。曰:"敢问崇德、修慝、辨惑?"子曰:"善哉问!先事后得,非崇德与? 攻其恶,无攻人之恶,非修慝与? 一朝之忿,忘其身以及其亲,非惑与?"(《论语·颜渊》)

　　【参考译文】樊迟陪侍孔子在舞雩台下游逛,问道:"请问怎样提高自己的品德,怎样消除别人对自己不露面的怨恨,怎样辨别出哪种是糊涂事。"孔子道:"问得好! 首先付出劳动,然后收获,不是提高品德了吗?专门批判自己的过失,不去批判别人的过失,不就消除无形的怨恨了吗?因为偶然的忿怒,便忘记自己的生命安危,甚至也忘记了父母亲属,不是糊涂吗?"

　　"忘其身"是指忘记了自己。

　　逸民:伯夷、叔齐、虞仲、夷逸、朱张、柳下惠、少连。子曰:"不降其志,不辱其身,伯夷叔齐与?"谓柳下惠、少连:"降志辱身矣;言中伦,行中虑,其斯而已矣!"谓虞仲、夷逸:"隐居放言,身中清,废中权。""我则异于是,无可无不可。"(《论语·子张》)

　　【参考译文】古今被遗落的人才有伯夷、叔齐、虞仲、夷逸、朱张、柳下惠、少连。孔子说:"不动摇自己意志,不辱没自己身份,是伯夷、叔齐吧!"又说,"柳下惠、少连降低自己志向意志,屈辱自己身份了,可是言语合乎法度,行为经过思虑,那也不过如此罢了。"又说:"虞仲、夷逸逃世隐居,放肆直言。行为廉洁,遁世也合乎权宜。我就和他们这些人不同,没有什么可以,也没有什么不可以。"

这里的"忘其身"、"不辱其身"是指自己。"不降其志,不辱其身"在孔子的思想中非常重要,是理解孔子思想真义的钥匙。在大变动时期,这两项标准是十分重要,"不致刑戮"是"不辱其身"的重要方面,而在大变动时期,"不降其志"是很难的。

(二)第二层意思是指自己的行为或态度

自己的行为

曾子曰:"吾日三省吾身——为人谋而不忠乎? 与朋友交而不信乎? 传不习乎?"(《论语·学而》)

【参考译文】曾子说:"我每天多次自己反省:替别人办事是否尽心竭力? 同朋友往来是否诚信? 给学生讲授的是否符合老师传授给我的道?"

"三省吾身"是指多次反省自己的言行。

子曰:"其身正,不令而行;其身不正,虽令不从。"(《论语·子路》)

【参考译文】孔子说:"一个人自身正了,不待下令,事情也行得通。一个人自身不正,即使下令,下面也不会听从。"

"正其身"是指端正自己的行为与态度。

子曰:"苟正其身矣,于从政乎何有? 不能正其身,如正人何?"(《论语·子路》)

【参考译文】孔子说:"假若能让自己身正,治理国政有什么困难呢? 若不能让自己身正,又怎么能端正别人呢?"

子路从而后，遇丈人，以杖荷蓧子路问曰："子见夫子乎?"丈人曰："四礼不勤，五谷不分，孰为夫子!"植其杖而芸。子路拱而立。止子路宿，杀鸡为黍而食之，见其二子焉。明日，子路行以告。子曰："隐者也。"使子路反见之。至，则行矣。子路曰："不仕无义。长幼之节，不可废也；君臣之义，如之何其废之? 欲洁其身，而乱大伦。君子之仕也，行其义也。道之不行，已知之矣!"（《论语·微子》）

【参考译文】子路从行，落后了，遇见一位老者，用拐杖挑着除草用的工具。子路问道："您看见我的老师吗?"老头说："你这人，四肢不劳动，五谷不认识，谁晓得你的老师是什么人?"说完，便扶着拐杖去锄草。子路拱着手恭敬地站着。他便留子路到他家住宿，杀鸡、做饭给子路吃，又叫他两个儿子出来相见。第二天，子路赶上了孔子，报告了这件事。孔子说："这是位隐士。"叫子路回去再看看他。子路到了那里，他却走开了。子路便道："一个人不出仕是不对的。长幼间的关系，是不可能废弃的；君臣间的关系，怎么能不管呢? 你原想不玷污自身，却不知道这样隐居便是乱了人类的大伦。君子所以要出来做官，只是尽应尽之责。至于道之不能行，早就知道了。"

"洁其身"是指保持自身行为、态度的高尚与廉洁，不受乱世的污染。"三省吾身"、"正其身"、"洁其身"都是指自己的行为。在这里，"身"与"行"是一致的。而"行"正是君子之所以为君子的标准。"身"与"行"在此就相通了。

子曰："文，莫吾犹人也。躬行君子，则吾未之有得。"（《论语·泰伯》）

【参考译文】孔子说："论文采，大约我同别人差不多；但像君子一样亲身实践，那我还没有成功。"

这是孔子对自己的评价，认为在行（身）的方面尚且不足，仍需努力。

二、行——君子的标准

行很重要

在《论语》中,对行动能力与行为的关注是非常明显的。①
行是孔子教育的四个中心内容之一。

　　子以四教:文,行,忠,信。(《论语·述而》)

　　【参考译文】孔子用四种内容教育学生:典籍遗文,社会生活的道德

---

① 行在《论语》中除了作行动与行动能力解外,还有走路、运行以及恭敬的状态。
　　(1)运行
　　子曰:"道不行,乘桴浮于海。从我者,其由与?"子路闻之喜。子曰:"由也好勇过我,无所取材。"(《论语·公冶长》)
　　公伯寮诉子路于李孙,子服景伯以告,曰:"夫子固有惑志于公伯寮,吾力犹能肆诸市朝。"子曰:"道之将行也与? 命也;道之将废也与? 命也;公伯寮其如命何!"(《论语·宪问》)
　　颜渊问"为邦"。子曰:"行夏之时,乘殷之辂。服周之冕。乐则韶舞。放郑声,远佞人;郑声淫,佞人殆。"(《论语·卫灵公》)
　　子曰:"予欲无言!"子贡曰:"子如不言,则小子何述焉?"子曰:"天何言哉! 四时行焉,百物生焉;天何言哉?"(《论语·阳货》)
　　(2)走路、前行
　　入公门,鞠躬如也,如不容。立不中门,行不履阈。过位,色勃如也,足□如也,其言似不足者。摄齐升堂,鞠躬如也,屏气似不息者。出降一等,逞颜色,怡怡如也;没阶趋进,翼如也;复其位,踧踖如也。(《论语·乡党》)
　　君命召,不俟驾行矣。(《论语·乡党》)
　　颜渊死,颜路请子之车以为之椁。子曰:"才不才,亦各言其子也。鲤也死,有棺而无椁;吾不徒行,以为之椁,以吾从大夫之后,不可徒行也。"(《论语·先进》)
　　卫灵公问陈于孔子。孔子对曰:"俎豆之事,则尝闻之矣;军旅之事,未之学也。"明日遂行。(《论语·卫灵公》)
　　齐景公待孔子,曰:"若季氏则吾不能,以季、孟之间待之。"曰:"吾老矣。不能用也。"孔子行。(《论语·微子》)
　　(3)恭敬的状态
　　闵子侍侧,訚訚如也;子路,行行如也;冉有、子贡,侃侃如也。子乐。"若由也,不得其死然。"(《论语·先进》)

行事,对待别人的忠心,与人交际的信实。

孔子的行包括了所有的四项,即志、行、忠、信。

　　子曰:"父在,观其志;父没,观其行;三年无改于父之道,可谓孝矣。"
(《论语·学而》)
　　【参考译文】孔子说:"父亲在,做儿子的只看他志向。父亲之故了,
该看他行动。在三年内能不改他父亲生时所为,这也算是孝了。"

前面的"志"的建立需要"文"、"忠"与"信",而后面的"行"是基于"志"
的"行",则包括"行"、"忠"与"信"三项。父亲健在的时候,看他的志向是否
高远,而父亲过世后,则看他的行为,看他的行动能力与行为。如果还能按照
他父亲的教导和自己的志向前行,那就是"孝"了,而不仅仅是父亲在世的时
候对父亲好,仅仅"色难"处理得好就可以了,还得看自己成为家父之后的表
现,这才能看出一个人真正的内在本质。可见,孔子对一个人德行,并不仅仅
是看外在的行为,而是看内在的方面,是不是由内而外地践行。

行比其他更重要

那么,这个行,具体包括哪些内容呢? 子张曾经问过这个问题。大家知
道,子张是对"行"的关注是比较有问题的,曾子也曾评价过,"堂堂乎子张
也"。

　　子张问"行"。子曰:"言忠信,行笃敬,虽蛮貊之邦行矣;言不忠信,
行不笃敬,虽州里行乎哉? 立,则见其参于前也;在舆,则见期倚于衡也;
夫然后行!"子张书诸绅。(《论语·卫灵公》)
　　【参考译文】子张问如何才能使自己行得通。孔子说:"说话忠实诚
信,行事虔诚恭敬,纵使到了蛮貊之邦,也行得通。若说话不忠不信,行事
不虔诚不恭敬,就是在本乡本土,能行得通吗? 站在的时候,就像看到
'忠、信、笃、敬'几个字在我们面前;在车厢里,也像看见它刻在前面的横
木上,能如此,自会到处行得通。"子张把这番话写在随身常束的大带上。

孔子怎么回答呢？孔子说，这个行包括两个方面的内容，一是"言"，二是"行"。说话要做到忠诚、信用，行为要忠厚恭敬。并且，不可须臾离也，要时刻牢记，因为子张在这方面做得比较差，所以孔子着重于此。子张就将这句话写在随身的带子上。这里可以明确解释孔子思想的功效：自己的内在能力依忠信言行，依忠信笃敬而培养，外在的环境是第二位的。"虽蛮貊之邦行矣"。否则，寸步难行，"虽州里行乎哉"？而且，要与日常生活相结合，不可须臾离也，才能提升自我的能力。

子张问孔子"政"的时候，孔子也有类似的回答。

子张问"政"。子曰："居之无倦；行之以忠。"（《论语·颜渊》）
【参考译文】子张问为政之道。孔子说："在位不生疲倦懈怠，推行一切政事，皆出之以忠心。"

此句与上一句结合起来，更能理解孔子的深义。
对于"行"有问题的学生，孔子的批评是十分严厉的。

宰予昼寝。子曰："朽木不可雕也，粪土之墙不可杇也。于予与何诛？"子曰："始吾于人也，听其言而信其行；今吾于人也，听其言而观其行。于予与改是。"（《论语·公冶长》）
【参考译文】宰我在白天睡觉。孔子说："腐烂了的木头雕刻不得，粪土似的墙壁粉刷不得；对于宰我么，还能有何责备呀。"又说："以前我对人，听到他的话，便相信他的行为；现在，我对人，听到他的话，再得看他的行为。从宰我的事件以后，我改变了态度。"

竟然会有学生白天在课堂上睡觉，这不禁让孔子勃然大怒。睡觉事小，问题的实质是平时着力是孔子思想的核心。不在平时着力，依靠小聪明，依靠"巧言令色"，即使宰我这样的言语第一的学生也不能逃脱挨训的境地。

在"言"与"行"两个方面中，"行"更为重要与根本。而做到"先做后说"，就是"君子"。

子贡问君子。子曰:"先行其言,而后从之。"(《论语·为政》)

【参考译文】子贡问怎样才能做一个君子。孔子说:"对于你要说的话,先实行了,再说出来。"

行很重要,重于言。"先行其言,而后从之",是为君子。

子曰:"君子欲讷于言,而敏于行。"(《论语·里仁》)

【参考译文】孔子说:"君子常想着言语要谨慎迟钝,行事要勤劳敏捷。"

行动力要"敏捷、迅速",言要"木讷"。

子曰:"君子耻其言而过其行。"(《论语·宪问》)

【参考译文】孔子说:"君子以他的说话过了他的行为为可耻。"

"做得少",行动力差,这是"君子"引以为耻的,因为,君子的实质在于"先行其言"。

判断君子就看他的行

看待一个人是否是"君子",并不是看他的"言",而是看他的"行"。

子曰:"文,莫吾犹人也。躬行君子,则吾未之有得。"(《论语·述而》)

【参考译文】孔子说:"论文采,大约我同别人差不多;但像君子一样亲身实践,那我还没有成功。"

孔子说,"文"方面,我是很强的,就是"礼"、"乐"方面是很强的。但是在实践方面,在行动力方面,却做得远远不够。这也是孔子不承认自己是"圣"与"贤"的原因所在。这也可以讲是孔子的自我评价与自我要求。

子谓子产，"有君子之道四焉：其行己也恭，其事上也敬，其养民也惠，其使民也义。"（《论语·公冶长》）

【参考译文】孔子评论子产，说："他有四种行为合于君子之道：他的操行极谦恭，对待君上恭敬负责，教养人民有恩惠，役使人民合于法度。"

"君子之道"，"行"是排在第一位的。"行己"、"事上"、"养民"、"使民"其实都是"行"的表现。

而且，可以根据一个人的"行"，来判断他的性格和命运。

阙党童子将命。或问之曰："益者与？"子曰："吾见其居于位也，见其与先生并行也；非求益者也，欲速成者也。"（《论语·宪问》）

【参考译文】阙党的一个童子来向孔子传达信息。有人问孔子道："这小孩是肯求上进的人吗？"孔子说："我看见他〔大模大样地〕坐在成年人的席位上，又看见他同长辈并肩而行。这不是个肯求上进的人，只是一个急于求成的人。"

孔子是"知命"的，只是他轻易不说。上面就是《论语》中记载孔子"相人"的故事。看来，相人相面是可能的，只是现在具有这种能耐的人很少罢了。后来的清末大儒曾国藩据说就有此能耐。

在《论语》中，作为君子的"行"，有些是"可行"的，有些是"不可行"的。

可行的事项

（1）可行的有。

子曰："弟子，入则孝，出则弟，谨而信，凡爱众，而亲仁。行有余力，则以学文。"（《论语·学而》）

【参考译文】孔子说："后生小子，在家则讲孝道；出门则尊敬兄长；言行当谨慎信实，博爱大众，亲近有仁德的人。如此修行有余力的，再向书本文字上用心。"

可行的有什么呢？对上"孝"，对同辈"悌"，严谨而守信用，有仁慈心，从日常琐碎生活做起，在做好的基础上，再学"文"，至于"做官"，道理也是如此的。"孝"、"悌"、"谨"、"信"、"爱众"、"亲仁"、"学文"是可行的，必须的。

> 子张学干禄。子曰："多闻阙疑，慎言其余，则寡尤。多见阙殆，慎行其余，则寡悔。言寡尤，行寡悔，禄在其中矣。"（《论语·为政》）

【参考译文】子张向孔子学求官职得俸禄的方法。孔子说："多听，有怀疑的地方，加以保留；其余足以自信的部分，也要谨慎地说出，就能减少过失。多看，有怀疑的地方，加以保留；其余足以自信的部分，也要谨慎地实行，就能减少懊悔。言语少过失，行动少懊悔，官职俸禄就在这里面了。"

如果能做到"多闻阙疑"，"慎言其余"，"多见阙殆"，"慎行其余"，那么，为官为政，就没有问题了。"为官"与"做人"、"为仁"都是一样的。

不可行的事项

（2）不可行的有。

不可行的有下面几项。一、为了"和"而追求"和"，这句话很重要。"和"是礼的"用"，是效用，而不是"体"，即本体、本质。为了"和"而"和"，就是舍本求末，没有意义了。还有不可行的有，与"礼"相违背的，也就是与"仁"相违背的，有损自己成长的事情。二、"无信"也是不行的。没有诚信，不知其可也。关于诚信的重要性，我们在前面已经强调过了。三、"放任利泛滥"也是不可行的，"利"要与"义"、"礼"同行才可以。这里，"节制"很重要，即"中庸"为德。四、有些品德也是要不得的，那就是"克"、"伐"、"怨"、"欲"。

①为了"和"而追求"和"。

> 有子曰："礼之用，和为贵。先王之道，斯为美；小大由之。有所不行，知和而和，不以礼节之，亦不可行也。"（《论语·学而》）

【参考译文】有子说："礼的应用，以和顺恰当为可贵。过去圣明君王治理国家，其美妙处正在于此；他们小事大事都由此而行。但也有行不通的地方,要是只知道和顺可贵而一味地用之,不用礼来加以节制,也是不可行的。"

②"无信"也是不行的。

子曰:"人而无信,不知其可也。大车无輗,小车无軏,其何以行之哉?"(《论语·为政》)

【参考译文】孔子说:"作为一个人不讲信誉,不知道他还能做些什么?譬如大车子没有安横木的輗,小车子没有安横木的軏,如何能走呢?"

③"放任利泛滥"也是不可行的。

子曰:"放于利而行,多怨。"(《论语·里仁》)

【参考译文】孔子说:"一切依照着利的目的来行事,自己心上便易多生怨恨。"

④"克、伐、怨、欲"要不得。

宪问"耻"。子曰:"邦有道谷,邦无道谷;耻也。""克、伐、怨、欲,不行焉,可以为'仁'矣?"子曰:"可以为难矣,仁则吾不知也。"(《论语·宪问》)

【参考译文】原宪问什么叫"耻辱"。孔子说:"国家政治清明,做官领薪俸;国家政治黑暗,仍做官领薪俸,这就是耻辱。"

原宪又道:"好胜、自夸、怨恨和贪欲四种毛病都制之不行,可以算仁吗?"孔子说:"可以说是难能可贵的了,若说是仁人,那我不知道呀!"

行的标准

孔子将通向"仁"的"行"归纳起来,就形成了"君子"这样一个"行"的标准。我们纵观《论语》,"君子"这一概念都是与"行"联系起来的。

君子有"九思"的标准中大都是关于"行"的①,如视,听,色,貌,言,事,疑,忿,见得。行动力在君子的概念中是非常重要的。可以讲,没有强大的行动力就没有"君子"的概念与君子的成就。孟子就曾讲过,"君子之志于道也,不成章不达",②君子是必须要有所作为才是可以的。

> 子路问"君子"。子曰:"修己以敬。"曰:"如斯而已乎?"曰:"修己以安人。"曰:"如斯而已乎?"曰:"修己以安百姓。修己以安百姓,尧舜其犹病诸。"

孔子关于"修己"的观念在后来的《大学》、《中庸》的思想中得到了充分的发挥,成为了"修齐治平"思想的起点。孔子的关于"修己"的思想并不是单独的自我封闭,而是和"九思"、"依礼、义而行"联系在一起的。而最为核心的就是"敬"。"敬"有三个层次,一是"敬畏",即君子有"三畏","畏天、畏命、畏大人之言"。二是"恭敬",即"孝悌","谨而信,凡爱众"③,三是敬重自己,"不辱其身",这就是孔子的"修己以敬"。这其实就是"仁"的思想。那么,"修己"的结果是什么呢? 孔子说"修己"的功用太大了,能"安人",能"安百姓"。

"能安人",能使人"安",能使自己与其他人"安心"。关于"安心"的困难,我们在上面已经讲过了,是一件非常困难的事。而"安百姓",则是让民众"安心",这就更加困难了。能让民众各得其所,都拥护治理方式,民能死其力,成就天下兴旺,这也是尧舜所努力的。

那么什么是"修己"呢? 孔子在另一个地方则指出,"修己"就是"内外兼修",即外在的"文"与内在的"质"的共同发展——文质彬彬。这里的"文",孔子也指出是"礼乐",而"礼乐"就非一个人独处的事情,是具有社会性的,所以,孔子的"修己"并没有自我封闭的意思。

---

① 孔子曰:"君子有九思:视思明,听思聪,色思温,貌思恭,言思忠,事思敬,疑思问,忿思难,见得思义。"(《论语·阳货》)

② 《孟子·尽心章句上》。

③ 《论语·学而》。

> 子曰："质胜文则野，文胜质则史。文质彬彬，然后君子。"（《论语·雍也》）

【参考译文】孔子说："（内在的）质朴胜过（外在的）文采，就未免粗野；（外在的）文采胜过（内在的）朴实，又未免虚浮。文采和朴实（内外）配合适当，这才是个君子。"

而作为"行"的君子与具有仁的"仁人"又有什么区别呢？"君子"是通向"仁"的唯一的道路，是必要条件。

> 子曰："君子而不仁者有矣夫？未有小人而仁者也！"（《论语·宪问》）

【参考译文】孔子说："君子或许也会不仁的吧？但小人要做到仁，却是没有的。"

能做到"仁"是很难的，君子也常有做不到的。正如孔子对自己学生的评价一样，颜回只能做到三个月，其他的学生则是"日月至之矣"，但小人就与"仁"绝缘了。为什么呢？因为"仁"是关于成就"大人"的事业，君子虽然未成就"大人"，但犹在路中，但"小人"从出发点到行事风格都与"大人"相反了，其言行也就与"仁"相对了。

从君子到仁者

君子如果能做到下面这些，就能成为"仁者"了。

> 君子无终食之间违仁，造次必于是，颠沛必于是。（《论语·里仁》）
> 子曰："君子道者三，我无能焉：仁者不忧；知者不惑；勇者不惧。"子贡曰："夫子自道也！"（《论语·宪问》）

君子如果能始终坚持"仁"，不管世事的变迁，也不管自己的命运多舛，都能坚持"仁"，那就能成就"仁"。君子能做到下述三项，即知、勇、仁，就能成就"仁者"。关于君子的论述，我们在下面的《君子与小人》一章中详述。

三、志——仁人志士

志向很重要

君子能做到"躬行君子"，其背后的"志"非常重要。

除了做到"行"之外，"志"的培养也是非常重要的，是达到"仁"的基础之一。"志"与"行"作为分别的两个方面，在《论语》的第二章《为政》就指出来了。"志"与"行"是相对的。

> 子曰："父在，观其志；父没，观其行；三年无改于父之道，可谓孝矣。"（《论语·为政》）
>
> 【参考译文】孔子说："父亲在，做儿子的只看他志向。父亲亡故了，该看他行动。在三年内能不改他父亲生时所为，这也算是孝了。"

这句话是挺有意思的，指出"志"与"行"的关系。父亲在的时候，由于有家父罩着，没有"造次"，没有"颠沛"，生活很顺利，这时候看一个人，不是看他的"行"，而是看他的"志向"，也就是在顺境的时候，"志"的重要性要重于"行"，有"志"就有"行"。这个我们是可以理解的，在顺利的时候，行动的环境与动力是足够的，就看意愿够不够，想不想干。但是当家父没了，自己成为了一家之主的时候，生活的压迫、家庭成员的要求、世人的评价、世俗生活的无奈都将直接或是间接地作用于自己，这时候，"行"就很重要了。能做到与顺境中的"志向"相一致，那就很了不起了。

> 逸民：伯夷、叔齐、虞仲、夷逸、朱张、柳下惠、少连。子曰："不降其志，不辱其身，伯夷叔齐与？"谓柳下惠、少连："降志辱身矣；言中伦，行中虑，其斯而已矣！"谓虞仲、夷逸："隐居放言，身中清，废中权。""我则异于是，无可无不可。"（《论语·阳货》）
>
> 【参考译文】古今被遗落的人才有伯夷、叔齐、虞仲、夷逸、朱张、柳下惠、少连。孔子说："不动摇自己意志，不辱没自己身份，是伯夷、叔齐

吧!"又说,"柳下惠、少连降低自己志向意志,屈辱自己身份了,可是言语合乎法度,行为经过思虑,那也不过如此罢了。"又说:"虞仲、夷逸逃世隐居,放肆直言。行为廉洁,遁世也合乎权宜。我就和他们这些人不同,没有什么可以,也没有什么不可以。"

这句话是最突出孔子的关于"志"与"身"的重要性及相互关系。用"志"与"身"就足以评价一个人了。

志的意义是什么

那么这个"志"是什么东西呢?"志"的本意是想要干的心意,如孔子讲过,

> 子曰:"事父母几谏,见志不从,又敬不违,劳而不怨。"(《论语·里仁》)
> 【参考译文】孔子说:"侍奉父母,[如果他们有不对的地方]得轻微婉转地劝止,看到自己的心意没有被听从,仍然恭敬地不触犯他们,虽然如此般忧劳,但不生怨恨。"

这里的"志"是指自己的想法、自己的意向。这可以看出"志"的第一层意思,即自己认同的、由内而外的想法。

> 颜渊、季路侍。子曰:"盍各言尔志?"子路曰:"愿车马、衣轻裘,与朋友共,蔽之而无憾。"颜渊曰:"愿无伐善,无施劳。"子路曰:"愿闻子之志。"子曰:"老者安之,朋友信之,少者怀之。"(《论语·公冶长》)
> 【参考译文】颜渊、子路待立在旁。孔子说:"何不各人说说自己的志向?"
> 子路说:"愿意把我的车马衣服同朋友共同使用坏了也没有什么不满。"
> 颜渊说:"愿意不夸耀自己的好处,不表白自己的功劳。"子路向孔子道:"希望听到您的志向。"

孔子道："'我的志向是，'对老者，使他安逸，对朋友，使他信任我，对年青人，使他怀念我。"

这里的"志"，是指自己有意于的事业、意向。每个人都有每个人不同的"志向"，下面的"志"也是如此。这里指出了"志"的第二层含义，即每个人的"志"都有可能是不同的，但只要能实现自己外在的"文"与内在的"质"的发展就可以了。

子路、曾皙、冉有、公西华侍坐。子曰："以吾一日长乎尔，毋吾以也。"居则曰："'不吾知也！'如或知尔，则何以哉？"子路率尔而对，曰："千乘之国，摄乎大国之间，加之以师旅，因之以饥馑，由也为之，比及三年，可使有勇，且知方也。"夫子哂之。"求，尔何如？"对曰："方六七十，如五六十，求也为之，比及三年，可使足民；如其礼乐，以俟君子。""赤，尔何如？"对曰："非曰能之，愿学焉！宗庙之事，如会同，端章甫，愿为小相焉。""点，尔何如？"鼓瑟希，铿尔，舍瑟而作。对曰："异乎三子者之撰。"子曰："何伤乎？赤各言其志也。"曰："莫春者，春服既成；冠者五六人，童子六七人，浴乎沂，风乎舞雩，咏而归。"夫子喟然叹曰："吾与点也！"三子者出，曾皙后。曾皙曰："夫三子者之言何如？"子曰："亦各言其志也已矣！"曰："夫子何哂由也？"曰："为国以礼，其言不让，是故哂之。""唯求则非邦也与？""安见方六七十，如五六十，而非邦也者。""唯赤非邦也与？""宗庙会同，非诸侯而何？赤也为之小，孰能为之大！"（《论语·先进》）

【参考译文】子路、曾皙、冉有、公西华四个人陪着孔子坐着。孔子说道："我是年长你们几天，但你们不要在意于此。你们平日总说：'人家不了解我呀！'假若有人想了解你们，那你们怎么办呢？"子路不假思索地答道："一千辆兵车的国家，局促地处于几个大国的中间，外面有军队侵犯它，国内又加以灾荒。我去治理，等到三年光景，可以使人人有勇气，而且懂得道义。"孔子微微一笑。又问："冉求，你怎么样？"冉有答道："国土纵横各六七十里或者五六十里的小国家，我去治理，等到三年光景，可以使人人富足。至于礼乐教化，那只有等待贤人君子了。"又问："公西赤！你怎么样?"公西华答道:"不是说我已经很有本领了,我愿意这样学习:祭祀的工作或者同外国盟会,我愿意穿着礼服,戴着礼帽,做一个小司仪者。"又问:"曾点! 你怎么样?"曾皙弹瑟正近尾声,"铿"的一声把瑟放下,站了起来答道:"我的志向和他们三位所讲的不同。"孔子说:"那有什么妨碍呢? 正是要各人说出自己的志向呵!"曾皙便道:"暮春三月,春天衣服都穿定了,我陪同五六位成年人,六七个小孩,在沂水旁边洗洗澡,在舞雩台上吹吹风,一路唱歌,然后取道回家。"孔子长叹一声道:"我同意曾点的主张呀!"子路、冉有、公西华三人都出来了,曾皙后走。曾皙问道:"那三位同学的话怎样?"孔子说:"也不过各人说说自己的志向罢了。"曾皙又说:"您为什么对仲由微笑呢?"孔子说:"治理国家应该讲求礼让,可是他的话却一点不谦虚,所以笑笑他。""难道冉求所讲的就不是国家吗?"孔子说:"怎样见得横纵各六七十里或者五六十里的土地就不够是一个国家呢?""公西赤所讲的不是国家吗?"孔子道:"有宗庙,有国际间的盟会,不是国家是什么? (我笑仲由的不是说他不能治理国家,关键不在是不是国家,而是笑他说话的内容和态度不够谦虚。譬如公西赤,他是个十分懂得礼仪的人,但他只说愿意学着做一个小司仪者。)如果他只做一小司仪,又有谁来做大司仪呢?"

看来,孔子经常有和弟子们讨论各自对未来的打算,算是孔子与弟子的讨论课。这段话突出了孔子关于"志"的第三层含义,即"各言其志"。只要有了"志",尽管各人都不相同,但有一点是共同的,即都是自己认同的,由内而外的。这样才能有自己努力的方向,知道自己前行的方向。这样,才能"兴于诗"、"乐于学",将自己喜欢的一面展现出来,才能做到"乐"。有了"志",有了"乐",有了"学",才能在"行"的过程中遵循内外一致的"诚",始终如一的"信",遵循"仁"与"义",建立自身的价值与判断,不道听途说,不迷恋权贵,自己在自己既定的轨道上培养越来越强大的行动力,这样一个人就可以培养一个自己希望成为了的"那个人"①,即"志"与"行"的统一。

---

① 亚当·斯密的《道德情操论》的论述就是以内在的那个人作为基础。

符合"仁"的"志"

而要做到符合"仁"的"志"，孔子特别指出，

> 子曰："苟志于仁矣，无恶也。"（《论语·里仁》）
> 【参考译文】孔子说："假如立定志向实行仁，就会没有恶行。"

这就有点同语反复了，我们是要通过"志"来搞清楚"仁"，但现在孔子又用"仁"来定义"志"。但有一点是非常清楚的，"志"是通向"仁"的。如果立志通向"仁"，就可以没有"恶"了，包括恶习和恶行，当然，也就包括恶果。

志于学

孔子自己对自己的归纳指出，这个"志"，是志于"学"，是"好学"。

> 子曰："吾十有五而志于学，三十而立，四十而不惑，五十而知天命，六十而耳顺，七十而从心所欲，不逾矩。"（《论语·为政》）
> 【参考译文】孔子说："我十五岁时，有志于学；到三十岁，能坚定自立；到四十岁，能通达不再有迷惑；到五十岁，能知道什么是我与生俱来的使命；到六十岁，凡我听到一切，都能明白贯通，不再感到心有违逆；到七十岁，便随心所欲，任何念头都不越出规矩法度之外。"
> 子夏曰："博学而笃志，切问而近思；仁在其中矣。"（《论语·子张》）
> 【参考译文】子夏说："广泛地学习，并坚守自己的志趣；恳切地发问，又能从身边发生的事情出发来思考问题，仁道就在这中间了。"

我们在前面讲过"好学"的含义，它的含义与"礼"相近，这样，这个"志"就与"好学"联系起来了。

"好学"就是关注自己的生活细节，关注"食无求饱"、"居无求安"，关注"敏于事"，这与"礼"所指向的对象是一致的。"礼"也是指向生活的各项细节，如何穿、如何吃、如何行、如何与人相处，"礼"与"学"同是通向"仁"的两个主要"法门"。

志于道

这个"志"的确切含义是"志于道",有了这样的志,就建立了正确的财富观,对人生路上的最大的诱惑——财富就有了正确的看法。

> 子曰:"士志于道,而耻恶衣恶食者,未足与议也!"(《论语·里仁》)
>
> 【参考译文】孔子说:"一个士,有志于道了,但又以自己吃粗粮穿破衣为耻辱,这种人,不值得同他商议了。"

这说明了财富在孔子的思想中是被高度重视的,但其限度必须是为人所用,而不是人为财所役。

"志于道"的人是谁呢,是"士",为什么不是君子呢? 因为他可能没有相应的行动,即建立于日常生活的行动。所以,这个"士"是没有行动要求的,只有志向的要求。

> 子曰:"志于道,据于德,依于仁,游于艺。"(《论语·述而》)
>
> 【参考译文】孔子说:"立志在'道',据守在'德',依靠在'仁',而游憩于礼、乐、射、御、书、数六艺之中。"

有了这样的"志"之后,在这个混乱、充满诱惑的世界上,就有了定海神针,能够贯彻"一以贯之"的"道"了。同时,依据人的"共识"行事,不断地培养自己的品格,这就是"据于德"。同时,关注外在的"文"与内在的"质"的共同发展,这就是"依于仁"。还有,各项的"艺"也应精通,为什么呢? 因为"艺"是促进人的反应能力,促进人的自然属性的发展,这种外在的"艺"也是重要的。有了这个外在的"艺",人就不可能脱离社会,成就在社会中的发展,这在人的发展中是非常重要的。这个"艺"在现代社会中就相当于我们的专业了。所以,自己的专业一定要强,这也是发挥自己潜能的基础与前提。

> 子曰:"三军可夺帅也,匹夫不可夺志也。"(《论语·乡党》)
>
> 【参考译文】孔子说:"一国军队,可以使它丧失主帅;匹夫立志,却不

能强迫他放弃主张。"

有了志向之后，一个人就有了力量，一种比三军更加壮观的力量，一种不可剥夺的，也是不可战胜的力量就形成了。这就是"志向"的力量。如果可以剥夺，就不是真正的孔子所说的"志"。这种具有了"共生"性质的"志"，必须是自己高度认同的，建立在"乐"的基础之上，必须是与"好学"共增长，与自己的日常生活高度结合在一起的，也必须是自己经常实践的。这样的"志"才具有共生性，并且具有强大的力量，这种"志"与"仁者无忧"、"勇者无惧"、"智者无惑"一样有力量了。

志者大勇猛

有了这样的志向，就可以克服对死亡的恐惧，参透生死，这样就具有"大勇猛"的精神。

　　　子曰："志士仁人，无求生以害仁，有杀身以成仁。"（《论语·卫灵公》）
　　　【参考译文】孔子说："有志于仁的人和实现了仁的人，没有为求生命安全而宁愿损害仁的，只有宁愿牺牲性命来成就仁的。"

有了"志"之后，就知道了"生命"的意义，由此，对"死亡"就看开了。什么叫"死"，孔子讲过，"不知生，焉知死"，可见"死亡"是与"生命的意义"联系在一起的。而"志士"能直面"死亡"而矢志不逾，可见，有"志"者可以参透"生"的意义，构建"生命的意义"。可见"志"在人生意义中的重要地位。

　　　孔子曰："'见善如不及，见不善而探汤'；吾见其人矣，吾闻其语矣！'隐居以求其志，行义以达其道；'吾闻其语矣，未见其人也！"（《论语·季氏》）
　　　【参考译文】孔子说："看见善良，努力追求，好像赶不上似的；遇见不善的，使劲避开，好像将手伸到沸水里。我看见这样的人，也听过这样的话。避世隐居求保全他的意志，依义而行来寻求他的仁道。我听过这样的话,却没有见过这样的人。"

有了"志"之后,外界的财富、评价对其"志"的影响就很小了,就是"隐居"也可"以求其志",唯一的要求是"行"上面不能放松,得"行义"。

四、道——志于道

在"志"中,"道"也是很重要的,要"志于道"。

"道"这个概念在孔子时期已经非常发达了,比孔子早的老子的《道德经》中就着重阐述了"道"的性质。在《论语》中,"道"有这么几层意思。

道的原意

顾名思义,"道"的最为原始的含义是"道路"。

> 子疾病,子路使门人为臣,病闻,曰:"久矣哉,由之行诈也! 无臣而为有臣,吾谁欺? 欺天乎? 且予与其死于臣之手也,无宁死于二三子之手乎! 且予纵不得大葬,予死于道路乎?"(《论语·子罕》)
>
> 【参考译文】孔子病得厉害,子路便命孔子的门人作为先生的家臣,预备丧事。孔子的病渐渐好了,说:"很久了呀! 仲由干这种欺假的勾当呀! 我没有家臣,装作有家臣,我将欺哄谁呢? 难道要欺哄上天吗? 我与其死在家臣的手里,宁肯死在你们学生们的手里,不还好些吗? 即使不能用君卿大夫们的葬礼,难道我会死在路上没人来安葬我吗?"
>
> 曾子曰:"士不可以不弘毅,任重而道远。仁以为己任,不亦重乎,死而后已,不亦远乎。"(《论语·泰伯》)
>
> 【参考译文】曾子说:"一个士,不可以不刚强而有毅力,因为他负担沉重,路程遥远。以实现仁为己任,不也很沉重吗? 到死方休,不也很遥远吗?"

"道"是指一般的"道路"。而"道路"就有"正道"、"邪道","大道"与"小道"。而在一开始,"道"在中国思想传统中就被赋予了一种人人必走,不可改变的"道路"的意义。这是人必须要走的,如果不走,那这个人就是有欠缺的,不是真正的人,不是"大人",而是"小人"。因此,这种"道"并不是来源于外界的逼迫,而是人的内在的要求。这和"仁"的动力是一样的,来源于人的内在的属性、人的内在的要求。

固定不变的道路

那么作为一个人,或是一个诸侯国的发展道路是什么呢?一个人的最好的发展道路是固定的、不变的,如果一个人的发展道路是变动的、或是不能固定、或是每次都得重新再来,这样的发展道路就是不值得效仿的,或是应该否定的。

那么,这个"道"的特点是什么呢?

> 有子曰:"礼之用,和为贵。先王之道,斯为美;小大由之。有所不行,知和而和,不以礼节之,亦不可行也。"(《论语·学而》)
> 【参考译文】有子说:"礼的应用,以和顺恰当为可贵。过去圣明君王治理国家,其美妙处正在于此;他们小事大事都由此而行。但也有行不通的地方,要是只知道和顺可贵而一味地用之,不用礼来加以节制,也是不可行的。"

这个"道"的特点是"小大由之","有所不行",就是根据自身的特点采取符合"道"的方法,这也是孟子讲的,"亦仁而已,何必同"。① 每个人的"道"的外在表现可能是不同的,但是其实质是相同的。而这个实质就是"和",即自己的"志"与"行"的"和","文"与"质"的"和","知"与"行"的"和",而这些都是在"礼"的节制下实现的。

> 子曰:"道千乘之国,敬事而信,节用而爱人,使民以时。"(《论语·学而》)
> 【参考译文】孔子说:"治理具有一千辆兵车的大国,临事该谨慎专

---

① 孟子曰,各行各业,均有其道,古今同也。

一，又能守信。节省财用，以爱人为念，使用民力，要时间恰当。"

这里就是专门讲治国之"道"了。一个学说，除了"修己"外，还要能治国。这也是君子的成长平台。治国之"道"是什么呢？是"敬事而信，节用而爱人，使民以时"，也就是懂得"度"，即"中庸"之道。"信"不是盲目地讲信用，而是要在"敬事"的基础上，"爱人"要在"节用"的基础上，而指挥民众，也不能无节制，而是要在"恰当的时候"、"以恰当的方式"指挥民众。

人生的固定不变的道路

那么人的一生，是否也应该遵循什么样的道路，才能无愧于人的一生和生活在身边的人，以及生活于其中的社会呢？孔子认为，是有这么一个道路的，而且从古至今均是如此。

> 子曰："射不主皮，为力不同科，古之道也。"(《论语·八佾》)
> 【参考译文】孔子说："比赛射箭，不主要在能否射穿箭靶子，因为各人的气力大小不一样，这是古时的规矩。"
> 子曰："参乎！吾道一以贯之。"曾子曰："唯。"子出。门人问曰："何谓也？"曾子曰："夫子之道，忠恕而已矣。"(《论语·里仁》)
> 【参考译文】孔子说："参呀！我平日所讲的道，都可以用一个头绪来贯穿的。"曾子说："是。"孔子走出去以后，别的学生便问曾子道："这是什么意思？"曾子说："先生之道，只是忠和恕罢了。"

道是"一以贯之"，是不变的，是规律性的。在西方称为"LAW"，也被称为"规律"。

> 子曰："君子易事而难说也：说之不以道，不说也；及其使人也，器之。小人难事而易说也；说之虽不以道，说也；及其使人也，求备焉。"(《论语·子路》)
> 【参考译文】孔子说："君子易于共事，但难于得到他喜欢。你讨他喜欢不合道，他还是不喜欢。等到他使用人的时候，却衡量各人的才德去分

配任务。小人难以共事，但易于讨他喜欢。只要讨他喜欢，纵使不合道义，他也仍会喜欢。等他使用人时，便会求全责备。"

"道"是君子尊，并为君子所遵从的。

子曰："志于道，据于德，依于仁，游于艺。"（《论语・述而》）
【参考译文】孔子说："立志在'道'，据守在'德'，依靠在'仁'，而游憩于礼、乐、射、御、书、数六艺之中。"

"道"是通向"仁"的基础。

子曰："父在，观其志；父没，观其行；三年无改于父之道，可谓孝矣。"（《论语・学而》）
【参考译文】孔子说："父亲在，做儿子的只看他志向。父亲之故了，该看他行动。在三年内能不改他父亲生时所为，这也算是孝了。"

"道"是人的行为的准则。

子曰："三年无改于父之道，可谓孝矣。"（《论语・里仁》）

这句话经常会被后人所误解，认为是父为子纲的来源。其实，这里面的核心是"道"，一是要能认识到"父之道"，父辈可以继承的东西；二是要能践行，除了认识到还远远不够，还需要实践。

子曰："吾之于人也，谁毁谁誉？如有所誉者，其有所试矣。斯民也，三代之所以直道而行也。"（《论语・卫灵公》）
【参考译文】孔子说："我对人，诋毁了谁？称赞了谁？假若我有所称赞，必然其人已确有所试，（有证验可誉）。正是这些民众呀，是夏、商、周三代能直道而行的原因啊！"

历代均是"直道而行"。

> 子曰:"道不同,不相为谋。"(《论语·卫灵公》)
> 【参考译文】孔子说:"各人的道路不同,便无法互为谋虑了。"

如果不同"道",没有共同的价值观,则"谋事"不易。

从古到今,人生的意义是遵循共同的道的,"古之道也","道一以贯之"。但这个"道"需要君子来实践,而非小人,君子需要时时遵循"道",需要"志于道",需要始终如一的坚持。"三年无改于父道",这样才能"人弘道",而非"道弘人"。

本立而道生

世界是变动不居的,为什么人的发展的道路会是变动不居的呢? 为什么会有"天道"呢? 孔子的学生有子认为,人的发展中的不变性的道路在于个人是否树立了"本",如果有"本","道"就产生出来了。

> 有子曰:"其为人也孝弟,而好犯上者,鲜矣;不好犯上,而好作乱者,未之有也。君子务本,本立而道生。孝弟也者,其为仁之本与!"(《论语·学而》)
> 【参考译文】有子说:"他的为人孝顺、尊敬(兄长),却会心存喜好犯上的,这种人是很少的;不喜好犯上,却喜好作乱的,这种人从来没有过。君子专心致力于事情的根本处,根本建立起来了,'道'就会由此而生。孝顺爹娘,尊敬兄长,这就是'仁'的根本吧!"

为什么会有"道"呢? 是因为有"人"的共同属性。从共同属性上产生人之本。这在洛克的《人性论》中就曾阐述过:将人研究清楚之后,所有的其他社会科学就有了共同的基础。[1]

---

[1]　沈敏荣:《市民社会与法律精神——人的品格与制度变迁》,法律出版社 2008 年版,第213 页以下。

正道

这个"道"就是实现个人价值与意义的确定、不变的规律。生活中只有遵循这个"道"，才能实现人生的意义，这就是"正道"，而如果不遵循这个"道"，那人生的意义就不能实现，人生最有价值的东西就得不到。

> 子曰："君子食无求饱，居无求安，敏于事而慎于言，就有道而正焉，可谓好学也已。"（《论语·学而》）
> 【参考译文】孔子说："君子，饮食不要求饱足，居住不要求舒适，做事勤劳敏捷，说话却谨慎，又能常向有道之人来辨正自己的是非，这样，可以说是好学了。"

这个"道"需要有"志"，需要对日常生活的严格要求。同时，也需要有"美德"，根据"仁"的属性发展人的潜力，通过"艺"将自己的潜力激发出来，而且以强大的行动力作为支撑，这样就可以做到"仁者无敌"。

共同的道

因此，个人的生活要遵循这个"道"，国家的治理也要遵循这个"道"。

> 子曰："道之以政，齐之以刑，民免而无耻；道之以德，齐之以礼，有耻且格。"（《论语·为政》）
> 【参考译文】孔子说："用政治来领导人，使用刑罚来整顿人，民众只是求免于罪过，却没有廉耻之心。如果用道德来领导人，使用礼来整顿人，民众不但有廉耻之心，而且人心归服。"

政治与做人，在孔子那里是一体的，遵循共同的"道"。在政治中，要有美德的支撑，而不能为了统治而统治，这就是要"道之以德"，而非"道之以政"，品格在政治中的强调在亚里士多德那里就已开始了，叫"政治是善的艺术"，①

---

①　亚里士多德的《政治学》开篇就提出"政治是善的艺术"。

其遵循的道理与孔子的"政之以德"是一样的。

> 子曰："齐一变,至于鲁;鲁一变,至于道。"(《论语·雍也》)
> 【参考译文】孔子说:"齐国一旦变革,便可达到鲁国的样子;鲁国一旦变革,便进而合于大道了。"

政治也有"道"。依"道"的政治能长久,不依"道"的政治就不能长久。孔子的政治思想的出发点是人的发展与品格的完善,但是,在当时的春秋时代,在大变动时代,政治能否是"善的艺术"是存有疑问的,整个春秋"无义战"。但是孔子揭示的政治稳定的基础并不会因为时代的变动而动摇。

> 季子然问:"仲由、冉求,可谓大臣与?"子曰:"吾以子为异之问,曾由与求之问?所谓大臣者,以道事君,不可则止;今由与求也,可谓具臣矣。"曰:"然则从之者与?"子曰:"弑父与君,亦不从也。"(《论语·先进》)
> 【参考译文】季子然问:"仲由和冉求可以称是大臣吗"孔子说:"我以为你是问别的事,竟问由和求呀。我们所说的大臣,他用最合于仁义的方式来对待君主,如果这样行不通,宁肯辞职不干。如今由和求这两个人,可以说是具有相当才能的臣属了。"
> 季子然又问道:"那么;他们该是肯听话的人吧?"孔子说:"杀父亲、杀君主的事情,他们也不会顺从的。"

子路和冉求是孔子最有政治才能的两个门生。为臣之道,"以道事君,不可则止"。如果不能以"道"事之,则退出仕途。

人的使命

当国家不遵循"道"的时候,个人不能因此而自暴自弃,也应该遵循"道"。

> 孔子曰:"天下有道,则礼乐征伐,自天子出;天下无道,则礼乐征伐,自诸侯出;自诸侯出,盖十世希不失矣;自大夫出,五世希不失矣;陪臣执

国命，三世希不失矣。天下有道，则政不在大夫；天下有道，则庶人不议。"(《论语·季氏》)

【参考译文】孔子说："天下有道之时，一切制礼作乐以及出兵都决定于天子；天下昏乱，制礼作乐以及出兵便决定于诸侯。决定于诸侯，大概传到十代，很少还能继续的；决定于大夫，传到五代，很少还能继续的；若是大夫的家臣把持国家政权，传到三代很少还能继续的。天下有道之时，政权就不会掌握在大夫之手。天下有道之时，民众就不会议论政治了。"

什么叫"天下无道"呢？按照孔子的标准，就是"君非君"、"臣非臣"、"父非父"、"子非子"，社会没有各司其职，违背了自身的应有之"道"。这里孔子将其进一步细化，即"天子像天子"、"诸侯像诸侯"、"大夫像大夫"、"庶人像庶人"。这其实对我们现在考察政治是有帮助的。如果社会的各个部分不遵循"道"，那就违背了人、社会与政治的固有属性，是不能持久的，即"十世"、"五世"、"三世"就会失去的。而对于一般的民众，即"庶人"而言，"议政"是评判天下有没有"道"的标准。这是不是有点问题呢？为什么一般民众不能议论"政事"呢？原因是"庶人"议"政事"，与他的"志"、"行"是不一致的，而"士"则是可以的。所以，"庶人"要先成为"士"，才能议"政事"，才能在"政事"中展现自己的行动力。否则，"庶人议政"，对"庶人不利"，对"政事"也不利，社会不能各司其职了。这其实与近代社会为什么要创立独立于政治社会的市民社会的思想是一致的，一般民众不需要参与到政治中来，他们只要将自己的事情管理好，社会就很和谐，并能不断地走向持续地强大。①

子谓南容："邦有道不废，邦无道免于刑戮。"以其兄之子妻之。(《论语·里仁》)

【参考译文】孔子说南容，"国家有道，他是不会废弃的；国家无道，他也可免于刑罚。"于是把自己的侄女嫁给他。

---

① 沈敏荣：《市民社会与法律精神——人的品格与制度变迁》，法律出版社 2008 年版，第283 页以下。

孔子认为一个人在"邦有道"的时候，能做到"富与贵"，不耽误自己的发展与能力提升，而在"邦无道"的时候，知道退与避，知道"隐"、"免于刑戮"，避免身体受到损害或是丢了性命，因为"不辱其身"太重要了。

　　子曰："宁武子，邦有道，则知；邦无道，则愚。其知可及也；其愚不可及也。"(《论语·公冶长》)

　　【参考译文】孔子说："宁武子在国家安定时，显得是一位智者；在国家昏暗时，像是一个愚人。他表现出来的智慧，别人赶得上；而其表现出来的愚笨，别人就赶不上了。"

这是孔子的评价与感叹，在"邦无道则愚"这一层次上，孔子自叹不如。孔子对世道也有感叹，也有莽撞之时，比如《论语》上记载佛肸叫孔子，孔子打算去。子路道："从前我听老师说过，'亲自做坏事的人那里，君子是不去的。'如今佛肸盘踞中牟谋反，您却要去，怎么说得过去呢？"孔子道："对，我有过这话。但是，你不知道吗？最坚固的东西，磨也磨不薄；最白的东西，染也染不黑。我难道是匏瓜吗？哪里能够只是被悬挂着而不给人吃食呢？"①

　　宪问"耻"。子曰："邦有道谷，邦无道谷；耻也。"

　　"克、伐、怨、欲，不行焉，可以为'仁'矣？"子曰："可以为难矣，仁则吾不知也。"(《论语·宪问》)

　　【参考译文】原宪问什么叫耻辱。孔子说："国家政治清明，做官领薪俸；国家政治黑暗，仍做官领薪俸，这就是耻辱。"

　　原宪又道："好胜、自夸、怨恨和贪欲四种毛病都制之不行，可以算仁吗？"孔子说："可以说是难能可贵的了，若说是仁人，那我不知道呀！"

　　子曰："邦有道，危言，危行；邦无道，危行，言孙。"(《论语·宪问》)

---

① 　原文为：佛肸召，子欲往。
　　　子路曰："昔者由也闻诸夫子曰：'亲于其身为不善者，君子不入也。'佛肸以中牟畔，子之往也，如之何？"
　　　子曰："然，有是言也。不曰坚乎，磨而不磷；不曰白乎，涅而不缁。吾岂匏瓜也哉？焉能系而不食？"(《论语·阳货》)

【参考译文】孔子说："政治清明，言语正直，行为正直；政治黑暗，行为仍正直，但言语当谦顺。"

子曰："直哉史鱼！邦有道，如矢；邦有道，如矢。君子哉蘧伯玉！邦有道，则仕；邦无道，则可卷而怀之。"（《论语·卫灵公》）

【参考译文】孔子说："好一个刚直不屈的史鱼！政治清明也像箭一样刚直，政治黑暗也像箭一样刚直。好一个君子蘧伯玉！政治清明就出来做官，政治黑暗就可以把自己的本领收藏起来。"

这几句的意思都是相似的。在"邦有道"的时候，参与社会之中，而在"邦无道"的时候，则不要鲁莽行事，要有智慧，不辱其身，而不是一味地抱怨或躲避。这从孔子对隐者的态度可以看出来。

公伯寮诉子路于季孙，子服景伯以告，曰："夫子固有惑志于公伯寮，吾力犹能肆诸市朝。"子曰："道之将行也与？命也；道之将废也与？命也；公伯寮其如命何！"（《论语·宪问》）

【参考译文】公伯寮向季孙毁谤子路。子服景伯把此事告诉孔子，并且说："季孙已经被公伯寮所迷惑了，可是我的力量还能将此事向季孙说清楚，使季孙杀了公伯寮，把他的尸首当街示众。"

孔子说："道若将行，这是命，道若将废，那也是命。公伯寮能把命运怎么样呢！"

对"道"需要有正确地认识。天下有"道"与否，并非决定于个人的努力与否，而是有命，而个人有"道"与否，则取决于"志"。

仪封人请见，曰："君子之至于斯也，吾未尝不得见也。"从者见之。出曰："二三子何患于丧乎？天下之无道也久矣，天将以夫子为木铎。"（《论语·八佾》）

【参考译文】仪这个地方的边防官请求见孔子，说道："所有到了这个地方的有道德学问的人，我从没有不和他见面的。"孔子的弟子们领他去见孔子。他辞出以后，对孔子的弟子们说："诸位，何必忧虑你们丧失官位呢？天下黑暗日子也太长久了，天意将你们的先生做人民的导师呀！"

这其实是孔子思想中最有意义的一部分。在顺境中，人遵循其"志"，畅谈自己的理想是很容易的。但是在逆境与困难中，问题就复杂了，再遵循、坚持自己的信念就需要有信心、勇气、毅力、行动力与策略了。这也是孔子着力的地方，也是孔子的思想有强大力量与生命力的原因。"安身立命"在顺境中并不难，但在逆境中，在颠沛流离的日子里还能坚持，那才是真正的"安心之术"。当个人的"道"与天下的"无道"并存时，个人的"道"可以成就自己的立世的标准，而不是以天下的"无道"来混乱自己的生活。当然，个人的"道"也可以成为天下的标准，这样的境界就非常高了，也非常的不容易，而孔子就能做到，就非常不容易了。这也是孔子真正伟大的地方，能在乱世中，遵循自己的良知，并且不像隐者一样独善其身，而是推而广之，成为社会的标准，成为天下的标准，让在黑暗中的人们，看到人性的力量，看到良知的光明。这也是后来宋代的张载所言的，"为天地立心，为万民立言"，当然，这不是一般人所能为的，也是孔子之所以成为"圣人"的魅力所在。

超越生命与财富的"道"

正是因为这个"道"对于人生与国家的重要，它就超越了个人的生命与人生当中非常重要的财富。

这里的"道"具有超越死亡的特性。

　　子曰："朝闻道，夕死可矣！"（《论语·里仁》）
　　【译文】早上知晓道，晚上死了也愿意啊！

这里的"道"具有超越财富与权贵的特性。

　　子曰："富与贵，是人之所欲也；不以其道得之，不处也。贫与贱，是人之恶也；不以其道得之，不去也。君子去仁，恶乎成名。君子无终食之间违仁，造次必于是，颠沛必于是。"（《论语·里仁》）
　　【参考译文】孔子说："财富与尊贵，这是人人所企盼的；但不用正当的方法去得到它,君子不接受。穷困和卑贱,这是人人所厌恶的;但不用正当的方法脱离它,君子是不愿意的。君子抛弃了仁,怎样去成就他(外在的)声名呢? 君子没有一餐饭的时间违背仁,就是在仓猝匆忙的时候仍能做到仁,在颠沛流离的时候同样仍能做到仁。"

这里的"道"超越贫穷。

子曰:"士志于道,而耻恶衣恶食者,未足与议也!"(《论语·里仁》)

【参考译文】孔子说:"一个士,有志于道了,但又以自己吃粗粮穿破衣为耻辱,这种人,不值得同他商议了。"

这里的"道"超越才华。

子贡曰:"夫子之文章,可得而闻也;夫子之言性与天道,不可得而闻也。"(《论语·公冶长》)

【参考译文】子贡说:"老师讲诗书礼乐,是可以听得到;老师讲天性和天道是难得听到的。"

这里的"道"超越吃饭,超越贫穷。

子曰:"君子谋道不谋食;耕也,馁在其中矣;学也,禄在其中矣。君子忧道不忧贫。"(《论语·卫灵公》)

【参考译文】孔子说:"君子用心力于道,不用心力于衣食。耕田,也常常饿着肚皮;道的过程可以得到俸禄。君子只忧愁着之不明,不忧愁贫贱不得食。"

这里必须明确的是,超越并不等于说是对立。超越是指两个对象是两个不同层次的概念,其中的一方要高于另一方,不能等量齐观。"道"并不与生命、财富、权贵相对立,而是指作为要成就"大人"、"志士",就不应着眼于低层次之上,而应该心存高远。

人人都可遵循的"道"

所以,这个"道",并不是独立于人之外的,而是在于自己的志向与作为。没有力不足的,而只有不想实践的。

> 子曰:"人能弘道,非道弘人。"(《论语·卫灵公》)
> 【参考译文】孔子说:"人能够弘扬道,不是用道来拯救人。"
> 冉求曰:"非不说子之道,力不足也。"子曰:"力不足者,中道而废。今女画也。"(《论语·雍也》)
> 【参考译文】冉求说:"并不是我不喜欢先生您的学说,只是我的力量不足呀!"孔子说:"如果真是力量不够,走到半道才会走不动。现在你却划界(不走)了。"

这两句话孔子讲得非常好。我们老抱怨:这个世界怎么对我这么不公平,老天爷没有给我好父母、好大脑、好身体、好前途、好机会,我怎么命这么苦,别人怎么就这么好。我们一碰到困难往往会这么想。但是孔子讲,"道"是人走出来的,叫"人弘道",而不是有了"道"等着人来走:"非道弘人"。其实,在我们这个世界上,机会多的是,就看我们能不能创造,敢不敢创造,尤其是在变动时期更是如此。其实,我们的生活都是我们自己创造出来的。有句古话叫"大难不死,必有后福"。是不是一个人不死,福气就随着他来呢? 其实不是的。一个人如果经历了大难,那他对生命的理解、人的行动力、对苦难的宽容与理解程度都与常人不一样,他对世界的理解的宽度与广度也要远远大于一般人,那他就会发现更多的机会,掌握更大的机会,行动力更为迅速,更能吃得了苦,这样,他的成功的机会,让"福"光临他身上的几率就要大得多了。孔子这句话其实也是相同的意思。其实,在我们这个世界上,所谓有"做人"一说:即我们这个人的一生,其实是自己"做"出来的、"造"出来的。我们想怎么过,就是怎么过。只是我们老是偶尔想想,不会持之以恒地想,不能将想法化为我们每天的生活,这是我们想法不能转变为现实的最大障碍,而不是外在的其他任何条件。所以讲,从来没有"力不足者",而只有"中道而废"的。

由道而生的标准

正是因为遵循了这个"道"，就会产生固定的行为标准，这也是人之"道"、"君子之道"。

君子得遵循四条规则，才可谓君子。

　　子谓子产，"有君子之道四焉：其行己也恭，其事上也敬，其养民也惠，其使民也义。"（《论语·公冶长》）

【参考译文】孔子评论子产，说："他有四种行为合于君子之道：他的操行极谦恭，对待君上恭敬负责，教养人民有恩惠，役使人民合于法度。"

君子注重三条规则。

　　曾子有疾，孟敬子问之。曾子言曰："鸟之将死，其鸣也哀；人之将死，其言也善。君子所贵乎道者三：动容貌，斯远暴慢矣；正颜色，斯近信矣；出辞气，斯远鄙倍矣。笾豆之事，则有司存。"（《论语·泰伯》）

【参考译文】曾参得了重病，孟敬子探问他。曾子说："鸟要死了，鸣声是悲哀的；人要死了，说出的话是善意的。君子有三方面是非常重要的：严肃自己的容貌，就可以远离粗暴和懈怠；端正自己的脸色，便可日近于信；说话的时候，注意吐言出声清整爽朗，就可以远离鄙陋粗野和错误。至于礼仪的细节，自有主管人员。"

君子道者三。

　　子曰："君子道者三，我无能焉：仁者不忧；知者不惑；勇者不惧。"子贡曰："夫子自道也！"（《论语·宪问》）

【参考译文】孔子说："成就君子的有三项，我一项也没能做到：实现了仁的人不忧虑，有智慧的人不迷惑，勇敢的人不惧怕。"子贡说："这正是先生称道他自己啊。"

须守死善人之道。

子曰:"笃信好学,守死善道。危邦不人,乱邦不居,天下有道则见,无道则隐。邦有道,贫且贱焉,耻也,邦无道,富且贵焉,耻也。"(《论语·子罕》)

【参考译文】孔子说:"坚定地相信我们的道,努力学习它,坚持固守以至于死,以求善其道。不进入危险的国家,不居住祸乱的国家。天下有道,就出来做官;天下无道,就隐居不仕。若是政治清明,自己仍是贫贱不能上进,是耻辱;若是政治黑暗,仍是富贵不能退,也是耻辱。"

这些标准都是从学习而得。

子张问善人之道。子曰:"不践迹,亦不入于室。"(《论语·先进》)

【参考译文】子张问怎样才是(品德)完善之人。孔子道:"(品德)完善之人不踩着别人的脚印走,但学问道德也难以到家。"

交友说话等日常生活亦有"道"。

子贡问"友"。子曰:"忠告而善道之,不可则止,毋自辱焉。"(《论语·颜渊》)

【参考译文】子贡问交友之道。孔子说:"朋友若有不是处,该尽忠直告,又须善为劝说,若不听从,则该暂时停止不言,莫要为此受侮辱。"

师冕见。及阶,子曰:"阶也!"及席,子曰:"席也!"皆坐,子告之曰:"某在斯!某在斯!"师冕出,子张问曰:"与师言之道与?"子曰:"然,固相师之道也。"(《论语·卫灵公》)

【参考译文】师冕来见孔子,走到阶沿,孔子说:"这是阶沿。"走到坐席旁,孔子说:"这是坐席。"都坐定了,孔子告诉他说:"某人在这里,某人在那里。"

师冕辞了出来。子张问道:"刚才与师冕这般说话,也是道吗?"孔子道:"对的;这本来是扶助瞽者的方式。"

这里的"道"就与人的日常言行结合起来了。怎么样"行"、"事"、"养"、"使"，如何"动容貌"、"正颜色"、"出辞气"，要"守死善道"，不能因"困顿"、"颠沛流离"而有所改变。

志于"道"

遵循了这个"道"之后，一个人就可以"立"了，成为了"士"，"士"成为一个君子，还需要平时生活的严格要求。

> 子曰："可与共学，未可与适道；可与适道，未可与立；可与立，未可与权。"（《论语·子罕》）
> 【参考译文】孔子说："有人可和他共同向学；但未必可和他共同向道；有人可和他共同向道，但未必可和他共同强立不变；有人可和他共同强立不变，但未必可和他共同权衡轻重。"

这些"道"，只是想遵循，都是可以做到的。做不到，只是不想做而已。

> "唐棣之华，偏其反而；岂不尔思？ 室是远而。"子曰："未之思也，未何远之有？"（《论语·子罕》）
> 【参考译文】《诗经》上说："唐棣树花开，翩翩地摇摆。难道我不想念你？ 因为家住得太遥远。"孔子说："只是没有想念吧！ 要想念就近在心中，还有什么遥远的呢？"

第9讲 学与礼:志与身的结合之道

子曰:"先进于礼乐,野人也;后进于礼乐,君子也。如用之,则吾从先进。"

——《论语·先进》

上一讲讲了通往"仁"的两个必须要重视的方面,本讲讲这两个方面是如何做到的,即通过"好学"与"好礼"。

一、学:志于学——志与身怎样才能结合

学在孔子的思想中是基础性的

"学"在孔子的思想中是非常重要的概念,《论语》的开篇就是以"学而"开始的。

> 子曰:"学而时习之,不亦说乎? 有朋自远方来,不亦乐乎? 人不知而不愠,不亦君子乎?"(《论语·学而》)
>
> 【参考译文】孔子说:"学习,然后实践它,难道不是件高兴的事情吗? 有志同道合的人听说你的学说,远道而来(请教、切磋),难道不是件高兴的事吗? 别人不了解你,但自己却不存怫郁不欠之意,难道不也是修养有成德的君子吗?"

孔子对自己的一生的归纳也是以"学"为开始的。

　　子曰:"吾十有五而志于学,三十而立,四十而不惑,五十而知天命,六十而耳顺,七十而从心所欲,不逾矩。"(《论语·为政》)

　　【参考译文】孔子说:"我十五岁时,有志于学;到三十岁,能坚定自立;到四十岁,能通达不再有迷惑;到五十岁,能知道什么是我与生俱来的使命;到六十岁,凡我听到一切,都能明白贯通,不再感到心有违逆;到了七十岁,便随心所欲,任何念头都不越出规矩法度之外。"

　　因此,这个"学"在孔子的思想中的突出地位就可想而知了。这个"学",不是一般的学习,而是通往"仁"的必经路径:"学而亲仁"。

　　子曰:"弟子,入则孝,出则弟,谨而信,凡爱众,而亲仁。行有余力,则以学文。"(《论语·学而》)

　　【参考译文】孔子说:"后生小子,在家则讲孝道;出门则尊敬兄长;言行当谨慎信实,博爱大众,亲近有仁德的人。如此修行有余力的,再向书本文字上用心。"

　　"学"是个人成长的基础,也是生存的基础。

　　子张学干禄。子曰:"多闻阙疑,慎言其余,则寡尤。多见阙殆,慎行其余,则寡悔。言寡尤,行寡悔,禄在其中矣。"(《论语·为政》)

　　【参考译文】子张向孔子学求官职得俸禄的方法。孔子说:"多听,有怀疑的地方,加以保留;其余足以自信的部分,也要谨慎地说出,就能减少过失。多看,有怀疑的地方,加以保留;其余足以自信的部分,也要谨慎地实行,就能减少懊悔。言语少过失,行动少懊悔,官职俸禄就在这里面了。"

　　"学"可以成就一个人。

　　子贡问曰:"孔文子何以谓之'文'也?"子曰:"敏而好学,不耻下问,是以谓之'文'也。"(《论语·公冶长》)

【参考译文】子贡问道:"孔文子凭什么得谥为'文'呀?"孔子说:"他做事勤敏,又好学,谦虚下问,不以为耻,所以用'文'字做他的谥号。"

孔子的"学"另有含义

但孔子思想中的"学"与我们现在的学习是不同的含义,孔子的"学"的含义,包括生活的全部,是指生活而言。

子曰:"君子食无求饱,居无求安,敏于事而慎于言,就有道而正焉,可谓好学也已。"(《论语·学而》)

【参考译文】孔子说:"君子,饮食不要求饱足,居住不要求舒适,做事勤劳敏捷,说话却谨慎,又能常向有道之人来辨正自己的是非,这样,可以说是好学了。"

子夏对此作了更为清楚的解释,前面的"未学"是指学习的含义,后面的"学"则是指孔子思想中的"学"。

子夏曰:"贤贤易色;事父母,能竭其力;事君,能致其身;与朋友交,言而有信。虽曰未学,吾必谓之学矣。"(《论语·学而》)

【参考译文】子夏说:"一个人能好人之贤胜过其好色之心;侍奉爹娘,能尽心竭力;服侍君上,能奉身尽职;同朋友交往,说话诚实守信。这种人,虽说没学习过,我一定说他已经学习过了。"

光学习不思考是不行的

"学"的第二层意思是与思考联系在一起,含有琢磨、思考的意思。

子曰:"学而不思则罔,思而不学则殆。"(《论语·为政》)

【参考译文】孔子说:"光知道学,却不思考(不知所以然),就会迷惘;光思考,不好学(信心渐失),就会懈怠。"

这在孟子那里得到了强调,"尽信书,不如无书"。当然,孔子的"学"的完整意义并不是与书有关，而是与人的日常生活有关。因此，这个"学"就与"做人"联系在一起。"做人"做不好，"学"也学不好。

> 子曰："君子不重，则不威；学则不固。主忠信。无友不如己者。过，则勿惮改。"（《论语·学而》）
> 【参考译文】孔子说："君子，如果不厚重，就没有威严；即使好学，所学的也不会稳固。行事当以忠信为主。不要跟不如自己的人交朋友。有了过错，就不要怕改正。"

这个"学"，是对生活细节的思考、琢磨与实践，实现内在的人与外在的人的统一。在生活的各个方面，如饮食、起居、交友、学习等各个方面，都要遵循"道"。

二、礼：动之以礼——志与身是如何结合的

"礼"在孔子的思想中是非常重要的。这个"礼"并不是"定礼"，即固定的，不变的。在《论语》中，孔子反复强调，他的思想中的这个"礼"是可以变通的，可以因时而化。那么，这个可以变化的"礼"，为什么在孔子的思想中那么重要呢？首先，这个"礼"，能将"道"与人的日常行为结合起来，能在日常行为的层面上严格要求自己，这也是一个人要想有所成就，通往"仁"的唯一法门。其次，从"古礼"，即"周礼"出发，可以思考一个人需要从哪些细节上来要求自己，即，"古礼"提供了思考的路途。"古礼"是用来思考的，而不是用来禁锢自己的。第三，"礼"提供了一个社会的方法，而非孤独地自我封闭的方法，这与后来儒家的对"独善其身"的片面发展是完全不同的。在"仁学"思想中，如果不全面理解，往往会将"仁学"简单化，理解为用自身的力量来完成自己潜力的开发，其实，这条路是走不通的，必须要通过社会的方法才能完成。

这里我们来讲讲孔子思想中的"礼"。

礼是什么

"礼"原是周以前各朝代固定的仪式、礼仪。

子入大庙,每事问。或曰:"孰谓鄹人之子知礼乎? 入大庙,每事问。"子闻之,曰:"是礼也。"(《论语·八佾》)

【参考译文】孔子初进太庙,每件事情都发问。有人便说:"谁说叔梁纥的这个儿子懂得礼呢? 他到了太庙,每件事都要向别人请教。"孔子听到了这话,便道:"这正是礼呀。"

周代有严格的礼仪,只是到了大变动的春秋时代,逐渐被人们所淡忘。

执圭,鞠躬如也;如不胜。上如揖,下如授,勃如战色,足蹜蹜如有循。享礼,有容色;私觌,愉愉如也。(《论语·乡党》)

【参考译文】[孔子出使到外国,举行典礼]拿着圭,敛身谨敬,像不胜其重的样子。向上举好像在作揖,放下来好像在递交给别人。面色庄重好像在战栗。脚步也紧凑狭窄,好像在沿着[一条线]走过。献礼物的时候,满脸和气。用私人身份和外国君臣会见,显得轻松愉快。

孔子不但以"礼"为思想的载体,而且还亲自实践,推行"周礼"。《论语》中就记载有孔子在当时的人们眼中"怪怪"的行为,如入大庙,每事问,都与别人不一样。上朝时也与平常不一样。

子贡欲去告朔之饩羊。子曰:"赐也! 尔爱其羊,我爱其礼。"(《论语·八佾》)

【参考译文】子贡要把鲁国每月初一告祭祖庙的那只活羊去而不用。孔子说:"赐呀,你爱惜那只羊,我爱惜那种礼。"

此句说明"礼"是有内涵的,它是一个载体。去除"礼",可能会去除它所承载的可贵的东西,这才是问题的实质。孔子爱"礼",对"礼"的高度认同,这些是有一个基础的,即认为"礼"是通向"仁"的,了解"仁"的一个主要通道。

子张问:"十世可知也?"子曰:"殷因于夏礼,所损益,可知也;周因于殷礼,所损益,可知也。其或继周者,虽百世,可知也。"(《论语·为政》)

【参考译文】子张问:"十代以后的事可以预先知道吗?"孔子说:"殷朝沿袭夏朝的礼仪制度,所废除的,所增加的,是可以知道的;周朝沿袭殷朝的礼仪制度,所废除的,所增加的,也是可以知道的。那么,假定有继承周朝而当政的人,纵使以后一百代,也是可以预先知道的。"

只有知道自己从哪里来,才能知道自己往哪里去,"礼"就具有如此功能。从夏、商、周礼的演变,可以推知以后的变化。"礼"提供了了解历史演进之"道"的路径。由此可知,"礼"不是不变的,有所损益,只是这种损益也是有规律的。

子曰:"夏礼,吾能言之,杞不足微也;殷礼,吾能言之,宋不足微也。文献不足故也。足,则吾能微之矣。"(《论语·八佾》)

【参考译文】孔子说:"夏代的礼,我能说出来,(可惜)它的后代杞国不足以为证了;殷代的礼,我能说出来,(可惜)它的后代宋国不足以为证了。这是他们的历史文件和贤者不够的缘故。若有足够的文件和贤者,我就可以引来作证了。"

另外,孔子还指出,对夏礼、殷礼的了解与研究不能从它们的继承者杞国与宋国那里来了解,因为"礼"的承载需要有贤者的传承与文献的详尽记载。可见,"礼"并非只是表面的方式,而在于体现承载其上的载体,即仁的体现。

孔子对"周礼"的态度是孔子在近代最受诟病的地方。孔子好"周礼"也是孔子思想中非常有特色的地方。孔子对"周礼"的态度是"微之",即通过对"礼"的研究与实践,追本溯源,从而明了"仁"的意义。

孔子对"礼"的态度,并不是机械地引入、模仿,而是追本溯源,研究它,看其发展的规律,有所"损益",目的只有一个,即通过建立符合自己、符合当下社会的"礼",来促进自己的发展,促进自己"仁"的实现。

陈司败问昭公知礼乎,孔子曰:"知礼。"孔子退,揖巫马期而进之,曰:"吾闻君子不党,君子亦党乎? 君取于吴,为同姓,谓之吴孟子。君而知礼,孰不知礼?"巫马期以告。子曰:"丘也幸,苟有过,人必知之。"(《论

语·述而》)

【参考译文】陈司败向孔子问鲁昭公懂不懂礼,孔子说:"懂礼。"

等孔子出来,陈司败便向巫马期作了个揖,请他走近自己,然后说道:"我听说君子无所偏袒,难道君子也会竟偏袒吗?鲁君从吴国娶了位夫人,吴和鲁是同姓国家,(不便叫她做吴姬)于是叫她做吴孟子。鲁君若是懂得礼,谁不懂得礼呢?"

巫马期把这话转告给孔子。孔子说:"我真幸运,假若有错误,人家一定给指出来。"

孔子对"礼"的理解也有机械的时候,也有错误的时候,但孔子是知道改变的。

子曰:"居上不宽,为礼不敬,临丧不哀,吾何以观之哉?"(《论语·八佾》)

【参考译文】孔子说:"居于上位却不能宽宏大量,行礼的时候不严肃认真,参加丧礼的时候不悲哀,这种样子我怎么看得下去呢?"

孔子在这里指出,"礼"的根本在于"敬",如果有了"礼",没有了"敬","礼"就变得没有意义了。因此,"敬"是"礼"的实质。这和上面讲过的"修己以敬"的意义是一样的,既要"敬畏",又要"敬重",还要"宽容"。

礼乐共称

一般是"礼乐"共称。"礼"不但可以有助于理解与实践"仁",它还是先人对"仁"在现实中的实践与展开。因此,从"古礼"中可以追寻不可言说的"仁"的内涵。而且,"礼"还有助于"仁"的实现,它所借助的就是"乐"。有了"礼"、"乐"之后,就能实现"志"与"身"、"文"与"质"、"言"与"行"的一致,而这种由内而外、内外一致的统一带来的效果就是"乐",一种由内而外的喜悦。因此,有了"礼"之后,就能在社会中实现自己的"乐",而"乐"是实现"仁"的基础,即孔子讲的"成于乐"。

孔子曰:"天下有道,则礼乐征伐,自天子出;天下无道,则礼乐征伐,
自诸侯出;自诸侯出,盖十世希不失矣;自大夫出,五世希不失矣;陪臣执
国命,三世希不失矣。天下有道,则政不在大夫;天下有道,则庶人不
议。"(《论语·季氏》)

【参考译文】孔子说:"天下有道之时,一切制礼作乐以及出兵都决定
于天子;天下昏乱,制礼作乐以及出兵便决定于诸侯。决定于诸侯,大概
传到十代,很少还能继续的;决定于大夫,传到五代,很少还能继续的;若
是大夫的家臣把持国家政权,传到三代很少还能继续的。天下有道之时,
政权就不会掌握在大夫之手。天下有道之时,民众就不会议论政治了。"

从"礼乐"的演变还可以预测未来社会的走向。这也可以解释春秋大变
动的原因:礼乐征伐自诸侯出,只能维持十世,而由大夫控制,则只能维持五
世,当时的"礼乐崩坏"就成为必然了。

孔子曰:"益者三乐,损者三乐;乐节礼乐,乐道人之善,乐多贤友,益
矣。乐骄乐,乐佚游,乐宴乐,损矣。"(《论语·季氏》)

【参考译文】孔子说:"对人有益的快乐有三种,对有害的快乐有三
种。喜欢把自己节制于礼乐中,喜欢称道别人的善处,喜欢多交贤友,便
有益了。喜欢骄纵放肆的快乐,喜欢怠逸游荡,喜欢宴请淫溺的快乐,便
有害了。"

孔子的"礼",避免了"仁者"经常会犯的错误:过分地关注自身,甚至是自
绝于社会,导致自我的封闭,而忘却了在社会中的成长是成就"仁"的根本,是
人的发展的根本之道。所以,后来的"独善其身"中的封闭内涵与孔子的思想
是根本冲突的。如果独善是将独立于无道的"政治"还尚可理解,如果理解成
独立于社会,则根本违背了孔子之道了。

孔子思想中的"礼"指什么

"礼"这种仪式,在春秋时期都被破坏了,叫"礼乐崩坏",社会就没有了秩
序。原来是长幼有秩,君臣有"礼",现在,"礼乐崩坏",社会无序了。但社会

无序了,个人不能就因此而迷失了方向。因此,个人还需要有确定的行为规则。孔子将这个"礼"大量地用于个人的行为——通向"仁"的特定的行为标准。孔子的"礼"从根本意义上,并不是政治意义的,而是日常生活中,处理人与人的民间社会、日常生活的准则,而且并不是教条化的准则。

孔子思想中的"礼",首先是指日常生活中的规则,即如何进行日常生活,安排自己的行为。它与"学"是同义的,都是关注于日常生活的细节。这个我们可以在《论语》中找出很多,如"恭于礼"、"富而好礼"、"齐之以礼"、"约之以礼"等。

> 有子曰:"信近于义,言可复也。恭近于礼,远耻辱也。因不失其亲,亦可宗也。"(《论语·学而》)
>
> 【参考译文】有子说:"与人约而求信,必先求近义,始可践守。向人恭敬,必先求合礼,始可远耻辱。遇有所因依之时,必先择其可亲者,才可以有所依靠。"

"礼"的功能是能"远耻辱",当然需要以恭敬为前提。

其次是"富而好礼"。

> 子贡曰:"贫而无谄,富而无骄,何如?"子曰:"可也;未若贫而乐,富而好礼者也。"子贡曰:"诗云:'如切如磋,如琢如磨',其斯之谓与?"子曰:"赐也,始可与言诗已矣,告诸往而知来者。"(《论语·学而》)
>
> 【参考译文】子贡说:"贫穷却不巴结奉承,有财富却不骄傲自大,怎么样?"孔子说:"这也算好了;但是还不如虽贫穷却乐于道,纵有钱却谦虚好礼。"子贡说:《诗经》上说:'要像对待骨、角、象牙、玉石一样,先开料,再糙锉,细刻,然后磨光。'不就是这意思吗?"孔子说:"赐呀,现在可以同你讨论《诗经》了,告诉你一件事,你就知道所以然了。"

"富而好礼"是很难的。有了财富之后,人的自大之心、骄傲之心就会自然而然地出现。而恭敬之心就会降低,甚至是消失,对"礼"的关注也就会降低了,这也是"富而好礼"难能可贵的原因。

第三是"齐之以礼"。

　　子曰:"道之以政,齐之以刑,民免而无耻;道之以德,齐之以礼,有耻且格。"(《论语·为政》)

　　【参考译文】孔子说:"用政治来领导人,使用刑罚来整顿人,民众只是求免于罪过,却没有廉耻之心。如果用道德来领导人,使用礼来整顿人,民众不但有廉耻之心,而且人心归服。"

礼能让人"有耻且格",不但能"远耻辱",而且能使其"人格"完满,成就真正的人。

第四是"约之以礼"。

　　子曰:"君子博学于文,约之以礼,亦可以弗畔矣夫!"(《论语·雍也》)

　　【参考译文】孔子说:"君子在人文上博学,再用礼节来加以约束,也就可以不至于背离大道了。"

　　子曰:"博学于文,约之以礼,亦可以弗畔矣夫。"(《论语·颜渊》)

　　(参考译文同上。)

"博学于文"与"约之以礼"在孔子那里反复强调,在《论语》中就出现了两次。"礼"属于实践,它需要与"博学于文"结合在一起,才能至于"道"。

　　颜渊喟然叹曰:"仰之弥高,钻之弥坚,瞻之在前,忽焉在后! 夫子循循然善诱人:博我以文,约我以礼。欲罢不能,既竭吾才,如有所立,卓尔;虽欲从之,末由也已!"(《论语·子罕》)

　　【参考译文】颜渊感叹着说:"老师之道,越抬头看,越觉得高;越用力钻研,越觉得深。看看,似乎在前面,忽然又到后面去了。老师善于有步骤地诱导我们,用各种文献来丰富我的知识,又用礼节来约束我的行为,使我想停止学习都不可能。但我才力已尽,像见它在前面矗立着,高峻卓绝,我想再向前追从,但感到无路可由了。"

"博之以文"与"约之以礼"是孔子教育学生的主要方式之一,颜回深有感触。

第五是"执礼"。

> 子所雅言,诗、书、执礼,皆雅言也。(《论语·子罕》)
> 【参考译文】孔子平日用雅言的,如读《诗》,读《书》,行礼,都用雅言。

执礼是孔子生活当中最为重要的组成部分。读诗,用以理解"兴于诗",用于培养兴趣、情操;读书,"博之以文",增加文采、知识,知历史之演变;"执礼",在于实践,将远大的志向化为日常的生活,将人生的目标化为平时的习惯,这就是"礼"的意义所在。以上三个方面是孔子生活的重要组成部分。而只有用"雅言",用周代的语言,才能完全体会其中的含义,不至于背离其中的真义。语言的读法也能代表思想。佛经的翻译中有一种非常重要的方式就是"音译"。① 现在很多佛教的传播地区的佛经读法来源于唐音。

第六是"恭"、"慎"、"勇"、"直"都得"有礼"。

> 子曰:"恭而无礼则劳;慎而无礼则葸;勇而无礼则乱;直而无礼则绞。君子笃于亲,则民兴于仁。故旧不遗,则民不偷。"(《论语·泰伯》)
> 【参考译文】孔子说:"只注重容貌态度的端庄,却没有礼,就会劳倦;只知谨慎,却没有礼,就会畏怯多惧;只是勇力十足,却没有礼,就会犯上作乱;只是心直口快,却没有礼,就会尖刻伤人。在上位的人能宽厚地对待亲族,民众就会在仁道之上欣欣向荣;在上位的人不遗弃他的故旧之人,那民众就不致冷淡无情。"

"礼"是美德的基础。没有了"礼",美德将不复存在。"礼"既是行动守则,也是一种"度":处世的智慧。

---

① 音译的代表之一是佛经中的《大悲咒》,一千多字依梵音译成。

司马牛忧曰："人皆有兄弟，我独亡！"子夏曰："商闻之矣：'死生有命，富贵在天'。君子敬而无失，与人恭而有礼；四海之内，皆兄弟也。君子何患乎无兄弟也？"（《论语·颜渊》）

【参考译文】司马牛很忧愁地说："别人都有兄弟，单单我没有。"子夏说："我曾听孔子说过：死生听之命运，富贵由天安排。君子只要做到恭敬而不出差错，对待别人恭谨，合乎礼节，那么，天下之大，到处都是兄弟——君子又何必着急没有兄弟呢？"

"礼"是处世之道，与人的相处之道。相处以"礼"，"四海之内皆兄弟"，相处不好，"党而不群"。

第七，人得"立于礼"。做到"仁"需要"立于礼"。

子曰："兴于诗，立于礼，成于乐。"（《论语·泰伯》）

【参考译文】孔子说："诗篇使人振奋，礼使人能坚定地站得住，音乐使人的事业成功。"

"礼"是"立"人的基础，无"礼"无以立。有"礼"是走向"仁"的必要条件。

子贡曰："君子亦有恶乎？"子曰："有恶。恶称人之恶者，恶居下流而讪上者，恶勇而无礼者，恶果敢而窒者。"曰："赐也亦有恶乎？""恶徼以为知者，恶不孙以为勇者，恶讦以为直者。"（《论语·阳货》）

【参考译文】子贡问："君子也对人有憎恨吗？"孔子说："有的：憎恨一味传播别人的坏处的人，憎恨在下位而毁谤上级的人，憎恨勇敢却不懂礼节的人，憎恨勇于贯彻自己的主张，却顽固不通、执拗到底的人。"

孔子又说："赐呀！你也有所憎恶吗？"子贡答道："我憎恨抄袭别人的东西却自认为聪明的人，憎恨毫不谦虚却自以为勇敢的人，憎恨揭发别人阴私却自以为直率的人。"

"无礼"是君子所痛恨的。不知道"礼"就没有办法"立"起来。

　　　　子曰:"不知命,无以为君子也。不知礼,无以立也。不知言,无以知人也。"(《论语·尧曰》)

　　【参考译文】孔子说:"不懂得命运,便不可能成为君子;不懂得礼,便不可能立足于社会;不懂得分辨人家的言语,也不可能认识人。"

"为礼"是君子的主要特征。这里点出了"礼"的真正作用:"立人"。

　　　　宰我问:"三年之丧期已久矣! 君子三年为礼,礼必坏;三年不为乐,乐必崩。旧谷既没,新谷既升;钻燧改火,期可已矣。"子曰:"食夫稻,衣夫锦,于女安乎?"曰:"安!""女安,则为之! 夫君子之居丧,食旨不甘,闻乐不乐,居处不安,故不为也。今女安,则为之!"宰我出。子曰:"予之不仁也! 子生三年,然后免于父母之怀。夫三年之丧,天下之丧也;予也,有三年之爱于其父母乎?"(《论语·阳货》)

　　参考译文见第 4 讲第 1 节。

"守礼"的功用是"安心"。

第二个层次是"礼乐"共称。两者皆为人的发展必不可少。这正所谓"兴于诗,立于礼,成于乐"。

　　　　子曰:"先进于礼乐,野人也;后进于礼乐,君子也。如用之,则吾从先进。"(《论语·先进》)

　　【参考译文】孔子说:"先进一辈,从礼乐方面讲,像是朴野人。后进一辈,从礼乐方面讲,真像君子了。但若用到礼乐的话,我还是愿从先进的一辈。"

"礼"与"乐"都是从人的基本属性出发,是由内而外的表现,这才是"先进于礼乐者"。通过后天学习认识到"礼乐"的重要性者,那才是君子,孔子认为前者要优于后者。这里强调的是,"礼"和"乐"的重点都是一种由内而外的认识。

子路问"成人"。子曰:"若臧武仲之知,公绰之不欲,卞庄子之勇,冉求之艺,文之以礼乐;亦可以为成人矣!"曰:"今之成人者,何必然? 见利思义,见危授命,久要不忘平生之言;亦可以为成人矣!"(《论语·宪问》)

【参考译文】子路问怎样才能是一个真正的人。孔子说:"智慧像臧武仲,清心寡欲像孟公绰,勇敢像卞庄子,多才多艺像冉求,再用礼乐来成就他的文采,也可以说是一个真正的人了。"又说:"现在的真正的人哪里一定要这样? 看见利益便能想起该得不该得,遇到危险便肯付出生命,经过长久的穷困日子都不忘记平日的诺言,也可以说是真正的人了。"

从此句可知,"文"的主要内容是"礼乐",即"文之以礼乐"。在孔子的思想中,一个真正的人,需要"知"、"不欲"、"勇"、"艺"、"文"。孔子关于人的认识,关于大人的阐述,由此可知一斑。

陈亢问于伯鱼曰:"子亦有异闻乎?"对曰:"未也。尝独立,鲤趋而过庭。曰:'学诗乎?'对曰:'未也。''不学诗,无以言!'鲤退而学诗。他日,又独立,鲤趋而过庭。曰:'学礼乎?'对曰:'未也。''不学礼,无以立!'鲤退而学礼。闻斯二者。"陈亢退而喜曰:"问一得三:闻诗,闻礼。又闻君子远其子也。"(《论语·季氏》)

【参考译文】陈亢向(孔子的儿子)伯鱼问道:"你在你父亲那里听到些特别的教训吗?"

伯鱼答道:"没有呀! 我父亲曾经一个人站在庭中,我恭敬地走过。他问我道:'学诗了没有?'我道:'没有。'他便道:'不学诗就不会说话。'我退回便学诗。过了几天,他又一个人站在庭中,我又恭敬地走过。我父亲问道:'学礼了没有?'我答:'没有。'他说:'不学礼,便不懂得立身。'我退回便学礼。我私下只听到这两番教训。"

陈亢退下大喜,说:"我问一件事,知道了三件事。其一是该学诗,其二是该学礼,其三便是君子不对他儿子有私厚。"

此处可知孔子之教育内容和教育方式。"学诗"、"学文"是让语言有文采,说话有说服力;"学礼",则可以立足于社会,能与他人交流、相处、合作。

第三个层次才是政治意义上有固定仪式的"礼",这是在上面两层意义上衍生出来的。

首先,政治的"礼"的出发点也是"安心"。

　　孟懿子问孝。子曰:"无违。"樊迟御,子告之曰:"孟孙问孝于我,我对曰,'无违。'"樊迟曰:"何谓也?"子曰:"生,事之以礼;死,葬之以礼,祭之以礼。"(《论语·为政》)

　　【参考译文】孟懿子向孔子问孝道。孔子说:"不要违背礼节。"不久,樊迟为孔子御车,孔子便告诉他说:"孟孙向我问孝道,我答复说,不要违背礼节。"樊迟说:"这是什么意思?"孔子说:"父母生时,依礼节侍奉他们;亡故了,依礼节埋葬他们,祭祀他们。"

对待父母、需要有"孝道",需要因循"礼仪"。为什么呢? 孔子在回答宰我时曾说过,这是为了"安心"。

其次,"礼"是"忠"的外在表现。"事君尽礼"。

　　子曰:"事君尽礼,人以为谄也。"(《论语·八佾》)

　　【参考译文】孔子说:"服侍君主,一切依照礼节做去,别人却以为他在谄媚呢。"

"臣事君尽礼","君使臣以礼"。此处很有意思。"事君尽礼"以"谄媚"的外在表现差不多,但内涵却相差极大,有着本质的区别。这正可谓:不可貌相。

第三,君使臣以礼。

　　定公问:"君使臣,臣事君,如之何?"孔子对曰:"君使臣以礼,臣事君以忠。"(《论语·八佾》)

　　【参考译文】鲁定公问:"君主对待臣子,臣子服侍君主,各应该怎么样?"孔子答道:"君主应该依礼来对待臣子,臣子应该忠心地服侍君主。"

　　"君使臣以礼"是"臣事君以忠"的前提。所以，在孔子那里，不存在"愚忠"的问题。孔子还讲过"危邦不入，乱邦不居"，对君主、诸侯是要有所选择的，而且，对君主的态度与君主对臣属的情况是相伴而生的，如果只有"事君以忠"是片面的。

　　第四，"礼乐"是"正名"的一部分。

　　　　子路曰："卫君待子而为政，子将奚先？"子曰："必也正名乎！"子路曰："有是哉？子之迂也！奚其正？"子曰："野哉，由也！君子于其所不知，盖阙如也。名不正，则言不训；言不训，则事不成；事不成，则礼乐不兴；礼乐不兴，则刑罚不中；刑罚不中，则民无所措手足。故君子名之必可言也，言之必可行也。君子于其言，无所苟而已矣！"（《论语·子路》）

　　【参考译文】子路问道："如果卫君有意等着您去治理国政，您准备首先干什么？"孔子说："那一定是纠正名分上的用词不当罢！"子路说："您的迂腐竟到如此地步吗！这又何必纠正？"孔子说："你怎么这样卤莽！由呀！君子对于他所不懂的，大概采取保留态度，[你怎么能乱说呢？]如果名不正，言语就不能顺理成章；言语不顺理成章，做事就不可能成功；事业不能成功，国家的礼乐制度也就举办不起来；礼乐制度兴不起来，刑罚也就不会得当；刑罚不得当，百姓就会手足无措。所以君子定下名，一定可以说得出来；而顺理成章的话也一定做得成事。君子对于措词说话要没有一点马虎的地方才罢了。"

　　孔子给了我们一个非常清晰的"事不成"的逻辑：名有问题。只有名有问题，才会导致言语有问题；言语有问题，事情就做不好；事情做不成，则"礼乐"是不可能兴起来的。

　　第五，"礼"是政治统治的基础。"上好礼，则民莫敢不敬；上好义，则民莫敢不服。"

　　　　樊迟请学稼，子曰："吾不如老农。"请学为圃，曰："吾不如老圃。"樊迟出，子曰："小人哉，樊须也！上好礼，则民莫敢不敬；上好义，则民莫敢不服；上好信，则民莫敢不用情。夫如是，则四方之民，襁负其子而至矣；

焉用稼!"(《论语·子路》)

【参考译文】樊迟请求学稼穑之学。孔子说:"我不如老农呀!"樊迟又请求学园圃之学。孔子说:"我不如老菜农。"樊迟退了出来。孔子说:"樊迟真是野小人,君子在上位,只要能好礼,民众就没有人敢不尊敬;只要能好义,民众就没有人敢不服从;只要能诚恳信实,民众就没有人敢不说真话。做到这样,四方的民众都会背负着他们的孩子来投奔,为什么要自己种庄稼呢?"

统治以"礼"的方式进行,统治者尊重被统治者,则民众也会尊重统治者。"礼"是政治统治的基础。同样,下一句的意思则指出,

子曰:"上好礼,则民易使也。"(《论语·宪问》)

【参考译文】孔子说:"在上位的人若依礼而行,就容易使百姓听从指挥。"

"礼"的功效之一是统治能有效运转的基础:民易使也。

礼之本

"礼"之根本,并不是不变,而是变动,根据时代的不同而不同,但对于个人而言,标准是确定的,那就是"仁"。

林放问礼之本。子曰:"大哉问! 礼,与齐奢也,宁俭;丧,与其易也,宁戚。"(《论语·八佾》)

【参考译文】林放问礼的本质。孔子说:"你的问题意义重大呀,一切的礼,与其铺张浪费,宁可朴素俭约;就丧礼说,与其仪文周到,宁可过度悲哀。"

这句话点出了孔子思想中"礼"的核心所在。"礼"的根本是什么呢? 并不是形式上的"礼",而是取其根本,有所取舍,有所改变,其标准就是"敬",是看这个"礼"是不是符合于"仁"。因此,在孔子那里,"礼"是可以改变的,可

以变通的,它仅仅是手段,而不是目的。

礼是可以变通的

"礼"是可以变通的。需要有一定的标准来进行变通,不能拘泥。那么用什么样的标准来变通呢?

> 子曰:"麻冕,礼也。今也,纯俭,吾从众。拜下,礼也。今拜乎上,泰也,虽远众,吾从下。"(《论语·子罕》)
>
> 【参考译文】孔子说:"礼帽用麻料来织,这是合于传统的礼;今天大家都用丝料,这样省俭些,我同意大家的做法。臣见君,先在堂下拜,然后升堂又拜,这是合于传统的礼的。今天大家都免除了堂下的拜,只升堂后拜,这是倨傲的表现。虽然违逆于众,我仍然主张要先在堂下拜。"

这里记载了孔子对"礼"的改变与选择。在选择上,并不在于奉行的人数的多少,也不在于外在的标准,而在于"礼"的内在的目的。

> 子曰:"礼云礼云! 玉帛云乎哉! 乐云乐云! 钟鼓云乎哉!"(《论语·阳货》)
>
> 【参考译文】孔子说:"礼呀礼呀,难道是说的玉帛吗? 乐呀乐呀,难道是说的钟鼓吗?"

此处孔子更是进一步指出,我说的"礼乐",并不是指形式,而是指其本质、内涵。

"礼"与"仁"冲突了怎么办

这样就产生冲突了,大变动时期,"不仁者"流行于天下。是不是存在着具有"仁",但不符合当时的"礼"呢? 有的,例子就是管仲。问题是管仲不知"礼",但管仲能做到"仁",这是为什么呢?

> 子曰:"管仲之器小哉。"或曰:"管仲俭乎?"曰:"管氏有三归,官事不

摄,焉得俭?然则管仲知礼乎?"曰:"邦君树塞门,管氏亦树塞门。邦君为两君之好,有反坫,管氏亦有反坫。管氏而知礼,孰不知礼?"(《论语·八佾》)

【参考译文】孔子说:"管仲的器量真小呀!"

有人便问:"他是不是很节俭呢?"孔子说:"管仲有三处家,各处各项职事,都设有专人,不兼设,哪里好算节俭?"

那人又问:"那么,他懂得礼节么?"孔子又说:"国君的大门外有屏,管仲家大门外也有屏。国君宴会,堂上有安放酒杯的土几,管仲宴客也有那样的土几。假若说他懂得礼节,那谁不懂得礼节呢?"

管仲不知"礼",但是管仲知"仁",这两个就有冲突了。因此,这个"礼"就应该在"仁"之下重新审视。只有在"仁"之下,"礼"才有意义。

有仁才有礼

子曰:"人而不仁,如礼何? 人而不仁,如乐何?"(《论语·八佾》)

【参考译文】孔子说:"人心若没有了仁,把礼来如何运用呀! 人心若没有了仁,把乐来如何运用呀!"

人如果"不仁","礼乐"又有何用呢? 这无异于舍本逐末。

子夏问曰:"巧笑倩兮,美目盼兮,素以为绚兮。何为也?"子曰:"绘事后素。"曰:"礼后乎?"子曰:"起予者商也! 始可与言诗矣。"(《论语·八佾》)

【参考译文】子夏问道:"'有酒窝的脸笑得美呀,黑白分明的眼流转得媚呀,洁白的底子上画着花卉呀。'这几句诗是什么意思?"孔子说:"先有白色底子,然后画花。"

子夏问:"那么,是不是礼乐的产生在(仁义)以后呢?"孔子说:"卜商呀,你真是能启发我的人。现在可以同你讨论《诗经》了。"

此处直接指出了"仁"先"礼"后。另外,孔子指出了如何理解《诗经》的思路,只有知"仁先礼后",才能理解日常生活和"礼"真正意义。

> 子曰:"能以礼让为国乎,何有! 不能以礼让为国,如礼何!"(《论语·里仁》)

【译文】孔子说:"能够用礼让来治理国家吗? 那还有什么困难呢? 如果不能用礼让来治理国家,那又用礼来做什么呢?"

礼如果不能产生功效,礼的存在又有何意义呢? 那么,礼的功效又有何用呢?

以礼辅行

> 子曰:"君子义以为质,礼以行之,孙以出之,信以成之;君子哉!"(《论语·卫灵公》)

【参考译文】孔子说:"君子把义当他一切行事的本质,依礼节实行它,用谦逊的言语说出它,用诚实的态度完成它。这样才真是位君子呀!"

"礼"是"行"的准则。"依礼行之",依"礼"而生美德。

这样,以"礼"就可以完善"仁"。

> 子曰:"知及之,仁不能守之;虽得之,必失之。知及之,仁能守之,不庄以涖之;则民不敬。知及之,仁能守之,庄以涖之,动之不以礼;未善也。"(《论语·卫灵公》)

【参考译文】孔子说:"一个在上位的人,如果能用聪明才智得到此道,但不能用仁德保持它;就是得到,仍然会失去。用聪明才智得到它,仁德又能保持它,但不用恭敬严肃的态度来治理百姓,百姓也会慢其上而不敬。用聪明才智得到它,仁德能保持它,又能用恭敬严肃的态度来治理百姓,但没有用礼的方法来发动民众,也还是未做到善。"

"礼"还能完善"仁",即使做到"仁"的人亦需要动之以礼。此处也可以理解颜回为什么只能三个月"为仁"。"礼"只是个形式、工具,是通向"仁"的门户。因此,不能拘泥于"礼"的形式,而应灵活对待。这也是后来孟子发挥的"尽信书,不如无书"。

礼的作用是"和"

礼的外在功用是"和"。体与用之"和",是指本质与表现。洋务运动的时候,张之洞就提出过"体用说",即"中体西用",即中国的文化与体制为"体",西方的洋枪洋炮为"用",这是洋务运动的理论基础。

"礼之用,和为贵"。"礼"只有能达到"和",才有意义。"和"是自己外在与内在的方面的"和",自己与他人的"和"、自己与社会的"和"。"和"也是"仁"的实质所在。"礼"的用,是以"和"为贵,"和谐"则"乐"生,所以,"礼"与"乐"并称。

> 有子曰:"礼之用,和为贵。先王之道,斯为美;小大由之。有所不行,知和而和,不以礼节之,亦不可行也。"(《论语·学而》)
>
> 【参考译文】有子说:"礼的应用,以和顺恰当为可贵。过去圣明君王治理国家,其美妙处正在于此;他们小事大事都由此而行。但也有行不通的地方,要是只知道和顺可贵而一味地用之,不用礼来加以节制,也是不可行的。"

由"仁"而生的"礼":礼的实质

"礼"的具体的内容,在孔子那里就不再是固定的仪式了,而是灵活的达到"仁"的有效途径了。与"好学"的含义是一样了。

> 颜渊问"仁"。子曰:"克己复礼,为仁。一日克己复礼,天下归仁焉。为仁由己,而由人乎哉?"颜渊曰:"请问其目?"子曰:"非礼勿视,非礼勿听,非礼勿言,非礼勿动。"颜渊曰:"回虽不敏,请事斯语矣!"(《论语·颜渊》)
>
> 【参考译文】颜渊问仁。孔子说:"约束自己,践行礼,那就是仁了。一旦这样做到了,便见天下尽归入我心之仁了。实践仁,全凭自己,还凭

别人吗?"颜渊说:"请问行动的纲领。"孔子说:"不合礼的事不看,不合礼的话不听,不合礼的话不说,不合礼的事不做。"颜渊说:"我虽然迟钝,也要实行您这话啊!"

颜回的德行是很高的,孔了也最为欣赏。颜回能"三月为仁"。他问"仁"的要义,孔子点出"仁"的要义。其中的核心之一就是"礼"。依"礼"培养自己的行动力。

这里的"礼",孔子作出了总结,即"四勿",这是孔子"礼"的核心,也是"礼"的实质。这才是孔子对"礼"的真正态度。孔子恢复的"礼"是什么呢?是"视"、"听"、"言"、"动"上对自己的严格要求。而且,根据是"己":"为仁由己",而不是"他人":"而由人乎哉"。而且,这个"礼"也不是指人际关系的处理方式,而是转为"修己",让自己产生"敬","敬重"与"敬畏",并转为个人能力的提升。

三、德:品格的形成——志与身结合的载体

"德"在孔子的学说中也是非常重要的。"学"、"礼"、"德"、"行"是君子通向"仁"必须要具备的。有"德"才有相应的"行"。我们来看看孔子对"德"的看法。在"德"的层次上,"志"与"身"实现了在日常生活中的结合,能将"志"与"身"——"仁"的两个方面结合到日常的生活之中。

忠信为德

"德"的含义:忠信。"忠"并不是对国家、对社会的"忠",而是在日常生活中的"忠",是指能忠于自己认定的目标,自己认同的价值,永不放弃。即对自己选择的"志"的忠,对自身价值的"忠",对自己信念的"忠",对自己承诺的"忠":"言必行之"。这在孔子的思想中才是最为根本的。"信"是指有信用。这是建立在"忠"的基础之上的。能做到始终如一,"一以贯之"。这在《论语》中是反复强调的。

孔子说,将人生想明白了之后就能得出"忠信"是人的基本品格。

> 子张问"崇德,辨惑。"子曰:"主忠信,徒义崇德也。爱之欲其生,恶之欲其死;既欲其生又欲其死,是惑也!"'诚不以富,亦祇以异。'(《论语·颜渊》)

【参考译文】子张问如何能提高品德,辨别迷惑。孔子说:"以忠诚信实为存心,唯义是从,这就可以提高品德。喜爱一个人,希望他长寿;厌恶他,恨不得他马上死去。既要他长寿,又要他短命,这便是迷惑。这样,的确对自己毫无好处,只是使人奇怪罢了。"

子张的文采、外在行动、辩才上都十分了得,但在内外一致上、在"仁"的践行上却存缺陷。因此,孔子对他的教导是从一生的整体角度,从吾之道"一以贯之"的角度来教导他,说明做到"仁"的必要性,也说明"忠信之德"的必要性。

如何才能做到呢? 孔子给出具体的行动纲领。

> 樊迟从游于舞雩之下。曰:"敢问崇德、修慝、辨惑?"子曰:"善哉问! 先事后得,非崇德与? 攻其恶,无攻人之恶,非修慝与? 一朝之忿,忘其身以及其亲,非惑与?"(《论语·颜渊》)

【参考译文】樊迟陪侍孔子在舞雩台下游逛,问道:"请问怎样提高自己的品德,怎样消除别人对自己不露面的怨恨,怎样辨别出哪种是糊涂事。"孔子道:"问得好! 首先付出劳动,然后收获,不是提高品德了吗? 专门批判自己的过失,不去批判别人的过失,不就消除无形的怨恨了吗? 因为偶然的忿怒,便忘记自己的生命安危,甚至也忘记了父母亲属,不是糊涂吗?"

提高品德的行动纲领是:多做事;多自我批评;少一朝之忿,动无名之火。品德并非静态,而是做事的品格,品德从自我检讨中产生,在于整体统一的考虑,而非动无名火可得。

而且,善德者善终。

> 南宫适问于孔子曰:"羿善射,奡荡舟,俱不得其死然。禹稷躬稼而

有天下。"夫子不答。南宫适出,子曰:"君子哉若人! 尚德哉若人!"(《论语·宪问》)

【参考译文】南宫适向孔子问道:"羿擅长射箭,奡擅长水战,但都不得到好死。禹和稷自己下地种田,却得到了天下。(怎样解释这些历史?)"孔子没有答复。

南宫适退了出来。孔子说:"这个人,好一个君子! 这个人,多么尊尚道德!"

美德能让人善始善终。历史的经验也一再证明了这个道理。并且,善德是人的本质。

子曰:"骥不称其力,称其德也。"(《论语·宪问》)

【参考译文】孔子说:"称千里马叫做骥,并不是赞美它的气力,而是赞美它的品德。"

千里马称其"德",而不称其力,人也是如此,称其"德",而是不称其"位"。下面就是一个例子。

"齐景公有马千驷,死之日,民无德而称焉;伯夷、叔齐饿于首阳之下,民到于今称之。其斯之谓与?"(《论语·季氏》)

【参考译文】齐景公有马四千匹,到他死了以后,民众都不觉得他有什么好行为可以称述。伯夷、叔齐两人饿死在首阳山下,大家到现在还称颂他。那就是这个意思吧!

"德"者是人的本质,有德者,民众会受感动,历史会记住他;无德者,无论位居人君,"民无德而称焉"。

敌人会让你更正直

日常生活考验一个人的道德,贫穷困顿也考验个人的道德,而面对你的敌人,更是道德的考验。如何面对你的敌人也是个重要问题。

　　或曰:"以德报怨,何如?"子曰:"何以报德? 以直报怨,以德报德。"(《论语·宪问》)

　　【参考译文】有人向孔子问道:"以德报怨,怎么样?"孔子说:"拿什么来报德呢? 拿正直来报答怨恨,拿德来报德。"

　　"德"的一个重要的问题是如何对待你的敌人,是"以怨报怨",还是"以德报怨"? 孔子给出的答案是:以直报怨,以德报德。以正直、善良面对你的敌人,用自己的正直来威慑、阻止,甚至是感化敌人。然后,这种"报怨"之"德"会提升你的境界与能力,这才是最大的回报。

　　以上均指出"德"的含义,即"主忠信"。下面从反面来论证"德",即什么是"德之贼"、"德之弃"。而违反"忠信"者,如"乡原","道听而途说"的,都是与"德"相违背的。

　　子曰:"乡原,德之贼也!"(《论语·阳货》)

　　【参考译文】孔子说:"没有是非的好好先生是足以败坏道德的小人。"

　　如果做一个好好先生,那你的"德"会被偷走,没有"德"可言。可见,有"德"者,必然是有善恶、有对错、有原则。

　　子曰:"道听而途说,德之弃也!"(《论语·阳货》)

　　【参考译文】孔子说:"听到道路传言就四处传播,在品德中是应该屏弃的。"

　　如果不加分析地听从道听途说的东西,也不可能是有品德。有"德"者,必然有自己的判断,有自己的标准。

德与言

　　德与言的关系。德是"先事后得",着眼于行动,而不是空谈。这是孔子反复强调的,并提出"巧言乱德"。

子曰:"有德者,必有言;有言者,不必有德。仁者,必有勇;勇者,不必有仁。"(《论语·宪问》)

【参考译文】孔子说:"一个有道德的人,必能好言好语,但一个能说会道的人不一定有道德。仁人一定勇敢,但勇敢的人不一定能做到仁。"

有"德"的人,必能"正名","正名"之下的"言"出"行"随,否则,"巧言令色,鲜矣德"。

子曰:"巧言乱德。小不忍,则乱大谋。"(《论语·卫灵公》)

【参考译文】孔子说:"花言巧语足以败坏道德。小事情不忍耐,便会败坏大事情。"

如何看待"德",往往会碰到对自己品德的自我宣扬。因此,"德"是如何取得它的外在表现形式,如何判断"德"就成为了很重要的事情。"巧言"鲜矣"仁",同时,"巧言"与"德"也是相违背的。但"有德者",在言语方面肯定是很好的,但不是"巧言",即里外言行不一致的"言",而是"诚恳之言"。"巧言"与"主忠信"的"德"从根本上是相违背的。

有德才有行

有"德"才有"行"。"德行"并称,这是孔子教育的目标,也是其内容。

德行:颜渊、闵子骞、冉伯牛、仲弓;言语:宰我、子贡;政事:冉有、季路;文学:子游、子夏。(《论语·先进》)

与"德"联系在一起的是"行",而不是"言",也就是判断"德"的外在表现形式是"行",即你的"行为"与"行动力"。

"德"具有厚重性、永恒性

德具有同一性、永恒性。这和孔子的"吾之道一以贯之"就联系起来了。"德"和"道"是联系在一起的,是"道"在人身上的反映。正如上面孔子回答子张的"崇德"之问的回答,从人的一生而言,"主忠信、徒义崇德"是最好的选择。

> 曾子曰:"慎终,追远,民德归厚矣。"(《论语·学而》)
> 【参考译文】曾子说:"谨慎地对待父母的死亡,追念远代祖先,这样能使社会风俗道德日趋笃厚。"

曾子的回答与孔子回答子张的问题的思路是一样的,"慎终、追远",自然而然就讲"德"了。

> 子曰:"南人有言曰:'人而无恒,不可以作巫医。'善夫!'不恒其德,或承之羞。'"子曰:"不占而已矣。"(《论语·子路》)
> 【参考译文】孔子说:"南方人有句话说,'人假若没有恒心,连巫医都做不了。'这句话很好呀!"
> 《易经·恒卦》的爻辞说:"一个人的品德不恒定,总会招致羞耻。"孔子又说:"这也只有不替他占问就罢了。"

"不恒其德,或承之羞"也是从整体而观。这说明,"崇德"在短时期内可能会吃亏,但终其一生,"崇德"是避免蒙羞的唯一方法。

这个"德"具有程度深浅的不同,"德"需要的是厚重。同时,"德"需要的是持久力。其实,厚重与持久两项就是德的内在属性。在这里,孔子突出了两项"美德":"厚重"与"毅力"。这两点在孔子的思想中是反复强调的。讲"仁"的内容时,突出"刚毅木讷",厚重与毅力就占了两项;讲"士"的时候,突出"士,不可以不弘毅",就突出了"毅"。

"德"是人具有的共性

说了"德"的那么多属性,是不是美德的实现很难呢?孔子说,这是人的潜在的本质,是人的共性。

> 子曰:"德不孤,必有邻。"(《论语·公冶长》)

美德在这个世界上并不是孤单地在你身上存在,而是必能就近找到相应的美德。为什么呢? 因为这是人身上的共性,是与人的固有属性联系在一起的,与人来到这个世界上的"使命"直接联系在一起的。这也是为什么孔子强调实现"仁"并不难,这是本性使然。"我欲仁,仁至矣","三人行,必有我师焉",这也是本性使然。这是人的命运决定的,是人的"命"的一部分,正是"不知命,无以为君子"。

子曰:"天生德于予,桓魋其如予何?"(《论语·述而》)

【参考译文】孔子说:"天在我身上生了这样的品德,那桓魋又能把我怎样?"

"德"也具有天生特质,并非文明之产物。"德"是"成人"的固有属性。这里孔子进一步强调"德"的先天属性,而不是后天属性。我们在学"礼乐"的时候,孔子讲过在"礼乐"方面,可分为"先进"与"后进",而孔子更倾向于先进,即人的自发的感觉,直接来源于心灵,并非来源于后天经验。此处强调德的"先天性",是"天生于予"的,是与生俱来的,不可剥夺、不可减损、不可侵犯的①,而这正是孔子学说的立世之本,即"据于德",是孔子处世的"根据地",也是孔子思想的出发点,更是孔子力量与勇气的强大来源。

这种先天的东西,是先于任何文明的设计,是自然的、天生的。在这个意义上,可以将之称为"天赋"、"神授",即先于人为的、文明性的,而是先天的,因为不能准确地表达,就用"天"、"神"替代与强调。从这一意义上看,这种强调并不是唯心主义,而是有所指向的。

子张曰:"执德不弘,信道不笃,焉能为有? 焉能为亡?"(《论语·子张》)

【参考译文】子张说:"对于道德,行为不坚强,信仰不忠实,[这种人]有他不为多,没他不为少。"

---

① 在西方制度的分析中,权利的先天性也是非常明显的。参考沈敏荣:《市民社会与法律精神——人的品格与制度变迁》,法律出版社 2008 年版,第 303 页以下。

　　既然"德"是固有的、天生的,但如果你不能弘扬,"道"也是天生的、固有的,但你不能"笃信",也就是你没有遵循你自身的"固有属性",没有遵循你自己"命运"的召唤,那你就不能以"有"或是"无"来衡量了。你的存在将毫无意义。如果你的出发点选错了,方向也远错了,那你不管怎么选择都将是错误的。

"德"是君子的特性

　　"德"是君子的特征。这和君子的重行动是一致的。

　　　子曰:"君子怀德,小人怀土;君子怀刑,小人怀惠。"(《论语·里仁》)
　　　【参考译文】孔子说:"君子心怀道德,小人心怀乡土;君子关心法度,小人关心恩惠。"

　　"德"是君子的特征。君子关注自身的美德成就是否厚重、是否刚毅,但小人呢? 正好相反,关注外界的、社会的东西,而不关注根本。

　　　季康子问政于孔子曰:"如杀无道,以就有道,何如?"孔子对曰:"子为政,焉用杀? 子欲善,而民善矣! 君子之德风;小人之德草;草上之风必偃。"(《论语·颜渊》)
　　　【参考译文】季康子向孔子请教政治,说道:"假若杀掉无道的来成就有道的,怎么样?"孔子答道:"您治理政治,为什么要杀戮? 您心中欲善,民众就向善了。君子的品德好比风,民众的品德好比草,风向哪边吹,草向哪边倒。"

　　对于能否用"非德"的方法达到"德",或是用"非道"的方法来达到"道",这是我们会经常碰到的问题,或是我们经常讲的,能否用战争的方法来达到和平的目的。按我们通常的理解应该是可以的。孔子在这里是否定的。应该利用人的固有的共通属性,来感化、劝导、带动。为什么呢? 因为"善"与"德"是来源于人的内在的力量。这和《圣经》中的"爱你的敌人"的思想是一致的。

"德"具有感召力

德具有号召力。"为政以德","道之以德"是最具持久力的统治方法。

> 子曰："为政以德,譬如北辰居其所而众星共之。"(《论语·为政》)
>
> 【参考译文】孔子说："用道德来治理国政,自己便会像北极星一般,在一定的位置上,别的星辰都环绕着它。"

"德"具有感召力的,做人要"弘德"。而在政治上"弘德",它的感召力是"众星共之",霸业可成了。

> 子曰："道之以政,齐之以刑,民免而无耻;道之以德,齐之以礼,有耻且格。"(《论语·为政》)
>
> 【参考译文】孔子说："用政治来领导人,使用刑罚来整顿人,民众只是求免于罪过,却没有廉耻之心。如果用道德来领导人,使用礼来整顿人,民众不但有廉耻之心,而且人心归服。"

在政治上"弘德",实行"礼",则民众就有羞耻心,而且有自我约束力。所以,这里并不是"不能让老百姓知道",而是要让老百姓知道"德",知道"礼",得开化民众。这也是孔子被尊为"圣人"的最为主要的原因之一。

有德之人少：培养方法的明确

世界上具有品德的人是少数。这和君子的特点是一样的,"多夫哉,不多也"。

> 子曰："中庸之为德也,其至矣乎! 民鲜久矣。"(《论语·述而》)
>
> 【参考译文】孔子说："中庸这种道德,该是最高的了,但一般民众,少有此德太久了。"

"德"很有力量,很重要,又来源于自身,但要"厚德",要"恒德"其实是很难的。为什么呢？因为方法不对。第一，没有做到"中庸"，要将"中庸"作为"德"。孔子讲过各项美德都有其对立面，如果不与"学"、"礼"结合起来，各种"美德"就会走向反面。① 因此，各个品德与"中庸"结合。所以，这里的"中庸"就是"好学"、就是"礼"。前者是表现形式，后两者是达到的手段。

第二是"好德"应该达到"好色"的程度才会有进展。所谓"好色"，即好外在的东西，外界的东西是"色"，而内在的是"德"。人是非常容易受外界东西的诱惑，喜欢外界的东西。要是有一天，你知道了内在的"德"的本质，它的强大的潜力，你就会像"好色"一样地"好德"。

> 子曰："吾未见好德，如好色者也。"（《论语·子罕》）
> 【参考译文】孔子说："我没有看见过好德能像好色般的人呀。"

但是，现在"好德者"如"好色者"很少了。正如"圣"、"仁"一样，很少了。但如果能做到这样的程度，并不是不可能的。

> 子曰："已矣乎！吾未见好德如好色者也！"（《论语·卫灵公》）
> 【参考译文】孔子说："完了吧！我从没见过像喜欢美貌一般地喜欢美德的人啊！"

因此，真正懂得、了解德的人很少啊。

> 子曰："由，知德者鲜矣！"（《论语·卫灵公》）
> 【参考译文】孔子对子路说："由！懂得'德'的人可少啦。"

孔子的使命就是宣扬"德"的巨大功效和"知德"的巨大意义。

---

① 子曰："恭而无礼则劳；慎而无礼则葸；勇而无礼则乱；直而无礼则绞。君子笃于亲，则民兴于仁。故旧不遗，则民不偷。"（《论语·泰伯》）
子曰："由也，女闻六言六蔽矣乎？"对曰："未也。""居！吾语女：好'仁'不好学，其蔽也'愚'；好'知'不好学，其蔽也'荡'；好'信'不好学，其蔽也'贼'；好'直'不好学，其蔽也'绞'；好'勇'不好学，其蔽也'乱'；好'刚'不好学，其蔽也'狂'。"（《论语·阳货》）

上面三句的意义是一样的。

　　楚狂接舆，歌而过孔子，曰："凤兮！何德之衰？往者不可谏，来者犹可追。已而！已而！今之从政者殆而！"孔子下，欲与之言。趋而避之，不得与之言。(《论语·微子》)

　　【参考译文】楚国的狂人接舆一面走过孔子的车子，一面唱着歌，道："凤凰呀！为什么这么倒霉？过去的不能再挽回，未来的还可不再着迷。算了吧，算了吧！现在的执政诸公危乎其危啊！"孔子下车，想同他谈谈，他却赶快避开，孔子没法同他谈。

这也说明了"德"在孔子生活的当世的衰落，大变动时代的痛苦可见一斑。孔子的伟大也正在于此，大变动时代承载起传递文明的核心价值的重任。

修德很重要

德需要日常生活中的点滴之功："修"（积累）。

　　子曰："德之不修，学之不讲，闻义不能徒，不善不能改，是吾忧也。"(《论语·述而》)

　　【参考译文】孔子说："品德不培养；学问不讲习；听到义，却不能遵从；有缺点不能改正，这些都是我的忧虑啊！"

这说明孔子自己在担忧什么。这也是为什么孔子自己不承认自己是"仁"、"圣"的原因。因为"仁者无忧"，但孔子是忧愁的，即忧"修德"、"讲学"、"行义"、"趋善"四点，这与孔子的君子"九思"、"四勿"是一致的。"德"是讲究"不能须臾离也"，"颠沛必于是"，"造次必于是"，"无终食间违仁"的。这里的四项全是关于日常生活的，唯有在日常生活中时时要求自己，不断地进步，不断地提升，正是这点滴之功，正是这持之以恒的决心与毅力才是最难的。

　　季氏将伐颛臾。冉有季路见于孔子曰："季氏将有事于颛臾。"孔子曰："求，无乃尔是过与？夫颛臾，昔者先王以为东蒙主，且在邦域之中矣；是社稷之臣也，何以伐为？"冉有曰："夫子欲之；吾二臣者，皆不欲也。"孔子曰："求！周任有言曰：'陈力就列，不能者止。'危而不持，颠而不扶，则将焉用彼相矣？且尔言过矣！虎兕出于柙，龟玉毁于椟中，是谁之过与？"冉有曰："今夫颛臾，固而近于费；今不取，后世必为子孙忧。"孔子曰："求！君子疾夫舍曰'欲之'而必为之辞。丘也，闻有国有家者，不患寡而患不均，不患贫而患不安；盖均无贫，和无寡，安无倾。夫如是，故远人不服，则修文德以来之。既来之，则安之。今由与求也，相夫子，远人不服而不能来也，邦分崩离析，而不能守也，而谋动干戈于邦内，吾恐季孙之忧，不在颛臾，而在萧墙之内也！"（《论语·季氏》）

【参考译文】季氏准备攻打颛臾。冉有、子路两人去见孔子，说道："季氏准备对颛臾使用兵力。"

孔子说："冉求，这难道不应该责备你吗？颛臾，上代的君王曾经授权他主持东蒙山的祭祀，而且它的国境早在我们最初被封时的疆土之中，这正是和鲁国共安危存亡的藩属，为什么要去攻打它呢？"

冉有答道："季孙要这么干，我们两人本来都是不同意的。"

孔子说："冉求！周任有句话说：'能够贡献自己的力量，再任职；如果不行，就该辞职。'譬如瞎子遇到危险，不去扶持；将要摔倒了，不去挽扶，那又何必用助手呢？你的话是错了。老虎犀牛从槛里逃了出来，龟壳美玉在匣子里毁坏了，这是谁的责任呢？"

冉有说："颛臾，城墙既然坚牢，而且离季孙的采邑费地很近。现今不把它占领，日子久了，一定会给子孙留下祸害。"

孔子说："冉求！君子就讨厌［那种态度］，不说自己贪心无厌，却一定另找借口。我听说过：无论是诸侯或者大夫，不必着急财富不多，只须着急财富不均；不必着急人民太少，只须着急境内不安。若是财富平均，便无所谓贫穷；境内和平团结，便不会觉得人少；境内平安，便不会倾危。做到这样，远方的人还不归服，便再修仁义礼乐的政教来招致他们。他们来了，就得使他们安心。如今仲由和冉求两人辅相季孙，远方之人不归服，却不能招致；国家支离破碎，却不能保全；反而想在国境以内使用兵力。我恐怕季孙的忧愁不在颛臾，却在鲁君呀。"

孔子所处的世界,是个"礼乐崩坏"、"好德者鲜矣"的社会。世界的诱惑与无奈十分明显,冉求就是个明例,而且,孔子对冉求的多才多艺极为赞赏,属于"游于艺"的典范①。他跟随孔子多年,应该讲深得孔子思想要义。他在孔子的学生中,政事的能力是数一数二的。② 大丈夫有这等才能,当行于天地之间。于是冉求就出来做官,但他的行事就屡受孔子的批评。这里是一项。另一项记载孔子对冉求生气之极,③叫嚷其他人去攻击他,直言冉求不是自己的学生。当然,这应该从整体上来理解,不能断章取义,真的认为孔子要清理门户了,而只是孔子的气话而已。冉求的事例其实就说明了大变动时期人们的无奈,这有点像现在的行事,"德"与"处世经验"经常地割裂,所以,这里就需要智慧了,需要从一开始立志就得重视。

孔子在这一段话中的两层意思很值得我们思考。第一是为官之道:"陈力在列,不能者止"。"为官"是为了发挥自己的能力,而不是向往富贵,如果不能发挥自己的能力,实现自己的志向,"为官"则是祸害。第二是不能为自己的不当行为找借口。任何的欲望与不当行为都可以找到无数借口。因此,正确的思维是正确地行动的基础。另外,治理国家,贫富差距不能太大,要有安定祥和、百姓各得其所的氛围,这样的国家才能强大和持久。只有从"安"与"均"上下工夫,国家才能强盛,而非靠豪取强夺。国家治理如此,个人的处世亦如此,个人的发展也是这样的。

"德"是实现人的价值与意义的必备条件

"德"是实现人的价值的必备条件。

> 子曰:"志于道,据于德,依于仁,游于艺。"(《论语·述而》)

---

① 子路问成人。子曰:"若臧武仲之知,公绰之不欲,卞庄子之勇,冉求之艺,文之以礼乐,亦可以为成人矣。"曰:"今之成人者何必然? 见利思义,见危授命,久要不忘平生之言,亦可以为成人矣。"(《论语·宪问》)

② 德行:颜渊、闵子骞、冉伯牛、仲弓;言语:宰我、子贡;政事:冉有、季路;文学:子游、子夏。(《论语·先进》)

③ 季氏富于周公,而求也为之聚敛而附益之。子曰:"非吾徒也,小子鸣鼓而攻之可也!"(《论语·先进》)

【参考译文】孔子说："立志在'道'，据守在'德'，依靠在'仁'，而游憩于礼、乐、射、御、书、数六艺之中。"

这是孔子总结性的话，说明"德"的重要性，是成就"仁"的必要条件。

什么是至德

"德"的最高境界是"至德"。

> 子曰："泰伯其可谓至德也已矣。三以天下让，民无得而称焉。"（《论语·泰伯》）

【参考译文】孔子说："泰伯，那可以说是品德极崇高了。屡次地把天下让给季历，老百姓简直找不出恰当的词语来称赞他了。"

泰伯可以说是"至德"，把人们认为最为宝贵的天下都让出去了，其境界非同一般。

> 舜有臣五人，而天下治。武王曰："予有乱臣十人。"孔子曰："才难，不其然乎，唐虞之际，于斯为盛，有妇人焉，九人而已。三分天下有其二，以服事殷，周之德，其可谓至德也已矣。"（《论语·泰伯》）

【参考译文】舜有五位贤臣，天下便太平。武王也说过，"我有十位能治理天下的臣子。"孔子因此说道："（常言道:）'人才不易得。'不是这样吗？唐尧和虞舜之间以及周武王说那话的时候，人才最兴盛。然而武王十位人才之中还有一位妇女，实际上只是九位罢了。周文王得了天下的三分之二，仍然向商纣称臣，周朝的道德，可以说是最高的了。"

孔子讲过两个"德"特别厚重、持久的例子，一个是指人，一个是指时代。泰伯是"至德"，天下都可以让出去，心胸特别宽阔。另一个是周朝，是"至德"的时代。

大德与小德的区分对吗

子夏将其发挥，分出大德与小德。是否符合孔子本意，值得商榷。

子夏曰:"大德不逾闲;小德出入可也。"(《论语·子张》)

【参考译文】子夏说:"人的德行,大处不可逾越界限,小处有一些出入是可以的。"

子夏是非常聪明的人。在《论语》中就记载了很多子夏的观点。子夏对孔子的解释也是孔子之后非常重要的学派。子夏的文采非常了得,在孔子的学生中是数一数二的。子夏为学时,因常有独到见解而得到孔子的赞许,如其问《诗经》中"巧笑倩兮,美目盼兮,素以为绚兮"一句,孔子答以"绘事后素",他立即得出"礼后乎"(即"礼乐"产生在"仁义"之后)的结论,孔子赞曰:"起予者,商也! 始可以言《诗》已矣。"①但孔子认为子夏在遵循"仁"和"礼"的方面有所"不及",曾告诫子夏曰:"女为君子儒,无为小人儒"。② 看来,子夏在理解孔子的核心思想上还是会产生问题。后来子夏对孔子思想的理解较强调功利性,后人评价有法家的色彩。

子夏对孔子的"德"的理解是很有意思的。孔子一会说"德"容易,每个人命中注定,"德不孤,必有邻",一会儿又说"好德"的人少,"知德者鲜矣",几乎没有。一般人统而观之,就容易懵了。子夏是非常聪明的人,在《论语》中记载孔子的学生中很多人搞不懂孔子在说什么,就跑去问子夏。他能将孔子的学说阐述得更有操作性,他说这个"德"是这样的,原则不能违反,但小地方是可以出入的。这样的解释对吗? 这其实是有问题的。"德"是从小处着眼,从"九思"、"四勿"着手,以"修德"为先。子夏的小处不着手,而是大处不违背,这不就曲解了"德"的含义了吗? 孔子的"德"是指向"行"的,而子夏的"德"是指向状态的。这是两者最大的区别。遵循子夏的方法,则会出现小处不关注,而"巧言令色",将"德"按在自己的头上,说自己符合"大德"。殊不知,"德"是一种指示性称呼,重心是其所指向的对象,即在日常生活中"修己以敬",这是子夏学说的问题之所在,也是我们理解跨时代的古人学说最容易犯的毛病。

---

① 子夏问曰:"巧笑倩兮,美目盼兮,素以为绚兮。何为也?"子曰:"绘事后素。"曰:"礼后乎?"子曰:"起予者商也! 始可与言诗矣。"(《论语·八佾》)
② 子谓子夏曰:"女为君子儒! 无为小人儒!"(《论语·雍也》)

四、义:闻义能徙——志与身结合的日常模式

"义"在孔子的思想中,也占据着非常重要的地位。"义"的本来意思就是意义、意思。而人生、社会的意义则在于它的固定性、不变性。"义"是"志"与"身"结合的模式,是可以代替"仁"的一个词。"义"有"仁义"的意思,两者常结合使用。

"仁"在孔子的思想中,是作为终极的理想而出现的,作为"身"与"志"的完满的结合模式而出现的。但在这一过程中,即从"立志","成士",再到"君子"的过程中,要成就"仁者"是很难的,孔子也讲过,真正的"仁者",他都很少见过。他最出色的学生颜回也只能做到三个月的"仁",而其他出色的学生也只能做到几天或最多一个月的"仁"。但在这一过程中,"义"却是可以做的。"义"最为本来的含义是"做应该做的事"。如现在我们用的很多相应的概念就在这些意义上,如义举、义捐、义旗、义演。就是不是为了自己,与自利、自私相对,而是为了大众,与"不善"、"不义"相对。

按照古字的"义"(義)(繁体),是"我"顶着祭祀用的"羊",是一种宗教的方式,在神灵、祖宗的面前,在公开的场合,一定是合乎公众、大家利益的行动与想法,一切见不得光的、黑暗的东西都无处遁形。正是在这个意义上,"义"的第一层次含义是"公正的、有利于社会大众的道理",如"大义灭亲"、"义正词严"、"义不容辞"、"正义"、"正道"等;第二层次含义是引申为"旧指合乎伦理道德的人际关系,今指人与人之间的感情联系",这种联系是合乎"道义"、合乎人的"本来要求",是"做人的应有之道",如"有情有义"、"忠义"、"信义"、"义气"等。①

我们现在来看看《论语》中"义"的用法,也正是在这两层意义上来使用的。

君子唯义是从:仁学的全部

　　子曰:"君子之于天下也,无适也,无莫也,义之于比。"(《论语·里

---

① 依《辞海》解释,光明日报出版社2003年版,第1398—1399页。

仁》)

【参考译文】孔子说:"君子对于天下的事情,没有一定要这样做,也没有一定不要这样做,而是要根据实际情况怎样做适宜便怎样去做。"

这话什么意思呢? 这其实是对孔子"仁"的思想的最好解释。天下的道理是没有定式的,而是要因时而化,因势而动,但在化与动之时,要有原则,要有方法与策略,而不是没有目标,没有原则的瞎动、瞎化。而这种原则、方法与策略,就是"仁"、"礼"、"乐"、"好学"等,这几个方面,我们在上面已经分析过了。这就告诉我们,教条化地理解孔子,肯定是误读和误解,也违背孔子的"四毋"的思想。

在孔子的思想中,人是有应然状态的,人与人的组合也是有应然状态的,天下也是有应然状态的,这种状态,可以称为人的"本来面目",也可以称为"道",一个人要熟悉这种"应然状态",通过"好学"来熟悉它,并通过不断地实践,让自己的应然状态融入自己的日常生活。这就是通向"仁",即内外一致的生活,即"随心所欲,而不逾矩",这也可以叫做"天人合一"。既然这个"仁"被称为终极的状态,那么,通向这个过程的道路就是既符合自己,也符合他人、公共与社会利益,将这种日常的状态,就称为"义",直接与"对"、"错"联系在一起。

在孔子的思想中,"仁"不可说,说不明白,但"义"是可以说明白的,跟我们的日常生活、社会实践休戚相关的,是民众形成的"共识"(COMMON SENSE),而这正是通向"仁"的路径。这也是孔子所谓的"君子之仕,行其义也"。

与利相对的"大义"

既然"义"是与"仁"等质的含义,那么,它是通向"大人"之道,就与"小人"的品格有截然不同的含义了。"义"的一个最大的特点就是与"利"相对。如何处理财富与权贵问题一直是孔子强调的重点。

子曰:"君子喻于义,小人喻于利。"(《论语·里仁》)
【参考译文】孔子说:"君子懂得的是义,小人懂得的是利。"

君子与小人的最大差别就是在"义"上。君子懂得"义"这个道理，能处理好"利"、"欲"，能懂得发挥自己的能力，懂得处理好人与人之间的关系。对于"利"，并不是绝对地反对"利"，而是要让"利"为自己所用，"利"与"义"相济，而不是"见利忘义"，而是"见利思义"。

在"仁"的基础上可以区分君子与小人，同样，在"义"与"利"的基础上也可以区分君子与小人。

见利思义

> 子路问"成人"。子曰："若臧武仲之知，公绰之不欲，卞庄子之勇，冉求之艺，文之以礼乐；亦可以为成人矣！"曰："今之成人者，何必然？见利思义，见危授命，久要不忘平生之言；亦可以为成人矣！"（《论语·宪问》）
>
> 【参考译文】子路问怎样才能是一个真正的人。孔子说，"智慧像臧武仲，清心寡欲像孟公绰，勇敢像卞庄子，多才多艺像冉求，再用礼乐来成就他的文采，也可以说是一个真正的人。"又道，"现在的真正的人哪里一定要这样呢？看见利益便能想起来该得不该得，遇到危险便肯付出生命，经过长久的穷困日子都不忘记平日的诺言，也可以说是一个真正的人了。"

子路问成就一个真正的人，其中的一条就是"见利思义"，这一点孔子在《论语》中是反复强调的。也就是，"共识"的建立必须得抛开个人的利益、克服财富与权贵的诱惑。同时，在做到"义"的同时，还有其他各个方面的要求，如"智慧"、"不欲"、"艺"、"礼乐"、"成文"，但在不同的时代，则可以有不同的形式的要求。在春秋这样一个大变动时代，则不必如此，而是只要做到"见利忘义"、"见危授命"、"不忘平生之言"这三项基本上就可以了，而不必要像古时那么求全。这更突出了孔子的思想能够因时而化的特质。

> 子张曰："士见危致命，见得思义，祭思敬，丧思哀，其可已矣。"（《论语·子张》）
>
> 【参考译文】子张说："一个士，看见危难肯豁出生命，看见有所得便考虑是否该得，祭祀时候考虑严肃恭敬，居丧之时考虑悲痛哀伤，那也就

可以了。"

这句话是子张对孔子思想的理解。可见"士"即"成人",即以成就"仁"、"道"为己任,为实现人与生俱来的使命,行进在"任重而道远"中的。

见得思义

孔子曰:"君子有九思:视思明,听思聪,色思温,貌思恭,言思忠,事思敬,疑思问,忿思难,见得思义。"(《论语·季氏》)

【参考译文】孔子说:"君子有九种考虑:看的时候,考虑看明白了没有;听的时候,考虑听清楚了没有;脸上的颜色,考虑是否温和;容貌态度,考虑是否庄矜;说的言语,考虑是否忠诚老实;对待事业,考虑是否严肃认真;遇到疑问,考虑怎样向人家请教;将发怒了,应考虑患难在前;看见可得的,考虑是否应该获得。"

"见得思义"是君子的基本品质之一。每每在日常生活中有所得,必要思考其中之"义"。日常生活是训练个人能力的平台,唯有时时训练,人的潜力才会被激发出来。

子问"公叔文子"于公明贾,曰:"信乎? 夫子不言不笑不取乎?"公明贾对曰:"以告者过也! 夫子时然后言,人不厌其言;乐然后笑,人不厌其笑;义然后取,人不厌其取。"子曰:"其然! 岂其然乎?"(《论语·宪问》)

"义然后取"是孔子遵循的准则。上面这两句话更是强调了"义"与"得"或是"取"的关系。财富之诱惑在世俗世界中是不可避免的,不处理好这个关系,或是极端地否定人对财富与权贵的"欲望"都是不足取的。

与不善相对的"大义",具有"公"的意义

"义"是指合乎人的本来、应来状态的道理,那它就能引起大多数人的共鸣,是合乎一般的人、公众利益与想法的。因此,它就与"善"是等同的,而与"不善"是相对的,能暴露于阳光与公众之下。它直接通向"道"与"仁"。

　　孔子曰:"'见善如不及,见不善而探汤;'吾见其人矣,吾闻其语矣!'隐居以求其志,行义以达其道;'吾闻其语矣,未见其人也!"(《论语·阳货》)

　　根据上面对"仁"的解释,这种"义"是一种能将自己的潜力发挥出来的道理,具有佛教中"大乘"的特点,而非只是解救自己的"小乘"。只要沿着这条道路往下走,就会有巨大的功效,具有不可思议的效果。因此,需要做到的是知道了这个"义",就要马上行动,知道了什么是"不善"的,应立刻就能改。这样才能成就"仁"。要做到"见不善如不及,见不善如探汤"。这里的"行义以达其道"容易理解,"隐居以求其志"往往被解释为"结庐而居"、"与世隔绝"。其实,孔子这里的"隐居"按照他的整体意义是"危邦不入"、"乱邦不居",而非后人理解的"独居"之义。纵观《论语》一书,孔子几乎没有独居之时,无论是顺境,还是逆境之中,无论是在鲁国,或是其他国家,还是在周游列国的途中。

　　子曰:"德之不修,学之不讲,闻义不能徒,不善不能改,是吾忧也。"(《论语·述而》)

　　这句话既是孔子的担忧,也是孔子思想的综合表达。个人之成长、"成人"不是口号,而是切切实实的行动,是每天都需要付诸实施的。这里可以毛泽东主席的一句话来概括,那就是"好好学习,天天向上"。
　　而如果不是按照这样的道路行走的,即使是能得到"富与贵",也是不应该的,应该视之如浮云。

　　子曰:"饭疏食饮水,曲肱而枕之,乐亦在其中矣。不义而富且贵,于我如浮云。"(《论语·述而》)

　　这里从极端方面说明了"富贵"与"义"的关系,但并不是常态。
　　知道了"义",就应该行为,有所作为,否则,就是属于没有"勇"这一美德。

子曰:"非其鬼而祭之,谄也。见义不为,无勇也。"(《论语·为政》)

【参考译文】孔子说:"不是自己应该祭祀的鬼神,却去祭祀他,这是献媚。眼见应该挺身而出的事情,却袖手旁观,这是怯懦。"

这里的"义"与"勇"就联系在一起了。"见义不为",则是"无勇"。

老百姓做到"仁"很不容易,这个我们上面讲了。但是治理老百姓,一定要用"义"的方法。从这里就可以看到"仁"是理想与终极的目标,而"义"是路径。

子谓子产,"有君子之道四焉:其行己也恭,其事上也敬,其养民也惠,其使民也义。"(《论语·公冶长》)

【参考译文】孔子评论子产,说:"他有四种行为合于君子之道:他的操行极谦恭,对待君上恭敬负责,教养人民有恩惠,役使人民合于法度。"

使民不能依"仁",但应依"义"。

樊迟问知。子曰:"务民之义,敬鬼神而远之,可谓知矣。"问仁。曰:"仁者先难而后获,可谓仁矣。"(《论语·雍也》)

【参考译文】樊迟问怎么样才算是有智慧。孔子说:"把心力专一地放在使民众走向'义'上,严肃地对待鬼神,但并不打算接近他,可以说是智慧了。"又问怎么样才叫做有仁。孔子说:"仁者付出努力,然后收获果实,可以说是仁了。"

民众不可以做到"仁",但个人可以做到"仁"。"务民之义",是"敬鬼神而远离之",让百姓踏踏实实地生活在"义"和"美德"之上,这就是治国的智慧。

能达到仁的日常美德

相对于"仁"的难以理解与难以实践,"义"相对而言,就容易得多了。具有公众认同,自己由内而外地认同的道理,往往就是"义"了。

子张问"崇德,辨惑。"子曰:"主忠信,徒义,崇德也。爱之欲其生,恶之欲其死;既欲其生又欲其死,是惑也!""诚不以富,亦祇以异。"(《论语·颜渊》)

【参考译文】子张问如何能提高品德,辨别迷惑。孔子说:"以忠诚信实为存心,唯义是从,这就可以提高品德。喜爱一个人,希望他长寿;厌恶他,恨不得他马上死去。既要他长寿,又要他短命,这便是迷惑。这样,的确对自己毫无好处,只是使人奇怪罢了。"

在平常做到两点就可以通向"仁"了。第一是自身要忠诚信用;第二是要唯义是从。做到上述两点,就是通往"仁"的道路,通往"无忧"的"仁者"道路了。

通过"义"来指导自己,提高自己的美德,做到"忠诚信用",并在此基础上,不断地实践。在《论语》中,"义"往往都是在这个意义上使用的,如下面两处的"好义"即是如此。

子张问士:"何如斯可谓之达矣?"子曰:"何哉? 尔所谓达者!"子张对曰:"在邦必闻,在家必闻。"子曰:"是闻也,非达也。夫达也者:质直而好义,察言而观色,虑以下人;在邦必达,在家必达。夫闻也者:色取仁而行违,居之不疑;在邦必闻,在家必闻。"(《论语·颜渊》)

【参考译文】子张问:"一个士如何才能算达?"孔子说:"你所说的达是什么意思?"子张答道:"在国内一定有名望,在大夫家也一定有名望。"孔子说:"这个叫名闻,不叫显达。怎样才是显达呢? 天性质直,心志好义,善于分析别人的言语,观察别人的态度,心存谦让。这样的人,自然在国内、在卿大夫家,到处都有所显达。至于闻,表面上似乎爱好仁,实际行为却不如此,可是自己竟以仁人自居而不加疑惑。这样的人,也能在国内有名闻,在卿大夫家也能有名闻。"

这与上面的解释也是一样的。"质直"、"察言观色"、"虑及下人"可以等同于"忠信"、"好义"与"徒义"。

　　樊迟请学稼,子曰:"吾不如老农。"请学为圃,曰:"吾不如老圃。"樊
迟出,子曰:"小人哉,樊须也!上好礼,则民莫敢不敬;上好义,则民莫敢
不服;上好信,则民莫敢不用情。夫如是,则四方之民,襁负其子而至矣;
焉用稼!"(《论语·子路》)

　　这段话在《论语》中是挺有意思的,是孔子少数几个不愿意教的例子。樊
迟在《论语》中是很有意思的一个人,有时可以问得很切中孔子思想的问题,
有时也会犯浑,问一些不着边际的问题。但这里樊迟的问题,不排除樊迟与宰
我一样"使坏"的可能。既然你孔子将"仁学"弄得神乎其神,那我为什么不用
极端的问题来试探一下呢?

　　这种对"义"的理解对中国传统的影响非常大,民间在给人取名字的时
候,很多情况下都会带上一个"义"字,如"守义"、"士义"。

作为一种衡量其他美德的更高的标准

　　正是这个"义"具有可操作性,又获得广泛的认同,因此,在实践中,它就
可以与其他的美德放在一起,并具有纠正其他美德的作用。因为,在上面我们
讲"仁"的时候,已经指出了,各项美德,如果没有了"仁",没有了"礼",没有
了节制,没有了终极目标,这些美德都会走向反面。

　　首先是"信"。"诚信"可是人的基本美德,在孔子的思想中是非常重要
的,孔子在《论语》中就反复地提到"主忠信",这是人的最为基本的方面。但
是,正如前面讲过的,"信而无礼",或是"好'信'不好学,其蔽也'贼'",①单一
的"信"也会出现问题。因此,"信"与"义"的结合,就可以保障"信"在通向
"仁"的层面上运行。

　　有子曰:"信近于义,言可复也。恭近于礼,远耻辱也。因不失其亲,
亦可宗也。"(《论语·学而》)
　　【参考译文】有子说:"与人约而求信,必先求近义,始可践守。向人
恭敬,必先求合礼,始可远耻辱。遇有所因依之时,必先择其可亲者,才可

---

　　① 《论语·阳货》。

以有所依靠。"

另一个就是"友"。在家靠父母,在外靠朋友,这朋友是很重要的,也是个人成长的社会性条件所不可缺少的。在实现人的发展的过程中,人的开放性与社会性是非常重要的,开放的心态、真诚的朋友,可以使自己得到更大的发展,能力得到更大的提升。佛教中的"丛林制度",基督教的教堂、伊斯兰教的清真寺与社区的结合,都说明合适的群体对人的发展是极其重要的。孔子的学说也极其强调"友"的重要性。如"以文会友"、"以友辅仁"、"三人行,必有我师焉,择其善者从之,择其不善者改之"①,但是,如果"友"不能与"义"结合,结交一些"言不及义"的朋友,那么,这个"友"就会出问题了。

　　子曰:"群居终日,言不及义,好行小慧;难矣哉!"(《论语·卫灵公》)

这也是孔子总是强调的不能结交一些"友不如己者"。如"主忠信。无友不如己者。过,则勿惮改。"②"毋友不如己者。过,则勿惮改"。③　子贡问"友"。子曰:"忠告而善道之,不可则止,毋自辱焉。"④"友其士之仁者。"⑤孔子曰:"益者三友,损者三友;友直,友谅,友多闻;益矣。友便辟,友善柔,友便佞损矣。"⑥

可见,正是因为"友"非常重要,所以孔子反复地强调这一点。那么,如果"言不及义",这"友"就有问题了。

那么,除了交朋友外,考察一个人,也可以以"义"作为标准。即"君子义以为质",这个人就是君子,肯定是可以结交成朋友的了。

---

① 《论语·述而》。
② 《论语·学而》。
③ 《论语·乡党》。
④ 《论语·颜渊》。
⑤ 《论语·卫灵公》。
⑥ 《论语·季氏》。

子曰:"君子义以为质,礼以行之,孙以出之,信以成之;君子哉!"(《论语·卫灵公》)

【参考译文】孔子说:"君子把义当他一切行事的本质,依礼节实行它,用谦逊的言语说出它,用诚实的态度完成它。这样才真是位君子呀!"

这是君子的四个内涵,由"义"、"礼"、"逊"、"信"构成,分别在内涵、日常行为、言语、言行一致表现出来,也就是能做到上述四点,就能成就君子,也是区别君子与小人的标准。

另外,"义"还可以纠正"勇"的问题。"勇"在孔子的思想中也是非常重要的美德。如"勇者无惧",与"仁者无忧,知者无虑"是放在一起的,可等量齐观的。"仁者必有勇",可见,"勇"是非常重要的。但是,"勇"如果不与"好学",不与"礼"结合在一起,也会引起麻烦。"勇而无礼则乱"①,"好勇疾贫,乱也"②,"好'勇'不好学,其蔽也'乱'"③,"恶勇而无礼者"④。

子路曰:"君子尚勇乎?"子曰:"君子义以为上。君子有勇而无义为乱,小人有勇而无义为盗。"(《论语·阳货》)

【参考译文】子路问道:"君子尊贵勇敢不?"孔子说:"君子认为义是最可尊贵的,君子只有勇,没有义,就会捣乱造反;小人只有勇,没有义,就会做土匪强盗。"

这里的"义"与"好学"、"礼"具有同样的功效。只是"义"是以上位的价值纠正下位的品格,而"好学"与"礼"是通过自我的反省与外在的行为模式来纠正。

孔子进而指出,如果是"见义不为",那就不是"勇"了。

---

① 《论语·泰伯》。
② 《论语·泰伯》。
③ 《论语·阳货》。
④ 《论语·卫子》。

子曰:"非其鬼而祭之,谄也。见义不为,无勇也。"(《论语·为政》)

真正的"仁",是见义而为,具体的落脚点是"行"。实践在孔子的思想中具有基础性的地位。

第10讲　君子与小人：内在的"大人"与"小人"

子曰："君子不器。"

——《论语·为政》

子曰："君子周而不比，小人比而不周。"

——《论语·为政》

子曰："君子坦荡荡，小人长戚戚。"

——《论语·述而》

　　"君子"与"小人"两个概念对后代的影响极大，大家都喜欢自称为谦谦君子，也喜欢君子，而讨厌小人。说一个人是"小人"，其实就等于是骂人的话。这两个概念也是孔子思想中最为重要的行为标准，那么这些行为标准的依据是什么呢？什么是"君子"，什么才是"小人"呢？我们现在使用的"君子"与"小人"的概念与孔子的本意是否一致呢？孔子使用这两个概念到底是要说明什么呢？我们现在来看一看这些词的应用。在讲君子与小人之时，我们还得讲一下与君子概念相关的"士"的概念。

一、君　子

　　我们现在老说我们自己是"君子"，称我们看不上眼的人是"小人"，其实这是在误读孔子。孔子讲的"君子"，其实我们大多数人都是做不到的，而孔子讲的"小人"，是那些"有信用"的人，或许我们连孔子讲的"小人"都算不上，只能算是孔子讲的"斗筲之人"。我们现在来看看，孔子讲的"君子"到底有什么样的标准。

君子的十一条标准

君子是一种行为标准。

> 子谓子产,"有君子之道四焉:其行己也恭,其事上也敬,其养民也惠,其使民也义。"(《论语·公冶长》)

君子要从"行己"、"事上"、"养民"与"使民"上着手,能做到这四个方面,就是"君子"了。这也是"君子"的四项要求。可见,君子不是简单的自称,而是一种很高的标准与要求。

我们来看看,作为一个君子,有哪些行为标准。孔子在《论语》中归纳出十一项标准,分别是"好学"、"务本"、"自重"、"不器"、"先行其言"、"周而不比"、"怀德"、"文质彬彬"、"喻于义"、"坦荡荡"、"死守善道"等十一项。这是"君子义以为质,礼以行之,孙以出之,信以成之"①的深化,可以在各个方面作为行动的准则。

好学、博学

作为一个君子,要做到"好学"、"博学"。其中"好学"很重要。

> 子曰:"学而时习之,不亦说乎? 有朋自远方来,不亦乐乎? 人不知而不愠,不亦君子乎?"(《论语·学而》)

只有有了自我认知,自我实现,有了自己的世界,才能做到认识志同道合的朋友,才能做到"人不知而不愠",真正地做到自身的强大,不被社会所扭曲,而不是消极地抱怨和等待。

> 子曰:"君子食无求饱,居无求安,敏于事而慎于言,就有道而正焉,可谓好学也已。"(《论语·学而》)

---

① 子曰:"君子义以为质,礼以行之,孙以出之,信以成之;君子哉!"(《论语·卫灵公》)

这是对"君子""好学"的解释。即在日常生活中的"食"、"居"、"事"、"言"上着力。

> 子曰："君子博学于文，约之以礼，亦可以弗畔矣夫！"（《论语·雍也》）

"文"是指"礼乐"，在"礼"与"乐"要通晓，并根据当下的特点做到因时而化，这样，"君子"就可以始终如一地经营自己，及实现自己的志向了。

务本

君子务本，本立而道生。

> 有子曰："其为人也孝弟，而好犯上者，鲜矣；不好犯上，而好作乱者，未之有也。君子务本，本立而道生。孝弟也者，其为仁之本与！"（《论语·学而》）

这里是指成就"君子"的方法论，即"务本"，也就是有子学习孔子思想的体会。他理解的结果与曾子的理解是一样的。有子归纳为"孝悌"，曾子理解为"忠恕"，尽管都有以偏概全、简单化的倾向，但"务本"的方法论确实是孔子思想的核心。这也是西方人的理解，大卫·休谟曾对这一问题有精辟的论述。①

> 子曰："富与贵，是人之所欲也；不以其道得之，不处也。贫与贱，是人之恶也；不以其道得之，不去也。君子去仁，恶乎成名。君子无终食之间违仁，造次必于是，颠沛必于是。"（《论语·里仁》）

"务本"是第一项，是指做什么；第二项是"时时务本"，即在什么时候做。

---

① 沈敏荣：《市民社会与法律精神——人的品格与制度变迁》，法律出版社 2008 年版，第 231 页。

第二项的答案是要让遵循"仁"成为生活中一个不可分割的一部分,融入自己的血液中,即与自己的日常生活结合在一起,不管生活的困顿与否。

自重

君子不重,则不威,学则不固。

> 子曰:"君子不重,则不威;学则不固。主忠信。无友不如己者。过,则勿惮改。"(《论语·学而》)

所谓"自重",就是重视自己,自己不显得轻浮、流俗,有自己的见解、看法,有自己的处世方式,"不道听途说",有判断力,能"知命"、"知言"。

不器

成就大器者不器。

> 子曰:"君子不器。"(《论语·为政》)

"君子务本",君子以安排好日常生活来支持自己的志向,因此,"君子"有很强的行动能力,能在"行己"、"事上"、"养民"、"使民"上着力,因此,"君子"就能做到"不器",能做到"自得其乐"。所以,"不器"是结果,是"君子"强大的行动力、毅力、判断力与现实生活结合起来的结果,而不能单独地来理解。如果单独地来强调"君子不器",则会使人消极,而失去了孔子思想中积极向上这一根本性质。唯有"成就大器",才能"不器"。

先行其言

君子先行其言,而后从之。

> 子贡问君子。子曰:"先行其言,而后从之。"(《论语·为政》)

对行动力的强调是"君子"的核心。如果不能从"行"字着眼,"君子"很难立足于世。

　　　　子曰："君子欲讷于言，而敏于行。"（《论语·里仁》）

对于"君子"而言，"敏于行"是非常重要的，也是孔子一再强调的。

周而不比，无所争

君子周而不比，无所争而无所不争。

　　　　子曰："君子周而不比，小人比而不周。"（《论语·为政》）

　　具有强大行动力的君子"不器"，能实现自身的因地制宜的发展。这就是"周而不比"。相反呢？没有行动力，就会被环境所左右，就会被环境所逼迫挟持，就会陷入患得患失之中，处于不得不与人比较的境地之中，而比较其实是会阻碍一个人的发展，而使其内在的"仁"的发展"很小"，人的内在的潜力得不到发挥。

　　　　子曰："君子无所争。必也射乎！揖让而升，下而饮。其争也君子。"（《论语·八佾》）
　　　　【参考译文】孔子说："君子没有什么可争的事情。如果有所争，一定是比箭吧，（但是当射箭的时候，）相互作揖然后登堂；（射箭完毕，）走下堂来，然后（作揖）喝酒。那一种竞赛是很有礼貌的。"

　　如何看待"君子"的行动力与"君子"的竞争呢？"君子"对这个世界并不是无所谓。这里可以很明确地理解，为什么"不器"不能解释为无所谓，而是"器"并非立足事物发展之本。"君子"的争是"不比"的争，是由内而外的进取，是勇猛、精进，是出于责任感与使命感，而非出于妒忌心与好胜心。因此，"君子"的竞争是友善的、良性的，是基于自身成长、发展的竞争。

怀德、怀刑

君子怀德、怀刑，不降其志，不辱其身。

　　子曰:"君子怀德,小人怀土;君子怀刑,小人怀惠。"(《论语·里仁》)

　　"德"与"刑"的关系是君子的一个标志。后来中国传统社会将之发展成为"德主刑辅"的统治模式。但在孔子那里,"德"与"刑"是并列的,是一个事物的两个方面,而非两个事物。"德"是内在的厚重感,是美德、品格的积累,是"志"与"行"的结合。而"刑"则是"最严厉的处罚",是"不可为事情的底线"。尤其是"邦无道","君子怀刑"就更重要,"免于刑戮"是君子立于世的基础,这是"畏"的消极方面。孔子还极其强调畏的积极方面:"君子"要有"敬畏心",要"三畏",其中包括畏天、畏命、畏大人之言。"敬畏"与"畏惧",一个是积极的方面的作为,另一个是消极方面的警示与杜绝。这就是孔子的"中庸"之道,而非和稀泥之道。

文质彬彬

文质彬彬,然后君子。

　　子曰:"质胜文则野,文胜质则史。文质彬彬,然后君子。"(《论语·雍也》)

　　"君子"的特点是内外的一致发展。内为"质",外为"文",两条腿走路,否则就会"野"或"史"。而平衡地发展,则成就"君子"。从"君子"思想的论述,我们也可以看出"仁"之道,人的内在与外在方面的发展。

喻于义

君子喻于义,闻义能徙,唯义是从。

　　子曰:"君子喻于义,小人喻于利。"(《论语·里仁》)

　　"君子"讲共识,"小人"讲利益,这一方面在前面已经讲过了。

坦荡荡，不忧不惧

君子坦荡荡，不忧不惧。

> 子曰："君子坦荡荡，小人长戚戚。"（《论语·述而》）

强大的行动力，内外一致发展的结果是君子"坦荡荡"，否则，就会"长戚戚"了，成为"小人"了。"坦荡荡"是君子的结果与状态，是基于远大志向与强大行动力的结果。

> 司马牛问"君子"。子曰："君子不忧不惧。"曰："不忧不惧，斯谓之君子矣乎？"子曰："内省不疚，夫何忧何惧？"（《论语·颜渊》）

"仁者无忧"，"勇者无惧"，"知者无惑"，而"君子"就能做到"无忧无惧"，这就非常厉害了。而这是怎样达到的呢？是通过"内省"而达到的。那如何内省呢？那就是"无疚"，即没有可愧疚的，就可以做到无忧无惧。民国时期，胡适在中国公学校长的任上曾给学生做过演讲，内容就是"诚实使人勇敢"，就是取义于此。

> 司马牛忧曰："人皆有兄弟，我独亡！"子夏曰："商闻之矣：'死生有命，富贵在天'。君子敬而无失，与人恭而有礼；四海之内，皆兄弟也。君子何患乎无兄弟也？"（《论语·颜渊》）

这里是子夏帮助孔子解释他的"无忧"的思想。"无忧"并不是躲避、抱怨，而是以自身的行动力做到"周而不比"，而不是"比"。外在的任何不利条件都不足以阻碍一个人的发展与成熟。个人的发展与强大足以消解先天的和外在的不利条件与困难。

死守善道

君子死守善道，无终食之间违仁。

> 子曰:"笃信好学,守死善道。危邦不入,乱邦不居,天下有道则见,无道则隐。邦有道,贫且贱焉,耻也,邦无道,富且贵焉,耻也。"(《论语·泰伯》)

"君子"既有强大的行动力,又能做到全面发展,"文质彬彬",做到"坦荡荡","不忧不惧",这样,就能做到"周而不比",以自身的发展来对社会作出判断,能做到"危邦不入,乱邦不居",选取适合自己发展的朋友与环境。这样,君子就非常厉害了,就能做到"天下有道则现","无道则隐","不降其志","不辱其身",成就内在的"大人"。

正是由于"君子"行为的标准极高,要成为"君子"其实是不易的。评价一个人为"君子",其实是很高的评价。

> 子谓子贱,"君子哉若人! 鲁无君子者,斯焉取斯?"(《论语·公冶长》)
> 【参考译文】孔子评论宓子贱,说:"这人是君子呀! 假若鲁国没有君子,他从哪里取来这种好品德呢?"

君子是否需要多才多世呢? 孔子认为不需要,学习"六艺"就可以了。

> 大宰问于子贡曰:"夫子圣者与! 何其多能也?"子贡曰:"固天纵之将圣,又多能也。"子闻之曰:"大宰知我乎? 吾少也贱,故多能鄙事。君子多乎哉? 不多也!"(《论语·子罕》)
> 【参考译文】太宰向子贡问道:"孔老先生是位圣人吗? 为什么这样多才多艺呢?"子贡说:"这本是上天让他成为圣人,又使他多才多艺。"孔子听到,便道:"太宰知道我呀! 我小时候穷苦,所以学会了不少鄙贱的技艺。真正的君子会有这样多的技巧吗? 是不会的。"

这个世界的逻辑真的是挺有意思的。孔子在当时就被认为是圣人。既然是圣人,那就是出身好、教育好、自身条件好、机遇好,这是当时的普遍看法,也是我们现在对大人物的普遍看法。但孔子却有着清醒的认识,说自己,"少也贱,多能鄙事",并不由于是圣人的关系,而是由于"贫贱"所致。世俗的认识往往会有很多错误,需要自己的认识与判断。

孔子自己都觉得自己在"躬行君子"方面做得很不够。

> 子曰:"文,莫吾犹人也。躬行君子,则吾未之有得。"(《论语·述而》)

正是因为"君子"的核心是行动力,所以,孔子也认为自己在这方面还有很大的发展余地,需要继续努力。

由此可见,"君子"不易,能被称为"君子",那是莫大的赞许和肯定。

二、小人:内在很小的人

小人十八条标准

"小人"是相对于"大人"而言的,也与"君子"相反。那么什么是"小人"呢? 我们来看看"小人"具有的十八个特点:"比而不周"、"怀土"、"喻于利"、"长戚戚"、"骄而不泰"、"成人之恶"、"受外界环境影响"、"不就正道"、"硁硁然"、"同而不和"、"行动力不强"、"下达"、"求诸人"、"小知而不可大受"、"不仁"、"无敬畏之心"、"难养"、"内在之人小"。

比而不周

小人比而不周,难养也。

> 子曰:"君子周而不比,小人比而不周。"(《论语·为政》)
> 【参考译文】孔子说:"君子待人忠信,但不阿私;小人以阿私相结,但不忠信。"

"小人"呢,喜欢和别人比较,极容易受别人的影响,但自身的发展不平衡——"不周"。这是"小人"最大的问题,不关注于自身的发展,不关注自身潜力的开发,而只是关注于外在的比较,极易受外在的诱惑。这样的发展并不是一个人的应有的发展之道。终其一生,"不辱其身"很难,尤其是大变动时期,这种"小人"处世之道不可取。

怀土、怀惠

小人怀土、怀惠,降其志,辱其身。

子曰:"君子怀德,小人怀土;君子怀刑,小人怀惠。"(《论语·里仁》)

"小人"怀"土"与"惠",小人想的是狭窄的自我与狭小的空间,以及用恩惠来维系人与人之间的关系,而不是以"和而不同"的共识,以"义"为基础,来发挥自己的能力。同时,反过来也是成立的,也正是由于怀"土"与"惠",促进了一个人成为"小人",而如果一个人怀"德"与"刑",那就促进一个人成为"大人"、"君子"。

喻于利

小人喻于利,见利而忘义。

子曰:"君子喻于义,小人喻于利。"(《论语·里仁》)

"小人"对利益总是非常强调的,易受"财富"与"权贵"的诱惑。财富不为人所用,就会成为负担。"人为财死,鸟为食亡"往往成为一个人奋斗过程中的梦魇。

长戚戚、骄而不泰

小人长戚戚、骄而不泰。

子曰:"君子坦荡荡,小人长戚戚。"(《论语·述而》)

一个人如果不注重内在的"德"的厚重，如果不注重自身的培养，如果不注重内在潜力的开发，那这个人的心中就是"长戚戚"，因为，他内在的那个人应该是成为"大人"的，但是他没有完成这个人应该完成的使命，违背了他的"命"："不受命"，那他就会经常性地体会到失落，"戚戚"也就不足为怪了。

子曰："君子泰而不骄；小人骄而不泰。"（《论语·子路》）

"小人"由于不关注内在的自我的培养，老着力于外在的"比"，而不关注于内在的"周"，那就总会处于"戚戚"中，由于超越了别人，而"骄傲自满"，或是由于得到了满足而"骄傲自喜"。殊不知，在骄傲中，失去了最为重要的自我的评价、自我的发展与满足，即"周"。因此，这个人就不可能是"泰然若素"，不以环境的改变而保持自身的发展。久而久之，不能成就自身的可持续发展。

成人之恶

小人成人之恶，以怨报德，以怨报怨。

子曰："君子成人之美，不成人之恶；小人反是。"（《论语·颜渊》）
【参考译文】孔子说："君子成全别人的好事，不促成别人的坏事。小人却和这相反。"

正是由于未关注于自身的发展，不了解自己，也不了解人固有的"命"，整天处于与别人的"比较"之中，患得患失，这样的人与他人相处，他的着眼点，评价标准都是处于"比"当中，因此，这种人器量小、标准混乱、出发点错误，不可能做到"和谐"，因此，他与别人的交往之中，不管是出于善心还是恶意，都不能"成人之美"也就不足为怪了。

受外界环境影响

小人易受外界环境影响，不能做到"一以贯之"。

　　季康子问政于孔子曰："如杀无道,以就有道,何如?"孔子对曰："子为政,焉用杀? 子欲善,而民善矣! 君子之德风;小人之德草;草上之风必偃。"(《论语·颜渊》)

小人之德,受外界的影响大,近朱者赤,近墨者黑。如何对待"无道",小人是"杀无道,就有道","以怨报怨"。而君子则相反。

　　在陈绝粮。从者病,莫能兴。子路愠见曰："君子亦有穷乎?"子曰："君子固穷;小人斯滥矣。"(《论语·卫灵公》)

　　【参考译文】孔子在陈国断绝了粮食,跟随的人都饿病了,爬不起来了。子路很不高兴地来见孔子,说道："君子也有穷得毫无办法的时候吗?"孔子道："君子虽然穷,还是坚持着;小人一穷便无所不为了。"

"君子"由于关注自身的发展,注重内在标准的建立,能够在环境的改变中,以自身的厚重保持自身的发展。因此,即使贫困,但如果是取不义之财,则不为,能做到"贫而乐"。为什么呢? 因为相对于自己能力的发展与品格的完善而言,再多的财富都不能与之相比。但"小人"正好是相反,环境对其影响是极其巨大的,因为小人没有内在自我的发展,是在"比"之中生活,心中常处于"戚戚"之中,没有听从"命运"的召唤。

不就正道

小人不就正道,不能善始善终。

　　樊迟请学稼,子曰："吾不如老农。"请学为圃,曰："吾不如老圃。"樊迟出,子曰："小人哉,樊须也! 上好礼,则民莫敢不敬;上好义,则民莫敢不服;上好信,则民莫敢不用情。夫如是,则四方之民,襁负其子而至矣;焉用稼!"(《论语·子路》)

"小人"由于出发点错误(外在的事物),方法上偏差("比而不周"),易受外在事物的诱惑,"小人"难以在"正道"上行进了,他不可能"务本",也不可能执著于本，并坚持之。不"就正道"就成为"小人"的一个基本特点了。

硁硁然

小人硁硁然，好信不好学，其蔽也贼。

> 子贡问曰："何如斯可谓之士矣？"子曰："行己有耻；使于四方，不辱君命；可谓士矣。"曰："敢问其次？"曰："宗族称孝焉，乡党称弟焉。"曰："敢问其次？"曰："言必信，行必果；硁硁然，小人哉！抑亦可以为次矣。"曰："今之从政者何如？"子曰："噫！斗筲之人，何足算也！"（《论语·子路》）

孔子的"小人"与我们现在所说的小人其实并不是一回事，我们往往滥用了孔子的小人。我们指的"小人"，往往是指道德不好的人，而孔子那里的"小人"是指内在的自我没有培养起来，不足以左右自己的生活。但这个人不是坏人，而是言而有信的人，行事果断的人。至于坏人，在孔子那里，则不是小人，而是"斗筲之人"，不足以提了。

同而不和，不易合作

小人同而不和，不易合作，狎大人，侮圣人之言。

> 子曰："君子和而不同；小人同而不和。"（《论语·子路》）

由于君子关注于自身的发展，而每个个体都是不一样的，因此，君子是各不相同，具有多样性，但君子由于对自己有着宽容与敬畏，并能与朋友、兄弟和谐相处，因此，君子就可以"和"，这就是君子的"和而不同"。但"小人"则正好相反，"小人"总是处于"比"与"争"之中，心胸狭窄。"小人"都具有相似性，都是比较出来的，因此，他们之间的团结就会成问题，这就是小人同而不和。与一般的女子相似，小人也是"近则狎，远则怨"。

行动能力不强

小人的行动能力不强，没有对比时，自我独处时毫无作为，丧失了增强行动力的强有力来源。

> 子曰："君子易事而难说也：说之不以道，不说也；及其使人也，器之。小人难事而易说也；说之虽不以道，说也；及其使人也，求备焉。"(《论语·子路》)

"小人"的行动力是有问题的，而这完全是由于"小人"本身的原因。为什么呢？"说之不以道"，出发点本身就有问题，而且不"就正道"，"言不及义"，而对别人的要求，则是求"备"，以"完人"的标准要求，也就是小人自己的"言"与"行"完全不一致。正是由于"小人"自身的原因而导致他的行动力不强。而君子呢，则相反。"说"与"行"是一致的。说之以道，而行动时，以各人实际的能力来要求，这样，君子就能因时而化，依时而动，具有极强的行动力了。

下达

小人下达，不能做到天天向上。

> 子曰："君子上达；小人下达。"(《论语·宪问》)

"小人"关注人的外在方面，言行不一致，始乱终弃，"长戚戚焉"，"骄而不泰"。这样，他就不能做到"文"与"质"、内与外，"言"与"行"的共同发展，他的发展路径就是向下了，而不是向上的发展，做到"天天向上"。

求诸人，不求诸己

小人求诸人，不求己，不能发掘人的真正力量。

> 子曰："君子求诸己；小人求诸人。"(《论语·卫灵公》)

正是由于"小人"是他内在的潜力没有发展，内在的人渺小，所以，他自己不够厚重，不能够选择环境，不能够判断他人，更不能左右世事，因此，常常受环境的左右，受他人、条件的胁迫。因此，在碰到困难、遭遇困境时，小人所寻求的并不是自己的努力，而是寻求外在的帮助；或是在困境下，自暴自弃，无所不为了。① 这是符合小人的思路的。

小知而不可大受

小人可小知而不可大受，小人不能"受命"完全取决于自身。

> 子曰："君子不可小知，而可大受也；小人不可大受，而可小知也。"
> （《论语·卫灵公》）
> 【参考译文】孔子说："君子不可以用小事情考验他，却可以接受重大任务；小人不可以接受重大任务，却可以用小事情考验他。"

"小人"小知则止，很容易满足。而君子则相反，终日三思，日日担忧，有危机感、紧迫感与使命感。小人容易"骄"，喜欢"比"，比别人好了，沾沾自喜，否则，"成人之恶"，整日处于钻营之中，这种人是"下达"者，不可能了解人之"正道"，不可能发挥出人的内在的巨大潜力，因此，这种人不可能接受伟大的任务。什么是"大受"呢？ 即能改变自己、他人、社会命运，能给他人带来福音的，如孔子传承文明的使命。

永远也做不到仁

小人永远也做不到仁，永远找不到勇气和信心之源。

> 子曰："君子而不仁者有矣夫？ 未有小人而仁者也！"（《论语·宪问》）

"小人"永远也做不到"仁"的，永远也不能将自己内在的能力完全地发挥出来，不可能完成人之所以为人的使命。因为小人的着力点是错误的，方向完全与"仁者"相反。其结果不能达到"仁"也就可想而知了。

---

① 子曰："君子固穷，小人斯滥矣。"（《论语·卫灵公》）

没有敬畏之心

没有敬畏之心，没有对人内在"神性"的敬畏，潜在的"大人"也被窒息了。

> 孔子曰："君子有三畏：畏天命，畏大人，畏圣人之言。小人不知天命而不畏也，狎大人，侮圣人之言。"（《论语·季氏》）
>
> 【参考译文】孔子说："君子有三项敬畏：敬畏天命，敬畏品德高尚之人，敬畏圣人的话。小人不知有天命而不惧怕，轻慢品德高尚之人，戏侮圣人的话。"

正是"小人"的"比而不周"，他就不可能有敬畏之心。一切都是可以比较，处于外在事物的对比之中，过之则骄，不过则"成人之恶"。这是非常可怕的。"小人"无论在成功或是失败中，其实他都失去了最为重要的自我发展。

不可相处，难养

小人不可相处、难养。

> 子曰："唯女子与小人为难养也！近之则不孙，远之则怨。"（《论语·阳货》）

"小人"很难养，很难相处。没有自我的评价与自我反省，没有自我能力提高的追求，有的是外在的地位、财富、权力的比较，这种人肯定是难以相处的。

内在的人太小，没有实现人的应有的价值

小人是指内在的人太小，没有实现人的应有的价值。因此，为人不能做"小人"，当做"大人"、"君子"。

> 子谓子夏曰："女为君子儒！无为小人儒！"（《论语·雍也》）
>
> 【参考译文】孔子对子夏说："你要去做个君子式的儒者，不要去做那

小人式的儒者！"

一个学说，它的外在理论、规则和可外化的思想是可见的，但内在的人的大小往往很难由外在方式表达出来。因此，一个学说，即使是儒学，可以由"小人"来阐发，也可以由"君子"来阐发。在关注学说本身的同时，注重自身的发展是一个学说之本，也最容易被人遗忘。孔子告诫子夏的用意也在于此：切莫急功近利，丢弃学说之本。

内在的人太小，从而使得外在的行为适得其反

小人内在的人太小，从而使得外在的行为适得其反。小人学道则易使，并不会导向"仁"，因为"小人"无法"以直报怨"，无法"爱人"。

> 子之武城，闻弦歌之声，夫子莞尔而笑曰："割鸡焉用牛刀？"子游对曰："昔者，偃也闻诸夫子曰：'君子学道则爱人；小人学道则易使也。'"子曰："二三子！偃之言是也；前言戏之耳！"（《论语·阳货》）
>
> 【参考译文】孔子到了（子游作县长）的武城，听到了弹琴瑟唱诗歌的声音。孔子微微笑着，说道："宰鸡，何必用宰牛的刀？（治理这个小地方，用得着教育吗？）"子游答道："以前我听老师说过，做官的学习了，就会有仁爱之心；老百姓学习了，就容易听指挥，听使唤。（教育总是有用的。）"孔子便向学生们道："诸位！言偃的话是正确的。我刚才那句话不过同他开玩笑罢了。"

此处孔子的学生子游用孔子以前的观点来反驳孔子的话，孔子当场非常自然地接受。此话很有意思，同样是做一件事情，"君子"与"小人"会得出截然不同的结果。"君子"学"道"，则学会"爱人"，包括亲人和友人（"以德报德"），甚至包括敌人（"以直报怨"），而小人则"易使"，更容易被指挥，被使唤。让更多的人懂得"爱"，知道如何去"爱"，这也正是文明真正的力量之所在。

> 子曰："色厉而内荏，譬诸小人，其犹穿窬之盗也与！"（《论语·阳

货》)

【参考译文】孔子说:"颜色严厉,内心怯弱,若用小人作比喻,怕像个挖洞跳墙的小偷吧!"

小人的特点是"长戚戚",其色厉而内荏,内外严重不一致。这里也是从反面指出,内外不一致,"不忠信"导致的后果。

子路曰:"君子尚勇乎?"子曰:"君子义以为上。君子有勇而无义为乱,小人有勇而无义为盗。"(《论语·阳货》)

"君子喻于义,小人喻于利",因此,"无义"是小人的特点,而小人要是"有勇",则可能会有更大的问题。

子夏曰:"小人之过也必文。"(《论语·子张》)
【参考译文】子夏说:"小人对于错误一定加以掩饰。"

子夏指出了"文"的一个副作用,就是可以掩饰"小人之过"。

孔子"仁学"中的"小人"并无褒贬之意,是孔子对现实世界的阐释。从"小人"的十八个特点的明确也可警示"士"和"君子",做"君子儒",莫做"小人儒"。

三、士

与"君子"、"小人"相关的一个概念是"士"。我们来看看什么是"士"。

士不是一般的人

"士"一般指有社会分工、具有特定才能的人。

子曰:"富而可求也,谁执鞭之士;吾亦为之。如不可求,从吾所好。"(《论语·述而》)

【参考译文】孔子说："财富如果可以合理求得的话，就是做市场的守门卒我也干。如果求它不合理，还是做我所喜好的事情。"

"士"在春秋时期，是指有专门技能的人。春秋有"养士"风气，就是收养一批有各种才能或专长的人。"执鞭之士"就是在这个意义上使用。孔子说，假如财富是值得追求的话，成为一个"执鞭之士"也愿意。但实际上，财富并不值得人花所有的精力和时间去追求。

孔子的特定用法

孔子的"士"与当时的一般使用的"士"也是不一样的。

子曰："士而怀居，不足以为士矣！"（《论语·宪问》）
【参考译文】孔子说："一个士，若而留恋安逸，便不配做士了。"

孔子思想中的"士"有自己特定的含义，是从内涵出发的，而不是外在的某种特定的指示，如声望、技能等。"士"是不能"怀居"，否则就不能成其为"士"，即不能以物质上的要求为目的，而是要"怀义"，即有"志向"、有"抱负"。

士是有志向的人

一个人有了志向、抱负，就是"士"了。

曾子曰："士不可以不弘毅，任重而道远。仁以为己任，不亦重乎，死而后已，不亦远乎。"（《论语·泰伯》）

"士"要弘毅，始终如一，一以贯之。"士"的要求也是很高的。

子贡问曰："何如斯可谓之士矣？"子曰："行己有耻；使于四方，不辱君命；可谓士矣。"曰："敢问其次？"曰："宗族称孝焉，乡党称弟焉。"曰："敢问其次？"曰："言必信，行必果；硁硁然，小人哉！抑亦可以为次矣。"

曰:"今之从政者何如?"子曰:"噫! 斗筲之人,何足算也!"(《论语·子路》)

这里是"士"对自己的行为要有严格的要求,要有耻辱感,能完成自己的承诺,不辱使命。这里的"士"的要求就很高了。士是第一层次的人,其次就是言必信、行必果的"小人",再次就是"斗筲之人"了。

士的行为可能会有问题

有了志向,但是行为不一定就符合道,可能喜欢财富,喜欢安逸。但这样就很麻烦了。

子曰:"士志于道,而耻恶衣恶食者,未足与议也!"(《论语·里仁》)

"士"志于"道"之后,还要建立对"富贵"的正确态度,否则,就"不足以议也",这和上面的"士而怀居,不足以为士矣"的含义是一样的。

士的标准

作为一个"士",是有一定标准的。

子张问士:"何如斯可谓之达矣?"子曰:"何哉? 尔所谓达者!"子张对曰:"在邦必闻,在家必闻。"子曰:"是闻也,非达也。夫达也者:质直而好义,察言而观色,虑以下人;在邦必达,在家必达。夫闻也者:色取仁而行违,居之不疑;在邦必闻,在家必闻。"(《论语·颜渊》)

在"士"的层次上,"闻"与"达"常常是难以处理的,要做到"达",而不是"闻"。这里面其实也就包含了对"财富"与"权贵"的态度。而子张在这方面就存在着理解上的问题,将"闻"当成了"达",这也是子张的问题之所在。

子路问曰:"何如斯可谓之'士'矣?"子曰:"切切、偲偲、怡怡如也,可谓'士'矣。朋友切切偲偲,兄弟怡怡。"(《论语·子路》)

【参考译文】子路问道："怎么样才可以叫做'士'呢?"孔子道："互相批评，和睦共处，可以叫做'士'了。朋友之间，互相批评；兄弟之间，和睦共处。"

这里是孔子关于"士"的思想的全部。"士"不是外在的地位或是声望，而是内在的"成人"，能处理好朋友与兄弟之间的关系，能互相鼓励，亲切和气，这样，就为自己的发展营造出一个良好的环境。孔子对"士"的理解，从一般的外在才能，发展为对"士"的内涵的理解，延续了孔子思想的一贯思想。孔子关于"君子"、"仁"的思想均如是。

"士"通过日常生活的磨练，有强大的行动力，对自己有全面的要求，就成了"君子"。再在"君子"的基础上，全面地实现"文"与"质"、"言"与"行"、"志"与"行"的结合，就走上了"为仁"之途了。

四、大变动时代的君子之道：政治制度完善君子

"君子"在孔子的思想中是一个非常重要的概念，也是孔子思想的核心之一。在春秋纷乱变动的时代，礼乐崩坏，同时，也是知识下移，民间社会不断发达之时，危难与机会同时并存。很多有良知之士，不满于世事的巨变与小人当道，隐而达其志。孔子与这些隐者完全不同的地方是他知道世事有定数，知其不可为而为之。孔子对隐者非常尊重，但不行隐者之道。这从孔子在周游列国的途中遇见隐者的遭遇中可以看到。①

在礼乐崩坏的变动时代，孔子采取了与前人完全不同的生存方式。"道之不行"，孔子是知道的，但是，即使是乱世，即使是礼乐崩坏的大变动时代，只是政治秩序的崩溃，民间的社会秩序还是需要的，人还是原来的人，有固有的命，长幼还需要"节"，君臣还需要有固有的"义"，人还需要"积德行善"，不能说大变动时代，人的固有属性都不存在了。不管世道如何，个人还是个人，内在的属性并不因外在的环境变化而改变。② 君子在世，"出仕"是为了行其

---

① 子曰："我则异于是，无可无不可。"（《论语·微子》）
② 子曰："斯民也，三代之所以直道而行也。"（《论语·卫灵公》）

义,孔子不隐,是为了宣扬其义,宣扬人生的意义,让子路、冉有、颜回等后生小子能"受命",让更多的人领悟人生的真谛,传承文明的核心价值。所以,孔子也是"行其义"。

> 逸民:伯夷、叔齐、虞仲、夷逸、朱张、柳下惠、少连。子曰:"不降其志,不辱其身,伯夷叔齐与?"谓柳下惠、少连:"降志辱身矣;言中伦,行中虑,其斯而已矣!"谓虞仲、夷逸:"隐居放言,身中清,废中权。""我则异于是,无可无不可。"(《论语·微子》)

在大变动时代,君子往往采取各种生存之道,一是"不降其志","不辱其身",这是做得比较好的;二是"降志辱身",但"言中伦","行中虑",与乱世谋求共生;三是"不辱其身","隐居而放言",虽然"身中清",但"废中权",放弃了在政治中发展的有利平台。孔子自认为自己不同于上述三者的君子之道,采取"危邦不入","乱邦不居","邦有道则现","邦无道则隐"的方式,力求在乱世中发挥自己的潜力,提升自己的能力。直至后来,在鲁国不得志,周游列国,寻求自身的发展和"仁学"思想的传播。这就是孔子的"君子之道"、"仁者之道"。

从上面一段话可以看出君子的生存方式,即在"行己"、"事上"、"养民"、"使民"上着力。这四项除了第一项外,其余三项均与政治生活有关。"君子"从本质上讲,是在政治制度中完善起来的。政治制度在培养与完善"君子"中具有重要的作用。

在孔子的春秋时代,诸侯国就相当于现在的县,属于城邦国家的地域范围,按照西方亚里士多德的说法,政治属于"善的艺术"①,脱离政治的个人成长往往是不可想象的。人在政治生活中成长是个人成长必不可少的环节。

正是由于政治生活非常重要,对个人的成长影响巨大。在坏的政治中,

---

① 沈敏荣:《市民社会与法律精神——人的品格与制度变迁》,法律出版社 2008 年版,第283 页以下。

个人将无处藏身，因此，作为一个"君子"，认识"危邦"与"乱邦"是非常重要的①，"君子"千万不能进入那些不讲理或是不讲人性的地方，这也是孔子所讲的"君子怀刑"②、"免于刑戮"③。在"善邦"中生存是成就"君子"的必要条件。在这一点上，"君子"的概念很类似于西方的"公民"这一概念。④ 公民的思想也构成西方传统的核心价值，也是近现代西方制度的基础。

然而，在当时诸侯纷起，春秋无义战之时，"善邦"几乎不存在。这也就是为什么君子不多的原因。但是作为一种人的成长模式，正如与公民的思想一样，是极具有启示与实践价值与意义的。

到了战国时代，君子在实践中就更少了，因为，世道更乱了。在春秋，君子是"先行其言，而后从之"，⑤而到了孟子时代，君子却是"言不必信，行不必果，唯义是从"。⑥ 君子的政治生存环境逐渐丧失了。真正的君子越来越少了，或是真君子，也无法从世俗的角度来评判了。

---

① 子曰："笃信好学，守死善道。危邦不入，乱邦不居，天下有道则见，无道则隐。邦有道，贫且贱焉，耻也，邦无道，富且贵焉，耻也。"（《论语·泰伯》）

② 子曰："君子怀德，小人怀土；君子怀刑，小人怀惠。"（《论语·公冶长》）

③ 子谓南容，"邦有道，不废，邦无道，免于刑戮。"以其兄之子妻之。（《论语·公冶长》）

④ 沈敏荣：《市民社会与法律精神——人的品格与制度变迁》，法律出版社 2008 年版，第283 页以下。

⑤ 子贡问君子。子曰："先行其言，而后从之。"（《论语·为政》）

⑥ 孟子曰："大人者，言不必信，行不必果，惟义所在。"（《孟子·离娄章句下》）

第11讲　仁学真义:仁的思想与仁的精神

子曰:二三子以我为隐乎? 吾无隐乎尔。

吾无行而不与二三子者,是丘也。

——《论语·述而》

吾十有五而志于学,

三十而立,四十而不惑,

五十而知天命,六十而耳顺,

七十而从心所欲,不逾矩。

——《论语·述而》

孟子曰:"仁也者,人也。合而言之,道也。"

——《孟子·尽心章句下》

上面我们讲了孔子对"仁"的解释,又讲了孔子的身教,也讲了"学"、"礼"、"君子"、"小人"。虽然"仁"在孔子的学说中没有明确的定义,但是我们是可以理解孔子思想中"仁"的含义了。

一、孔子思想的回顾:孔子思想中
通过社会的人的培养

启蒙很重要

人的发展离不开社会的培养。集体行动的社会保障是必须的,不能离开社会的组织形式,在西方是如此,在东方社会也是如此。通过社会来培养人是社会最为基本的功能。西方创造的"市民社会"概念的意义也在于此,即成为社会自组织中的一员。① 而在东方,则只是以民间社会的形式存在,但其中的意义是一样的。

在中国传统社会,人才的培养主要是靠教育,《礼记·学记》中的中心思想就是如此:"玉不琢,不成器,人不学,不知道。""君子如欲化民成俗,其必由学乎"。② 孔子在《论语》里面也认为的,"吾十有五而志于学,三十而立,四十而不惑,五十而知天命,六十而耳顺,七十而从心所欲,不逾矩。"③可见"学"在人才培养中是占有中心的地位,而且是长期性的。孔子之所以成为中国的"圣人",首先是因为他是一位教师,是将知识、智慧和"安身立命"的真知灼见,从贵族阶层带到民间的人,奠定了中国传统社会精神结构的第一人,"尊师重教"也构成了中华民族的民族性格。这也决定了教育的最终目的或初始目的,是"明明德,止于至善",让一个人成为真正的人。"仁学"的目的在于此,其他的文明经典的目的也在于此。

什么是学习、什么是教育

这种学习是非常虔诚的,这里的"学",和我们现在的学习自然科学和社会科学的"学"是不同的。这里"学"的主旨是对自己和他人的通透明达,是"智慧"的学习,是学习如何"安身立命",而不光是"知识"的学习。"子曰:'君子食无求饱,居无求安,敏于事而慎于言,就有道而正焉,可谓好学也已。'"孔子的"学"表现在"食"、"居"、"事"与"言"中,而不是我们通常所认为的"看书"。在《论语》中,我们看到的孔子是一个非常虔诚的人,而且,这种虔诚是体现在日常生活之中,而不是"刻苦学习"。而且,从孔子"述而不作"的一生中也可以看到孔子"虔诚"的一面。

根据不同的人制定不同的教育和发展计划,这是孔子留给后代教育思想的最为核心的部分——"有教无类"、"因材施教"。比如在《论语·颜渊》中,颜渊、仲弓、司马牛、樊迟问"仁",竟然得到完全不同的解答。孔子在《论语》

---

① 关于市民社会的论述详见沈敏荣:《市民社会与法律精神——人的品格与制度变迁》,法律出版社 2008 年版。

② 《礼记·学记》。

③ 《论语·为政》。

中谈到"仁"达 109 处,但无一雷同,这足见孔子"因时、因地而化"的教育方法,也是培育人才的必由之路。这和近代英国的约翰·密尔关于人的多样性和人才培育需要不同的环境和土壤的论述是非常一致的。① 教育离不开个人不断的实践。这种实践,农业社会与商业社会不同的路径就显现出来了。② 商业社会更重视于辩论的方法,而农业社会更重视于"不变真理"的感悟,但基本的精神都是一致的,这种学习和实践是一种融合于社会之中的,而不是脱离于社会之外的。孔子的思想并不是脱离社会的发展,而是融合在社会中的发展,它讲究的"礼"、"乐"、"射"等,都是在社会中的发展,子曰:"志于道,据于德,依于仁,游于艺,"都是基于社会的一种发展。

让学生按自己应该的方式成长

孔子对人的成长方法的理解是一种通过社会的方法来取得发展。《论语》开篇就是"子曰:'学而时习之,不亦说乎? 有朋自远方来,不亦乐乎? 人不知而不愠,不亦君子乎?'"。就是学习并不断地实践是通向真知,通向个人成长的必由之路;并且,通过同道中人的交流印证,从而达到人的发展。

孔子学说的核心是"仁",而达到"仁"的基本方法是"礼",而"礼"就是"社会规则"。"子曰:'兴于诗。立于礼。成于乐。'""颜渊问仁。……子曰:'非礼勿视,非礼勿听,非礼勿言,非礼勿动。'……"所以,在孔子那儿,我们看不见后来的"独善其身",而是通过社会来培育人,自我发展与社会培育相结合。我们从孔子的"危邦不入、乱邦不居"中就可以明显地看出来,在孔子的思想中,社会在人的发展中具有举足轻重的作用,离开了社会这一环节,人就脱离了它的成长环境。我们从孔子的经历中也可看出来,孔子"周游列国",而不是"独善其身"。"子曰:二三子以我为隐乎? 吾无隐乎尔。吾无行而不与二三子者,是丘也。""子曰:三人行,必有我师焉:择其善者而从之,其不善者而改之。"在孔子那里,我们也可以看到,人与人的交往原则是"不患人之不

---

① 沈敏荣:《市民社会与法律精神——人的品格与制度变迁》,法律出版社 2008 年版,第101 页。

② 哲学家冯友兰的《中国哲学史》对农业社会与商业社会、农耕文明与商业文明的区别讲得非常详细、深入,是这一方面的杰作。见冯友兰的《中国哲学简史》。

己之,患不知人也"。人与人的关系是"己所不欲,勿施于人"。孔子所忧的是
"德之不修,学之不讲,闻义不能徒,不善不能改,是吾忧也。"可以讲,在孔子
那里,"仁"是一种个人的境界,而"礼"则是达到这种境界的手段。只是到了
后来,这种思想受到了一定的曲解。

中国传统社会正是基于对人的成长的认识,自孔子始,开始了民间社会培
养人才的发展模式,这就是"私学",传说孔子有三千弟子,七十二贤人。疆域
扩大之后,政治社会负担不起促进人的发展的目的,而民间社会给个人的发展
提供了自由发展和适合自身发展的空间。在古希腊,则有很多的"学院",也
是民间自己组织的。

先师"孔子"

孔子是将原来的限于贵族的知识向民间传播的第一人,正是从孔子时起,
"学"不再限于贵族,而是扩及平民子弟。所以,孔子是建立中华民族性格的
奠基人,他创导的"安身立命"之说,尤其是他"因势利导"、"循循善诱"的指
导方法和人生态度成为之后华夏民族的人之所以为人的基础。也正是从孔子
开始,民间社会成为了有理性、有教养,能不断地培养人才的社会共同体。脱
离愚昧,走向理性,中国民间社会成为了中国社会稳定和持续发展的基础。我
们从以后的历史中可以看见,历史上的人才往往出自民间,而不是出现于政治
社会,战国的孟子、汉代的张良、三国的诸葛亮,以及以后的很多故事,如司马光、
王安石、欧阳修等等都是出身寒门。民间社会的强大构成了中国社会强大的基
础,个人个性的发展构成了政治理性的基础。可以讲,孔子的思想模式奠定了
中国的思维方式和生活方式,正是在这个意义上,他被后代尊称为"圣人"。

二、孔子思想的总结

从孔子那里,即使是曾子、子思、孟子一派对孔子的解释中,我们也可以看
到孔子对生命意义的探求。这是人的"安身立命"的基础。

具有终极关怀的思想

对"性"与"天命"的探求。"子贡曰:夫子之文章,可得而闻也;夫子之言

性与天道,不可得而闻也。""子曰:回也,其心三月不违仁,其余则日月至焉而已矣。"从孔子对颜回的评价中,我们可以看到,孔子的"仁"是一种境界,是一种寻得生命意义的一种状态,而不是一种心理状态,如"忠"或是"恕"是可以概括的,否则,我们不能理解孔子对颜回与其他学生的评价有这么前后截然不同。"子曰:不知命,无以为君子也。不知礼,无以立也。不知言,无以知人也。"我们可以从孔子的言行中可以看出,孔子"罕言命",并不等于孔子不探求"性"与"命"——"不知命,无以为君子",只是这种"命"具有不可言说的特点。同样的理解也可以适用于对"子罕言怪、力、神","未知生,焉知死"的理解。从中能看出,孔子对"终极真理"的敬畏之心非常突出。孔子的"仁学"中有很强烈的"终极关怀"的因素。这也是后来儒家被看成儒教的原因所在。

敬畏生命

敬畏生命。"子曰:君子有三畏:畏天命,畏大人,畏圣人之言。小人不知天命而不畏也,狎大人,侮圣人之言。""子罕言利,与命,与仁。"同时,孔子执着的对"生"和"生命意义"的探求也十分明显。同时,孔子强调人的"立",也就是人格的培养,在日常生活、点滴生活中培养人的"品格"。

对"生"的探求

对"死"的探求。子曰:"朝闻道,夕死可矣!"这说明"道"的意义远远要超过生理上的"生死"。"季路问事鬼神。子曰:未能事人,焉能事鬼?敢问死?曰:未知生,焉知死?"在"生"与"死"的问题上,二者是相通的,而"生"是"死"的基础。唯有知道了"生",才能知道死亡的意义。"生"与"死"是一个硬币的两面。这也说明了孔子积极的人生态度。人的生活、能力、品格在于后天生活的积累、在于自己的生活、在于自我的创造,而不在于先天、等待与他人的施舍。"子畏于匡,颜渊后。子曰:'吾以女为死矣!'曰:'子在,回何敢死!'"使命感能超越生理上的死亡,执著的信念是"人格"的基础。"子曰:志士仁人,无求生以害仁,有杀身以成仁。"这说明,"仁"的意义要远远大于"死亡"。

生活的终极意义是什么

对"生活终极意义"的探求。孔子虔诚的心态来源于对生命的敬畏和对

"生命终极意义"的探寻。"子曰:君子食无求饱,居无求安,敏于事而慎于言,就有道而正焉,可谓好学也已。""子曰:君子不器。""子曰:德之不修,学之不讲,闻义不能徙,不善不能改,是吾忧也。"对生活意义的探求最终以"仁学"的形式体现出来,它具有超越个体生命的意义,同时,也使个体具有不可思议的意志力、忍耐力和巨变社会中自身应对外界世界的力量。

如何看待财富与人生

对"财富"与"人生意义"关系的认识:财富是为人服务的,尤其是以人格的完善为优先。对财富的看法,孔子的观点是相当有意思的。"子曰:富与贵,是人之所欲也;不以其道得之,不处也。贫与贱,是人之恶也;不以其道得之,不去也。""君子去仁,恶乎成名。君子无终食之间违仁,造次必于是,颠沛必于是。"孔子首先认为取得"财富"是人的欲望,人希望取得财富,希望富裕的生活是人的本性,是需要肯定,而不是谴责。但人的这种欲望需要"取之有道",因为这种取得的方法才是通向"仁"的方法。可见,孔子的"仁"在于日常生活之中,"君子无终食之间违仁,造次必于是,颠沛必于是"。"子曰:士志于道,而耻恶衣恶食者,未足与议也!"孔子的"安贫乐道"就是从中而来的,但这并不和"获取财富"也是人的欲望相违背,只是当获取财富不"义"时,才会如此,而当"取之有道"时,人是应该遵从这一愿望的。孔子的这种"道"、"贤"、"仁"优于"财富"的思想在《论语》中比比皆是。"子曰:'贤哉,回也!'一箪食,一瓢饮,在陋巷,人不堪其忧,回也不改其乐。贤哉,回也!""子曰:'笃信好学,守死善道。危邦不入,乱邦不居,天下有道则见,无道则隐。邦有道,贫且贱焉,耻也,邦无道,富且贵焉,耻也。'""邦有道,贫且贱焉,耻也",社会与人的直接关系跃然纸上,对人的愿望的尊重也呼之欲出。孔子之尊重人的本性,尊重自然,应势利导之教育方法十分突出。个体的强大可以抵消不利的环境,这正是"子欲居九夷。或曰:'陋,如之何?'子曰:'君子居之,何陋之有!'"

三、仁的解释

(一)仁是形式意义上的人与实质意义上的人的统一

内在的人与外在的人合而为仁——难以认识的人的内在方面

中国字是象形文字，我们首先从文字上来理解"仁"。仁者，按象形文字的说法，就是两个人。是哪两个人呢？孔子说过，"仁远乎哉？我欲仁，斯仁至矣。"这说明"仁"不远，就在身边。孔子又说，"仁者先难而后获，可谓仁矣。"做到仁很难，要经历磨练。

前后看起来矛盾，这种矛盾可以排除"仁"是关于人与人关系的说法，"仁"不排除人在社会中的发展，人与人关系的重要性，但就"仁"的自身含义来讲，"仁"的根本不可能是关于人与人之间的关系。如果将这个"仁"理解成形式意义上的人与实质意义上的人——外在的人与内在的人的统一，那么，这个矛盾就不存在了。

内在的人是什么

"外在的人"，这个大家都显而易见，能形成共识，但"内在的人"，看不见，摸不着。虽然能体会得到，但是，要形成共识就很难了，为什么说"人最大的敌人是自己"，其原因即在于此，"不可逾越的高峰是自己"，"最大的困难是自己"，其原因即在于此。这很难理解的。人其实是自信心很弱的一种动物。但一个有生命力的民族，它们的传统思想的核心价值中传递着就是这样一个信息：认识你自己，认识你的"本来面目"。古希腊雅典的城训是"认识你自己"，《圣经·创世记》中通天塔的故事、摩西出埃及的奇迹、中国的愚公移山的传说、铁杵磨成针的警示、龟兔赛跑的寓言故事都是传递着同样的信息：相信自己具有无穷的潜力。这在西方被描述成人这种存在体身上所具有的"神性"。一个民族不以此为核心价值，就不能在这个世界上存续，个人也是如此。

因此，"外在的人"与"内在的人"的统一就成为十分困难的事，也成为不能定义，不能明确的事，成为"如人探水，冷暖自知"（禅宗慧能语）的事情了。

内在的人，看不见，摸不着，也最容易被人们所忽视。人们往往将人的外在的方面看成是人的全部。这也正是孔子所讲的，"道听而途说，殆矣"。而且，人的语言的形成，往往是对外在方面的概括，而不是关于内在方面，内在方面的描述只能用些不准确的、体验性的形容词，而且，在人与人之间很难形成共识。这也决定了人的内在方面很难准确地进行定义。这也正是俗语讲的，

"人最难了解的是自己","最大的敌人是自己","不可逾越的高峰是自己"。

由于有外在方面的形体,人成为芸芸众生,这是人的内在方面不可缺少的载体,但同时,由于人的内在方面的隐含性,人对自己的能力、对自己的潜力最容易丧失信心。人到底有多大的能力,一个好汉到底能铆几颗钉?

但是,人的内在方面却存在着巨大的潜力。它的力量超过人的外在的方面,人可以看见的方面,甚至超出了人的想象。这就是人的潜力。这也正是俗语讲的"人的潜力是无限的"。①

这样,矛盾又出现了,一方面是有限的外在形体;另一方面是无限的人的内在方面,而且,这两个方面是不能脱离的。如何能将这两个方面结合起来就成了问题的关键。

极端的出现

两种极端都是不可取的,一方面是只承认一端,而否认一端,如只承认人的内在方面,而否认人的外在方面。这是很多邪教的共同点。要消灭人的外在方面,而让人的内在方面得到发挥,殊不知,脱离了人的外在方面,人的内在方面的载体也就无以容身了。另外,只承认人的外在方面,人的各种欲望,而否认人的内在方面,人就成为行尸走肉,这一点比较容易让人认识到问题之所在。

另一种极端是认为两者能很容易地结合在一起。两者从性质上讲是矛盾的,有限与无限,可知与无知,外在与内在,根本性质相异的东西结合在一起,如果没有恰当的、有智慧的方法,肯定是互相消耗,而不是互相促进。两者的结合是各个文明努力着力之所在,构成各个文明的核心价值,也构成文明思想之魂。

真正的有智慧的方式是能将两者结合在一起,同时,又能各司其职。这是任何一个有活力的文明都不能不回答的问题。看待一个文明的活力也在于此。

---

① 现代心理学指出,将人的潜力都发挥出来,是人的现有能力(显力)的数万倍。但在同一时间发挥潜力是不可能的,因为,支配显力的意识的使用的大脑耗氧量占全身总数的四分之一,若激发支配潜力的潜意识,大脑耗氧将不堪其重。

这样,我们很容易地理解孔子的矛盾,一方面,"仁"确实不远,就在我们的身边:"内在的人"与"外在的人",但是,另一方面,要做到"仁"确实是非常地不容易。佛教用"佛"(觉悟者)的概念来概括,"成佛"也是非常不容易的,需要诸世(轮回)的累积,但万物均有佛性(《涅槃经》),这看似矛盾,其实是统一的。西方的上帝也很矛盾:无时不在、无所不在,但是,见到上帝者必瞎眼。

问题的解决

那么,解决这对矛盾需要涉及什么问题呢? 各个文明的经典、宗教的经典给出了自己的答案,《论语》中孔子答案是下述几个方面。

一是信心,即对"内在的人"的信心。这就需要对"内在的人"有充分的认识。这就需要"博学"与"笃志",即"学"与"志"。靠自然、靠先天的能力是不能认识到自己的内在能力的。

二是需要正确地日常行动。唯有从日常点滴入手,才能将这对性质迥异的两极联系在一起。否则就是以一极损害另一极。

因此,对"仁"的认识是非常重要的,这是根本,如果没有这个认识,不能维持信心不堕,也不能有正确的行动准则和行动的方向。这里就涉及仁的第三个方面。

三是"真诚",就内在方面而言,人要"诚"。唯有"真诚"才能面对自己的内在方面。孔子强调的"信"、"诚"就是此义。以后曾子、子思一系的《中庸》着重发挥的地方也在于此,这时,"仁学"就转化成行动的哲学了。这也是宋明理学着重发挥的地方。

(二)行:仁是一种标准——不能脱离外在的人的内在潜力

"仁"具有不可道、不可说的特点是来源于人的内在方面的不可描述、不可定义、只可意会。但这并不意味着"仁"不能成为一种标准。正确地理解"仁"所蕴涵的意义之后,将"仁"还原成它所指代的意义,问题就变得简单了。

持之以恒

人的内在方面确实具有巨大的潜力,但是人的内在方面是不能脱离人的外在方面,人的内在方面的实现也只有通过外在的方面来得以实现,脱离了外在方面的人的内在方面，是不现实的，也是没有意义的。宗教以一种隐晦的方式表达了同样的思想：西方基督教认为自杀者不能入天堂。自己毁灭身体者是一种罪恶，不管理由是什么。中国人的传统思想也相近，自杀者将成孤魂野鬼：天堂不进、地狱不留。

那么人的内在方面的实现如何通过外在的方面实践呢？这种实践有几个特点，一是必须要持之以恒，就是人有了志向后，必须要持之以恒。"曾子曰：士不可以不弘毅，任重而道远。仁以为己任，不亦重乎，死而后已，不亦远乎。"这样的工作确实是任重而道远，要将"仁"作为己任，就很重了，这个工作在外在的形体消失了才会结束，这也就很远了。

什么是当下：生活很世俗

第二个特点就是必须要注重点滴的生活。我们以前总将"扫一屋"与"扫天下"对立起来，其实，在孔子那里，没有点滴的生活，就没有"仁"的实现，根本不存在"一屋"与"天下"的区别，"一屋"即是"天下"，"天下"即是"一屋"，这个意思在佛教里面也是同一的，即"一微尘即一世界，一世界即一微尘"。

这也是为什么我们在《论语》中会看到大量的关于日常生活的描述，孔子会将"好学"归结为生活细节的关注。在曾国藩写给儿子的家书中，就有关于生活细节的告诫，如告诉子女要亲自打扫庭院，意义即在于此。

因此，这个"仁"说不清楚，但是照样是可以"依于仁"的，"仁"讲不清楚并不意味着不能按照仁的含义来行事。

这种对日常生活持之以恒的关注，是将人的外在的方面与人的内在的方面统一起来的唯一方法，任何投机取巧，断断续续的方法（如俗语的"三天打鱼，两天晒网"），任何不真诚的方法，都是不足取的。这也是孔子对子夏的批评。子夏主张"大德"、"小德"的区分，孔子就批评他有"小人儒"的倾向。

对日常生活的持之以恒的关注，也是孔子讲的"礼"的重要性所在。对日常生活的持之以恒的关注，其实就是对人的内在方面的关注，旨在通过外在的人，而达到"内在的人"的提升与能力的提升，品格的提升，从而使得内在的潜力得以发挥。

因此，对人的外在的方面的关注也是有活力的文明的核心所在。现代社会用"健康"这样的概念来说明这一问题。我们来看一看什么是"健康"，这也有助于我们来理解人的外在方面。

WHO(世界卫生组织)提出衡量健康的十项标准是：

(1)精力充沛,能从容不迫地应付日常生活和工作;

(2)处事乐观,态度积极,乐于承担任务,不挑剔;

(3)善于休息,睡眠良好;

(4)适应环境,应变能力强;

(5)对一般感冒和传染病有一定抵抗力;

(6)体重适当,体态匀称;

(7)眼睛明亮,不发炎,反应敏捷;

(8)牙齿清洁,无缺损,无疼痛;

(9)头发有光泽,无头屑;

(10)骨骼健康,肌肉、皮肤有弹性,走路轻松。

我们可以看到,人的"健康"其实也是很难达到的。人的外在的、持之以恒的"健康"来源于日常生活细节的积累。唯有健康、健壮的人,才能发挥出人的潜力。"仁"作为标准的意义也在于此。

因此,我们在日常生活中,不能不关注人的细节,关注于自己日常生活的各个方面,尤其是吃、穿、住、行,不能不注意呀。

(三)仁是一种境界:永无终止的境界

自相矛盾的原因

"仁"是要将同属于人的性质迥异的两种属性融合在一起,它需要解决人对自身内在本质的认识与信心的建立,对外在的人的这一载体的促进,在日常生活中不断地做到两种属性的和睦相处,互相促进。但这种相处与促进是没有止境的,是毕生的事业。所以,不能说达到了"仁",因为"仁"的这种状态是一种不断发展、开发的状态,是不断地处于达到这种状态的过程之中。

孔子正是这样理解"仁"的,孔子没有对"仁"下定义,因为,它是不可定义的。孔子也没有说当下谁达到了"仁",因为"仁"是很难达到的,做到"仁"也是很难的。孔子对"仁"很少谈,"子罕言仁"。这也是为什么以"仁"为中心的孔子思想,孔子却很少谈到。这和以后的宋明理学,动不动就讲达到了"至道"、"至德"与"至善"是完全不同的。大谈"仁",大谈"至道"、"至德"、"至善"的宋明理学与当时社会流行的"谎言"、"懦弱"、"巧言令色"、"内讧"、"刚愎自用"联系在一起。

孔子对自己的评价也是自己还没有达到"仁"。"子曰：'君子道者三，我无能焉：仁者不忧；知者不惑；勇者不惧。'子贡曰：'夫子自道也！'"子贡认为这是孔子自我谦虚，其实这是孔子的实话。

因为，"仁"的本身的性质决定了要将两种性质完全不同的东西融合在一起，这种工作必将注定了是长期的、艰巨的和无止境的。一个标榜自己达到"仁者"的人，必是一个撒谎者。

力量之源

这种"仁"没有止境，但是有境界。走上这条道路，就有了力量，就找到了真正的永不枯竭的力量。所以，"知者不惑；仁者不忧；勇者不惧"，只要保持"勇猛、精进"，就能得到力量的支持，能"临危授命"、"可以大授"，在大变动之时，在危难之时、选择之时，就能显现"仁者"的风范，"君子"的智慧和"士者"的勇气。而且，正因为这是基于人的本性，因此，在这条"仁"的道路上前行的人，肯定不止你一个人，这就是"德不孤，必有邻"，"仁者，必有勇"。"仁者"是一种境界，是人生值得追求的状态，是人生的一种境界。尤其是大变动时代，充满着变动、危机和机遇的时代，生存的智慧决定着一个人的生存质量，"仁"的价值必会彰显。

（四）仁学即人学：仁是人的道

"仁"是将人的两种性质结合在一起，成为一个统一的整体。这时候，这个人，就是"真正的人"，还原了人的"本来面目"。人的意义也正是在这个过程中得到了实现。这是人生的真正意义，"朝闻道，夕死可矣"。一种超越了生理、物理意义上的人，一个"大写"的人。正如苏格拉底所讲的，"我宁可做痛苦的人，而不做快乐的猪"。

当然，人也可以按照其他的方式活着，比如财富、权力的取得，用自己的全部智慧或是精力来取得权力或是财富，或者选取放任自流、得过且过的方式，或是隐居、封闭自己。这些都是生活的选项。但这些方式肯定是不能持久的。人其实是很难进行定义的一个东西，浑浑噩噩也是一生，说谎欺骗也是一生，诚恳老实也是一生，辛辛苦苦也是一生。哪一种人生是人需要取舍的呢？

尤其是处在大变动时期，"仁"的生活方式更显得是唯一能持久的，能发挥人的潜力的生活方式。这种生活方式不是苦行僧的生活方式，而是"成于乐"，当然，这种生活方式也不拒绝苦难，"先难而后得"。

这就需要从人的性质来进行分析。正如近代哲学大家康德指出，人的生命是指人能实现他自己所想。用我们日常用语来概括，那就是"自由"或是"有求必应"。从我们日常生活经验来讲，"有求必应"是很难的，自己想什么能做什么也是很难的。这个在孔子那里也是作为最高的生活境界提出来的，即"七十而随心所欲，不逾矩"。"随心所欲"、"有求必应"指的都是同一回事。用哲学的话来说，就是自己真正地做了自己的"主人"，成为了"自觉与自为"，实现真正的"自由"。这就是生命的意义。①

但从我们人生经验来说，人所受到的约束是很大的：欲望的约束、经验的约束、习惯的约束、偏见的约束、能力的约束、家庭的约束、社会惯力的约束、竞争的约束、生存的约束、社会责任的约束，等等，在所有这些约束下，人能得而"自由"吗？就我们而言，从小开始就有中考的压力；上中学有高考的压力；上了大学，又有就业或是考研的压力；想干一点自己想干的，都没有时间。人自由吗？毕业了，找到工作了，又有工作竞争的压力，还有买房子的压力；买房了，又有还贷的压力；年龄大了，又有结婚的压力；结婚了，还有带孩子的压力。现在有些人也想压力太大了，不要孩子了，做个丁克家庭。那也行，少了一个压力。奋斗了半天，压力还是存在，年龄大了，颈椎病来了，身体的各种毛病也来了，到了三四十岁，人的精力走下坡路，而压力并不减少。

大家想想，面对这些压力，人要"随心所欲"，可能吗？可能我们想都不敢想。

其实，人的压力与生俱来，没有压力，人可能也就不能成长。有人讲，人从受精卵开始，就是一种竞争、有压力的过程：数千亿的精子只有一个能存活下来。科学也证明，人的出生，正常的生产，也就是有压力的生育过程，要比没有压力的生育过程，即剖腹产的孩子来得健康、聪明。人一开始就是在压力下生存的。就像亚当·斯密所指出的，"苦难和压力是人类最好的老师，只是多数

---

① 康德：《法的形而上学原理》，沈叔平译，商务印书馆2001年版，第10页以下。

人不敢面对它"。①

　　那么,面对压力,人是屈服于压力,还是与之抗争一辈子,还是能控制压力。从人的生命的本质出发,肯定是最后者,控制压力。因此,控制压力,能在压力中干自己想干的事情,实现自己的想法和理想,就成了人的应有的"道路"。

　　面对这种压力,一定要寻找到力量的源泉,否则,肯定不能抵制住巨大的压力。而这种力量,并不是来源于外在,而必定来源于自身。从自身寻找力量的源泉,成为了走"正道"的必由之路。这是孔子的教诲。

　　那么,人能不能控制这种压力呢? 答案是肯定的。但是是有条件的。一是信心不可缺少;二是正确的认识必不可少;三是勇猛不可少;四是精进不可缺;五是持之以恒的努力,这样,才能控制压力,而得到"随心所欲"的"自由",得到康德所谓的"生命的真谛"。

　　(五)仁是不可言说的言说:孔子为什么不说的原因

　　人的内在是不可言说的,因为它不能由语言来定义,而只能用语言来描述,只可意会,不可言传。而且,人的内在方面与人的外在方面的结合工作也是无止境的,并不是一种固定的状态,或是可以达到的某种状态,而是没有止境的努力过程。这两个方面就决定了孔子讲的"仁"具有不可言说的特点。这在《论语》中也特别地指出来,即"子罕言仁"。这是所有的有活力的文明的核心思想的特征。明显的例子就是《圣经》中"上帝"的思想,上帝不能直呼其名,上帝不能用形体度之。《圣经》中最为核心的思想:上帝,就是不可言说的集中体现。上帝按照自己的形象造了人,那上帝不管是多么的伟大,应该就是人的形象的扩大了,那为什么上帝是不可言状的呢? 这是《圣经》中设置的一个矛盾,突出《圣经》的属于"不可言说"的"言说"的特点,因此,理解整部《圣经》,就应该以此特征作为着眼点,而不能像启蒙时代的思想家那样,用这种矛盾来证明上帝不存在,即上帝既然是万能的,那他就应该能造出一个他自己都举不起来的石头。他造不出来,说明他不是万能的;如果他能造出来,那他举不起来,那也不是万能的。《圣经》中的矛盾是启示人们去理解这种"不可言说"的"言说",而不是将这种矛盾用语言来攻击它的逻辑性。逻辑停止的

---

① 亚当·斯密:《道德情操论》,蒋自强译,商务印书馆 1997 年版,第 287 页。

地方需要智慧的弥补和张扬。

这也是为什么孔子不说"仁",却将"仁"作为他学说的中心。学生每问仁,他的答案都不一样。这就是"不可言说"的"言说"的特点。这样,也能理解孔子对"仁"的阐释为什么并不直述其义,而是就"仁"的各个方面的属性、性质、功效作各种各样的说明。

在佛教中,我们也可以看到这种"不可言说"的"言说"的特点。《金刚经》中曾言,"法尚应舍,何况非法"。"非法非非法"。如果不是从"不可言说"的"言说"的角度来理解,就很难解释佛祖的真义。不能理解佛祖一方面说自己从不打诳语;另一方面却说自己说的一切都是方便法门。①

另外,"不可言说"的"言说"另一个特点是,它不是语言所能准确言及,而更多的是实践上的,是需要践行的。它是一个行动的概念。

(六)仁不是建构性概念:信仰的力量

和"仁"的不可言说的性质相一致,"仁"不是一个建构性的概念。如果要问"仁"是什么,这永远也没有标准答案。但是,人要达到"仁"是作为有意义的人生的一个永不放弃的目标。

正因为"仁"不是一个建构性的概念,在《论语》中,我们可以看到很多孔子描述性地讲"不仁"会怎样怎样,这样就可以理解"仁"是怎样。而且,每一个人要达到"仁"的状态,它的路径、方法、策略可能都是不一样的,需要因地制宜地来进行行动。

因此,需要将"仁"阐述明白,就需要借助于其他的概念,在孔子那里,我们就可以看到"好学"、"礼"、"乐",这是行为的模式要求;有品格的要求,"信"、"忠"、"刚毅"、"木讷"、"直"、"智"、"勇";还有的就是境界上的要求,如"士"、"志"、"君子",将这些思想结合起来,就构成了"仁"学的思想。

近代自康德始,理性主义的万能属性就发生了改变,属于经验的理性永远也不能解释或是证明先验的认识。用科学,或是用精确的语言来概括信仰、人生的真谛是其永远也完成不了的任务。康德的使命是在现代的理性、科学体系之外,给宗教、信仰划出了它自己应有的属地。信仰的力量、宗教的使命是科学与理性所不能替代的。它用另外一种表述方式阐明着人的性质与意义。

---

① 这是佛教经典《大涅槃经》的主旨意思。

"仁学"的意义也在于此。

(七)仁是行为准则:不可说但可行

"仁"的最大的意义是在此之上建立了一系列的行动准则,包括吃、穿、住、行,还有"好学"、"好礼"、"好德"的行动准则,并以"君子"这样一个非常重要的概念体现出来。

这一套行为准则具有以下特点。

第一,这一套行为准则并不在于它的高门槛,并不是在于它不能被人们所遵循。正如孔子讲,"从来没有看到力不足者",而且,想要"仁","仁"也就来了。他的一般的学生在短时间内也是能做到的,"人不远仁","德不孤,必有邻"。

第二,这一套行为准则的真正的难处在于它的持之以恒。它是在日常生活处着眼,着眼于人的吃、穿、住、行等日常的行为处事,也就是君子的九思,"视思明,听思聪,色思温,貌思恭,言思忠,事思敬,疑思问,忿思难,见得思义。"它的难处在于,"君子无终食之间违仁,造次必于是,颠沛必于是。"

第三,这套行为准则的遵循需要有很多先决条件,比如,需要有信心,要有志向。如果没有志向,就没有信心,而没有了信心,这一套的行为准则就难以遵循了。再比如,这一套行为准则要能克服很多外界的诱惑,如财富、显贵、权力的诱惑,而能坚持自己的"内在的表述"(康德语)。

第四,这套行为准则会带来巨大的效应。如"千军可夺帅,匹夫不可夺志","仁者无敌","仁者无忧"等。

大变动时期世事更显无常,人身处其中,身处世变的旋涡之中,深处巨变的压力之下,人生意的思考与生活选择的困惑更显强烈。"仁学",作为大变动时代的生存之道的意义也就尤为强烈。能做到"不降其志,不辱其身",在大变动时代本身就是成功的标志,是一件非常困难的事情。巨变的社会、撕裂的个性、挤压的生活是社会的常态,而在这种常态之下,硬生生地发展出自己的一片天地,足见人力之伟大。但若不发挥"愚公移山"的精神,这种状态永远也不会出现。

这种人生的困惑和选择,以及对人生内在真谛的渴求是生存在大一统社会中的人难以理解的。在大一统社会中,社会的惯性与偏见是常态,而且能保持几代人、甚至是几十代人,"祖宗之法不可变",个人的自由选择从属于社会的惯性,个人选择的机会微乎其微,社会有固定的成功、成才的标准,个人的选择如果偏离社会的观念,将会被社会所抛弃。当社会缺少个体的自由选择,社会已有固定的标准答案时,看似个人的选择其实就是社会的选择。"仁学"在大一统社会,不会再是一个生存之道和选择的智慧,而只是形式的承继,"仁学"的光辉被掩盖了。孔子之后的儒学的演进,尤其是汉代以后儒学的发展正是印证了这一进程。①

当选择的困惑与生存的危机再次降临时,"仁学"也将褪去其上千年的尘埃,再次显现出智慧的光芒,指导迷途中的人们。这就是孔子留给我们后人的宝贵的财富和巨大的精神遗产,也是中华民族的存续之基、传统之魂。

四、仁学的本质

"仁学"是大变动时代的生存之道、处世之道,是面对巨变社会的应对法门。在大变动时期,要做到"不降其志,不辱其身",唯一的办法是找到强大的力量之源和有足够灵活的应对之法,否则,必然屈服于巨变的压力之下,被巨变的漩涡所吞噬。孔子在《论语》中的智慧正是揭示了人的本质和人的本来面目,正是基于认识自己与强大行动力的支撑,个体才能找到应对社会巨大压力的解决之道。孔子被尊为"圣人"是因为他的智慧,让我们能够应对巨变社会越来越沉重、复杂的压力。"仁学"的本质,可以归纳为三个方面:自我铸造命运——认识你自己;社会成就美德——与社会一起成长;制度完善品格——成为自己的主人。

(一)自我铸造命运:认识你自己——仁学的出发点与归宿

社会有命运,个人也有命运。社会的命运有客观性,而个人的命运则是自己铸造的。《论语》中孔子"算命",从"小童子"的行为举止推知"小童子"的"命运",到孔子的"仁学"注重日常生活与平时的行为举止,正是孔子认识到个人的命运取决于个人自身:自我铸造命运。

孔子"仁学"的核心思想之一就是自我铸造命运。先天的因素、环境的因素、逆境的因素、困难的阻挠都不是决定性的因素,自我觉醒和自我的努力才

---

① 这将在《仁学:孔子告诉我们什么——从大变动走向大一统》里详述。

是决定性的。自我的立志、自我的诚信、自我培养强大的行动力、自我潜力的
开发、生存环境的选择等，都是自我选择与自我奋斗的结果。只有"认识你自
己"，从自己的"本来面目"出发，切切实实地提升自己，才能具有应对巨变社
会的基础。自己才是标准，自己才是自己的拯救者，从这个意义上，现代的存
在主义提出的"他人即地狱"是可以理解的：他人不可能成为你的拯救者，唯
有你自己。自我的弱小，"小人"不足以应对巨变的社会，唯有成就"大人"，才
是"成人"之道，才是应变之策。

　　"仁学"首要解决的就是自我的问题。自己与自己成为最好的、最为知心
的朋友。自己认识自己，相信自己，开发自己的潜力。只有这种能力的开发需
要借助于他人、社会和制度，但根本的出发点是自己的"周"，即"君子周而不
比"，而不是"小人"的"比而不周"。按我们现代的语言来表达就是人的全面
解放，成为了一个全面发展的人。自我的全面发展是"仁学"的出发点，也是
最终归宿。

　　问题的核心是自我能力的开发并非易事，它面对的将是一件近乎完成不
了的任务：不可言说的言说。按现代伟大的哲学家罗尔斯的话来说，人无处不
生活在"无知之幕"之下：人总是在对自己相当无知的情况下进行选择与决
策。要开发一个看不见、摸不着的能力，而且是 2500 年前的春秋时代，科学发
展的进程才刚刚开始，即使在科学发达如此进步的今天，我们对自己的了解还
是那么地少。这样的任务不可谓不艰巨，责任不可谓不巨大，这正是"仁学"
的精彩之处，也正是孔子的伟大之处。这也正是"仁学"，成就了孔子思想的
魅力，也使孔子的学生常常被孔子的思想所折服：仰之弥高，钻之弥坚。

　　要开发自己的能力，首先得认识自己，进而相信自己，这就是"立志"。
"千军可夺帅，匹夫不可夺志"。对自己的信心唯有达到了不可摧毁的信仰的
程度，才是真正的"志"，可以激发人的能力提升是这样的"志"，而非仅仅是
"欲望"。因此，只有"博学"才能"明志"。广泛地学、接触高尚的、内心很大
的人，关注自身的生活细节，从日常的点滴做起，才能不断地"明志"。

　　有了坚定的志向与信心之后，才能有强大的行动力，利用自己的各种条
件，逆境抑或顺境，加强自己的行动力，不断地提升自己。"敏于事而讷于
言"，强大的行动力是开发潜力，强化自身的信心、提升自己能力的基础，也是
成就"大人"的唯一途径。强大的行动力不断地将自己的"志向"推向现实，增

强自己信心的同时,自我的能力也会源源不断地释放出来。"信心"比"黄金"更宝贵、"行动"比"空想"更真实。信心的增强、行动力的加强可以增强能力,对抗巨变社会的压力。

在志向和行动中,真诚地面对自己,在行动中贯彻诸多美德,如真诚、勇敢、坚毅、仁慈、无私、勤俭等就顺理成章了。因为,只有这样的行动,才能贯彻志向和保持强大的行动力。只有在美德中,才能不断地认识自己、坚定自己的信心和加强自己的行动力。这种行动力的培养是建立在生活细节、日常点滴之上的。这样的自我培养、强大的行动力的建立,假以日积月累、愚公移山之方式,就可以应对巨变的社会,就可以做到"不降其志、不辱其身",自我的实现成为可能,命运就会掌握在自己的手中,可以安排自己的命运。否则,屈服于巨变的社会,将命运托付给巨变的社会这样一个未知数,这将是生存于巨变社会不可逃脱的命运。

(二)社会成就美德:与社会一起成长——仁的行动规则

自我的发展离不开人与人的交往,离不开社会。人在自己的"无知之幕"中生活、决策,以及进行自己潜能的开发,亲人、朋友,甚至是竞争对手、敌人的帮助与对抗是必不可少的。在人与人的交往中,美德有助于人认识自己,发挥潜力,提升能力,完善自身。

自我的发展处于一种对象真空的状态,不知道要发展的对象是什么?认识自己并非轻而易举,自己的潜力看不见、摸不着,用眼睛、思维都看不到、达不到。能看到的、意识得到的只是充满弱点、堕落本性和有限能力的个体。在无知之幕下生存是人的宿命。世道沧桑,滚滚红尘,人生苦短,变幻无常。个体要想突破自我的限制谈何容易?并非熬灯苦读,自我摧残,或是静心打坐所能突破的。需要的是"沸腾"的生活(伯里克利语),自我的感动和强大的行动力。而这些都需要以社会为平台。

民间社会是成就个人美德的平台。西方社会塑造出市民社会,那是西方版的民间社会,东方社会塑造的是民间社会,其目的与存在的价值都是共同的①。西方公民的思想就是基于市民社会的基础提出的。孔子的君子思想也

---

① 沈敏荣:《市民社会与法律精神——人的品格与制度变迁》,法律出版社 2008 年版,第413 页以下。

是基于东方社会的状况提出来的。公民与君子的思想具有共通性。

一、给予社会纯属慷慨,危难时甚至可以用生命保障共和国的生存,这是公民的品质。这也是孔子所讲的:己欲达而达人,己欲利而利人。君子也是不求回报的。君子"成人之美",可"临危授命"。君子的品格类似于公民的品格。公民是共和国的保障者,是市民社会自由与市民多样性的捍卫者,在共和国危难的时候能够挺身而出,甚至献出自己的生命。公民对社会的付出不求回报,他的付出纯属慷慨。公民是一群不能用金钱与利益来衡量的人。① 君子亦是如此。

二、强大的行动力。君子"敏于事而讷于言"。君子"不可小知,可大受"。只有在付出中,无私中,才能全身心地投入,才能培养出自己强大的行动力。纯粹的自私自利、关注眼前的蝇头小利不足以培养一个人强大的行动力。"人无远虑,必有近忧",只有远大的志向,宽阔的胸怀,无私的境界才能全身心地投入,才能提升自己的行动力。

因此,热情、无私、勇敢成为一个君子的美德,也是一个公民的美德。这些美德,离开了社会,离开了人与人的交往,都是难以培养的。

三、仁慈宽厚,厚德载物。君子"周而不比",君子的竞争是一种友善的较量,而非"成人之恶"。"无友不如己者",君子怀德,"厚德而载物"。这与西方的公民很类似,公民是美德的化身:勇敢、责任、无私、奉献、执著、机敏、睿智、精进,引领共和国走向辉煌。而当共和国有危难之时,不惜以生命捍卫之。

四、勇敢,敢于面对死亡。君子"无忧无惧",心中"坦荡荡",能在危难中临危授命,挽狂澜于既倒。公民的勇敢,正如亚里士多德指出的,当出现必死战局时,雇佣军会逃脱,而公民组成的部队会拼死而战,最终会赢得胜利。② 古希腊时代的希波战争中的温泉关战役就是由 300 个斯巴达将士抵抗住几十万的波斯大军。这种勇敢、这种气度,非凡人所能想象。其可歌可泣的事迹感动每一个人,成就了古希腊的辉煌,也成就了古希腊文明在经历了千年的沉寂之后,在近代的文艺复兴中复活。公民的精神是西方传统的核心之一,也是西方制度的基础。

---

① 西塞罗:《论共和国》,王焕生译,中国政法大学出版社 1997 年版,第 103 页。
② 亚里士多德:《政治学》,吴青彭译,商务印书馆 1995 年版,第 43 页。

伯里克利说:有些人的勇敢是出于无知,深思熟虑之后会成为懦夫,而我们的决策是经过充分讨论之后,才是真正的勇敢。这是君子与公民的共同品格。

五、爱人。对社会的爱成就了君子,也成就了公民。君子能"爱人",也能"恶人"。这种爱,是对亲人的爱,对父母的爱,对平辈的悌,对不熟悉的人的爱(己欲达而达人,己欲利而利人;己所不欲,勿施于人),也包括对敌人的爱(君子学道则爱人,小人学道则易使)。这也是孔子不隐居的最为根本的原因。对于三类隐者,无论是采取何种方式,或是不降其志,不辱其身,抑或降其志,但"言中伦","行中虑",抑或"隐居放言",其实都是对困难的逃避,未充分显示大丈夫爱敌人的胸怀。能真正做到"以直报怨",在克服困难、感化敌人的过程中,学习腾、挪、躲、闪,懂得识别"乱邦"与"危邦",促使孔子在退休之后还周游列国,促使了孔子思想的成熟,完成了孔子睿智的关于"仁"的思想。这不能不感谢那些想陷害孔子、给孔子以磨难的人,也不能不说正是这些困难与磨难促成孔子的深邃的思想。如果鲁国是治邦,鲁君是明君,是伯里克利式的统治,孔子充其量也只能是治世之能臣,而不会是思想的大家、文明的巨擘、万世之表率、"世之木铎"。

师从儒家的墨翟后来创立了墨家,它的主要思想发挥了"爱"的思想,提出了"兼爱"的思想。西方的"博爱"其实也阐释了同样的精神。

"爱人",只有在社会中才能实现,这是一个可爱的社会,亲人可以帮助你,朋友也可以帮助你,不认识的陌生人也可以帮助你,甚至你的敌人也会帮助你,那你还不成才,还不能发挥自己的潜力,不成就一个"大人",能说得过去吗?

(三)制度完善品格:君子受命——仁的实现的促进

政治是一个培养个人的平台。个人将承担起政治国家兴亡的责任,任不可谓不重。个人的力量直接放大为政治的力量,为之奋斗,为之喜悦,为之哭泣,为之疯狂。公民正是在共和国这一政治平台上实现了自己能力的扩张、潜能的开发与能力的提升,它也成为了西方传统的价值核心。

政治能够直接将人培养成一个有品格、有道德、有能力,自己能掌握自己的命运,甚至是共和国命运的人。这也是为什么亚里士多德将政治称为"善的艺术"。这也是为什么孔子这么强调对"危邦"与"乱邦"的识别与逃避,这也是为什么孔子要批评隐士们"身中清","废中权",舍弃了政治这样一个完善个人品格的平台。政事是孔子的四教之一，子路、冉求是其中的佼佼者。西方的共和国这一政治平台能够培养出公民这群具有美德的成员，培养出古希腊与古罗马共和国这样璀璨的文化与文明，不能不说是政治的功效。

但这样的政治必须以诚信、真诚、无私作为基础，正如伯里克利所说的，共和国的政治设计要依人的能力，而不是依人的身份，只要能为国出力，就能步步高升；共和国设计的制度让公民能在睿智中成长。但是，这样的共和国必须要以城邦国家为基础，必须要有像伯里克利那样睿智的统治者，否则，正如苏格拉底呼唤共和国的精神，但却被共和国吞噬。中西方是那么地相似，能不归入"乱邦"、"危邦"的政治共同体竟然是那么地少，孔子周游列国，竟然无一家诸侯能鉴别、赏识孔子的治世思想，急功近利、杀鸡取卵、竭泽而渔的统治方式成为了主流，春秋无义战。孔子自己也说："道之不行，已知之矣！"春秋时期，法家、兵家、纵横家横行，最后战国七雄、秦并吞六国，法家、纵横家、兵家的影响深远，短期内改变政治，通过掠夺抢劫来扩充实力，通过非人道的方法来威吓对方，无人再去关注"危邦"、"乱邦"。

世道纷乱，群雄并起，逐鹿中原。"内修"已敌不过短期内的竭泽河而渔。用权谋、诡计来劫杀对方，置对方于死地，成为政治的特点。在"危邦"、"乱邦"中生存而发展自己已不再可能。"危邦不入，乱邦不居"，"危邦"之中，性命难保，何言发展？敌人要置你于死地，何言"爱人"？政治不再是完善品格的平台，而是撕裂个体的黑洞。春秋时期，君子还能做到"行出言随"，"硁硁然，小人也"，而到了战国，君子已不再"言出行随"了，"言不必信，行不必果，唯义是从"。社会之扭曲、异化已十分明显了。正如近代的马基雅维里所指出：政治已沦为"必要的恶"，不再是"善的艺术"，在政治中谋求发展，已不再可能，政治不再出产公民，而只是出产臣民。① 这在西方发展到民族国家这一阶段是如此，在春秋时期的演进也体现如此的特点。

但是，共和国的辉煌记忆一直烙印在西方传统的记忆之中，恢复共和国的公民的理念一直是西方思想家与西方制度不懈的追求。近代社会制度历经500年的演进，已经将公民的思想作为其内核和基石。古希腊的精神在经历了千年

---

① 　沈敏荣：《市民社会与法律精神——人的品格与制度变迁》，法律出版社 2008 年版，第六章，第 213 页以下。

的湮灭之后,重新在近代重生。短期内的失败、甚至是死亡,甚至是千年的失败,并不能减损真理的光芒,只要信心尤在、信念尤在,凤凰涅槃后更弥足珍贵。

其实,孔子也是进行着这样的工作,努力地呼唤着"善治",让统治成为一种艺术。"居上不宽,为礼不敬,临丧不哀,吾何以观之哉?""上好礼,则民莫敢不敬;上好义,则民莫敢不服;上好信,则民莫敢不用情。夫如是,则四方之民襁负其子而至矣。""君使臣以礼,臣事君以忠。"尽管这种"善治"的理想在大一统时代成为经典、正统理论,但这种"善治"从来没有在中国实现过制度上的保障,经常是"外用儒术,内用黄老",或是"外儒内法",孔子理想的实现只是取决于君主的意愿,因此,"善治"从来没有长久地存在过。孔子解决了"善治"是怎么来的,但没有解决如何能使善治持久的问题。在西方,古希腊也是解决了善治是如何来的,善治的制度化则是近代以后的事情了。中国的传统社会缺乏制度化的"善治",尤其是明代以后。缺乏"善治"的结果是鲜有品格完善、行动力强、厚德宽宏的君子出现了。

正如古希腊文明在中世纪的湮灭并不能证明文艺复兴要复兴的是一个过时的思想,孔子的思想在当时并没有实现并不能证明孔子的思想不具有可实现性。问题在于思想是否阐释了人的本性,真正揭示了人的真实的本来面目。如果答案是肯定的,只要有人类社会的存续,思想的复兴肯定是必然的。

政治,这个曾经是个人成长捷径的平台,在近代日益失去其应有的作用,市民社会与政治社会、与公民社会日渐脱离,市民社会与经济社会日益结合,人在市民社会中的发展,而不是在政治社会中的发展成为近代社会的共识和制度设计的基础。① 但在日益扁平化的现代社会,政治的作用,它对个人的培养作用已与近代的民族国家又显出不同。参与政治、改变政治,让它重新成为善的艺术,一直是现代政治发展的原动力。

---

① 沈敏荣:《市民社会与法律精神——人的品格与制度变迁》,法律出版社 2008 年版,第十一章,第 283 页以下。

余论　仁的价值

子曰:"仁远乎哉? 我欲仁,斯仁至矣。"

——《论语·述而》

道之将行也兴,命也;

道之将废也与,命也。

——《论语·宪问》

第12讲　大变动社会的生存之道

圣人在世,不易吾言。

——孟子

一、圣人足迹的启示:巨变的社会与人的使命

(一)巨变社会下的人的生存之道

圣人的思想与巨变社会相随相生。西方社会渊源于古希腊传统、基督教传统与日耳曼民族的传统,这三个传统都是与大变动社会联系在一起。因此,西方社会的思想传统在这一点上与孔子的"仁学"思想是契合的。在对自我的认识上,对社会的认识上,以及对政治与法律制度的认识上,西方的传统思想及西方的认识与孔子的思想存在着惊人的相似之处,完全可以互相佐证。反而,中国自身的传统在春秋战国之后,进入到了大一统的时代,对孔子的理解丧失了相应的社会基础,对孔子的理解不断地流于片面,"半部《论语》可治天下",而对于"整部《论语》"的理解则不够到位了。

圣人和圣人的思想所产生的年代都是在巨变的社会之中:孔子经历着周朝一统天下到诸侯林立、战争纷起、礼乐崩坏、道德沦丧的年代;苏格拉底生活在古希腊雅典建立的黄金时代走向衰落之时,战争与纷争是常态;耶稣生活的更是朝不保夕、独裁高压、思想奴役的时代,古罗马的强权统治不能容忍持有反对思想的基督教团体,苟且偷生是常态;释迦牟尼也是生活在战争纷乱的印度南部,战争、杀戮、灾难、仇恨是生活的主要内容;古波斯的琐罗亚斯德也是如此。公元前的五六世纪,既是文明的轴心时代,也是一个巨变、纷乱的时代。既是一个危机四伏的时代,也是一个人类充满希望的时代。

可以肯定,在纷乱的时代,怨天尤人者、自暴自弃者比比皆是,孔子、孟子

都曾激烈地批评过这一现象;隐居求全者不乏其人,孔子就经常遭到隐士们的嘲笑;投机取巧,享尽人间荣华者有之;有权倾一时,然不得善终者;有自行结社,行义于天下者……纷乱、巨变意味着价值的瓦解、标准的丧失,善良被践踏、良知被掩藏。同时,也意味着任何的选择都是可能的,选择的无限空间自此打开。进入天堂与地狱的大门在巨变的社会中同时打开,一切皆有可能,迷惘与困惑由此而生。而圣人的选择是指出一条最适合实现人之所以为人的道路,拨开重重迷雾,树立新的坐标。

(二)生于忧患,死于安乐

无论是从东方,还是从西方思想的发展可以看到,人与环境之间的关系是非常密切的。这种环境包括自然环境和社会环境。社会环境的重要性最后演变出制度和法律,而自然环境的重要性最后也演变出修身与养性。所以对环境问题的不同态度反映了环境本身的重要性。"近朱者赤,近墨者黑","危邦不入、乱邦不居",都反映了环境的重要性。可以讲社会环境和自然环境对人的发展都是非常重要的。

人的生长、人的发展、个性的形成可以讲都离不开环境。而且,一个人的生活状态跟他选择环境的能力有很大的关系。我们往往将环境和自身分为外因和内因,外因只有通过内因才能起作用,但在日常生活中内外因往往就合在一起,很难区分。比如在一个比较好的环境里,也就是在一个善的地方,大多数人自然而然就变得善;在一个环境比较优美的地方,人的心情自然而然就比较舒畅。我们不知道内因是什么,以及外因是如何影响内因的,到目前为止,科学也不能完全解释。到目前为止,人为什么高兴,为什么忧郁,忧郁症的来源是什么病理机制,现代的科学都还没能解释清楚。现在国内外的大城市里有很多忧郁症的患者,人们往往想不开、甚至有人寻短见。所以人的问题并不像内外因区分那么浅显。这种区分其实只是大致的区分,具有哲学的抽象性,而要实际的操作,则困难很多。其实人很复杂,人跟人的差别也很大。有些人生来就比较大气,比较想得开,思想比较开通,考虑问题比较全面。有些人确实目光短浅、见异思迁、忘恩负义,层次比较低、比较庸俗。这到底是由于外因还是由于内因、是可改变的还是不可改变的? 人们应该是什么样子的? 目前的科学尚难以全面地回答。但一个人要在这个世界上生存,一个民族要存续就需要解答这些问题。

圣人的足迹和他们的思想告诉我们,环境对人的影响确实非常巨大,忽视环境的因素是错误的。但人是可以选择环境的,而且,人也必须选择环境。按现代科学的解释,因为人是自然的产物,亲近自然才能成就人的发展。按近代的启蒙思想,人是自然人,有自然的需求,也是人作为人这一大型动物的必然要求,否则,人就不能成就大型动物这一自然属性。这些属性是与人一起与生俱来的,先于任何的观念与文明,人们可以抛弃这些属性,但抛弃这些属性就意味着否定人与生俱来的属性,否定了人之所以为人的真正含义。这些属性,先于文明,是与生俱来的,因此,被称为从"天"、"神"处获得,因而被称为"天赋人权"、"神圣不可侵犯"。这些天、神,和上帝一样,并不是客观的外在存在物,而是指先于文明、先于人的观念与思想,具有寓言性与指示作用。因此,我们不能仅仅从一般概念上来作理解,而应探究其真正的含义。

环境很重要,但环境并不是靠等待,靠外界的施舍,而是靠选择。选择适合自己的环境,甚至是靠创造,靠自己的智慧与才能来创造。孔子的话是对这一时代的总结。环境越恶劣,都是外在的,可选择的,可改变的。尤其是在变动的时代,选择空间无限扩大,选择将决定生存环境的好与坏,而自己是能动的中心。培养自己、完善自己的品格、成就自己的美德,加强自己的才能,培养自己的智慧,在危机中寻求机遇,在混乱中建立秩序,这是圣人们告诉我们的,也是我们的最为根本的应世之道。

(三)"正知"很重要

巨变之社会,社会的发展是不符合理性的,昨日之社会并非今日之社会,今日之社会并非明日之社会;巨变之社会,社会的变化速度会远远超过人的接受能力。在这个社会中,郁闷与烦躁是最为常见。在一个理性、成熟的社会中,社会中统一的治理模式,不管是法治也好,礼治也好,社会是可以预期的,社会是建立在共识的基础之上的。依靠社会的共识、共同的价值观,依靠成功人士的成功先例,依靠社会的良性竞争,一个人就可以获得尊严、财富与荣誉。但是,在一个巨变的社会,一切都变得难以预测。

当一个人处在一个不可应付的世界之中,烦躁、恐慌、不安、沮丧、丧失自信都会接踵而来。忧郁症正成为我们城市生活挥之不去的阴影。扭曲成为常态,"被"什么什么了,越来越成为流行的词语。自我与自主越来越成为徒有其表的流行词。

　　在巨变的社会中,在不断降临的巨变的压力之下,"正知"不再是可有可无的东西,而是一个人正确与幸福生活的基础。在巨变的古希腊,苏格拉底喊出了"认识你自己";小国林立,急剧新陈代谢的古印度南部,释迦牟尼告诫人们要"认识人的真实面目",不要"捧着金饭碗要饭";巨变之春秋,孔子疾呼要"君子求诸己,小人求诸人";在数千年前的大浪淘沙的中东,《圣经》告诉我们,我们是"神圣的产物",是上帝的"子民",千万不要瞧不起自己,要时刻建立强烈的信心与纯真的信仰。在巨变的社会中,我们成了迷途的羔羊,我们弱小、无助,我们恐惧、不安,我们好像可以信赖、躲避的外部世界现在变得那么地不确定,但是,当我们有了"正知"之后,我们就会变得强大。我们给自己确立了坐标,我们不断地强化这个坐标,就是让我们自己在迷途之中能看到光明,能看到自己的力量所在,能看到自己的归宿。

　　(四)立志要趁早

　　明确了在巨变社会中的生存之道之后,就需要采取行动,强大的行动力是应对巨变时代的根本之策,否则巨变的社会会压制着人喘不过气来。"好学"与"立志"就迫在眉睫了。

　　孔子讲,"吾十有五而志于学,三十而立,四十而不惑,五十而知天命,六十而耳顺,七十而从心所欲,不逾矩。"①

　　人生在世,如逆水行舟,不进则退。任何的懒惰、借口都是堕落赖以生存的温床。唯有勤精进,大勇猛,做到"无忧、无虑、无惧",才能在巨变的社会中生存下来,才能不被大风大浪吹折,才能立足于世,茁壮成长。"三十而立,四十而不惑"就是标杆性的指标,做不到这些,就是"不受命",未完成人生的使命。四五十岁人生还没有起色的话,人这辈子就没有希望了,一辈子只能做"小人"了,成不了"大人"了,就不了"正道"了。

　　(五)建立正确的财富观

　　财富的诱惑是每一个人都不可避免的,人的基本生活需要有物质基础,幸福的生活往往以财富的形式表现出来。财富的诱惑是任何一个生活于世的人都不可回避的问题。如何正确地看待财富,在一个人的成长中占据着很重要的地位。尤其是巨变时代,投机取巧和快速致富更具有诱惑力。

---

　　① 《论语·为政》。

孔子说："富与贵，人之所欲也；不以其道得之，不得也。贫与贱，人之所恶也，不以其道去之，不去也。君子去仁，恶乎成名。君子无终食之间违仁，造次必于是，颠沛必于是。"①

伯里克利也指出，"贫穷并不可耻，无力摆脱贫穷才真正可耻。"

这些思想共同指出，财富要为人所用，而不能被财富所奴役。财富应该是人的能力的外化，人应该不断地工作，创造财富，但不能以财富作为人的目的，这样，就丧失了人的这一终极目的、"仁"的核心价值了②。财富与权贵确实对人很重要，但是将人的所有才能放在追逐财富上，其实是贬低了人的才能。人的能力要远远大于对财富的追逐。人只要将其能力发挥出来，财富其实是不应忧愁的，连获得财富这一问题都解决不了，只能说明能力太差。正如古希腊黄金时代的执政官伯里克利讲的，"无力摆脱贫穷才真正可耻"。

要灵活地对待财富。孔子说过，"笃信好学，守死善道"。不入危邦，不在乱邦居住，天下太平的时候，则在世俗社会中有所作为，为官得财，天下无道的时候，则免于刑戮，隐于俗世。一个人不创造财富，是可耻的，说明他的能力有问题，或是太差。财富是与一个人的能力相适应的，但在乱世之下，在"邦无道"的情形下，才可以"贫且贱"，做到"不辱其身"，但同时也要做到危邦不入，乱邦不居，选择合适于自己生存与发展的环境与社会，这是需要生存智慧的。

灵活地对待财富能够提升一个人的能力。创造财富，让财富真正为自己所用，同时，要将财富的意义扩及到他人与社会。

"富与贵之欲"是人之常情，"富与贵，人之所欲也"，但过度的欲望和不能正确支配和把握欲望，甚至让欲望支配自己，就是堕落之途。贪求"富与贵"，与对象狭窄的"爱"都是导向堕落，不能发挥人的潜力和违背人的本性，而非提升，这也正是痛苦之源。佛教正是如此看待这一问题的。佛教的"集谛"思想指出人的贪求欲望或"爱"是带来一切苦痛的根本原因，"贪、嗔、痴"是万恶之源。说由于有贪爱的欲望，并且对人生的道理无知（无明，或"痴"），便产生

---

① 《论语·里仁》。
② 在美国的独立战争前夕，托马斯·潘恩在其所作的 COMMON SENSE 中就指出，创造财富、冒险是一个人的正当追求。

追求金钱利益和名誉的思想和行动,只爱亲人、朋友,达不到目的便产生嗔怒感情,与别人发生冲突和争斗,从而烦恼丛生,不仅生前痛苦不已,并且招致死后在"六道"中轮回。

（六）独立思考

要在巨变的社会中做到建立自己的正确认识,认识自己,认识人生,认识社会,并建立正确的行为模式,独立思考是必不可少的。孔子十分强调思的作用,讲"九思","学而不思则罔"。独立的思考是必不可少的,道听途说,则很难做到"仁"了。

释迦牟尼也强调独立思考。他独立思考,独行苦修,最终是独自睹明星而悟道。他的"八正道",包括:正见（正确的见解•）、正思维、正语、正业（正确的行为）、正命（遵循正确人生原则的职业和生活）,正精进（正确的修行）、正念（正确的忆念四谛的道理）、正定（正确的修行禅定）。其中的正思维、正定,都强调独立思考。他的"戒、定、慧""三学"中,"定"就是独立地思考。

苏格拉底更是独立思考的典范。神谕说他是全希腊最聪明的人,他非要搞明白为什么。据记载,苏格拉底参加朋友的宴会,在之前经常会独自冥想,进入了状态之后才会去赴宴。

所有的圣人之所以特立独行,思想与众不同,开创历史的先河,成为学派与宗教派别的创始人,都与其独立思考分不开的。

（七）强调美德乃立身之本

强调美德是认识自己,发现自己的潜力,建立正确行为模式的必然结论:在日常生活中建立生活的戒律。

孔子在日常生活中需要遵从"礼"、需要遵从一系列的生活戒律:如孔子"不为"的很多行为,很多不说的话,这在上面分析孔子的思想中已详细地指出来了。①

佛教建立了一系列的戒律。"戒"是佛教"三学"（戒、定、慧）之一,意译为"惯行",转为"行为"、"习惯"、"道德"等,是用来规范佛教信徒行为,"防非止恶"的戒规。戒规有小乘戒和大乘戒。小乘戒有在家男女居士遵守的,分

---

① 详见本书第七章。

为五戒、八戒,出家人受持十戒、具足戒。①

　　人的日常生活是非常琐碎的,对人的美德的要求也是相当严格的。一个人要发现自己,要实现自我能力的提升,要面对巨变的现实,必须严格要求自己,从日常生活的点滴严格要求,不能有松懈。否则,自我不能发现,潜能不能开发,人的能力也得不到提升,还有可能连基本的身体健康都保护不了。美德有时显得虽小,但它的意义却十分重大。这正是古语讲的"勿以善小而不为,勿以恶小而为之"。善虽小,若假以时日,必成大德;恶虽小,若假以时日,必成大恶。

　　(八)开放的心态与生活:在社会中成长

　　与你的朋友一起成长吧! 这是圣人们留下的圣训。孔子讲,"三人行,必有我师焉,择其善者从,择不善者改之。"良师益友是一个人成长的基础,"友能辅仁"、"有朋自远方来,不亦说乎"。一个人要认识自己,并不是封闭自己,不受外界干扰,而是需要从与别人的交往,为社会工作中不断地发现自己,提升自己的能力。因为个体要认识不可见的潜力只能借助于其他人,包括亲人、朋友、陌生人和敌人,个人能力的提升在于行动力的加强、自我约束的加强,而行动力只能在社会中才能实现,自我约束只有在不断克服社会的诱惑中才能实现。

　　苏格拉底强调雅典的市民社会,他的使命就是维护这个市民社会的良知与健康,这是他至死不渝的理想,也是他的终极使命。他自愿坦然赴死,愿做一个讨厌的牛虻,唤醒昏昏欲睡的雅典市民社会的良知。

　　耶稣是要改变民众的良知与认识,他要达到的是民众精神的虔诚、精神的纯洁和大爱的实现。这也造就了基督教积极入世的态度。

　　圣人们还告诉我们在社会中成长还必须正确地看待如何与你的敌人相

---

　　①　五戒是:不杀生,不偷盗,不邪淫,不妄语(不说谎话,不巧言令色),不饮酒。在集中修行的"斋日"期间要持八戒(也称八关斋戒),除将五戒中的"不邪淫"改为彻底的"不淫"之外,加上:不在豪华宽大的床上睡、坐;不盛装打扮并观看歌舞;过了中午不再进食。
　　　十戒是沙弥戒和沙弥尼戒,在五戒外,加上:不用香料花环打扮装饰;不观看歌舞;不在宽广大床上坐;不非时食(过午不食);不蓄金银财宝。具足戒,也称近圆戒,出家者只有受过此戒才能成为比丘、比丘尼。按照中国唐以后最盛行的《四分律》,比丘戒有 250 条,比丘尼戒有 348 条。

处,这对在巨变的社会中成长是非常重要的。孔子的"以直报怨",耶稣的"爱你的敌人",释迦牟尼的"慈悲",无不昭示着我们应有的认识和态度。和敌人的竞争和殊死的拼斗其实是最能提升一个的能力。没有了敌人,我们的勇气、信心、应变力、抗压力都不能提升了。敌人可以成就我们自己的潜力发挥。当你变得足够强大时,在巨变的世界成长得足够迅猛时,在强手如林的社会中,前进得足够快速时,你就会爱你的敌人。之所以会恨你的敌人,其根本原因,是你的能力还不够强,应变还不够快,成长还不够迅猛,潜力的开发还远远不够,所以,孔子讲,"以直报怨",以自身的发展来回应你的敌人,这才是正道。

(九)在生活细节中加强你的行动力与精神

千里之行,始于足下。从现在做起,从你的日常生活做起,从每时每刻做起,才能实现认识自己,挖掘潜力,提升能力的作用。清代大儒曾国藩曾在《家书》中告诫儿子要日日打扫庭院即是此意。

孔子从吃穿住行做起,所谓的"好学",即是"君子食无求饱,居无求安,敏于事而慎于言,就有道而正焉,可谓好学也已"①。从身边的点滴事情做起,"贤贤易色;事父母,能竭其力;事君,能致其身;与朋友交,言而有信。虽曰未学,吾必谓之学矣。"②

苏格拉底的好学是向所有的人学习,学习任何的知识。所有的其他圣人都有非常丰富的游学经历。丰富的经历加上他们关注日常生活,善于从日常生活中学习的学习方法造就了圣人的智慧。

唯有从日常的点滴做起,一个人才能开始积累,一个人的能力才能建立在不断积累的平台之上,一个人的潜能才能不断地被开发,一个人的能力才能提升,才能适应巨变社会的变迁。也唯有从日常点滴下工夫,才能将有限的身体与无限的潜力、堕落的本性与高贵的神性、有限的时间与无限的人生有机地结合起来,才能将人的两个不同的属性结合起来,实现"仁"。

---

① 《论语·好学》。
② 《论语·学而》。

二、自我决定命运：习惯决定命运

（一）发挥潜力是立足之本

当社会的变动性非常小的时候，人们沿着社会的惯常生活方式或是别人的生活模式生活，就可以过上比较好的或是与其他社会成员相似的生活。如在计划经济时代，我们可以顶替父母的工作，过上与父母亲同样的生活；或是根据社会的惯常要求，上大学，国家给安排工作；或是拿个铁饭碗，过上一劳永逸的日子。

当社会的变动性很小的时候，社会按照惯性运作，对人的要求也是按照社会的一般性要求，而非个性的要求。即使社会设置较高的门槛，进入这一门槛之后，对社会成员也是作一般的要求。在这样一个惯常式的社会中，社会的习惯、别人的意见、权威的意见的重要性就远远地超过了个人的意见。过于自我、过于表现的个性在这一社会中就不受欢迎。自我决定命运的概率就很少。这是一个没有活力的社会，违背了人的多样性与人的发展的多样性。大一统的社会在世界性的开放与竞争中不断地走向变动。

现代的心理学也指出，人这样一个生存物，具有自身独特的特点，平时能用的只是占10%的能力，还有90%的能力都没有运用出来。这90%当中，其中20%是可以通过自身的努力而开发出来的，而剩下的70%却是人所不能认识的，但它确实是实实在在的人的能力。如果能将这些能力都发挥出来，人就实现了自己的自然意义，而人如果能将这些能力都发挥出来，人也就没有克服不了的困难。这也是为什么传统中有那么多的故事，告诉的都是我们要对自己有信心，要依靠自己，如愚公移山、铁杵磨成针、龟兔赛跑等。人只要将自己的潜力发挥出来，将自己的能力提高，外界的变动不管有多大，都是可以应付自如的。

现代的社会越来越呈现出变动性的特点，改革成为了永恒的事业。现代政治社会中的民主、现代经济中的市场经济，都是将变动纳入到日常的体制之中，让多样性、变动性成为了社会日常生活的一部分。中国也正不断地从大一统的社会走向大变动的时代。这种变动性不但是对二千年封闭的超稳定结构的突破，而且，也是东西方文化的交汇与冲突的时代，它的变动性与内在的激烈的冲突将存续相当长的时间。

在这个变动的时代,大一统时代的传统思想将不足以应对当前的生存危机:灭绝自己个性的"尽天理、灭人欲"在一个标准多元、物欲横流的社会中不堪一击;自我折磨式的自我修炼在环境日益拥挤的社会中显得过时而无用;不与日常生活相结合的能力培养模式在完全世俗化的今天几乎无立足之处;不强调社会成员自组织的社会结构在现代社会中矛盾四起、冲突不断。

寻求大变动时代的生存智慧成为时代的要求。因为,在一个变动巨大的社会中,一个人只有具备了生存的智慧,才能树立远大的志向,而只有树立了远大的志向,才能克服无穷无尽的变动社会的烦恼,将日常生活的能力培养依据志向这一主线而连结起来。只有如此,才能克服变动社会带来的生存危机。

孔子是这么说的,也是这么做的;西方的圣贤是这么说的,也是这么做的;宗教的圣哲们也是这么说的,更是这么做的。那么,困惑的我们,巨变压力下的我们,为什么不从中汲取生存的智慧,追寻圣人的足迹,将巨变的压力转化成激发自己潜力的动力,在对抗巨变的社会中,成就自己的命运。

(二)自我铸造命运

近现代西方的思想大家,无论从行动上还是从思想上所详述出来的为人之道,与孔子的仁学思想具有极大的契合。东西方思想从本原上,并没有我们今天所理解的东西方的差别那么大。在中国现今的现代化中,西方化是时刻需要警惕与预防的倾向。照搬照套西方的改革总是以失败告终。但是在文明的本原上,我们却发现了诸多直接的对应与契合处,对人的理解的共同性,使我们有理由相信,孔子作为中华民族的"精神之父",仍然具有非常强烈的现实意义。

西方思想与孔子思想的契合还有一个最为根本的原因,西方社会从一开始产生于大变动时代,经历了古希腊、古罗马的覆灭,然后是中世纪的黑暗统治,世俗与教会的斗争从来就没有中断过,12世纪的十字军东征,14世纪东方伊斯兰文明的侵蚀,15世纪文艺复兴,16世纪的宗教改革,17世纪的启蒙运动、18世纪的理性主义与工业革命、19世纪的社会主义运动,20世纪上半叶的两次惨绝人寰的世界大战。而正是这种外在世界的变动,使得人们对自我认识变得异乎寻常地迫切,自我心灵的安宁变得异乎寻常地重要。而正是这种巨大的变动性,使得外界的一切都是可变的,只有对人的本质有深刻地认识,一个人才能有成长的坚实基础。个人如此,社会亦是如此。因此,西方社会的思想从本质上说,就是大变动时代的生存之道的阐述。

而孔子的年代,也是一个"礼乐崩坏"的时代:一个小人横行、君子稀少、"天道不行"、"君子不受命"的时代。子路的身死、冉有的无奈,都是世间无常、世道扭曲的表现。而孔子正是在这个时代,"就有道而正焉",发出时代的"良知",担负起似乎不可能完成的任务:阐释仁义、教化民众。

大变动时代的相似使得西方思想与孔子的思想有了共同的时代基础。而中国自秦代以后,进入了大一统时代,时代的基础不同了,理解孔子的思想也就失去了社会背景的支持。因此,理解孔子,不再是一个真实的孔子,而是一个断章取义的孔子,"半部《论语》"可以治天下,人们不敢再面对"整部《论语》"了。

无论是宗教也好,古代文明的开创者们也好,"认识你自己"在这样一个时代是一个责无旁贷的任务。认识自己身上的神圣性,认识自己身上所具有的巨大的潜力,认识自己身上只要持之以恒,就可以创造惊世骇俗的伟绩的能力。正是在认识自己的基础上,才能树立远大的志向。只有在远大志向的照耀下,才能沉下气来,脚踏实地地、一步一个脚印地往前走。并敬畏古"圣人"与"大人"之言,在日常生活中,在变化的世界中锻炼、提升自己。唯有如此,才能克服巨变之下所带来的烦恼与痛苦,不会被巨变的社会所吞噬,"人无远虑,必有近忧"。

在认识自己与远大的志向之上,强大的行动力就是决定因素了。没有强大的行动力,"认识自己"的工作不可能完成,远大的志向也会落于空谈,滚滚向前的巨变社会就会将你连根拔起,带入到没有理性、没有逻辑的巨变之中。因此,强大的行动力是巨变社会安身立命的基础。

强大的行动力来源于在日常生活中的积累,在于关注日常生活的细节,在于向其他人学习,在于日常生活中美德的保持,在于日常生活中对父母的孝顺,在于对兄弟姊妹的照顾,在于慷慨地帮助他人,在于不断地自我反省。佛教的"勇猛精进"就是强大的行动力;基督教的清教徒努力的工作就是为了实践上帝的意志,这也是行动力;《圣经》中讲人只有勇往直前,不能回头,如果你回头了,你就会变成石头,这也是行动力。这些震耳欲聋的金玉良言,深深地震撼着我们的灵魂。

三、社会成就美德:与朋友一起成长

　　人是社会的动物,脱离开社会,一个人不能认清楚自己,也失去了自我成长的最为根本的平台与基础。

　　个人具有无穷的潜力,但要将这种潜力召唤出来,并不是件容易的事情。这种看不见、摸不着的能力,在外界环境的诱惑下,在巨变社会的压力下,往往化为乌有。人的潜力的发挥与能力的培养除了自身的立志与努力外,更为重要的是在世俗社会中保持开放的心态、"以友辅仁"、"以史为镜",培养自己的行动力与美德。

　　个人能力的培养在于日常生活的积累,而在日常生活中,如何处理与身边的其他人的关系就是日常生活的最为主要的部分。

　　首先,能否处理好与你父母的关系,能否做到孝敬。我们往往和我们最为亲近的人表现出自己真实的一面,如对不认识的人还笑脸相迎,而对自己的父母、兄弟、妻子、丈夫、儿女,往往是该发怒时就发怒,该生气时就生气。什么事情,短时期做到很容易,但要做到持之以恒,往往是很难的。对父母的孝敬,其实是很难的。但这也能锻炼自己的能力。如果不能处理好与父母的关系,说明你的能力存在问题,需要不断地努力,或是如果你连这一基本的关系都处理不好,还谈何能力的培养呢? 这不是空中造楼、水中求月吗?

　　其次,能否处理与你的兄弟姐妹同辈人的关系,能否做到"照应"他们。这也是非常能锻炼我们能力的。

　　第三,对那些我们不认识的人,我们能否"纯属慷慨"地关照他们。如果我们的日常能力能扩及到他们,说明我们的能力得到了极大地扩张。一个人最为"无私"与"无我"的时候,也是他最为全身心投入与付出的时候,这个时候,也是他的潜力得到最大释放,他的能力得到最大提升的时候。如果我们能做到这一点,我们发挥内在潜力的大门也逐渐地打开了。这就是孔子讲的"毋我",也是伯里克利讲的,"我们雅典人纯属慷慨",也是耶稣讲的"爱你的兄弟姊妹"。这既是一种境界,更是一种智慧。

　　我们的社会处于深刻的变革之中,转轨之中,双轨之间,价值、人生、事业都可能被离奇地放大与缩小,让我们失去对自己的正确评价、对自己的信心,丧失是非、善恶的标准。生活在其中的人们无人不处于这一巨变的背景之下，我们可以困惑，也可以彷徨，但是我们不能等待。因为，生活只能来源于我们自己的创造，而不是来源于施舍或是偶然的泡影。我们所能做的，是从自身做起，听从自己良知的召唤；我们所能做的，是志同道合的朋友们应该团结起来，让良知在自己的有限的生活圈中蔓延；我们所能做的，是提升自己，身为表率，行为示范。在巨变的社会中，我们不能抱怨，不能等待，因为，我们深知，社会中不良习气的蔓延，很大部分的原因是与我们身上的正气不够强大有关。我们希望从我们自己做起，正本清源，让我们身边的人看到希望，更多地看到人性与社会光明的一面，看到良知、真诚、善良、希望是我们需要遵奉的共同的价值，也是我们的立世之本。

　　这种人的能力的培养都是在社会的层次上展开的。这种展开，就表现为种种的美德。仁慈、慷慨、无私、勇敢等都不是个体所能完成，而只有在群体的背景下才能不断地实现。脱离了社会或是民间社会的个人培养其实是一种空想，或是一种愚民的叫嚣，是一种不可能实现的妄想。按亚里士多德的说法，离开了市民社会，要么是圣人，要么是愚人，一般人离开了市民社会是没有办法发展的。民间社会与社会成员的自组织在人的成长中是非常重要的。

　　有一个例子很能说明问题，我现在所在的大学于 2006 年成立了教师的自组织机构，即教师促进中心（OTA，OFFICE OF TEACHER ADVANCEMENT），受到了年轻与年长的教师的欢迎，它解决了用行政的自上而下的方法和工会的类行政的方法所不能解决的问题，其讨论之真诚、人性之善良、大家热情之炽烈，是我所没有想到的。人类的善良在于激发，越激发越善良；个人的潜能，不激发则无，越激发越巨大。在 OTA 的活动中，更加深了我对民间自组织的认识，也加深了对人的成长的认识。我曾写过一首不工整的小诗，来抒发自己的感想。现将这首小诗放置于此，与大家共享。①

　　　　　关怀他人，这是一种幸福，
　　　　　因为关怀是一种能力，
　　　　　当有能力扩及他人的时候，

————————————

　　①　此小诗经吴冬梅教授修改，在此表示衷心的感谢。

施恩人也得到自我的升华；

感动他人，这是一种幸福，
因为感动也是一种能力，
当有能力感动他人的时候，
其实也是感动自身的过程；

觉醒灵魂，这是一种幸福，
因为觉醒更是一种能力，
当有能力觉醒他人的时候，
其实更是自我灵魂觉醒的过程。

我们——灵魂深处的同路人，
让我们相互关怀，相互感动，
一起改变贫乏，走向丰富，
包括物质，更包括精神，
从平凡走向优秀，
从优秀走向卓越。

四、制度完善品格：追求在善邦的品格完善

人在"善邦"或是"善的政治"中生存，是成为君子的条件，也是西方公民的基础，因为，在政治中生存，为了共和体的幸福而奉献自己的能力、勇气与热血，既可以成就自己潜能的释放，也可以成就自身的美德，更可以成就共同体的伟大。这是伯里克利的理想，也是孔子的君子的理想。

善良的政治在孔子时代不可追求，在西方也是不可追求。马基雅维里与霍布斯对近代政治的无奈指出了善良政治是多么地困难，乌托邦对善治的歌颂尽管不可实现，但却鼓舞了人类思想的风帆，驶向"善治"的现实。这一路途充满着荆棘和坎坷，无数思想家由此经历了生活的颠沛流离、长期的牢狱，甚至生命的代价。500 年的西方历史（从十四世纪到十九世纪），从英国革命，

到法国革命,再到美国革命,经历了无数革命的洗礼,经历了几十代人的生命的代价,"善治"在西方逐渐地确立起来。这是希望的结果,也是努力的结果,更是信心的力量。

举一个例子,有一个城市的制度其实是值得我们深思的,那就是纽约曼哈顿。曼哈顿是个半岛,这里有世界上最为密集的城市森林(City Jungle),华尔街所在的城市南区是世界上高楼最为密集的地区,工作人员,再加上游客,人满为患。按理说,这里不符合人的自然属性,不符合人的发展的。但是,这个城市有一个南北从 59 街到 110 街的区域,是巨大的空旷区域:中央公园。东西从哈德逊河(Hudson River)与另外一条河(Easten River)边步行到中央公园不会超过 20 分钟。按照纽约市的法律,中央公园的土地是不能挪作他用,只能作为公园用地。这里有大片的近似原始森林的茂密林地,有大片的草地,大量的住在纽约曼哈顿的人都将此作为自己的后花园。在公园,你可以看到很多拖家带口的,很多在里面带着电脑工作的,有很多休闲的,大清早上很多人晨跑更是其中的一景,甚至还有骑马者。

在一个寸土寸金的地方,离华尔街很近的黄金地段,有那么一大块空地,开始让人觉得非常浪费。但从人的角度出发,这样一个空地才使得纽约成为一个适宜人居的地方,进而让其保持住一个金融中心、贸易中心、人才中心的地位,否则,这样一个密集的城市就不适合人的发展,不适合人的自然属性的保持。这样的城市可能有一时的繁荣,但不可能保持长久的昌盛。

这就是一个重视人的发展的制度,现代的公用教育、公用图书馆、民主制度、选举制度、公民的基本权利、宪政都是围绕着这一基础展开的。当然,这些权利法律也可以不赋予,但如果没有了这些权利,人就不能成为一个真正的人、一个敢于承担责任、一个勇敢的人、一个具有了大型动物属性的人。而是成为一个懦弱、胆小、见风使舵、落井下石、苟且偷生之辈。

在一个"善"的政治中,君子才能表现出"君子之道",展现出"君子之行",而在"乱邦",君子则隐,展现出的行并不是我们所理解的君子之行,"言"可以不必信,"行"可以不必果,只要自己追求符合义即可。君子展现的更多的是灵活性,它的世俗的示范功能也就逐渐丧失了。善的政治是现代社会政治演变的原动力,也是中西方共同追寻的目标。

五、仁学:一个不断传唱的故事

"仁学",是大变动时代的处世之道,能于巨变的社会中,找到真正的立足之点,以自身的能力开发应对无常变动的社会,充分实现人的智慧,也真正实现人之所以为人的真正属性。

所谓人,最为核心的属性,正如它的性质所昭示的:人是有理性的高等动物。近代社会对人这一个存在物的认识受启蒙思想与理性主义的影响,形成了对人的核心价值的理解,并以此为基础构成近现代社会的制度基础。这也构成了近现代对人的理解,也构成了近代社会的核心价值。这一认识其实涵盖了三层含义,也就是只有具备了下述三层含义,才能成为一个真正的人。一是动物性,二是具有理性,三是高等性。

人是高等动物,首先是承认它的动物性,而后才是高等性。那人的动物性又是什么呢? 这就是近代社会形成的人的自然属性的概念。

近代思想家,如霍布斯、洛克、孟德斯鸠、卢梭等,无不从人的自然属性出发来对人进行认识。人的自然属性是人的根本属性,离开了人的自然属性,人就不能成其为人了,康德将自然人与文明人对应起来,成为人的两大特征。人的自然属性,成为了人的基本属性,也成为了近现代法律制度的基础。自然人是民法的基本概念与思想,而民法是近代法律制度的基础。

人的自然属性又是什么呢? 人类社会所崇尚的美德,如勇敢、坚贞、不屈、坚持、忍耐等,唾弃一些不屑的品行,如懦弱胆小、畏首畏尾、首鼠两端、见异思迁、落井下石、狐假虎威、狗仗人势等,后者均是属于小型动物的生存法则,而前者是大型动物的品德。那么人为什么喜欢大型动物的品格呢? 源于人的自然性,人从物理形态上,其实与自然界的大型动物相仿。那么,大型动物具有什么样的基本属性呢? 从消失的大型动物的生存环境来看,大型动物的最为基本的条件是有一个大的活动空间,华南虎、天山雪豹之所以走向绝迹,就是缘于人类活动范畴的无限扩大,自然的活动空间的萎缩。以老虎为例,一个老虎需要三、四座野生状态的山,来奔跑取食,以维持大型动物的生存状态。老虎以撒尿来取得自己的生存领地,其他老虎不得入内。如果没有这么大的野生自然环境,野生老虎就会生存不下去,或自杀或迁移或不能繁殖。一公一母的老虎就需要七八座山,再加上虎崽,就会有近十座山。现在要寻找几十座野生状态的适宜老虎生存的山,已是非常困难了。这也是野生虎会越来越少的原因。而现在的科学也证明,如果失去了野生状态,要想恢复,现代的科学几乎是不可能的。人生饲养的老虎放回野生状态鲜能生存下来,其他的动物也存在类似的情况。

大型动物具有这样的自然属性,人类作为大型动物是不是也具有这样的最为基本的属性呢? 人要维持一个健康的状态,运动是必不可少的,而且人需要大量的运动量,这也是为什么在现代的城市中,公园、运动场是必不可少,而且是居住在城市中的人们能在 10—20 分钟就可以到达的。旅游、运动越来越成为现代生存的时尚。这都与人的自然属性有关。当然,人也可以不运动,成为宅男或是宅女,整天与水泥房子打交道,结果是人的自然属性降低,人的活力与生命力减低,有的甚至是玩电脑过程中猝死,或是睡觉睡着睡着就死了。这其实都是自然属性丧失的结果。

正是人的自然属性,现代的法律就需要按照这样的属性来进行设计,这就是自然人的思想,民法中的基本法——物权法就是根据人的自然属性来设计的。现代的城市建设也需要按照人的自然属性来进行设计,这就是"适宜人居"的概念。

孔子谈"勇",说"艺",谈人性"无邪",不正是人的自然属性吗? 当然,仅仅具有自然属性是远远不够的。但缺乏自然属性,其他的一切又何从谈起?

人单一具有自然属性,只是人具有动物性,仅仅是人的属性的一个方面。正如战国时期著名思想家荀子所言,"(人)力不若牛,走不若马,而牛马为用,何也? 曰:人能群,彼不能群也。人何以能群? 曰:分。分何以能行? 曰:义。故义以分则和,和则一,一则多力,多力则强,强则胜物,故宫室可得而居也。故序四时,裁万物,兼利天下,无它故焉,得之分义也。"①单一的动物性不足以完全说明人的所有属性,人还具有理性。人能够将自身的经验积累、演绎与发挥,利用工具,发展科学,发挥知识的力量,通过分工合作,让人类成为地球上超越其他生物,成为最有力量的群体。这就是理性的力量。

人类通过自身的反思,经验的积累,以及团体的合作,发现人除了动物性

---

① 《荀子·王制》。

之外,还有一种力量,即人的潜力。将这种力量发挥出来,人就具有了超越作为动物性的真正的人的力量,人类将之称为"神",这也是西方与东方文明都认为人具有"神性与兽性的结合",一半是兽性,一半是神性,这就是人。但是,人要将潜力发挥出来,其实并不容易,这就需要理性的力量,需要智慧与勇气。希伯来文明中"通天塔的故事",中华文明中"愚公移山"、"铁杵磨成针"、"龟兔赛跑"其实都说明了人的潜力与自然属性相比,具有超越性的力量。现代的心理学也不断证明,人的潜力具有人的显力的数万倍的力量,但发挥出来不容易,需要智慧、勇气、信心、坚持、仁慈、善良、从细微处着手等一系列美德作为支撑。只有美德才能将人与潜力联系起来。这就是理性的力量,它能让人成为"真正的人"。

人的力量,在孔子那里是无限的,"千军可夺帅,匹夫不可夺志","志士仁人,无求生以害仁,有杀身以成仁","我欲仁,斯仁至矣","仁者无敌","仁者无忧"。

具有了美德的人,就是一个高尚的人,就是一个高等的人,就是"君子"、"大人",直到"圣人",这就是人的高等性。这样,人这样一个有理性的高等动物才能够成为一个"真正的人":具有了"仁义礼智信"的人,具有"智慧"的人,就是一个"仁人",一个真正的"大人"。

这一思想构成了各个文明的核心价值,也成为东方传统的核心价值。也只有在这样坚实的核心价值的基础上,文明才有力量,才能绵延不坠。人只有符合这一标准,才是好的生存状态;而一个社会,只有符合这一标准,才是一个适宜人发展的社会;而一个制度,只有符合这样的标准,才是善治。

这是一个关于人的完整的故事。① 关于人的这个故事不断地被各个文明所传唱,并不断地被搬上银幕,成为各大片的主题。那些轰动全球的大片,无不以此作为主题。近几年引入我国的大片,如《指环王》、《阿凡达》、《黑客帝国》②,以及中国的一些深受欢迎的片子,如《人间正道是沧桑》、《亮剑》,均以

---

① "故事"是西方人在叙事中最喜欢用的词,其中的潜台词是需要关注它的完整性,关注它的启承转接。其实,也是关注它的整体性。

② 其他的例子还有很多,如《勇敢的心》、《哈利·波特》、《盗梦空间》、《星球大战》、《狮子王》、《功夫熊猫》、《圣女贞德》、《阿甘正传》等。

此为主题。这个主题被作如下演绎：

一、这是一个关于英雄的故事。英雄的能力非常强大，能拯救地球、挽救国家、消除社会不公平、伸张正义。

二、英雄并不是生来就是英雄，而是一个平常人，一个不相信自己能力超群，同时，这个平常人和我们一般的人一样：怯懦、没有信心、犹豫等，但他（她）也具有平常人的一些美德，如善良、真诚、有正义感。

三、故事的背景总是发生在一个动荡的年代：黑暗势力不断扩张，作为主角的平常人被命运，或是被正义感推到了不得不为的位置上。

四、磨难就此开始。"难而后有所得"。这是让人揪心的磨难，或是走不到尽头，或是没法完成的任务，或是任务不能承受之重。

五、在磨难中，真正的美德经受住了考验，成为了主人公性格的内在、不可分的一部分，如虔诚、勇气、信心、机敏，当然，几乎所有的片子都会穿插爱情，宣扬非常感动的"爱"的主题。故事当中，作为对比，也有由于各种各样的原因，承受不了压力的，或是向无比强大的黑暗势力屈服，或是被权贵所诱惑，或是被财富所迷惑，或是被美色所掳获，成为了片子中的"反角"。

六、人是可以创造奇迹的存在物。一方面，磨难继续进行，主人公磨砺美德，另一方面，黑暗不断扩张，不坚持到最后一刻，光明不会出现。这也往往是故事的高潮。不经历风雨，哪里见彩虹。最后，黑暗终将散去，正义得以伸张，有情人也终成眷属。

大凡大片，无不用此主题来组织内容，并每每打动人心，让人们为之激荡，为之流泪，为之感动。

这是一个永恒的主题，不断地被人们所传唱，并实践着。我们将孔子尊称为"圣人"，其中的目的也就是让我们永远记着，我们现在传唱的还是不是人类真正的主题？我们流淌的血是否还纯正？我们还能不能对得起"人"这个称号？我们还能不能成为"大人"，或是"君子"？

参考书目

1．马克思:《黑格尔法哲学批判》,载《马克思恩格斯全集》第 3 卷,人民出版社 2002 年版。

2．马克思恩格斯:《1844 年经济学哲学手稿》,载《马克思恩格斯全集》,人民出版社 2002 年版。

3．马克思:《德意志意识形态》,载《马克思恩格斯全集》第 3 卷,人民出版社 1965 年版。

4．【汉】司马迁:《史记》,中华书局 1982 年版。

5．【汉】董仲舒:《春秋繁露》,周桂钿译注,中华书局 2011 年版。

6．【汉】刘向:《新序校释》,中华书局 2001 年版。

7．【宋】朱熹:《论语集注》,岳麓书社 2004 年版。

8．【宋】朱熹、吕祖谦:《近思录》,中州古籍出版社 2008 年版。

9．【宋】程颢、程颐:《二程集》(上、下),中华书局 1981 年版。

10．【宋】周敦颐:《周敦颐集》,中华书局 2009 年版。

11．【宋】陆九渊:《陆九渊集》,中华书局 1979 年版。

12．【宋】张载:《张载集》,中华书局 1978 年版。

13．【宋】陈淳:《北溪字义》,中华书局 1983 年版。

14．【明】李贽:《焚书续焚书》,中华书局 2011 年版。

15．【明】王阳明:《传习录》,中州古籍出版社 2008 年版。

16．【清】黄宗羲:《明夷待访录》,段志强译注,中华书局 2011 年版。

17．【明】冯梦龙:《东周列国志》,华夏出版社 2008 年版。

18．【清】黄宗羲:《明儒学案》(上下册),中华书局 1985 年版。

19．【清】陈确:《陈确集》(全二册),中华书局 1979 年版。

20．【清】戴震:《孟子字义疏证》,中华书局 1982 年版。

21．【清】谭嗣同:《仁学》,高等教育出版社 2010 年版。

22．【清】王夫之:《读四书大全说》(全二册),中华书局 1975 年版。

23．【清】王夫之:《张子正蒙注》,中华书局 1975 年版。

24．【清】王夫之:《思问录·俟解·黄书·噩梦》,中华书局 2009 年版。

25．【清】曾国藩:《曾国藩家书》,蓝天出版社 2006 年版。

26．杨伯峻:《论语译注》,中华书局 1980 年版。

27．杨伯峻:《孟子译注》,中华书局 1985 年版。

28．杨伯峻:《列子集释》,中华书局 1979 年版。

29．上海师范大学古籍整理研究所:《国语》,上海古籍出版社 1998 年版。

30．《尚书》,中州古籍出版社 2010 年版。

31．梁启雄:《荀子简释》,中华书局 1983 年版。

32．王先谦:《荀子集解》(上、下),中华书局 1988 年版。

33．吴毓江:《墨子校注》(上、下),中华书局 2006 年版。

34．谭戒甫:《墨辩发微》,中华书局 1964 年版。

35．王先慎:《韩非子集解》,中华书局 1998 年版。

36．饶尚宽:《老子》,中华书局 2006 年版。

37．王先谦、方勇:《庄子》,上海古籍出版社 2009 年版。

38．杨树达:《论语疏证》,江西人民出版社 2007 年版。

39．牟宗三:《人文讲习录》,广西师范大学出版社 2005 年版。

40．章太炎:《国学概论》,曹聚仁整理,上海古籍出版社 1997 年版。

41．梁启超:《梁启超法学文集》,范中信编,中国政法大学出版社 2000 年版。

42．胡适:《中国哲学史大纲》,上海古籍出版社 1997 年版。

43．钱穆:《论语新解》,三联书店 2002 年版。

44．钱穆:《阳明学述要》,九州出版社 2010 年版。

45．钱穆:《宋明理学概述》,九州出版社 2010 年版。

46．林语堂:《孔子的智慧》,群言出版社 2010 年版。

47．匡亚明:《孔子评传》,南京大学出版社 1990 年版。

48．李幼蒸:《仁学解释学:孔孟伦理学结构分析》,中国人民大学出版社

2004 年版。

49．顾准：《顾准文集》，贵州人民出版社 1994 年版。

50．冯友兰：《中国哲学史》，新世界出版社 1994 年版。

51．王亚南：《中国官僚政治研究》，中国社会科学出版社 1991 年版。

52．南怀瑾：《原本大学微言》，世界知识出版社 1998 年版。

53．林毓生：《中国传统的创造性转化》，三联书店 1996 年版。

54．蔡英文：《主权国家与市民社会》，北京大学出版社 2006 年版。

55．罗家伦：《写给青年》，中国人民大学出版社 2005 年版。

56．黄伟合：《英国近代自由主义研究》，北京大学出版社 2005 年版。

57．北京大学哲学系：《西方哲学原著选读》，商务印书馆 2005 年版。

58．金宜久：《伊斯兰教史》，江苏人民出版社 2006 年版。

59．王尔敏：《晚清政治思想史论》，广西师范大学出版社 2005 年版。

60．杨仁寿：《法学方法论》，三民书局 1987 年版。

61．蔡英文：《政治实践与公共空间》，新星出版社 2006 年版。

62．江宜桦：《自由民主的理路》，新星出版社 2006 年版。

63．石元康：《当代西方自由主义理论》，三联书店 2000 年版。

64．张晋藩：《中国法律的传统与近代转型》，法律出版社 1997 年版。

65．盛宁：《人文困惑与反思——西方后现代主义思潮批判》，三联书店
1997 年版。

66．刘放桐等编：《现代西方哲学》，人民出版社 1996 年版。

67．杜任之、涂纪亮：《当代英美哲学》，中国社会科学出版社 1998 年版。

68．徐友渔等：《语言与哲学》，三联书店 1996 年版。

69．张乃根：《西方法哲学史纲》，中国政法大学出版社 1993 年版。

70．赵文洪：《私人财产权利体系的发展》，中国社会科学出版社 1998
年版。

71．陈嘉明：《现代性与后现代性十五讲》，北京大学出版社 2006 年版。

72．汪晖、陈燕谷：《文化与公共性》，三联书店 1998 年版。

73．冒从虎等编：《欧洲哲学通史》，南开大学出版社 1985 年版。

74．徐友渔：《精神生成语言》，四川人民出版社 1997 年版。

75．严平：《走向解释学的真理》，东方出版社 1998 年版。

76．刘梦溪:《传统的误读》,河北教育出版社 1998 年版。

77．刘梦溪:《中国现代学术要略》,三联书店 2008 年版。

78．龚鹏程:《晚明思潮》,商务印书馆 2005 年版。

79．孟森:《明史讲义》,中华书局 2006 年版。

80．唐君毅:《人文精神之重建》,广西师范大学出版社 2005 年版。

81．丁易:《明代特务政治》,中华书局 2006 年版。

82．蔡蓁编:《美德二十讲》,天津人民出版社 2008 年版。

83．沈敏荣:《法律的不确定性》,法律出版社 2001 年版。

84．沈敏荣:《法律限度》,法律出版社 2003 年版。

85．沈敏荣:《市民社会与法律精神——人的品格与制度变迁》,法律出版社 2008 年版。

86．[古希腊]柏拉图:《理想国》,商务印书馆 1995 年版。

87．[古希腊]亚里士多德:《政治学》,吴寿彭译,商务印书馆 1996 年版。

88．[古希腊]亚里士多德:《尼各马可伦理学》,商务印书馆 2003 年版。

89．[古希腊]柏拉图:《柏拉图对话集》,王太庆译,商务印书馆 2004 年版。

90．[古希腊]修昔底德:《伯罗奔尼撒战争史》(上、下册),商务印书馆 2005 年版。

91．[古罗马]西塞罗:《论共和国》,王焕生译,中国政法大学出版社 1997 年版。

92．[古罗马]西塞罗:《论法律》,王焕生译,中国政法大学出版社 1997 年版。

93．[古罗马]西塞罗:《论义务》,王焕生译,中国政法大学出版社 1999 年版。

94．[古罗马]西塞罗:《论人生》、《论老年》,中国政法大学出版社 1999 年版。

95．[古罗马]圣奥古斯丁:《上帝之城》,吴飞译,上海三联书店 2009 年版。

96．[古罗马]马可·奥勒留:《沉思录》,朱汝庆译,中国社会科学出版社 1998 年版。

97．［古罗马］塔西佗：《历史》，王以铸等译，商务印书馆2005年版。

98．［古罗马］卢克莱修：《物性论》，方书春译，商务印书馆1999年版。

99．《苏格拉底的最后日子》，余灵灵、罗林平译，上海三联书店1988年版。

100．《塔木德》，赛妮亚编译，中国致公出版社2008年版。

101．［英］托马斯·莫尔：《乌托邦》，戴镏龄译，商务印书馆2006年版。

102．［英］培根：《培根论说文集》，水天同译，商务印书馆1996年版。

103．［英］亚当·斯密：《道德情操论》，蒋自强等译，商务印书馆1997年版。

104．［英］亚当·斯密：《国民财富的性质和原因的研究》，郭大力、王亚南译，商务印书馆1994年版。

105．［英］约翰·密尔：《论自由》，程崇华译，商务印书馆1996年版。

106．［英］休谟：《人性论》，关文运译，商务印书馆1996年版。

107．［英］霍布斯：《利维坦》，黎思复等译，商务印书馆1995年版。

108．［英］约翰·洛克：《政府论》，叶启芳等译，商务印书馆1990年版。

109．［英］柏克：《法国革命论》，何兆武等译，商务印书馆2000年版。

110．［英］密尔顿：《论出版自由》，吴之春译，商务印书馆1994年版。

111．［英］边沁：《道德与立法原理导论》，时殷弘译，商务印书馆2000年版。

112．［英］詹姆斯·哈林顿：《大洋国》，何新译，商务印书馆1996年版。

113．［英］阿克顿勋爵：《自由与权力》，侯健等译，商务印书馆2001年版。

114．［英］昆廷·斯金纳等主编：《国家与公民》，彭利平译，华东师范大学出版社2005年版。

115．［英］哈耶克：《法律、立法与自由》，邓正来等译，中国大百科全书出版社2000年版。

116．［英］H. P.里克曼：《理性的探险》，商务印书馆1996年版。

117．［英］以赛亚·伯林：《启蒙时代》，孙尚扬等译，译林出版社2005年版。

118．［英］埃德蒙·柏克：《自由与传统》，商务印书馆2001年版。

119．［英］A. N.怀特海：《科学与近代世界》，何钦译，商务印书馆1997

年版。

120．[英]阿克顿：《法国大革命讲稿》，秋风译，贵州人民出版社 2004 年版。

121．[英]阿克顿：《自由史论》，胡传胜等译，译林出版社 2001 年版。

122．[英]安德鲁·甘布尔：《政治和命运》，胡晓时等译，江苏人民出版社 2007 年版。

123．[英]迈克尔·莱斯诺夫等：《社会契约论》，刘训练等译，江苏人民出版社 2006 年版。

124．[英]尚塔尔·墨菲：《政治的回归》，王恒等译，江苏人民出版社 2005 年版。

125．[英]齐格蒙·鲍曼：《寻找政治》，洪涛等译，上海世纪出版集团 2006 年版。

126．[英]哈特：《法律、自由与道德》，支振锋译，法律出版社 2006 年版。

127．[英]锡德尼·维伯等：《资本主义文明的衰亡》，秋水译，上海世纪出版集团 2005 年版。

128．[英]H. P. 里克曼：《理性的探险》，商务印书馆 1996 年版。

129．[英]鲍桑葵：《关于国家的哲学理论》，汪淑钧译，商务印书馆 1996 年版。

130．[英]J. B. 伯里：《思想自由史》，宋桂煌译，吉林人民出版社 1999 年版。

131．[英]爱德华·吉本：《罗马帝国衰亡史》，黄宜思等译，商务印书馆 2005 年版。

132．[英]理查德·麦尔文·黑尔：《道德语言》，万俊人译，商务印书馆 1999 年版。

133．[英]戴维·赫尔德：《民主的模式》，燕继荣等译，中央编译出版社 1998 年版。

134．[英]苏珊·马克斯：《宪政之谜》，方志燕译，上海世纪出版集团 2005 年版。

135．[英]戴维·李等主编：《关于阶级的冲突》，姜辉译，重庆出版社 2005 年版。

136．[英]罗素:《西方哲学史》,马元德译,商务印书馆1996年版。

137．[英]昆廷·斯金纳等主编:《国家与公民》,彭利平译,华东师范大学出版社2005年版。

138．[英]S.F.C.密尔松:《普通法的历史基础》,李显冬译,中国大百科全书出版社1999年版。

139．[英]哈特:《法律的概念》,张文显等译,中国大百科全书出版社1996年版。

140．[英]弗里德里希·冯·哈耶克:《自由秩序原理》,邓正来译,三联书店1997年版。

141．[英]约翰·奥斯丁:《法理学范围》,刘星译,中国法制出版社2002年版。

142．[英]索利:《英国哲学史》,段德智译,山东人民出版社1996年版。

143．[英]诺尔曼·P.巴利:《古典自由主义与自由至上主义》,竺乾威译,上海人民出版社1999年版。

144．[英]以赛亚·伯林:《现实感》,潘荣荣等译,译林出版社2004年版。

145．[英]以赛亚·伯林:《自由及其背叛》,赵国新译,译林出版社2005年版。

146．[英]莱昂内尔·罗宾斯:《经济科学的性质和意义》,朱泱译,商务印书馆2005年版。

147．[英]休谟:《道德原则研究》,曾晓平译,商务印书馆2006年版。

148．[英]昆廷·斯金纳:《自由主义之前的自由》,李宏图译,上海三联书店2004年版。

149．[英]约翰·希克斯:《经济史理论》,厉以平译,商务印书馆2005年版。

150．[英]威廉·葛德文:《政治正义论》,何慕李译,商务印书馆1997年版。

151．[英]拉尔夫·达仁道夫:《现代社会冲突》,林荣远译,中国社会科学出版社2000年版。

152．[英]布伦达·拉尔夫·刘易斯:《君主制的历史》,荣予等译,三联书店2007年版。

153.[英]埃里克·霍布斯鲍姆:《民族与民族主义》,李金梅译,上海世纪出版集团 2006 年版。

154.[法]米歇尔·福柯:《规训与惩罚》,刘北成等译,三联书店 1999 年版。

155.[法]狄德罗:《狄德罗哲学选集》,江天骥等译,商务印书馆 1983 年版。

156.[法]德尼兹·加亚尔等:《欧洲史》,蔡鸿滨等译,海南出版社 2002 年版。

157.[法]卢梭:《社会契约论》,何兆武译,商务印书馆 1987 年版。

158.[法]笛卡尔:《探求真理的指导原则》,管震湖译,商务印书馆 2005 年版。

159.[法]孟德斯鸠:《罗马兴衰原因论》,婉玲译,商务印书馆 1997 年版。

160.[法]德日进:《人的现象》,李弘祺译,新星出版社 2006 年版。

161.[法]勒内·达维:《英国法与法国法:一种实质性比较》,潘华仿等译,清华大学出版社 2002 年版。

162.[法]皮埃尔·罗桑瓦龙:《公民的加冕礼》,吕一民译,上海世纪出版集团 2005 年版。

163.[法]卢梭:《爱弥尔》,李平沤译,商务印书馆 2006 年版。

164.[法]托克维尔:《旧制度与大革命》,冯棠译,商务印书馆 1996 年版。

165.[法]米涅:《法国革命史》,北京编译社译,商务印书馆 1997 年版。

166.[法]弗朗索瓦·傅勒:《思考法国大革命》,孟明译,三联书店 2005 年版。

167.[法]奥古斯特·孔德:《论实证精神》,黄建华译,商务印书馆 1996 年版。

168.[法]霍尔巴赫:《健全的思想》,王荫庭译,商务印书馆 2006 年版。

169.[法]孟德斯鸠:《论法的精神》,张雁深译,商务印书馆 1993 年版。

170.[法]爱弥尔·涂尔干:《孟德斯鸠与卢梭》,李鲁宁等译,上海人民出版社 2006 年版。

171.[法]伏尔泰:《风俗论》,梁守锵译,商务印书馆 2006 年版。

172.[法]埃德另·莫兰:《反思欧洲》,康征等译,三联书店 2005 年版。

173．[德]康德:《法的形而上学原理——权利的科学》,沈叔平译,商务印书馆 2001 年版。

174．[德]施路赫特:《理性化与官僚化》,顾忠华译,广西师范大学出版社 2004 年版。

175．[德]斐迪南·滕尼斯:《新时代的精神》,林荣远译,北京大学出版社 2006 年版。

176．[德]黑格尔:《法哲学原理》,范扬等译,商务印书馆 1995 年版。

177．[德]马克斯·韦伯:《新教伦理与资本主义精神》,于晓等译,三联书店 1987 年版。

178．[德]韦伯:《宗教社会学》,康乐等译,广西师范大学出版社 2005 年版。

179．[德]考夫曼:《法律哲学》,刘幸义等译,法律出版社 2005 年版。

180．[德]哈贝马斯:《认识与兴趣》,郭官义等译,学林出版社 1999 年版。

181．[德]哈贝马斯:《在事实与规范之间——关于法律和民主法治国的商谈理论》,童世骏译,三联书店 2003 年版。

182．[德]哈贝马斯:《公共领域的结构转型》,曹卫东等译,学林出版社 1999 年版。

183．[德]尤尔根·哈贝马斯:《合法性危机》,刘北成等译,上海人民出版社 2000 年版。

184．[德]费希德:《论学者的使命——人的使命》,梁志学等译,商务印书馆 2005 年版。

185．[德]马丁·海德格尔:《林中路》,孙周兴译,上海译文出版社 1997 年版。

186．[德]汉斯·格奥尔格·伽达默尔:《真理与方法》,洪汉鼎译,上海译文出版社 1999 年版。

187．[德]埃德蒙德·胡塞尔:《欧洲科学危机和超验现象学》,张庆熊译,上海译文出版社 2005 年版。

188．[德]黑格尔:《精神现象学》,贺麟等译,商务印书馆 1996 年版。

189．[德]M.舍勒:《爱的秩序》,林克译,三联书店 1995 年版。

190．[德]卡尔·斯密:《政治的浪漫派》,冯克利等译,上海人民出版社

2004 年版。

191.［德］黑格尔:《法哲学原理》,范扬等译,商务印书馆 1995 年版。

192.［德］海德格尔:《存在与时间》,陈嘉映等译,三联书店 1999 年版。

193.［德］奥特弗利德·赫费:《政治的正义性——法和国家的批判哲学之基础》,庞学铨等译,上海世纪出版集团 2005 年版。

194.［德］E.策勒尔:《古希腊哲学史纲》,翁绍军译,山东人民出版社 1992 年版。

195.［德］E.卡西尔:《启蒙哲学》,顾伟铭等译,山东人民出版社 1988 年版。

196.［意］尼科洛·马基雅维里:《佛罗伦萨史》,李活译,商务印书馆 2005 年版。

197.［意］彼德罗·彭梵得:《罗马法教科书》,黄风译,中国政法大学出版社 1992 年版。

198.［意］康帕内克:《太阳城》,陈大维等译,商务印书馆 1995 年版。

199.［意］萨尔沃·马斯泰罗内:《欧洲民主史》,黄华光译,社会科学文献出版社 1998 年版。

200.［荷兰］斯宾诺莎:《知性改进论》,贺麟译,商务印书馆 1996 年版。

201.［荷兰］斯宾诺莎:《斯宾诺莎书信集》,洪汉鼎译,商务印书馆 1993 年版。

202.［荷兰］斯宾诺莎:《伦理学》,贺麟译,商务印书馆 2005 年版。

203.［比利时］亨利·皮雷纳:《中世纪的城市》,陈国梁译,商务印书馆 2006 年版。

204.［奥地利］弗里德里希·希尔:《欧洲思想史》,赵复三译,广西师范大学出版社 2007 年版。

205.［奥］路德维希·冯·米瑟斯:《自由与繁荣的国度》,韩光明等译,中国社会科学出版社 1994 年版。

206.［奥］凯尔森:《法与国家的一般理论》,沈宗灵译,中国大百科全书出版社 1996 年版。

207.［瑞士］雅各布·布克哈特:《意大利文艺复兴时期的文化》,何新译,商务印书馆 1997 年版。

208．［瑞典］汤姆·R.伯恩斯:《结构主义的视野——经济与社会的变迁》,周长城等译,社会科学文献出版社 2000 年版。

209．［葡］叶士月:《欧洲法学史导论》,吕平义等译,中国政法大学出版社 1998 年版。

210．［加拿大］詹姆斯·塔利:《陌生的多样性》,黄俊龙译,上海世纪出版集团 2005 年版。

211．［加拿大］埃伦·M.伍德:《资本的帝国》,王恒杰等译,上海译文出版社 2006 年版。

212．［加拿大］菲利普·汉森:《历史、政治与公民权:阿伦特传》,刘佳林译,江苏人民出版社 2004 年版。

213．［加拿大］威尔·金里卡:《少数的权利——民族主义、多元文化主义和公民》,邓红风译,上海世纪出版集团 2005 年版。

214．［伊朗］拉明·贾汉贝格鲁:《伯林谈话录》,杨祯钦译,译林出版社 2002 年版。

215．［美］罗纳德·格罗斯:《苏格拉底之道》,徐弢、李思凡译,北京大学出版社 2005 年版。

216．［美］富兰克林:《富兰克林自传》,唐长孺译,国际文化出版公司 2010 年版。

217．［美］罗森:《荣格之道:整合之路》,申荷永等译,中国社会科学出版社 2003 年版。

218．［美］哈罗德·J.伯尔曼:《法律与革命——西方法律传统的形成》,中国大百科全书出版社 1996 年版。

219．［美］汉密尔顿、杰伊、麦迪逊:《联邦党人文集》,程逢如等译,商务印书馆 1995 年版。

220．［美］斯东:《苏格拉底的审判》,董乐山译,三联书店 1998 年版。

221．［美］约翰·赞恩:《法律的故事》,刘昕等译,江苏人民出版社 1998 年版。

222．［美］西尔维亚·斯诺维斯:《司法审查与宪法》,谌洪果译,北京大学出版社 2005 年版。

223．［美］赫伯特·J.斯托林:《反联邦党人造成什么——宪法反对者的政治思想》,汪庆华译,北京大学出版社 2006 年版。

224. [美]伊安·夏皮罗:《政治的道德基础》,姚建华等译,上海三联书店 2003 年版。

225. [美]约翰·凯克斯:《反对自由主义》,应奇译,江苏人民出版社 2005 年版。

226. [美]斯科特·戈登:《控制国家——从古代雅典到今天的宪政史》,应奇等译,江苏人民出版社 2005 年版。

227. [美]科林·布朗:《基督教与西方思想》(卷一),查常平译,北京大学出版社 2005 年版。

228. [美]弗里德里希·沃特金斯:《西方政治传统》,黄辉等译,吉林人民出版社 2001 年版。

229. [美]罗兰·斯特龙伯格:《西方现代思想史》,刘北成等译,中央编译出版社 2005 年版。

230. [美]利奥·施特劳斯:《关于马斯雅维里的思考》,申彤译,译林出版社 2006 年版。

231. [美]哈维·C.曼斯菲尔德:《训化君主》,冯克利译,译林出版社 2005 年版。

232. [美]卡尔·贝克尔:《启蒙时代哲学家的天城》,何兆武译,江苏教育出版社 2005 年版。

233. [美]哈罗德·D.拉斯韦尔:《政治学》,杨昌裕译,商务印书馆 2006 年版。

234. [美]斯蒂芬·埃里克:《重申启蒙》,殷杲译,江苏人民出版社 2006 年版。

235. [美]汉娜·阿伦特:《黑暗时代的人们》,王凌云译,江苏教育出版社 2006 年版。

236. [美]艾伦·沃尔夫:《合法性的限度》,沈汉等译,商务印书馆 2005 年版。

237. [美]约翰·赞恩:《法律的故事》,刘昕等译,江苏人民出版社 1998 年版。

238. [美]哈罗德·J.伯尔曼:《法律与革命——西方法律传统的形成》,

中国大百科全书出版社 1996 年版。

239 . [美]罗纳德·德沃金:《自由的法——对美国宪法的道德解读》,刘丽君等译,上海人民出版社 2001 年版。

240 . [美]罗纳德·德沃金:《认真对待权利》,信春鹰等译,中国大百科全书出版社 1996 年版。

241 . [美]罗纳德·德沃金:《法律帝国》,李党青译,中国大百科全书出版社 1996 年版。

242 . [美]约翰·罗尔斯:《万民法》,张晓辉等译,吉林人民出版社 2001 年版。

243 . [美]罗斯科·庞德:《普通法的精神》,唐前宏等译,法律出版社 2001 年版。

244 . [美]约瑟夫·斯托里:《美国宪法评注》,毛国权译,上海三联书店 2006 年版。

245 . [美]孟罗·斯密:《欧陆法律发达史》,姚梅镇译,中国政法大学出版社 1999 年版。

246 . [美]A.麦金太尔:《追寻美德》,宋继杰译,译林出版社 2003 年版。

247 . [美]詹宁斯:《法与宪法》,龚祥瑞译,三联书店 1997 年版。

248 . [美]罗伯特·诺齐克:《苏格拉底的困惑》,郭建玲等译,新星出版社 2006 年版。

249 . [美]汉娜·阿伦特:《精神生活·意志》,姜志辉译,江苏教育出版社 2006 年版。

250 . [美]布莱克:《法律的运作行为》,唐越等译,中国政法大学出版社 1994 年版。

251 . [美]路易斯·亨金:《宪政·民主·对外事务》,邓正来译,三联书店 1996 年版。

252 . [美]曼库尔·奥尔森:《国家兴衰探源》,吴应中等译,商务印书馆 1999 年版。

253 . [美]詹姆斯·安修:《美国宪法判例与解释》,黎建飞译,中国政法大学出版社 1999 年版。

254 . [美]罗宾·保罗·麦乐怡:《法与经济学》,孙潮译,浙江人民出版社 1999 年版。

255．[美]本杰明·卡多佐:《司法过程的性质》,苏力译,商务印书馆 1998 年版。

256．[美]斯蒂芬·霍尔姆斯:《反自由主义剖析》,曦中等译,中国社会科学出版社 2002 年版。

257．[美]伯纳德·施瓦茨:《美国法律史》,王军译,中国政法大学出版社 1990 年版。

258．[美]理查德·A.波斯纳:《法律的经济分析》,蒋兆康译,中国大百科全书出版社 1999 年版。

259．[美]A.L.科宾:《科宾论合同》,王卫国等译,中国大百科全书出版社 1997 年版。

260．[美]麦克尼尔:《新社会契约论》,雷喜宁等译,中国政法大学出版社 1994 年版。

261．[美]维克多·李·伯克:《文明的冲突》,王晋新译,上海三联书店 2006 年版。

262．[美]卡尔·贝克尔:《论独立宣言——政治思想史研究》,彭刚译,江苏教育出版社 2005 年版。

263．[美]托克维尔:《论美国的民主》,董果良译,商务印书馆 1996 年版。

264．[美]凯斯·R.孙斯坦:《自由市场与社会正义》,金朝武等译,中国政法大学出版社 2002 年版。

265．[美]哈耶克:《科学的反革命——理性滥用之研究》,冯克利译,译林出版社 2003 年版。

266．[美]约翰·罗尔斯:《政治的自由主义》,万俊人译,译林出版社 2000 年版。

267．[美]文森特·奥斯特罗姆:《美国的联邦主义》,王建勋译,上海三联书店 2003 年版。

268．[美]路易斯·亨利·摩尔根:《古代社会》,杨东莼等译,商务印书馆 1995 年版。

269．[美]丹尼尔·J.伊拉扎:《联邦主义探索》,彭利平译,上海三联书店 2004 年版。

270．［美］维塞尔：《启蒙运动的内在问题》，贺志刚译，华夏出版社 2007 年版。

271．［美］威廉·詹姆斯：《宗教经验之种种》，蔡怡佳等译，广西师范大学出版社 2008 年版。

272．［美］孙隆基：《中国文化的深层结构》，广西师范大学出版社 2004 年版。

273．［美］黄仁宇：《万历十五年》，中华书局 1995 年版。

274．［日］大前研一：《M 型社会——中产阶级消失的危机与商机》，刘锦秀等译，中信出版社 2007 年版。

275．［日］沟口雄三：《中国的思想》，赵士林译，中国社会科学出版社 1995 年版。

276．Pericles(495BC—429BC)，Athens is the School of Greece，431 B. C.

277．Maddison，Phases of Capitalist Development. Oxford：Oxford University Press，1982.

278．Louis Henkin，etc.，Human Rights，Foundation Press，New York，1999.

279．John Finnis，Natural Law and Natural Rights，Oxford，2001.

280．Joseph Raz，Practical Reason and Norms，Oxford，2002.

281．Edmund S. Morgan，Inventing the People，W. W. Norton &Company，1989.

282．Carl Schimitt，the Concept of the Political，the University of Chicago Press，1996.

283．Hannah Arendt，On Revolution，Penguin Group，1990.

284．William Macdonald，ed.，American History，the Macmillan Company，1899.

285．Thomas Hobbes，Leviathan，1561.

286．Jean Bodin，On Sovereignty，1576.

287．David Sedley（ed.），Greek and Roman Philosophy，Cambridge University Press，2003.

288．Ronald Dworkin，Law's Empire，Harvard University Press，2001.

289．Thomas Paine，The Rights of Man，1791，Penguin Classic Reprint，1985.

跋

一

在 2007 年写作《市民社会与法律精神——人的品格与制度变迁》时,我曾经检讨过自己的研究:我的研究动力之一源于自身思想的困惑,希望厘清自己思想与生活中的困惑与混乱。生活在当下大变动社会中的人们,不但时代呈现出大变动的特点,个体的思想其实也是混乱的:个体内外的不一致、言行的不一致、所受的教育与社会实践的不一致、个人的理想与社会生活不一致、个人的成长阶段的断裂、对待不同群体与个体的思想与态度的不一致、公开与私下的不一致。我也将步入四十不惑的年龄,但是,迷惑尤在我心。

2008 年完成《市民社会与法律精神——人的品格与制度变迁》,对西方社会自 13 世纪末文艺复兴以来的近 500 年的制度演进进行了系统地梳理,厘清了一些基本概念,如市民社会、市场经济、经济社会、自然人、公民、理性人、经济人、法律价值等,这些思想的梳理与我们现在的对这些概念与思想的认识是有出入的。让我感到欣慰的是,该著作被评为 2010 年北京市哲学与社会科学优秀科研成果一等奖,说明这些思想的梳理还是获得了专家们的首肯。

该研究只是完成了 18 世纪以前西方作为一个完整的思想体系成形的演变过程,并没有涉及到现代社会的形成,尤其是垄断资本主义成形,马克思主义对资本主义的批判以及共产主义思想的形成这一现代进程。这一阶段的研究的难度可能要大于 18 世纪之前的研究,它对于厘清和真正理解影响我国现代法制进程的"工具论"、"法律消亡论"、"阶级论"的马克思的真实思想是有益的。我们可能也经常像解释孔子一样在解释马克思!我们经常缺乏"畏大人之言"的应有认识。

但有,上述的研究有一个问题,主要侧重于西方的研究,而没有对中国社会进行梳理。在西方传统的研究体系中，很难将中华传统展开，因为，大量的概念、论述前提都是不一样的。中国没有所谓的市民社会，传统中更没有公民的思想，由于文明太久，离传统的渊源自然也越行越远。西方之于中国，在很大方面，是在非理性的层面上展开的，西方进入中国的视野，是以船坚炮利的方式开局的，西方文化是在全盘西化、西方优于东方的思想下大量涌入的，西方的制度引入是因为西方世界的强大而摹仿的，鲜有理性的比较、少有辩证地吸收。西化与民粹伴随着中国的近代化与现代化。

面对西方完整的思想体系，中国悠久的历史传统在我们的思想中变得破碎、残缺，我们不知道自己多哪里来，我们又怎么能知道自己到哪里去呢？我们学习西方的法律、文化，但我们知道这些舶来品从何而来？我们将孔子的塑像放到了祖国最中心的位置，可我们对孔子的仁学又懂多少？我们的传统离孔子的教导又有多远？

中国到底有没有市民社会？中国传统文化与西方传统到底是不是像冯友兰先生在《中国哲学史》中所说的，一个是外向的，一个是内敛的，是完全异质的？或是像有些学者所说的，一个是大陆性的，一个是海洋性的，或是一个是黄土高原性质的，一个是蔚蓝色海洋性质的？中国的传统到底是什么？这些东西不梳理，要明确中国的法律基础与社会基础，只能会游离于真实的现状之外，在西化与民粹间徘徊。但中华传统源远流长，人才辈出，而且，由于以前的学校教育中缺乏国学教育，我的那么点国学知识都是自学而来，能否胜任也难生信心。

2006—2007 年，有感于自己成长中的迷惑，在本科生当中开设了《论语与法律》全校公选课，讲授孔子的"仁学"。说实在话，到现在，我还十分感谢当时选我课的四十名非常优秀的本科生。是他们促使了我思考、促使我努力地备课。我记得第一堂课的时候，当我走上讲台，同学的反应是错锷，他们以为我是一个老教师，没想到是个毛头小伙。在这一学期中，我努力备课、讲授，他们也非常努力地学习、思考。是他们，成就了我对《论语》中"仁学"的研究。我还记得他们在期末考试中，非常睿智地分析问题、剖析成因、阐释感想，我记得李佳音同学在答题中还引用了一位诗人的诗来阐释自己的感想。以后要是有机会，我真想把这些优秀的学生的试卷整理出来，让大家也看看一群优秀的90 后学生是如何思考和反思的，是如何健全自己的心智的。非常遗憾的是，由于全校公选课的学生来自全校各院系,老师外出开学术会议没有办法请假,学校也没有此方面的特别规定,使得我有一次外出上海开会竟然二十多天没请下假来,迫于无奈,只好仅仅开设了一个学期。其实,我心中是非常愧疚的。第二个学期,我们学校出现了首例的学生跳楼事件,这让我非常揪心,我自己心中在想,要是我这课还在开,要是幸好这个学生正好听了我的课,说不定就不会出现这样的惨剧了;或是学校有更多的老师开设能解决心灵问题的课,可能惨剧也不会发生,或是更少地发生。现代的社会确实压力巨大,但这种压力是可以转化的,大变动时代的生活也可以是非常美好的,但如果没有这样的思想准备,社会的巨大变动确实可以压得人喘不过气来,直至自己结束自己的生命。

正是有了这一经历,我时时告诫自己,既然继续开课在制度上没有通道,那就将这一学期的讲稿整理成书,让学生们能有机会看到书,思考在大变动时代的生存之道。正如打仗,没有准备容易打闷,如果打有准备的仗,情形就大大的不同了。

二

什么是中国的传统? 在一个有 5000 年文明传统的国度其实是非常难回答的问题。原来的《论语与法律》的讲稿除了孔子与《论语》的论述之外,还涉及到《孟子》、《大学》、《中庸》来论述儒家与孔子思想的出入,通过原典的比较阅读,来论述从大变动时代走向大一统时代,在一个不断政治化的国度中思想、传统、文化与个体生活的巨变反差。《孟子》与孔子思想有一个大的变化,但孟子遵循了孔子的精神实质,而到了《大学》与《中庸》,无论从形式到内容,与孔子的思想的反差都很大了。但同时对这些内容进行改动,工作量非常之大,在目前的学术环境中,集中进行大部头的写作似乎不太现实。因此,单独将中国传统中的“精神之父”孔子的思想先整理出来,这就是呈现在大家面前的《仁的价值与时代精神——大变动时代的生存之道》,希望能在不久的将来,将下面一部分也整理出来,形成《从大变动走向大一统》一书,这才能更好地认识我们所遵循的传统的实质到底是如何演变的。

数千年来,我们一直背离着孔子的教诲,我们将孔子抬得很高,其实,我们正在扼杀他的思想,舍弃了他的"仁"的思想。当然,这种舍弃是基于不同时代的差异,从孔子之后,华夏大地笼罩在"大一统"的思想与实践之中,思想是时代的产物和反映,大变动时代与大一统时代的思想与生存智慧存在着巨大的差异,而我们的传统正是在这两种传统思想的渊源之上建立起来的。分清传统的渊源有利于认识我们自己的本来面目,我们往往习以为常,以为是传统的东西其实并不是一成不变的,一些认为是舶来品的思想其实在传统中有诸多对应,甚至最早的渊源还是来源于中国,只是被人们遗忘,或是被刻意地忽视了。拨开层层的迷雾,回望过去,正视我们曾经出发的起点,我们就会记起曾经的梦想、曾经走过的道路,我们也会知道这条道路将会延伸向何方,我们向何处去。

三

孔子的思想唯有整体性的理解,才能理解其真义。对西方的传统与现代化思想的理解也是如此。断章取义或是以偏概全,可以将孔子塑造成圣人,也可以将其打倒成"孔老二",但这些都是后人对其的解释,并无伤孔子的真实思想,也无伤于孔子思想的伟大。孔子的塑像无论放在哪里,都无损于孔子的思想。我们可能永远再也不能真实地再现孔子的真实思想的全部,正如他的弟子颜回所说的那样。按照现代解释学的理解,我们的理解其实只是理解者对解释对象的投影,我们可能永远也不能理解真实的孔子真正的思想。但是,我们可以无限接近孔子的思想,尽可能地还原其本来的意义。这就需要我们以孔子的整体思想为背景来理解他的思想细节。

其实,对现代社会与西方传统的理解也是如此,只有知道自己从哪里来,才能知道自己到底是谁,知道自己到哪里去。西方500年的传统演绎,让我们颠覆了许多我们习以为常的观念,或是引以为正确的思想。对于中国传统的理解,也只有从整体性角度出发,我们才能真正地了解我们的传统。对孔子的理解,可以了解我们传统的源头,了解我们到底从哪里来。孔子之后的发展,也需要我们作详细地梳理,只有作了系统的整理,我们才能真正地了解我们的传统:"大一统"的传统到底对我们的影响有多深刻?我们后来的传统为什么会背离孔子的思想?"仁"的日益明确到底会带来什么样的后果?传统思想的误区是什么?"大一统"与"大变动"的生存智慧到底有什么差别? 这些将在《仁的价值与时代精神——从大变动走向大一统》作详细地分析,也是延续整体分析的方法。

"大一统"时代是一个不需要整体化的时代,权威、神圣、教条都可以神化成"唯一的指南","唯一"、"真理"、"正确"成为了这个时代的特征,"唯一"指导着社会习惯的观念,正统观念代替了个人的癖好、习性,朱熹的注解成为了《论语》的唯一官方文本,任何与此不符的解释都将不为官方所承认。《论语》的解释不再遵循编辑者原有的整体解释意图,而是遵循唯一的解释。治理天下,不需要依据整本的《论语》,半部就足够了。"指鹿为马"在"大一统"时代成为了考验个人忠诚的常用的方法,"文字狱"的恐吓足以让天下"噤若寒蝉"。但是,在大变动时代,权威不再流行,巨变让"唯一"具有了自相矛盾的色彩,多元化是变动时代的必然特征,正如狄更斯所言,这是一个最好的时代,也是一个最坏的时代;既有文明的闪亮,也有人性丑恶的泛滥。[①]"救世主"不再出现,自我命运的把握让位于世俗的无奈,"放飞理想的翅膀"往往会被巨变的现实打折。在巨变的社会中,人性的善良与丑恶会被同时放大,同时,自己也将被放到抉择的十字路口。

思想的枷锁会被无情的变动打碎,自由的选择就在脚下,自由并不像传说中那样的美好,她往往与痛苦相伴,正如哈姆雷特在"生存与死亡"的抉择中徘徊一样,痛苦的自由经常不如舒服地囚禁来得美好。苏格拉底所言的"宁做痛苦的人,不做舒服的猪"并不是人人都能接受。但是,在"大变动"的时代,自由是没有办法选择的,人们"被自由"了,所以,人们会觉得痛苦;抉择也是没有办法选择的,人们"被抉择"了,所以人们觉得无助;这已是这个时代的特点。在巨变的时代,最为需要的不是勇气、力量,或是身份、财富,而是智慧、信心:知进退,知取舍;不放弃、不松懈。知道如何培养自己的能力与品格,如何在巨变的社会中不被巨浪吞噬,在大风大浪中能茁壮成长。

---

① "这是最好的时代,也是最坏的时代;这是智慧的年代,也是愚蠢的年代;这是信仰的时期,也是怀疑的时期;这是光明的季节,也是黑暗的季节;这是希望的春天,也是失望的冬天;我们面前应有尽有,我们面前一无所有;我们正在直登天堂,我们正在直落地狱。"狄更斯:《双城记》,石永礼等译,人民文学出版社 2004 年版,第一章(时代)开篇语。

　　5000 年的文明,充满了生存的智慧,回望历史,穿透层层迷雾,让我们从古圣人那里,汲取精神之养,养浩然之气,存远大之志,践细微之行,立恒心,成勇气,让我们从"小人"走向"大人",从"优秀"走向"卓越"。

后　记

一

改完本书稿，已是庚寅岁末，辛卯已近。年终其乐融融的气氛让人觉得放松、安逸，窗外此起彼伏的鞭炮声代表着人们对新的一年的祝福，人们不再想到"年"原来是一种怪兽，在经历了几千年的传统，经历了岁月的洗刷，人们记住的是祝福，而不是让人痛苦的经历。时间是最好的减压器，也让传统随着时间的沉淀而变得复杂和难解。

在辞旧迎新、万象更新之际，既是反思之机，也是燃起新希望之时。本书根据2007—2008学期给全校开设公选课《论语与法律》的讲义、2008年校教改立项研究的基础上完成。我曾在《市民社会与法律精神》(2008)的第五章《失去的伊甸园：中国民间社会是如何消退的》中作了初始分析，并未展开。希望将其展开一直是我的心结所在。而且，我在开设《论语与法律》公选课的时候，就有这一方面的设想，我所有的课程均有录音纪录。但是，《论语》研究在中国是一门显学，非专业人士来研究《论语》，始终是个禁忌。但假如我用严格的法律分析的方法，通过比较分析，发挥专业所长，或许可以避免这一问题。研究中更是战战兢兢、如履薄冰，尽可能地做到整体性地解释，还原其中的原有之义。古代有"野狐禅"的传说，将经讲歪了，罪孽就深重了。

从2008年初，我让我的研究生安美琴、陈萌、姜晓琳、杨平平四人将我的录音整理成文字。陈玮、魏婕两人将译文补充完整，非常感谢她们的努力与敬业。在看到她们整理完成的厚厚的讲稿时，我的心中充满了感动，非常感谢这些学生的参与与帮助。一是参选《论语与法律》课程的四十名本科生，他们的认真与努力感动了我，促成了我备好每一次课，虽然这些都不是学校的要求，而是自己的喜欢所致。没有他们渴求的眼神，也不会有这些讲稿了。唯一遗憾的是,这本课不能再在本科生中开设下去了,她们是唯一一届的授课学生。二是我的研究生的认真与对我的鼓励。她们说,老师,应该将这些东西整理成书出版。她们说自己在整理过程中也挺受益的。

从2008年开始,我着手整理《仁的价值》书稿,还记得2009年夏天曾跑到妙峰山小住的几天,为的是在炎热的夏天能有个清凉的环境静下心来修改。修改文稿是个苦差事,远远不如写文章来得痛快。四五十万字,要改上一遍,得好几个月时间。而且,繁重的教学任务使得改书稿缺少大块的时间,幸好还是两个寒暑假,以及平时的长假和周六日。原来曾想慢慢改,未曾想,2009年申请下来该书的出版资助,这下可不能慢慢改了,得加速了。到目前为止,已改到第十稿。其中的辛苦也只有自己知道。

在修改的过程中,非常感谢首都经贸大学OTA志愿者,如赵耀老师、边文霞老师、朱超老师等,和他们在一起,感受到了真诚与无私,感受到了市民社会的真正活力。是他们,让我更加感受到教师的价值与使命。在和OTA志愿者老师共同参与发起《圣洁课堂公约》时,我的国学功底还发挥点价值,这让我很是高兴。OTA的宗旨是以孔子与苏格拉底为榜样,力求教师从优秀走向卓越。OTA学术阅览室的墙壁上挂着的是先师孔子的画像,我可以天天和孔子打个照面。如果我将孔子的思想讲歪了,我会非常对不起他。正是他们,将我们学校的OTA打造成一个影响日著的培养大学老师的平台。当然,还要感谢现任的OTA办公室主任郭敏老师,她曾是70年代复旦大学的高材生,她的干劲、热情经常让我惭愧,促使我也更有干劲、更有热情。我们现在还经常免费地享用着郭老师从家里带来的茶叶与水果,感受到的是温暖和热情。还要感谢法学院的吴晖老师,她的热情与欢笑使法学院增色不少,让人看到人性光明的一面。

二

在改书的过程中,还非常感谢我校的前任校长文魁教授的鼓励。文老师对教师有深刻的见解,曾教导我,要培养自己的能力,如果是金子,肯定是会发光的。这其实就是孔子的思想,"不患人不知己者,而患己不能"。多和"大人"交往,我更深刻地理解了孔子的"三畏":"畏天命、畏圣人、畏大人之言"。

和这些内心高大的"大人"交往,内心是感动和感激,而在感动与感激中,自己也正在走向"大人"的途中。非常感谢文老师将自己在 OTA 学术沙龙"大学的精神家园"中对师道的理解的讲话作为本书的序言,这其实就是孔子"仁学"的体现,作为教师的孔子,是我们学习的榜样。文老师是我碰到的少数几个当了多年的领导,身上还保持着教师朴实无华的风格,对年轻学子还是那么的热情和没有保留,这让我想起了政法大学的江平教授、人民大学的高铭暄教授,他们其实都是"大人",能从他们身上学到很多。

也非常感谢 OTA 的主任吴冬梅教授。记得我刚来学校的时候,参加 OTA 的活动,介绍我刚刚完成的《市民社会与法律精神》。当时 OTA 的办公室主任是温胜美老师。温老师原是学校科研处的副处长,认真、热情、关爱老师。她当时说给我介绍一位私密访谈老师(私密访谈是 OTA 的六大特色活动之一)。通过她的介绍,我认识了吴冬梅老师。之后,通过听吴老师本科、硕士、博士以及 MBA 的课,让我真正体会到好老师是什么样的。在这一过程中,在与吴老师的交流中,我觉得自己进步不少。在这一过程中,我进一步体会到在市民社会中发展其实是人生最有意义的部分。另外,吴老师也教我做人的道理,她的很多话让我至今记忆深刻,如她讲过,一个人的成长要做到"高人指导、贵人帮助、小人监督",这其实与孔子思想无异。另外,吴老师倡导与主持的 OTA 也让我非常感动,从中让我充分地感受到"大家帮助大家"的力量,"从优秀走向卓越"是一个人内在的使命。在 OTA 中,我感受到了温暖,感受到了市民社会的真正价值,感受到了"大家帮助大家"才是自我拯救之道,成就自己的"精神家园";通过大家帮助大家,成就"大学中的大学";通过从优秀走向卓越,成就自己的"大人"之道。这些是 OTA 的精神,也是孔子的"仁学"精神。通过参加 OTA 的工作,更加促成了我完成本书、改好本书的决心与信心。

在本书的出版过程中,还非常感谢科研处处长王曼怡教授的支持。仅有的两次和王教授共同参加颁奖大会,一次是 2009 年让我们去人民大会堂参加教育部优秀成果奖的颁奖,另一次是去年在北京国际饭店的北京市哲学与社会科学优秀成果颁奖。《市民社会与法律精神——人的品格与制度变迁》获得了去年的第十一届北京市哲学社会科学一等奖,王教授比我这个得奖人还高兴,真让我非常感动。

正是这些鼓励与帮助,鼓起了我信心的风帆,促成了本书的修改完成。

三

当然,也非常感谢我的家人。我曾经答应过他们,在完成《市民社会》之后,好好地休息休息,过一段正常人的生活。但是,《仁的价值》却让我违背了承诺,经常一个人待在办公室,周六、日不回家,让我的母亲与爱人带着孩子,好几次回家,孩子都不认识我是谁了。

非常感谢我的爱人,其实,她的内心很"大气",她不希望我是一个只顾自己的人,而是有理想、有追求的人。她的期望成为了对我无形的要求和永久的动力。假如她对我的要求不是这样,恐怕《市民社会》的书出不来了,《仁学》也不会一遍遍地改动。非常感谢她默默地奉献和支持。在巨变的社会中,能和一个志同道合的人走在一起,面对人生的旅途,是非常幸福,也是非常庆幸的。家庭、社会与国家是个人成长的三个支柱,"人以类聚,物以群分",寻找自己的爱人,其实是在寻找自己的镜子,找一个与自己相像的人,她(他)能够让我们更好地认识自己,认识那一部分自己认识不到的自己。爱你的爱人,其实也就是爱你自己。

还非常感谢我的父母,他们不但帮助带小孩,让我有更多的时间从事自己感兴趣的事情。而且,他们还帮助我看书稿,给我提了很多意见。正是他们的体谅、迁就和帮助,促成了这本书的产生。其实父母对子女的要求不多,最大的要求就是子女过得好,子女的幸福其实就是对他们最大的孝心。能否对父母好,能否理解父母其实是可以经常考验子女的能力。因为我们没经历过父母的年龄,我们所认为的好,可能并不是他们所认为的好,我们不要以为他们是我们的父母,就可以忽视他们,其实,善待自己的父母也是最直接地帮助我们来提升自己的能力。从中我也充分体会到"仁从忠孝始"的意义。

需要感谢的人还有很多,在这个世界上,我既感受到了个人力量的脆弱,也感受到原来人还可以干那么多的事情,只有真正做到"心想","事成"是可能的,更是真正地感受到自己做得还很不够,正如亚里士多德所说,一个人不在市民社会中生活,不是圣人,就是愚人,"以友辅仁",没有这些老师、亲人与朋友的帮助,也就没有我的发展。

最后,非常感谢本书的编辑鲁静女士,正是她的欣赏与辛苦地编辑,本书才最后成为呈现在广大读者面前的样子。本书出版，自有其独立的生命，再也不以作者的意志为转移。当然，由于本人水平所限，书中的任何不足与错误，均由作者负责，希望广大方家不吝赐教。真理愈辩愈明，争论能让我们掸开历史的尘封，见证我们真正的精神家园、精神生命的起点，我们才能认识自己本来的面目，认识真正的自我，而正是这种自我认识才让我们真正变得强大。

作　者
2011 年 2 月 2 日